質 性 的　　思 考

존 듀이와 함께한

질성적 사고와
교육적 경험

| 이돈희 저 |

학지사

이 책은 대한민국학술원 연구지원사업에 의하여 수행된
결과물입니다.

머리말

듀이와 같은 시대를 살았던 철학자인 알프레드 노스 화이트헤드는 그를 언급하여, 듀이는 당시대적 요청에 부응하는 철학사상을 정립해 준 큰 사상가의 대열에 속한다고 하였다. 그러한 역할을 수행한 수준으로 말하면 고대의 스토아학파, 아우구스티누스, 토마스 아퀴나스, 프랜시스 베이컨, 데카르트, 로크, 오귀스트 콩트 등의 사상가급에 해당한다고 평가하였다.

내가 보기로, 듀이는 동서양의 모든 역사적 철학자 가운데 '교육이란 어떤 것이어야 하는가'를 가장 포괄적으로, 가장 심도 있게, 그리고 가장 설득력 있게 가르쳐 준 실천적 사상가였다. 그는 과거를 해석하고, 현재를 읽으며, 미래를 전망하는 데 있어 누구도 비교하기 어려운 탁월한 혜안과 열정을 가졌던 사상가였다. 듀이는 방대한 영역에 걸친 이론적 관심을 우리의 실제적 삶에 연계하여 재검토하였으며, 새로운 세계의 조망과 함께 철학과 교육을 재구성하는 거대한 반성적 작업을 감당하였다.

이 책에서 다루는 질성과 질성적 사고의 개념은 듀이의 여러 저술 속에 담겨 있지만, 사실상 연구자들이 그 중요성에 비추어 상대적으로 관심의 비중을 덜 두었던 부분이었다. 내가 보기로, 질성의 개념은 듀이의 철학적 자연주의와 교육적 성장을 이해하는 데 있어서 기본적인 바탕이 되며, 또한 우리의 탐구적 사고를 위한 특별한 도구적 가치를 지닌 방법론적 범주이기도 하다.

이 책의 저술이 가능하도록 기회와 지원을 기획한 대한민국학술원, 그리고 출판을 맡아 편집 작업에 정성을 다하여 준 학지사에 감사를 드린다.

2020년

이 돈 희

차례

서장 질성과 상황과 경험 ·· 9
  – 자연주의적 접근 –

제1장 왜 교육에 질성적 사고인가 ······································ 29
  – 기로에 선 자유교육 –

제2장 철학적 자연주의와 질성적 사고 ······························ 61

제3장 교육적 경험의 예술성 ·· 101

제4장 인간능력의 질성적 이해 ·· 149
  – 이성의 개념과 지력의 개념 –

제5장 지식은 어떻게 생산되는가 ······································ 195
  – 명시적 경험의 방법 –

제6장 관조적 지식과 탐색적 지식 ······································ 233
  – 구경꾼의 이야기와 탐사꾼의 이야기 –

제7장 습관과 인성의 질성적 구조 ······································ 269

제8장 내일의 교육을 위하여 ··· 309

세부 차례

◆ 머리말 3

서장 질성과 상황과 경험 - 자연주의적 접근 - 9

　　질성적 사고란 ················ 11
　　경험의 성장과 질성적 이해 ················ 18
　　책의 개요 ················ 21

제1장 왜 교육에 질성적 사고인가 - 기로에 선 자유교육 - 29

　　자유교육과 주지적 전통 ················ 32
　　주지주의의 위세와 그 함정 ················ 36
　　탐색적 지식과 질성적 사고의 요청 ················ 45
　　자유교육의 재해석 ················ 55

제2장 철학적 자연주의와 질성적 사고 61

　　자연과 자연주의 ················ 64
　　헤겔사상과 과학적 심리학의 교차 ················ 69
　　이원론적 사고와 연속성의 원리 ················ 76
　　심신이원론의 문제 ················ 80
　　인식론적 이원론의 문제 ················ 87
　　가치론적 이원론 ················ 91
　　결론적으로 ················ 98

제3장 교육적 경험의 예술성   101

일상적 경험, 심미적 경험 그리고 교육적 경험 ·············· 103
경험의 예술성 ·············· 110
교육적 경험의 상황적 조건 ·············· 118
질성적·이론적 상황의 배합과 학습활동 ·············· 136

제4장 인간능력의 질성적 이해 – 이성의 개념과 지력의 개념 –   149

이성의 개념과 능력심리학적 근원 ·············· 152
이성관의 변화 ·············· 159
듀이의 지력의 개념 ·············· 164
탐색적 사고와 지력의 작용 ·············· 172
지력과 사고와 방법의 기능적 관계 ·············· 177
반성적 사고의 모형 ·············· 183
관조적 지력과 생산적 지력 ·············· 187

제5장 지식은 어떻게 생산되는가 – 명시적 경험의 방법 –   195

일차적 경험과 이차적 경험 ·············· 198
명시적 경험의 방법 ·············· 201
뉴턴과 사과나무의 이야기 ·············· 205
제너와 천연두의 이야기 ·············· 206
자기와 전기에 관한 초기의 실험적 시도 ·············· 209
정보와 지식 ·············· 212
비경험적 철학의 비판 ·············· 214
그러면 진리의 문제는 없는가 – 듀이와 러셀의 논쟁 – ········ 221

제6장   관조적 지식과 탐색적 지식 – 구경꾼의 이야기와 탐사꾼의 이야기 – 233

관조적 지식과 탐색적 지식 ·············· 236
관조적 지식의 특징과 학습상의 난점 ·············· 244
탐색적 지식의 특징과 학습상의 난점 ·············· 248
관조적·탐색적 지식의 이원적 구조 ·············· 252
관조적 지식의 탐색적 재연 ·············· 256
역사 속의 지식으로 학습 ·············· 259
'게임의 규칙'에 비추어 ·············· 263

제7장   습관과 인성의 질성적 구조   269

습관의 구조적 특성 ·············· 272
습관의 힘과 자연적 특성 ·············· 279
습관–교육적 성장의 설명원리 ·············· 287
고전적 자연주의와 자아실현의 개념 ·············· 289
인격체의 질성적 구조와 성장의 원리 ·············· 293

제8장   내일의 교육을 위하여   309

공교육제도의 위기 ·············· 313
포스트모더니즘과 교육의 세계 ·············· 317
지식기반사회와 교육수요의 변화 ·············· 325
신자유주의와 교육의 갈등 ·············· 331
평등교육의 문제 ·············· 341
내일의 교육을 위하여 ·············· 348

◆ 참고문헌 ·············· 355
◆ 찾아보기 ·············· 364

서장

질성과 상황과 경험

– 자연주의적 접근 –

질 성 과   상 황 과   경 험

서장 **질성과 상황과 경험**
- 자연주의적 접근 -

질성적 사고란

이 책에서 논의되는 주제인 '질성(質性)'과 '질성적 사고'의 개념은, 우선 언급하면, 세계와 사물에 주어진 속성과 우리의 마음이 상호작용함으로써 형성되는 '경험의 양상과 특성'에 관하여 포괄적인 논의를 가능하게 하는 기본적 설명의 원리이다. 우리가 일상적으로 생각하고 느끼고 상대하는 모든 것은 원천적으로 사물과 의식의 상호작용에 의해서 형성된 질성에 관한 것이다. 무엇인가를 계획하고 시도하고 조작하고 완성할 때, 모든 것은 질성을 소재로 하여 시작하고 사고의 결과적 내용도 결국 질성적 구조이다. 이러한 질성의 개념은 특히 자연주의적 철학의 방법론에서 요구되는 소재의 기본적 범주를 설정한다. 그리고 질성적 사고는 객관적으로 존재하는 세계를 대상으로 하여 우리가 자신의 의식과 활동으로 접근하고 작용하고 적응하는 과정을 구조적으로 파악하고 포괄적으로 설명하는 원리를 제공한다. 나는 이 책에서 세계를 이해하고 경험하며 성장하는 삶을 살도록 하는 교육의 중요한 몇 가지 실천적 원리들에 관하여 질성과 질성적 사고의 개념을 기초로 하여 논의하고자 한다.

이 책에서 사용하는 '질성'이라는 용어는 일상적으로 사용하는 우리말이 아니라, 듀이(John Dewey)를 비롯하여 프래그머티즘1)의 학파에 속하는 철학자

---

1) pragmatism

들이 독특한 의미를 담아서 이론적 용어로 사용하는 'quality'라는 말의 번역 어이다. 원어 자체도 통상적 의미를 지닌 영어의 한 단어가 아니라, 그 학파에 서 전문적 의미를 부여하여 철학적 용어로서 사용해 온 것이다. 우리말에서 그 의미에 상당하는 번역어를 선택하기가 어려워 다소 생소한 감은 있지만 나는 한자의 뜻에 따라 우리 글자로 표기한 조어를 사용하고자 한다. 물론 흔히 문맥 에 따라서 '질' '품질' '성질' '특성' '속성' '자질' '특징' 등으로도 일상적 번역 이 가능한 말이다. 그러나 이러한 번역어는 전문적 용어가 지닌 의미를 일관되 게 유지하기가 어렵기도 하거니와 문맥에 따라서 나타내는 어감의 어색함을 피하기도 어렵다.

　예컨대, "소리의 질이 다르다."라고 하면 소리의 좋고 나쁨의 차이를 말하는 '평가적' 의미일 수도 있고, 어떤 소리가 다른 소리들과는 구별되는 종류를 나 타내는 '서술적' 의미일 수도 있다. 이 책에서는 주로 서술적 의미로 사용하는 것이고 평가적 의미를 피하려는 의도로 '질성'이라는 표현을 사용한 것이다. 그리고 같은 내용을 문맥에 따라 다른 단어로 표기하면 이 책에서 사용하는 전 문적 용어의 개념을 혼란스럽게 할 수도 있으므로 '질성'이라는 말로써 일관성 을 유지하고자 한 것이다. 다만, 어떤 맥락에서는 '질성'이라는 표현 그 자체가 어감상으로 어색하거나 모호함을 나타내는 경우도 있으므로 이 경우에는 문맥 의 도움을 받아 이해를 가능하게 하는 우리의 일상적 표현들 중에서 선택하여 사용하게 될 것이다.

　국내의 학계, 특히 교육철학계에서는 이론적 연구물에서 '질성'이라는 용어 가 이미 일반화된 표현이기도 하다.[2] 'quality'를 그냥 '질(質)'이라고 하면, 이 말은 쉽게 '양(量)'을 뜻하는 'quantity'의 반대말로 생각하게 된다. 그리고 흔 히 'quantitative'를 '정량적(定量的)'이라고 번역하고 'qualitative'를 '정성

---

[2] 저자의 다른 저서 『교육철학개론』(1983), 『존 듀이 교육론』(1986, 편역), 『교육적 경험 의 이해』(1993) 등에서는 'quality'를 '특질'이라고 번역한 적도 있다.

적(定性的)'이라고도 하는데, 이러한 번역 역시 양과 질의 대조적 차별로 나타내는 것이다. 그러나 우리가 여기서 사용하는 '질성적'이라는 개념을 함의하기는 어렵다. 물론, 질성의 개념은 '양' '정량' 혹은 '질량' 등으로 표현되는 것에 반대되는 '질' 혹은 '정성' 등이 의미하는 바와 전혀 무관한 것은 아니다. 양 혹은 질량은 계량적 측정이 가능한 것을 나타내지만, '질성'은 문맥에 따라서 '특징' '특성' 혹은 '특질' 등과 같은 질적 범주에 속하는 것을 나타낸다는 점에서 그러하다.

이 책에서 사용되는 질성의 개념은, 우선 듀이의 용어로 이해할 때, 직접적이고 즉시적으로 감지하는 대상 혹은 내용에 관한 것이다. 어쩌면 심리학에서 일반적으로 사용하는 '인지' 혹은 '인지적'[3]인 것을 그 대조적 개념으로 상정할 수도 있다. 그러나 블룸(B. S. Bloom) 등의 '교육목표분류'[4]에서 '인지적 영역'과 대조적으로 구별하여 감정이나 정서에 관련된 내용으로 설정한 '정의적 영역'[5]에 속하는 요소들은, 전혀 무관한 것은 아니지만, 우리가 여기서 논의의 대상으로 삼고 있는 질성적인 것에 일치한다고 하기는 어렵다. 질성 혹은 질성적인 것의 대조적 개념을 설정한다면 오히려 '이론' 혹은 '이론적'인 것이 이에 해당하는 셈이다.

듀이는 '질성적인 것'[6]에 관하여 다음과 같이 간단하게 밝힌 바가 있다.

우리가 직접 접하면서 사는 세계, 말하자면 노력하고 성공하고 실패도 하면서 살아가는 그 세계는 분명히 질성적인 세계이다. 우리가 애쓰고 괴로워하고 즐기는 것은 질성적인 요소들로 이루어진 것이다. 이런 세계는 질성적 관점에서 확실하게 파악할 수 있고, 또한 그런 독특한 양상을 지닌 사고의 장을 형성

---

3) cognitive
4) B. S. Bloom, et al., *Taxonomy of Educational Objectives: The Classification of Educational Goals* (New York: David McKay Company, 1956).
5) Cognitive / Affective Domain
6) qualitative

하고 있다. 그냥 쉽게 말하면, 상식적인 생각이 바로 질성적이라고 해도 좋을 것 같기는 하다. 즐거움일 수도 있고 괴로움일 수도 있는 (일상적인) 행위와 그 결과에 관한 것이기 때문이다. 그러나 '상식'이라는 말에는 이중적이고 애매한 뜻이 있기 때문에 그러한 표현을 쓰기에 주저하게 된다. 즉, '상식'이라는 말은 전통으로 인식되는 것을 가리킬 때 사용하기도 하고 또한 좋은 뜻으로 받아들이는 경향도 있기 때문이다. 질성적 관점은 그냥 단순하게 우리가 살면서 지니는 관심거리와 문제거리가 되는 대상(내용)에 관한 것이라고 보아도 될 것이다.[7]

듀이가 말하는 질성의 개념은 '한 개' '두 벌' '3g' '8km' 등의 계량적 표현과는 달리 '붉은' '뜨거운' '쓰라린' 등과 같이 직접적으로 감식하는 대상인 특징, 성질, 특성 등을 기본적인 소재로 한다는 점에서 일상적 의미의 '질적인' 것에 속한다고 할 수도 있다. 그러나 이러한 감각적 자료들은 그 자체로서 지식을 생산할 수 있는 자료나 내용이 되지는 않는다. 특히 인과관계를 밝히는 과학적 설명의 직접적인 내용이 되지는 못한다. 그러한 자료들이 포함된 인식의 대상이 우리에게 무엇인가를 '알 수 있도록' 하자면, 즉 지식을 생산할 수 있게 하려면 일종의 통일성을 지닌 원리와 그 통일성을 가능하게 하는 별도의 방법적 수단이 있어야 한다. 즉, 인식의 대상이 되는 어떤 특징, 성질, 형태, 관계, 양상 등 그런 것들을 통칭하는 개념을 '질성'이라는 용어가 나타낸 것이다.

요란한 소리가 나고 무슨 불빛이 보이고 냄새도 맡아지고, 그래서 나로 하여금 주의나 관심을 끌게 하는 어떤 것이 작용한다고 해서, 내가 그 각각에 그냥 반응하기보다는 그러한 소리와 불빛과 냄새 등의 여러 가지가 만들어 내는 어떤 상황을 생각하기 시작할 것이다. 위험하다든가 안전하다든가 재미있는 일이 벌어지고 있다든가를 생각하게 되고, 그 원인이 무엇이고 어떤 일이 진행되

---

7) Dewey, "Qualitative Thought" in *Philosophy and Civilization* (New York: Minton, Balch & Company, 1931), pp. 93-116.

고 있을 것이며, 내가 이 상황에서 어떤 행동의 선택과 대응이 필요한가를 판단할 것이다. 말하자면, 나는 어떤 '상황'8)에 있게 되고 그 상황에 대응하며 그 상황과 나의 마음이 서로 작용하는 상태에 있게 된다. 그 상황을 구성하는 요소들은 설명할 수 없을 만큼 많고 다양한 것으로써 이루어져 있지만, 그것들은 사물 자체의 속성들과 나의 의식의 작용으로 생긴 것들이 하나의 전체로서 내가 받아들이게 된 것이다.

그 상황은 하나의 특징적인 것이 있어서, 어쩌면 여러 가지의 특징이 서로 융합하여 하나를 이룬 통일체로서 내가 직면한다. 그 통일의 원리가 되는 특징은 그 상황 속에 있는 모든 구성요소에 스며(퍼져) 있으면서 전체를 하나로 감식하게 하는 질성이며, 바로 그 하나의 상황을 성립시키는 것을 '편재적(遍在的) 질성'9)이라고 일컫는다. 그 편재적 질성으로 인하여 이름이 붙으면 그 상황(사태)은 '폭풍'일 수도 있고 요란스러운 '축제'일 수도 있다. 그 편재적 질성과 상황은 보고 듣고 하는 낱개의 감각과 유사하게 직접 지각하면서도 이론적 추리의 경우처럼 우리의 사고, 말하자면 '질성적 사고'를 가능하게 한다.

편재적 질성은 여럿이 하나로 통일된 상황을 성립시키고, 우리는 그 질성으로써 상황을 감식하고 조작하고 설명하기도 하고, 그 질성으로써 그 대상(상황) 밖의 다른 것들과는 대조적으로 구별되게 한다. 예를 들어 보자. 방금 걸려 온 전화에서 상대방이 누구라는 것을 쉽게 알아챈다면, 나는 보지 않고도 누구라고 식별할 수 있는 익숙한 목소리의 편재적 질성으로 인한 것이다. 이와 비슷하게 처음 들어보는 피아노 협주곡이지만, 그것을 듣는 상황에서 베토벤(Beethoven)의 작품임에 틀림이 없다고 분별한다면, 그것은 내가 베토벤의 음악이 지닌 편재적 질성에 익숙해 있기 때문이다. 고고학자들이 어떤 유물의 제작 시기를 추측한다든가, 처음 보는 사람이지만 동양인이라고 구별하고, 험상궂은 사람을

---

8) situation
9) pervasive quality

피하는 것도 피해야 할 대상을 식별할 수 있기 때문이다. 편재적 질성은 하나의 상황을 다른 상황 혹은 세계와 분별하게 하고 그 상황 자체를 감식할 수 있는 틀을 제공한다.

이러한 편재적 질성은 사물 그 자체가 자연적 속성으로 본래 지니고 있는 특성에 관한 것만은 아니다. 즉, 객관적으로 본래 존재하는 것을 우리가 주의나 관심의 대상으로 삼게 됨으로써 파악할 수 있게 되는 것만은 아니라는 것이다. 우리는 필요에 따라서 질성을 성립시키기도 한다. 즉, 질성은 임의적으로 만들어지기도 한다. 사람들이 농사를 지으면서 사는 마을을 '농촌'이라 하고, 고기를 잡으면서 사는 마을을 '어촌'이라 하는 것도, 두 가지 촌락을 구별 짓는 질성의 차이를 옛부터 일종의 기준으로 만들어 놓은 것이다. 냉수와 온수, 동물과 식물, 동양인과 서양인 등 서로 대조적으로 대상을 구별할 수 있는 것은 질성으로 식별한 것이며, 평화니 전쟁이니 혹은 원자니 분자니 하는 추상적인 개념들도 특정한 종류의 질성으로 분별된 것을 표현한 결과이다. 편재적 질성은 이름이 붙여져서 언어로 표현되거나 이론적 체제 속에서 다루어지기도 한다. 어떤 의미에서 우리가 사용하는 많은 언어, 오히려 모든 일상적 혹은 이론적 언어들은 사물이나 행위나 사건이나 현상이나 법칙이나 이론이나 과정을 일종의 '상황'으로 보고 거기에 붙인 이름들이다.

결론적으로, 듀이의 질성의 개념은 그 이전의 철학에서 논의되어 온 질성의 개념과 어떻게 다른가? 이와 관련하여 번스타인(Richard J. Bernstein)은 그 차이의 기본적 특징을 중심으로 서술한 것이 있다.10) 아마도 그가 제시한 다음의 세 가지는 우리가 지금까지 질성의 개념에 관해서 개략적으로 검토한 내용과 앞으로 여러 곳에서 다소 심층적으로 혹은 다른 측면으로 논의될 내용에 대한 적절하고 기본적인 핵심이라고 생각된다. 나는 여기에 약간의 설명을 부연하

---

10) Richard J. Bernstein, "John Dewey's Metaphysics of Experience" in *The Journal of Philosophy, Vol. 58, No. 1,* (Jan 5, 1961: 5-14), pp. 6-7.

여 그 내용을 옮겨 두고자 한다.

첫째, 질성은 전통적 의미의 지식의 대상이 아니라는 것이다. 듀이의 질성 그 자체는 추리의 과정이나 증명의 절차를 거친 지식이거나, 이론적 매체의 도움 없이 직접적으로 상대하는 '직관적 인식'의 대상은 아니라는 것이다. 다시 말하면, 개별적인 질성은 그 자체로서 유일한 것으로서 다른 대상과의 구분이 가능하며 때로는 그 자체가 상징적 기능을 하는 기호로서도 작용하지만, 그것이 어떤 지식의 충분조건이 되는 객관적 인식의 내용을 가지고 있지 않다는 것이다. 단지 질성들은 인식의 대상이라기보다는 우리가 직접 경험하고 느끼고 소유하는 대상일 뿐이다.

둘째, 질성의 소재지가 모호하다는 것이다. 우리의 마음속에 있다고 하기도 어렵고 마음 밖의 외계에 있다고 하기도 어려우며, 순수히 심리적인 것도 아니고 물리적인 것도 아니다. 경험된 질성은 유기체 밖의 것과 유기체 자체가 참여하여 이루어지는 어떤 상황에 속하거나 아니면 어떤 맥락에 속하는 것이다. 경험의 주체와 객체, 혹은 그 내용이 정신적인 것이냐 물질적인 것이냐의 구분은 각기 독립적으로 존재하는 것을 서술한 대상이라기보다는 상황 혹은 맥락 속에서만 의미를 지니며 특정한 목적에 의해서 기능적으로 구분될 뿐이다. 그러므로 실재하는 것의 이원론적 구분은 별로 의미가 없는 것이 된다.

셋째, 질성은 결코 감각적 질성에 한정된 것이 아니라는 것이다. 우리가 어떤 상황을 직접적으로 감식할 수 있는 것은 그 상황의 모든 구성요소를 하나의 통일체로 성립시키는 질성, 즉 편재적(혹은 제3의) 질성이 성립된 것임을 의미한다. 바꾸어 말하면, 하나의 상황에는 그 상황을 다른 대상과 구별 짓는 편재적 질성이 감식(경험)됨을 뜻한다. 질성 그 자체는 객관적 인식의 대상이 되지 않는다. 그러나 하나의 상황은 그것과 대조를 이루거나 차별성을 지니게 하고 자체에 통일성을 부여하는 편재적 질성의 도움으로 그 상황의 경험을 공유하는 공동체는 소통을 통하여 객관적 인식을 가능하게 한다. 어떤 상징적 수단이나 언어 혹은 이론의 의미가 특정한 공동체에 공유되는 것은 바로 그 상황과 편재적 질성이 경험의 내용으로 공유된 결과라고 할 수 있다.

경험의 성장과 질성적 이해

다시, 질성의 개념 그리고 특히 편재적 질성의 도움으로 성립되고 감지되고 인식되는 상황의 개념은 지식을 생산하고 학습하는 지력[11]의 활동과 교육적 경험의 성장을 설명하는 가장 기본적인 도구가 된다. 그리고 질성과 상황의 개념은 '경험의 계속적인 재구성'이라고 한 듀이의 표현이 의미하는 바를 교육학도들이 이해하는 데 결정적인 단서가 된다. 오히려 질성과 질성적 사고의 개념에 대한 이해 없이는 듀이의 교육적 성장의 개념, 경험의 재구성 등이 수용되지 않는다고 말할 수도 있다.

'경험'이라는 말은 일상적으로 우리가 무엇인가를 행하거나 겪는 과정 혹은 결과를 나타내는 말로 사용하고 있다. 그러나 듀이는 여러 곳에서 경험의 개념을 자연주의적 언어로서 인간 유기체와 환경의 상호작용으로 이해할 수 있다고 하였다. 인간의 마음에 대하여 외계인 환경은 자연적·물리적 환경과 인간적·사회적 환경을 포함하는 것이지만, 인간과 상호작용하는 환경은 '상황'[12]의 개념으로 이해되는 것이다. 상황의 개념은 인간의 마음과 상호작용하는 대상인 환경의 의미를 맥락에 따라서 명료하게 규정하며, 그 과정에서 질성(적)의

---

11) 여기서 '지력'은 영어의 'intelligence'의 번역에 해당하는 말이다. 심리학에서 일반적으로 '지능'이라고 번역하고 있으나, 이러한 의미의 지능은 '지능지수(Intelligence Quotient: IQ)'와 비슷한 매우 제한된 의미로 사용되고 있기 때문에 이 책에서는 더욱 넓은 의미를 포괄하는 '지력'으로 번역한다.

12) 나는 듀이의 'situation'이라는 말을 접할 때마다 얼른 우리말의 '상황'을 떠올리게 된다. 흔히 우리가 "상황판단을 잘 해야 한다."라는 표현을 쓰는데 이러한 맥락에서 '상황'이라는 말의 뜻이 듀이의 'situation'을 상당히 비슷하게 나타내는 것으로 들리기도 한다.

개념이 지니는 의미론적 역할을 더욱 확실하게 한다.

　내가 어떤 물리적·사회적 환경 속에 있을 때, 내가 위치해 있는 주변의 모든 것이 실제로 내가 존재하고 있는 세계이며 또한 환경이지만, 현재 내게 유의미한 것은 지금 내가 하고자 하는, 혹은 내가 하고 있는 신체적·심리적 행위 혹은 활동에 관련된 것이고 그것만이 내가 의식하고 있는 대상이다. 그 밖의 것은 내가 처한 상황의 개념에 속하는 것이 아니다. 그러면 그 상황은 나의 의식적 관심의 내용을 뜻하는 것이고, 순간순간마다 무엇을 의식적 관심에 두느냐에 따라서 실제 직접적 상황의 내용은 달라진다.

　내가, 예컨대 드보르작(Dvorak)의 '신세계 교향곡'을 연주의 현장에서 감상하고 있다면 그 교향악의 연주가 전체로서 나에게 하나의 상황으로 다가온다. 나는 그 상황에 몰두하고 있고, 그것과 교감하고 있는, 즉 상호작용하는 관계에 있다. 그런데 내가 특별한 관심이 있어서 한순간 첼로 파트의 소리 흐름과 연주 모습에 집중하고 있다면, 그 순간의 상황은 첼로 파트의 활동에 한정된 것이다. 이러한 상황은 나의 관심으로 구획을 짓는 내용에 해당하는 것이고, 그 구획은 그 자체를 독특하게 하는 '질성(편재적)'이 있기 때문에 구획된 것이며, 하나의 상황이 되어 내가 어떤 방식으로 감식한다. 연주가 진행되는 과정에서 나는 오보에의 멜로디에 특별한 관심을 두게 된다. 2악장에서 나오는 (우리가 흔히 가사를 붙여 부르기도 하는) '우리 집 가려네 우리 집으로……'의 선율이 이어지면 거기에 집중한다. 나는 오보에의 선율에 따라 하나의 상황을 즐기게 된다. 그러나 상황은 그냥 우리가 감지하는 대상체13)가 아니다. 교향악에는 많은 악기의 소리가 연주되듯이 하나의 상황 속에 온갖 대상체가 구성요소로서 존재하지만 이것들은 그 자체로서 상황인 것은 아니다. 상황 밖의 온갖 것과 구별하고 상황 안에 있는 대상체들을 하나의 통일된 전체로서 지각할 수 있게 하는 질성, 즉 '편재적 질성'이 그 상황을 성립시킨다.

---

13) objects

경험은 환경과의 상호작용으로 언급하지만, 더욱 엄격히 말하면 상황과 상호작용하는 것이다. 이러한 상호작용은 순간의 것일 수도 있지만 그것이 어떤 모양으로 기억되고 습관이 되면, 그것은 바로 나의 경험이다. 지금의 경험은 먼저의 경험과 상호작용함으로써 서로의 교합이 이루어지기도 하고, 다른 사람들과 경험을 교환하면서 거래현상이 있기도 한다. 집단의 문화는 바로 이러한 사회적 관계 속에서 공유되는 집단적, 사회적 수준의 경험이 형성된 것을 말한다. 한국인의 문화는 한국인의 역사적인 경험으로써 응결된 구성체이다. 언어도 관습도 전통도 그렇게 만들어진 경험의 통합적 구성체이며, 거기에는 다른 인류의 문화와 공유하는 부분도 있지만 독특한 체제의 경험적 내용을 담고 있다. 말하자면, 문화적 특성 거기에도 독특한 경험적 내용을 성립시키는 편재적 질성이 있으므로 다른 문화권의 것과 구별된다.

환경과 상호작용하면서 경험이 형성되는 것은, 인간이 알게 모르게, 구체적으로 의식하든지 않든지 간에, 어떤 목적을 추구하는 삶을 살고 있기 때문이다. 추구하는 바가 자연스럽게 충족되면 해결을 요하는 문제가 없는 상태가 된다. 따라서 체계적이거나 집요한 사고도 요청되지 않으며 지력을 발휘할 필요도 없게 된다. 그러나 인간은 안전을 위하여, 생존을 위하여, 불편을 해소하기 위하여, 혹은 욕구의 충족을 위하여 어떤 가치를 추구하게 된다. 추구하는 가치가 충족되면서 경험이 형성되고 축적되고 교환되면서 더욱더 다듬어진 가치를 지닌 목적을 추구한다. 추구하는 가치로는 일상적으로 사소한 것도 있지만, 매우 고답적이거나 획기적인 것이거나 심각한 것이거나 때로는 상상을 초월할 정도로 위대한 것일 수도 있다. 그러나 추구하는 바가 반드시 자연스럽게 충족되는 것은 아니므로 수단을 동원하고 방법을 구상하며 목적을 실현하는 과정에서 새로운 경험이 형성된다. 이렇게 형성된 경험들을 수단으로 사용하여 다시 어떤 가치(목적)를 추구하는 삶을 계속하면, 자신이 지닌 지력을 다하여 문제를 해결하는 방법적 원리들이 축적되고 재구성된다. 그러한 과정이 바로 인간의 지력에 의한 성장, 즉 경험의 계속적 성장의 과정이다.

책의 개요

요약하면, 인간의 교육적 성장은 그가 삶을 영위하는 세계, 즉 물리적·사회적 환경과의 상호작용을 의미하는 경험의 계속적인 재구성으로 이해되며, 질성과 질성적 사고의 개념은 이러한 과정을 포괄적으로 구상하고 설명하는 기본적인 방법적 원리의 도구가 된다. 인간은 객관적으로 주어지는 환경(상황)의 영향을 수용하면서 거기에 적응하는 피동적인 존재로서만이 아니라, 환경의 세계에 작용하고 필요한 변화를 능동적으로 주도하기도 하는 존재이다. 이 과정에서 추구하는 인간의 욕구와 가치의 실현은 언제나 안정되고 만족스러운 상태에서 이루어지는 것이 아니다. 말하자면, 문제의 상황들을 경험하고 지력의 활동이 요청된다. 이러한 과정을 통하여 인간의 경험은 성장한다. 교육은 학습자로 하여금 바로 경험의 계속적인 성장이 가능한 삶을 영위할 수 있도록 제도적 조건을 마련하고 활동적 상황을 제공하는 사회적 과업이다.

질성과 질성적 사고의 개념은 인간의 총체적 성장에 관한 자연주의적 설명 원리이기도 하고, 또한 교육이 지향하는 중요한 가치기준인 전인적 관심을 포괄적으로 이해하는 데 있어서 종래의 주지주의적 자유교육의 편협성을 교정하는 노력에 일종의 지침을 제공한다. 더욱 중요한 것으로, 질성적 사고는 특히 일상적이고 구체적인 활동과 생활을 지식의 생산과 학습자의 성장을 위한 학습의 장으로 연계하고, 필요한 경험적 조건을 체계화하는 방법적 원리를 탐색하는 데 길잡이가 됨을 보여 준다.

'제1장 왜 교육에 질성적 사고인가 – 기로에 선 자유교육 –'에서는 자유교육의 문명사적 의의를 평가하고 그 한계를 비판적으로 검토한다. 오늘의 문명된 세계는 자유교육을 통하여 계발된 인간 능력이 주도적으로 추구해 온 지식과 가치가 축적되고 가공되고 성장해 온 결과적 산물이라고 할 수도 있다. 그만큼 그 전통은 주로 인간의 사유능력의 계발을 중심으로 발달한 주지적 교육, 즉 지식을 생산하고 전수하는 활동을 제도화한 것이다. 그러나 이러한 전통의 실천적 특징은 자체의 주지적 편협성으로 인하여 오늘의 상황에서 일면 심각한 한계를 나타내기도 한다. 이에 질성적 사고의 도입을 대안적 방안으로 제기하는 논의를 하게 된다.

'제2장 철학적 자연주의와 질성적 사고'에서는 과학적 방법에 의해 성립된 지식에서 보여 주는 자연주의적 사고의 유연성과 '체감적' 자연관은 바로 질성적 사고가 제공하는 경험적 자료를 중심으로 교육에 접근하는 길을 제시한다. 우리가 세계와 더불어 교섭하면서 경험을 만들어 갈 수 있게 하는 '원초적 자료'는 우리의 마음속에서 그 자체로서 형성된 관념이나 이론적 요소들이 아니라, 객관적 사물의 속성들과 우리의 의식적 흐름들이 서로 작용하면서 형성하는 질성(들)이라는 데 있다. 이러한 질성들의 관계로서 구조화된 것을 의미하는 탐색적 지력의 작용이 자연과 세계와 자아에 관한 지식을 어떻게 생산하는가에 관하여 논의한다.

'제3장 교육적 경험의 예술성'에서는 예술적·심미적 경험의 근원은 평범한 일상적 생활에 속하고, 특히 교육적 의미를 지닌 심미적 경험의 경우에 환경의 의미는 생명체가 처한 실질적 '상황'에 상응하는 것이며, 상황은 편재적 질성으로 인하여 경험의 주체에게 다가와 있음을 논의한다. 교육적 경험을 가능하게 하는 상황은 적어도 성장의 삶을 사는 창조적 지력이 발휘되는 생활의 장이다. 교육, 특히 학교를 비롯한 제도적 교육은 학습의 경험이 가능하도록 하는데 어떤 상황을 제공하는가를 체계적으로 검토할 필요가 있다.

'제4장 인간능력의 질성적 이해 –이성의 개념과 지력의 개념–'에서는 자유교육의 전통에서 합리적 사고를 담당하는 기관으로 여겨 온 이성의 개념이 우리의 마음에서 차지하는 구조적·기능적 특징과 인간의 여러 다른 능력과의 관계에 관해서 많은 변화가 진행되었음을 논의한다. 이러한 변화의 과정은 이성의 이해에 대한 접근의 방식이 능력심리학적 사고의 틀에서 출발하여 자연철학적 해석의 틀로 바뀌는 긴 여정이었다. 그리고 그 과정에서 교육의 과업과 역할도 이와 병행하여 지식의 관념적 구조에 입문하는 관조적 학습이 주도하는 풍토에서 경험의 질성적 문제상황과 함께 탐색적 학습을 요청하는 장르로의 변화를 가져왔다.

'제5장 지식은 어떻게 생산되는가 ─명시적 경험의 방법─'에서는 일상적인 삶의 상황과 경험에서 우리는 지식을 어떻게 만들어 내는가를 검토한다. 적어도 무엇인가를 스스로 탐색한 결과로 얻어진 '탐색적 지식'은 원천적으로 우리가 매일 같이 살고 있는 세계 속에서 이루어지는 경험, 즉 우리가 보고 듣고 즐기고 시달리면서 사는 삶 속에서 이루어지는 일상적 경험에 그 근원을 두고 있다. 그러나 어쩌면 사람들이 각자 가지고 있는 지식의 대부분은 기존의 지식을 수용하거나 암기한 것이다. 이러한 지식의 수용과 사용의 방식이 습관화되면 지력과 창의력은 제대로 성장할 수가 없다. 그러므로 일단 이 장에서는 지식이 만들어지는 경험의 조건을 검토해 본다.

'제6장 관조적 지식과 탐색적 지식 ─구경꾼의 이야기와 탐사꾼의 이야기─'에서는 우선 관조설과 탐색설의 한쪽 극단에 서면 어떤 문제를 당면하는가를 논의한다. 극단적으로 관조설의 관점에 서면 우리는 매우 제한된 범위의 지식을 소화하면서 삶을 엮어 갈 뿐이고, 반대로 극단적으로 탐색설의 관점에 서서 보면 내게 필요한 모든 지식은 내가 직접 경험한 것에서 만들어진 것일 뿐이다. 기존의 지식을 익히는 것은 문화적으로 주어진 것을 학습하는 것이므로 성격상 관조적 지식으로 수용하게 된다. 이미 평가받은 것이라고 하여 그냥 암기하는 학습은 지식의 형성과정을 경험하지 못하는 것으로서 탐색적 과정의 재현과 함께 학습할 필요가 있음을 논의한다.

'제7장 습관과 인성의 질성적 구조'에서는 습관의 개념이 개성, 인성, 혹은 인격의 구조와 특성과 성장을 설명하는 원리가 됨을 논의한다. 습관에는 구체적 행동의 반복도 있지만, 한 개체 인간이 지니고 있는 기술, 지식, 능력, 태도, 정서, 성향, 사상까지도 습관의 범주에 속한다. 개체 인간이 가진 수많은 습관은 '하나의 거대한 유기체적 전체' 속에서 융합된 상태에 있고, 그 자체로서 일종의 습관이며, 어떤 의미에서 '습관들의 습관'이라고 해도 좋을 것이다. 이러한 습관들이 각기의 질성적 특징으로 인하여 개성 혹은 인격을 형성하는 구조와 그 원리에 관하여 논의한다.

'제8장 내일의 교육을 위하여'에서는 오늘의 교육제도가 당면한 문제, 그리고 학교제도가 자체의 체질과 성장의 방향을 다시 세우는 과제에 관하여 지금까지 질성적 사고를 중심으로 토론해 온 바에 비추어 논의한다. 오늘의 공교육 제도가 안고 있는 내재적 질병의 증후군과 체질적 변화를 요구하는 몇 가지의 외압, 특히 '포스트모더니즘' '지식기반사회' '신자유주의' 등의 사회적 기류와 환경적 변화와 함께 논의한다.

〈참고자료〉

다음의 첨부된 내용은, 이 책의 어디에도 적절한 맥락이 만들어지지 않지만, 아마도 '질성적 사고'의 개념을 이해하는 데 참고해 볼 만한 내용이어서 여기에 제시해 둔다.

공자(孔子)에게서 본 '유사 질성적 사고'
–후시(胡適)의 『중국고대철학사대강』을 참고하여–

오래전 저자가 서울대학교의 현역 (조)교수일 때, 교육사상사 강의를 위하여 공자에 관한 참고자료를 수집한 적이 있다. 그중에서 나는 매우 귀한 책 하나를 보게 되었다. 그 책의 원서는 1919년(중화민국 7년)에 중국인 철학자 후시(胡適)가 쓴 『중국고대철학사대강』의 번역본이었다. 대한교과서주식회사가 1962년에 발행한 이 책은 함홍근, 송긍섭, 민두기 등 세 사람이 번역한 것이다. 공자를 공부할 때 우리는 흔히 『논어』나 『주역』 등을 보게 되지만 그런 책에서는 보기 힘든 내용이 담겨진 연구서였다. 후시는 1891년 상해에서 출생하여 1962년에 대만에서 병사한 철학자이다. 그는 미국에 유학하여 콜럼비아 대학교에서 듀이의 제자로서 프래그머티즘을 공부했고, 1919년에 스승이 중국을 방문하여 약 2년간 머물면서 순회강의를 할 때 수행할 정도로 가까운 사제 간의 정을 유지하였다.

이 책에서 저자 후시는 번역본의 약 90페이지 분량으로 공자를 다루었다. 그 내용으로 중요한 부분은 '역경(易經)'에 관한 것이다. 그는 역경철학을 공부하는 데 있어서 기본개념, 즉 역(易), 상(象), 사(辭)의 개념을 이해하는 것이 무엇보다도 중요하다고 하였다. 간략히 그 요지를 밝혀 보면 다음과 같다.

역경에서 '역'은 변화를 의미하는 것이다. 만물은 모두 일정불변하는 것이 아니고 쉬지 않고 변하는 것이다. 이러한 생각은 참으로 존재하는 것, 즉 실재(實在, real being)는 영원불변하는 것이라고 주장한 고대 그리스의 철학, 플라톤의 철학과는 달리, 오히려 당시대의 헤라클리투스(Heraclitus)와 소피스트들과 같이 변화를 대전제로 한 것이다.

그러면서 역경의 계사전에서는 '역(易)이라는 것은 상(象)이다(易也者象也)'라고 하였다. '상'은 모양, 꼴, 형태를 말한다(당시에는 像자가 없었고 象으로만 나타내었다고 한다). 그 책에서는 역이 원천이 되어 상이 발생한다고 설명되어 있지만, 내가 보기로는 오히려 역(변화)은 상(형태)으로서 설명된다고 이해하면 편한 것 같다. 변화의 과정, 그것은 그 자체로써 지각할 수가 없다. 말하자면, 존재를 드러낼 수가 없다. 어느 이전 시점에서의 형태가 어느 이후 시점에서 다른 형태로 보이게 될 때, 우리는 하나의 변화를 말하게 된다. 이를테면, 형태(상)의 도움이 없이는 변화(역)를 지각하거나 설명할 수가 없다는 것이다. A의 상에서

B의 상으로 바뀌었을 때 우리는 변화를 말하게 된다. 기후나 물가의 변동을 나타내는 도표와 같이 변화 그 자체가 표현되고 인지될 수도 있지만, 그 과정의 도표도 상(형태)을 취할 때 변화를 읽게 할 수 있다.

사물의 변화를 나타내 주는 상(象)은 그것을 지각하는 사람에 따라서 그 내용이 다를 수 있다. 나는 크다고 하는데 다른 사람은 작다고 하고, 나는 예쁘다고 하는 데 다른 사람은 흉하다고 생각할 수가 있다. 나는 맛이 고소하다고 하는데, 다른 사람은 퀴퀴하다고 할 수도 있다. 지각된 상의 내용과 특징을 객관적으로 나타내자면 언어나 기호 등, 즉 의미를 공유하는 방법(수단 혹은 도구)을 필요로 한다. 상(혹은 형태)에 객관적으로 알 수 있는 이름을 붙이거나 언어로 설명해야 한다. 그것이 바로 '말씀 사(辭)'이다.

'역'은 변화 그 자체이고 '상'으로써 감지되며 '사'로써 객관적인 인식의 내용이 된다고 요약할 수 있다. 달리 설명해 보면, 역(易)은 변화의 과정(process) 그 자체이고, 변화의 내용과 특징은 상(象)으로써 어떤 구조(structure, frame)를 나타내며, 사(辭)로써 언어(상징)적 표현(representation, symbol)을 하면 객관적 논의가 가능한 인식의 대상이 된다는 것이다. 실재하는 것은 그냥 역이라고 할 수 있으나, 지각의 대상과 내용이 되는 기본적인 자료는 상이 그것에 해당하고, 객관적인 인식의 내용으로 공유되는 것은 사의 수준에서 이루어진다.

내가 말하고 싶은 것은, 역경에서의 '상의 개념'은 바로 듀이의 질성의 개념, 특히 '편재적 질성'의 개념에 유사하다거나 대응한다고 말할 수 있다는 것이다. 후시는 일반사물의 특성을 말하여 '물상(物象)'이라고 하고, 어떤 상황에 대하여 내 마음속에 지닌 '의상(意象)'이 있고, 모든 상의 원형을 '법상(法象)'이라는 것에 해당한다고 하였다(이 점에서는 플라톤의 이데아와 같은 궁극적 실재를 상정하는 셈이다).

우리가 물리적, 심리적, 혹은 사회적 사물이나 현상을 지각하거나 인식하거나 검토할 때, 우리의 마음이 작용하는 직접적인 대상과 내용은 어떤 상황 속에 있는 질성, 곧 편재적 질성이다. 오히려 상황은 편재적 질성에 의해서 규정되고 특화되고 다른 것으로부터 차별화된다. 이러한 질성은 공자의 역경에서 말하는 '상'이 그 유사성을 나타내고 있다(듀이가 중국을 방문하여 역경에서의 상의 개념을 이해하게 되었다고 생각할 증거는 없다).

'사(辭)'는 상에 대한 이름이고 개념이고 설명이다. 사물을 바르게 설명한다거나 이해한다는 것은 바르게 말하는 것, 즉 '정사(正辭)'이고 이름을 바르게 붙이는 것, 즉 '정명(正名)'과 같은 의미를 지닌다. 공자의 '정명사상(正名思想)'은 사물을 바르게 이해하고 바르게 설명하는 것을 의미하며, 어지럽고 복잡한 것을 하나의 회통하는 원리로 밝혀 깨닫는 것을 '일이관지(一以貫之)'라고 하였다.

왜 교육에 질성적 사고인가

- 기로에 선 자유교육 -

왜 교육에 질성적 사고인가

제1장 왜 교육에 질성적 사고인가
- 기로에 선 자유교육 -

인류의 역사에서 진행된 여러 문명적 변화 속에서 자유교육(自由教育)[1]의 전통은 가장 자랑스러운 유산의 하나라고 해도 좋을 것이다. 자유교육은 다양한 내용과 활동으로 실천된 것이기는 하지만, 적어도 그 자체가 목적하는 바는 인간의 잠재적 수월성을 실현하고, 사회적 필요의 충족과 개체적 인격의 성장을 동시에 가능하게 하는 교육의 제도적 형식과 실천적 활동의 원리이다. 오늘의 문명된 세계는 자유교육을 통하여 계발된 인간 능력이 주도적으로 추구해 온 지식과 가치가 축적되고 가공되고 성장해 온 결과적 산물이라고 할 수도 있다.

자유교육의 개념은 대체적으로 말해서 서양문명의 세계에서 형성되고 발달해 온 것이다. 그러나 고대 중국과 인도를 비롯한 동양권의 전통에서도 일면의 유사성을 보이기도 한다. 특히 기원전 약 500여 년 경부터 형성된 것으로 추정되는 중국의 춘추전국시대에 융성했던 제자백가(諸子百家)의 다양한 사상과 이론이 생산되던 시기로부터 이어진 학문과 교육의 풍토는 그 나름대로 일종의 자유교육적 의미와 특성을 지닌 전통에 속한다고 할 수도 있다. 이러한 자유교육의 개념은 시대와 사회에 따라서 다양한 구체적 활동과 제도로 실천되었으나, 문명사회를 창출하고 주도해 온 교육정신의 '중추적 원리'이며 또한 교육실천의 '중핵적 규범'으로 이해된다.

물론, 인류의 역사 그리고 이와 함께 실천된 교육의 모든 것이 반드시 성공

---

[1] liberal education

적인 결과를 가져다준 것은 아니다. 인류의 전체적 삶은 아직도 충분히 안전하지도 않고 지향하는 가치를 갈등 없이 실현하고 있는 것도 아니다. 그러나 적어도 자유교육을 통하여 인류는 추구해야 할 가치를 선택하고 이를 실현하는 방안을 끊임없이 개선해 온 것이 사실이다. 그 특징은 주로 인간의 사유능력의 계발을 중심으로 발달한 주지적 교육, 즉 지식을 생산하고 전수하는 활동을 제도화한 것이다. 그러나 이 장에서는 자유교육의 전통이 지닌 위세와 규범에 관하여, 특히 오늘의 상황에서도 견고하게 유지되고 있는 주지주의의 관성적 특징을 비판적으로 검토할 시기에 있음을 밝히고, 그 한계와 대안에 관련하여 질성적 사고의 시각에서 논의하고자 한다.

자유교육과 주지적 전통

자유교육은 학교제도의 발달과 함께 자리 잡은 것이며, 학교는 원천적으로 지식을 가르치는 곳이었다. 형식적 의미의 지식은 기본적으로 사물에 관하여 무엇인가를 안다는 것을 의미하지만 주로 언어나 기호 등의 상징적 도구로써 표현된다. 문자가 사용되면서 사물에 대한 서술과 기록이 가능하게 되고 지식에 대한 이해와 검토가 더욱 체계적으로 이루어지게 된다. 문자 등의 상징적 도구에 의해서 서술된 것은 체계적으로 전달되고 보존되고 재생산될 수가 있다. 이런 상황에서 학교와 같은 교육의 제도가 요청된다. 물론 문자와 지식이 발달하기 이전에도 군사적인 목적으로나 생산적인 활동을 위하여 젊은이들을 집단으로 조직하여 가르친 기록들이 있다. 그러나 세계의 지역에 따라서 상당한 차이가 있기는 하지만, 학교는 주로 문자 문명이 자리를 잡고 정보 혹은 지식의 보존과 전달과 재생산을 필요로 하는 시기에 본격적인 발달의 단계에 이르게 되었다.

문자를 가장 먼저 필요로 한 사회적 기관은 통치조직인 왕실과 종교조직인 사원 등이었다. 제후, 국왕, 황제 등의 집무실에서는 통치를 위한 제도와 정책을 공식화하고, 재산과 안전과 산업을 관리하기 위하여 문자를 자유롭게 사용할 수 있는 문사(文士)들을 필요로 하였다. 그리고 종교조직의 사원들도 교리를 정리하여 체계화하고 경전을 개발하여 교세를 유지하면서 이를 전파하기 위하여 문자를 사용할 필요가 있었던 곳이다. 이러한 문자의 필요는 단순히 통치자나 성직자의 측근에서만 있었던 것이 아니라, 그 주변의 통치집단과 종교단체가 문자의 사용을 통하여 정보, 규칙, 사상 등을 공유하게 된다. 종교적이든지 세속적이든지 간에 지배계급은 현실적 필요에서 뿐만 아니라, 사물과 우주에 대한 이해를 비롯한 온갖 이지적(理知的) 욕구의 충족을 위하여 문자를 통한 지식의 개발과 보존과 전달과 재생산을 담당하는 전문적 요원인 문사들이 충원되어야 했다. 문사들은 하나의 사회적 계급을 형성하게 되고, 이들을 전문적으로 양성하기 위한 학교제도는 주로 문자를 사용한 지식교육을 담당하는 기관이었다.

언어는 말할 것도 없고 문자가 없는 상태에서는, 인간이 본래 사고의 능력을 잠재적으로 가지고 있다고 하더라도 사물에 관한 지식을 획득하고 이해하고 심화하고 재조직하는 일은 지극히 제한된 수준에서만 가능한 것일 뿐이다. 언어와 문자는 지식을 성립시키고 그것을 보존하고 활용하고 재창조하는 탁월한 도구이다. 그것이 바로 다른 동물과 구별되는 인간만이 소유한 자연적인 능력이다. 인간은 언어를 사용함으로써 자신의 감정도 표현하고 생각도 정리하며 타인에게 지시도 하고 명령도 내린다. 그것보다 더욱 중요한 것은 언어가 문자와 함께 사물과 세계를 표현하고 이해한 내용을 지식의 형식으로 조직하고 생산한다는 것이다.

아마도 문자를 사용한 애초의 지식은 관조적(觀照的) 특징을 지녔을 것으로 추정된다. 왜냐하면 지식을 객관화하는 언어의 가장 초보적인 기능은 구체적 사물을 표현하는, 즉 그 대상을 지시하는 것이고 그것에 이름을 붙이는 일이기 때문이다. 지식은 있는 그대로를 보이는 대로 바르게 나타낸 것이고 그럴 경우에만 진실을 말하는 것이 된다. 지식은 객관적으로 존재하는 사물에 대응하는, 그 사물을 제대로 관조한, 그리하여 실재하는 바를 참되게 나타내어 주는 표상(表像)으로 만들어 낸 것이다. 이 표상은 사물의 세계를 관조한 사람이 그 사물을 마치 진지한 구경꾼처럼 그려 보인 것이다.

그러나 관조자가 세상을 보는 것은 감각적 기관에만 의존하는 것이 아니다. 거기에만 의존하면 관조의 대상과 내용은 일관성을 유지할 수가 없다. 관조자에 따라서, 혹은 같은 관조자라고 하더라도 사물을 관조하는 시기에 따라서, 그리고 사적인 경험과 사정에 따라서 같은 사물이라도 같은 것으로 이야기되지 않을 수 있다. 그러면 감각기관을 통해서 얻어진 표상의 확실성과 진실성을 신뢰하기가 어렵게 된다. 의심이 발생하면 감각적 표상에만 매이지 않고 그 표상을 소재로 하되 내심(內心)에서 사유(思惟)의 작용이 시작된다. 왜냐하면 생각하는 내용의 일관성이 요구되기 때문이다. 적어도 관조의 내용에 관한 여러 표상과 진술이 서로 모순되지 않고 전체가 일관된 주장이 되도록 엄격하고 정연한 체계를 지녀야 한다. 그리고 이렇게 더욱 확실하고 불변하는 것으로 말할 수 있는 내면적 표상을 찾으려는 체계적인 노력을 진행한다. 만약에 그러한 내면적 표상에 대한 절대적인 확신이 성립하면, 그 표상은 '허상(虛像)'이 아니라 '실상(實像)'으로서 마음속에 자리 잡는다. 사유의 결과는 진리를 보장하는 위치에 있는 것으로 믿게 된다.

그러나 허상은 평범한 일상인들도 가질 수 있는 것이지만, 실상은 특별한 사유의 능력, 즉 이성적(합리적) 능력을 발휘하는 철인(哲人)들만 접근이 가능한 것이었다. 철인들은 아무런 제약 없이 자신의 이성적 능력을 발휘하고 여가를 향유하면서 인간세계와 자연세계를 탐구하는 자유를 소유한 사람들이다. 이러한 사람들의 교육이 바로 원천적인 '자유교육'이다. 이렇듯 자유교육의 사상 그 자체는 발생론적으로 볼 때 귀족주의적 근원을 가지고 있다. 자유인에게는 노예들과는 달리 '여가'를 즐길 수 있는 특권이 있다. 여가는 모든 외부의 요구나 속박에서 자유로울 수 있게 하는 삶의 여유를 의미한다. 거꾸로 말해서 여가를 소유할 수 없는 사람은 엄격한 의미의 자유인일 수가 없다. 플라톤(Plato)과 더불어 자유교육의 진원지라고 할 수 있는 아리스토텔레스(Aristoteles)는 당시에 자유인이면서도 노예들이 해야만 했던 생산 활동에 종사하는 사람들이 있다는 사실에 대하여 매우 안타깝게 여긴 바도 있다. 생산에만 종사하면서 여가를 소유하지 못하는 사람은 자유인일 수가 없기 때문이다. 자유인은 여가의 삶에서 인간의 본연적 능력인 이성을 계발할 수 있고, 그것이 발휘하는 힘, 즉 합리적 능력의 작용을 의미하는 사유를 즐길 수가 있다.

　　노예제도가 없는 민주적 사회에 살고 있는 오늘의 자유인도 역시 남의 의지가 아닌 자신의 의지에 따른 삶을 영위할 수 있는 사람을 뜻한다는 점에서는 다를 바가 없다. 자유교육의 전통을 귀하게 여긴 사상가들은 이러한 자유인은 '합리적 존재'2)일 때만 가능하다고 생각한다. 그들은 교육에 의해서 자유인 곧 합리적 존재가 될 수 있고, 교육에 의해서 그런 존재로서의 삶이 유지된다고 믿는다. 참으로 자유롭고자 하는 사람의 가장 기본적인 교육은 합리적 능력을 도야하고 이에 따른 지성을 계발하는 일이다. 이러한 능력의 도야는 일차적으로 읽고 쓰고 셈하고 생각하는 관조적 사고의 기술을 익히는 일로부터 시작되며, 학습해야 할 기본적인 교과들을 '자유교과'3)라고 일컬어 왔다. 인간의 마음과 지성은 그 자체를 지식과 지혜로 채우고 진리를 획득하고 사상에 통달하는 경지에 이르도록 계발되어야 한다. 그러므로 그들은 특히 철학, 수학, 과학, 역사, 문학 등에 걸친 모든 분야의 중요한 고전을 공부할 필요가 있다. 왜냐하면 이러한 고전들은 인류의 역사에서 수없이 많은 세대를 거쳐 이어져 온 지성이 계발

---

2) 혹은 '이성적 존재', rational being
3) liberal arts

한 내용을 담고 있기 때문이다.4)

동서양을 통하여 가장 체계적인 이론적 바탕 위에 가장 일관된 원리를 주장해 온 교육관으로는 자유교육의 전통에 비길 만한 것이 없다. 자유교육관은 제도적 교육을 시작한 사회적 동기와 목적을 가장 근원적으로, 가장 포괄적으로 보여 주는 고전적 이해 방식이다.5) 물론 그 원천적 의미는 고대 그리스의 지식인 세계에서 연유한 것이고, 사회의 구조와 환경의 변화에 따라서 다소 다양성을 보여 왔지만, 면면히 이어 온 전통적 의미와 가치는 언제나 재음미해 볼 필요를 느끼게 한다. 어떤 의미에서 교육목적론에 관한 논의는 자유교육의 개념을 어떻게 이해할 것인가를 위한 담론이라고 해도 좋을 것이다. 전통적 자유교육론이 '합리적 사고의 능력'을 교육의 핵심에 둔 것은 인류의 교육사에 남긴 위대한 유산임에 틀림이 없다.

주지주의의 위세와 그 함정

우리가 여기서 진지하게 검토해 볼 사항은 자유교육의 근원인 플라톤, 아리스토텔레스 등 고대 서양의 사상가들뿐만 아니라 근대적 사상을 특징짓고 현대에도 여전히 그 위세를 유지하고 있는 주지주의6)의 전통이다. 이러한 대세에 속하는 사상가들은 자유교육의 정신과 함께 인식론적 실재론7)을 기본적으로 상정하고 있다. 말하자면, 인식한다는 것은 존재하는 그대로를 안다는 것이며, 바로 그 앎의 대상은 우리의 마음 밖에, 우리의 마음과는 별개로 존재하는 것이지만, 우리는 존재하는 것을 어떤 모양으로 인식할 수 있다는 것이다. 존

---

4) M. J. Adler, "The Crisis in Contemporary Education" in *The Social Frontier 5, No. 42* (February, 1939: 140-145).
5) 이돈희, 『교육과 정치』(서울: 에듀팩토리, 2016), p. 20.
6) intellectualism
7) realism

재에 관해서든, 윤리에 관해서든, 예술에 관해서든 간에 철학이 탐구하는 주제는 어느 것이나 인식, 즉 우리가 참으로 알고 있는 바의 핵심적 본질에 의해서 정당화되어야 한다. 그러므로 존재와 진리와 지식에 관한 탐구는 성격상 같은 것이었다.

인식론적 실재론과 관조적 지식론을 비판하여 듀이는 '주지주의자의 오류'[8]라고 언급하였다. 그렇지만 자유교육의 중핵을 이루어 온 관조적 지식과 이론은 합리적 사고의 전형으로 인식되어 왔고 인류의 지성적 역사를 주도하는 본류의 위세를 보여 왔다. 우리는 듀이의 비판을 평가하기에 앞서 그러한 위세의 근원은 어디에서 연유한 것인가를 검토할 필요가 있다. 내가 보기로 그것은 이론의 기능적 힘에서 연유한 것이다. '이론'이라는 말은 흔히 '사물' '실천' '현실' 등의 말과 대립되는 혹은 구별되는 단어로 사용된다. 이론은 지식의 가장 대표적인 형식이다.[9] '이론'은 넓은 뜻으로 이해하면 구체적 사물이나 실천적 과정이나 현실적 상황 그 자체가 아니라, 언어나 기호 등의 상징적 수단들을 사용하여 사물이나 활동이나 상황을 표현한 내용과 그 의미를 가리키는 말이다. 가장 넓은 의미로서는 언어 혹은 기호로써 어떤 대상을 '서술적으로' 표현한 모든 것이 이론의 범주에 속한다. 좁은 뜻으로 말하면, 이론은 그러한 표현들이 어떤 규칙에 의해서 조직되어 있는 체제를 가리키고, 그 대상은 구체적인 사물이거나, 신체적 활동이거나, 마음의 상태이거나, 어떤 허황한 공상적 내용이 되기도 한다.

미국 프래그머티즘의 최초의 철학자인 퍼스(Charles Sanders Peirce)의 기호학을[10] 빌려 설명하면, 언어나 상징수단을 포함한 기호(S)는 그 자체가 아닌

---

8) Dewey, "The Postulate of Immediate Empiricism" in *Journal of Philosophy, Psychology, and Scientific Methods* (1905, 2: 393-399). Reprinted in *MW 3: 158-167.*
9) '이론의 힘과 그 함정'에 관한 더욱 상세한 논의의 내용은 이돈희, 『교육적 경험의 이해』 (서울: 교육과학사, 1993), pp. 85-94에서 참조.
10) semiotics

어떤 대상(O)을 가리키고 그 기호와 대상의 관련성을 해석하는 의미(I)[11]가 성립한다. 기호(S)로는 물건, 구름, 광경, 이야기, 학설, 사상 등 우리가 생각할 수 있는 대상(혹은 내용, O)이라면 어느 것이든지 가리킬 수 있다. 무엇인가를 가리키는 기호는 반드시 우리가 사용하는 언어를 비롯하여 안내표, 깃발, 표지판 등과 같은 상징적 수단만이 아니라 무엇인가를 가리키는(나타내는) 수단 혹은 도구의 기능을 하는 모든 것이 이에 해당할 수 있다. 기호(S)와 대상(O)의 관련성을 밝혀 주거나 해석하는 바가 의미(I)에 해당한다. 그런데 그 의미(혹은 해석)는 다시 그 자체로서 기호가 된다면 거기에 또 다시 의미의 의미가 있을 수 있고, 이와 같이 의미의 확장 혹은 분기현상은 끝없이 진행될 수가 있다.

여기서 편의상 분기현상에 의한 의미를 '분기된 의미'라고 한다면, 이러한 의미는 그 기호(S)를 사용하는 사람이 대상(O)의 형태나 구조나 속성이나 상태 등을 내용으로 하여 자유롭게 의미(I)를 부여할 수가 있다.[12] 그러면 그 기호(S)는 부여된 의미의 내용(I)을 자체에 싣고서 온갖 방식으로 사용된다. 그러나 그 내용의 본연적 실체(O)는 객관적으로 존재하는 그대로 남겨 두고, 상징적 수단 그 자체의 기능적 내용인 의미(I)는 본래의 사물로부터 떠나 버릴 수가 있다. 우리의 머리와 마음이 하는 활동(기능)은 상징적 수단에 실린 내용만을 조작하면서 실체적 대상을 상상적으로 묘사하거나, 변화를 가하거나, 어떤 특징으로 장식할 수도 있게 된다.

가령, 내가 백화점에서 예쁜 탁상시계 하나를 보았다고 하자. 내 앞에는 아무런 시계(S)가 없지만 내가 본 시계(O)를 마치 내 책상 위에 놓아 둔 것처럼 마

---

11) S: sign, O: object, I: interpretant
12) 퍼스는 다만 과학적 연구에서 사용되는 개념을 정의할 때, 그 개념(기호)이 의미하는 바는 그것이 사용된 경우에 가져오게 되는 총체적인 가설적 결과를 기술한다는 것이었다. A의 '견고함'은 그것을 어떤 물체나 대상 B를 긁었을 때 A는 변하지 않고 B에 상처를 내는 결과(현상)를 가져온다는 것을 의미한다. Charles Hartshorne and Paul Weisse, eds. *The Collected Papers of Charles Sanders Peirce, 6 Volumes* (Cambridge, Mass.: Harvard University Press, 1931-1935), 5.412; 5.483.

음속으로 생각하여 이런 것(I)이라고 그려 볼 수 있다. 지금으로서는 전혀 볼 수도 없고 만질 수도 없는 그 시계를 상상으로 여기저기에 놓아 본다. 그 시계에 관해 가족들과 함께 이야기하면서 언제라도 내가 백화점에 가서 그 시계를 사고야 말겠다고 결심하기도 한다. 이와 같이 이론은 우리로 하여금 자유로운 가상적 조작을 가능하게 한다. 이러한 가상적 조작의 가능성이 바로 이론으로 하여금 실제와 유리될 수 있게 하는 원인이 된다.

그러나 자유로운 가상적 조작은 바로 '이론의 힘'을 생산한다. 이론은 실제의 구체적이고 복잡한 현장을 그대로 두고 실제의 상황을 상상적으로 조작한다. 그만큼 실질적 조작 행위를 단순화하고 경제적이게 한다. 하룻밤에 초가삼간의 집을 몇 채나 짓는다는 말이 있다. 우리의 마음은 이론과 더불어 있을 때 실제의 복잡하고 무질서한 상태를 정연한 논리적 체제로 바꾸어 놓을 수 있고 상상적 자유를 제대로 향유할 수 있다. 그리고 이와 같이 자유로운 상상적 조작에 의하여 어떤 대상을 가상적 공간에서 체계적으로 처리해 낸다. 그것이 바로 이론의 힘이다.

이론 혹은 그것을 구성하는 언어적·상징적 표현(S)은 어떤 대상물(O)에 대한 '이름'이다. 구체적 물체이거나, 사물의 속성이거나, 위상적(位相的) 관계이거나, 마음이 작용하는 방식이거나, 행위 혹은 동작의 특징이거나, 의식의 과정에 떠오른 순수한 형식적 관념이거나, 그 어느 것이거나 간에 이론은 어떤 대상물을 나타내 주는, 즉 그것에 '이름'을 붙인 것이다.13) 그 이름이 나타내는 것은 '기와집'이라는 단어와 같이 단순한 물체의 명칭일 수도 있고, '국가'와 같이 하나의 제도적 구조와 기능을 가진 대상일 수도 있으며, '평화'와 같이 어떤 추상적 상태일 수도 있다. 단순히 낱개의 개념일 수도 있고 복잡한 이론일 수도 있다. 즉, 그것은 구체적 사물이나 실제의 과정 그 자체의 전부일 수도 있

---

13) 이와 관련하여 이 책의 서장 말미에 첨부한 "공자(孔子)에게서 본 유사 질성적 사고"라는 내용을 참고해 볼 필요가 있다.

고, 그 대상이 어떤 범주나 차원의 도움을 받아 우리가 인지한 혹은 의식한 어떤 특징을 추상화한 내용일 수도 있다.

그러나 이론은 그것의 도움으로 마음이 자유를 누린 정도에 비례하여 실제와의 관계가 멀어질 수도 있다. '붉다'라는 말은 특정한 색깔을 지칭하는 것으로서 그 색깔의 속성을 지닌 꽃이나 천이나 물감 등의 사물을 구체적으로 관찰하기가 어렵지 않지만, '정의롭다'든가 '고매하다'든가 하는 말은 구체적이고 실물적인 대상을 연상하기가 매우 어렵다. 추상화한 정도가 높을수록 그리고 조작의 자유를 누린 정도가 높을수록 이론은 구체적인 실제와 거리를 두게 된다.

이론적 설명의 경우에 사물에 대하여 작용하는 설명력의 범위(외연)는 클 수 있으나 나타내는 대상의 특징적 내용(내포)의 즉시성은 떨어진다. '교육기관'이라는 이름은 초등학교, 중학교, 대학교 등의 이름보다는 더욱 추상적인 의미를 담고 있고 언급하는 설명의 범위는 넓지만 그것이 나타내는 구체성은 떨어진다. 또한 실천적 활동의 경우에 포괄성은 있으나 실질적이고 구체적인 과정을 제시하기에는 모호성이 있다. '경제속도로 달린다'는 말은 어디에서는 시속 50킬로미터로 달린다고 말하는 것보다는 실제로 행하는 규칙의 포괄성은 높으나 구체적으로 준수해야 하는 규칙으로는 모호하다. 그리고 의사표현의 경우에 공감대는 넓으나 절실함은 줄어든다. 예컨대, 오늘 발표한 노래는 '천재적 성악가'의 노래로 평가를 받아야 마땅하다는 추상적 언급에 동의할 수는 있으나, 2000년대에 발표한 어느 누구의 노래보다도 뛰어난 가창으로 평가받을 수 있다고 말하면 동의하기가 어려운 경우도 있다.

그러나 전통적으로 이론은 교육내용의 대종을 이루어 왔다. 그것은 이론이 본질적으로 지니고 있는 힘의 교육적 가치 때문이기도 하지만, 이론의 힘에 의해서 형성된 사회적·정치적 힘이 미친 결과이기도 하다. 이론과 교육과 문사는 문명의 중추적 힘을 생산해 왔지만, 이론적 방법의 힘은 전통적으로 귀족계급의 사람들이 행사해 왔던 힘이다. 그리고 학교제도가 귀족계급의 사람들에 의해서 창안되고 운영되면서 그들의 생활과 무관한 기술적인 혹은 생산적인 활동은 교육의 내용에서 부차적인 것으로 밀어내고, 이론은 그 자체의 가치로서 가르치고 전달하고 탐구하는 전통이 만들어졌다.

　그리고 이론적 지식의 성격과 그것의 교육적 가치는 지식의 원천과 근거를 밝히는 철학적 사유, 즉 인식론의 발달과정에서 체계적으로 규명되고 검토되었다. 그러나 인간 경험의 비이론적 차원의 능력과 기술은 제도적 교육기관의 일차적 관심의 대상에서 제외되어 왔다. 다만, 비형식적이고 사적인 도제교육의 형태로 전수되고 있을 뿐이었다. 18세기의 후반에 종합기술학교14)가 출현하고 '백과사전학파'가 활동하면서 기술공학이 발달하기 시작한 그 이전까지만 하더라도 그것의 교육적 가치는 관심의 밖에 놓여 있었다. 그리하여 지식을 다루는 교육활동에서 언급되는 경험도 인식론적 관심 영역 속에서만 이해되었고, 관조적 지식관의 영역 밖에 있는 경험의 총체적 특성과 의미는 교육이론에서 일차적인 관심의 대상이 되지 못하였다. 결과적으로 지식은 인간이 실질적으로 경험하는 것 중에서 부분적인 것에 해당하는 인지적 내용에 제한되고 지식 중심의 교육은 인간의 경험세계를 이지적15) 차원에로 한정시켜 버렸다.

　이와 같이 경험의 총체성으로부터 분리시켜 인식된 이론의 힘은 때로는 의도적으로, 때로는 우연적으로 사회적 힘의 체제를 유지하기 위한 도그마를 생산하거나, 그것을 정당화하는 데 봉사하기도 하였다. 이론은 본래 사물이나 인간의 행위가 지니고 있는 특징을 추상화한 결과의 것이지만, 그것이 실제의 구체적 사물과 영원히 결별한 상태에서 현실적 삶의 과정을 초월해 버린 상상의 세계를 자유롭게 전개하기도 하였다. 추상적 원리의 논리적 완전성에 기초하여 그것을 순수한 질서의 세계 혹은 완전한 세계로 미화시키거나 신성화함으로써 현실세계의 지배를 위한 도그마를 생산한 것이다.

---

14) polytechnic schools
15) intellectual

이론적 경지에서 우리는 실제적 경험의 내용을 고도로 추상화하면 순수하게 형식적인 관념의 수준에 도달할 수 있고, 그 경지에서는 모순과 결함이 없는 완벽한 체제를 형성하는 것이 언제나 가능하다. 마치 건축 설계자는 자신이 원하는 것이면 고도로 복잡하고 화려한 건축물이라도 상상의 힘으로 완벽하게 설계할 수 있는 것과 같다. 이와 같은 완벽성은 불안정하고 변화하는 조건 속에 살고 있는 인간들에게 세계의 '이상적 모습'을 제공한다. 그러한 세계에 대한 선망과 동경은 결국 도그마를 정당화하고 수용하는 의식의 바탕을 생산하였다. 이러한 도그마는 이론이 사물의 이해와 설명을 위한 방법으로서의 역할을 더 이상 감당할 필요도 그 여지도 없게 한다. 도그마가 된 이론은 방법으로서가 아니라 실재 그 자체를 대신하는 자리에 있게 되면, 그 이론은 자체로서 '실체화'16)에 이르게 된 것이다. 즉, 그러한 이론적 체제가 바로 실체로서 존재하는 것으로 인식된다.

실체화된 이론은 인간의 이성에 의해서 관조된 내용이라고 평가되면, 이성에 의해서만 도달할 수 있는 것이 되고 이성은 오직 이러한 이론에만 작용하는 것으로 규정된다. 그리하여 실체화된 이론은 마음에서 이성이 작용하는 영역을 감성이나 의지나 행동이 작용하는 영역과 별개로 존재한다고 구별하고, 이성의 작용을 의미하는 사고는 오직 이론의 경지에서만 의미를 지니는 것이 된다. 그 결과, 이론과 무관하거나 그것과 거리가 먼 마음의 작용이나 삶의 과정은 그만큼 저속하거나 비천하며 덜 자유로우며 수월성을 잃은 것으로 평가된다. 전통사회에서 볼 수 있는 사회의 계급적 분화와 유지도 상당한 정도로 이러한 이론적 내용을 중심으로 하여 실시된 교육의 제도적 운영에 의존하였다. 또한 실체화된 이론은 인간의 경험을 인위적으로 구획하고 교육에 의한 성장의 척도를 문사들이 지니는 이지적 차원으로 일원화시키는 데 영향을 주었다.

그러나 사고는 결코 이론적이기만 한 것이 아니다. 화가가 그림을 그릴 때,

---

16) hypostatization 혹은 reification

악사가 악기를 연주할 때, 공예가가 작품을 만들 때, 축구선수가 공을 찰 때, 농부가 밭을 갈 때, 요리사가 조리를 할 때, 광대가 줄을 탈 때, 그들은 손발을 움직여 실천하는 비이론적인 활동에 종사하지만, 적어도 일차적으로 이론 그 자체가 아닌 실제적 상황에 대한 고도의 체계적인 사고를 한다. 이러한 비이론적 사고는 고도로 전문적인 수련을 거친 의사, 엔지니어, 체육인 등이 그들의 직업적 과업을 수행하는 과정에서도 유사한 활동을 상당한 정도로 보여 주고 있다. 뿐만 아니라, 사업가, 정치가, 법률가, 교육자 등도 정도의 차이는 있지만 그들이 성공적인 과업을 수행하기 위해서는 비이론적 활동에서 집요하고 탁월한 사고력을 발휘하여야 한다.

　많은 경우에 우리는 언어나 기호 등의 상징적 수단의 도움을 받는 이론적 사고에 매몰되기도 하지만, 그러한 상징적 수단의 도움을 받지 않고 사물 그 자체의 특징들을 직접적으로 다루면서 조직적인 사고, 때로는 매우 정교하고 엄격한 사고에 몰입하는 경우는 얼마든지 있다. 이와 같이 비이론적인 상황에서 심도 있는 사고에 몰입한다는 것은 거기에 지력의 활발한 활동이 진행됨을 의미한다. 그러한 지력은 특성상 본질적으로 이론적 사고에서 작용하는 지력과 별개의 것이 아니다. 이론적 사고에서 사용되는 상징들의 의미로서 담겨진 내용도 원천적으로는 그러한 사물의 특성들로부터 출발하여 추상화의 과정을 통해서 이론화된 것일 뿐이다. 예컨대, 만유인력의 법칙이나 낭만주의의 의미나 민주주의의 원리나 모두 고도의 추상적 개념이지만, 이러한 개념들은 발생론적으로는 순수한 관념적 세계에서 형성된 것이 아니라 우리의 구체적이고 일상적인 경험의 내용에서 시작하여 추상화의 과정에서 형성된 것이다. 사실상 이론적 사고라는 것도 인간의 마음이 이론적 상징들을 다룰 때, 특히 과학적 설명의 경우에 실제적 사물에서 완전히 떠나서 전개될 수 없는 경우가 많고, 고도로 추상적인 과학적 법칙도 비록 실제와 무관한 것 같지만 구체적인 대상이 추상화의 긴 여정을 거친 결과일 뿐이다.

그리고 이론적 사고가 이성의 힘에 의해서 진행되고 이성은 이론적 사고에서 더욱 활발한 형식적인 활동을 한다고 하더라도, 그것은 마음의 다른 부분들이 전체적으로 휴식의 상태에 있고 오직 이성만이 독립적으로 활동하는 상태를 의미하는 것도 아니다. 이론적 사고에서도 고뇌가 있고 희열이 있으며 신체적 피로나 생동감이 함께하고 있다. 비록 고도의 이론적 사고라도 그 소재가 이론적인 것일 뿐이지 그것의 실제적 과정은 마음의 총체적 움직임이다.

우리가 흔히 체계적인 사고라고 말하면, 그 전형적인 것으로서 논증기하학이나 형식논리학에서 볼 수 있듯이 전제에 해당하는 명제가 있고 거기서 도출된 결론의 명제가 추리의 형식적 단계를 거쳐 증명되는 것을 생각할 수 있다. 증명의 형식적 절차에 따라서 이론적 전제로부터 출발하여 논리적 결론에 도달하는 과정은 그야말로 형식적 사고의 규칙을 완벽하게 적용한 엄격한 사고의 절차이기는 하다. 매우 난해한 수학문제를 풀어야 하는 대학의 수험생은 한 단계 한 단계씩 나아가지만 단계와 단계 사이에 진행되는 실질적 사고의 내용은 기호나 수식으로 나타나지 않는다. 단계별로 나타난 수식들은 그때그때 진행된 사고의 결과를 형식적 기호로써 나타내는 것일 뿐이다. 그 절차가 바로 마음의 활동이 진행된 총체적 과정 그 자체는 아니다. 논리적(형식적) 연결은 마음의 움직임으로 가능하게 된 것이지만, 형식적·절차적 단계의 각각 그 자체는 그때그때 정리된 사고의 결과이지 사고의 과정이 아니다. 증명을 위한 마음의 활동이 진행된 과정은 이론적·상징적 수단에 의해서 전제와 결론으로 '보고한' 것이거나 구별된 것일 뿐이다.

이러한 마음의 활동은 경험의 전체적인 체제와는 임시로 혹은 영구히 분리해서 진행될 수는 있지만, 마음과 경험의 과정과 그것의 역사 속에 있을 때만 그 실질적 의미를 지니는 것이다. 만약에 전혀 있을 수 없는 일이지만, 만약에 그러한 역사와 상황을 떠나서 이론적 사고를 진행하는 마음의 활동이 있다면, 그것은 문화적 진공 속에서 혹은 별로 의미도 없는 잡다한 무의미한 재료를 내용으로 하는 공허한 놀이에 불과한 것이다. 아니면, 아직 세상에서 유의미한 담론을 형성할 수준의 것이 아닌 일종의 사사로운 '방언', 혹은 적어도 당장에는 검증을 기대할 수 없는, 그래서 허황한 '천재적 발상'일 수는 있다.

진리나 확실성을 추구하는 이론은 본질적으로 경험적 실제와 분리되는 것이 아니다. 분리된 이론은 경험의 단면만을 두고 생각한 결과적 산물이거나 실제적 사물들의 추상화 과정에서 생긴 혼란으로 인하여 다시 구체화하는 '귀로(歸路)'를 잃어버린 것이다. 이론이 지니는 실제적인 힘은 그 귀로를 되찾을 때 성립된다. 그 귀로가 악의에 의해서 의도적으로 조작될 때 이론은 횡포의 수단이 되고, 그 귀로가 나태하거나 성급한 사람들에 의해서 환상적으로 제시될 때 이론은 미신이 되며, 그 귀로가 맹목적으로 규정될 때 이론은 우상이 된다.

탐색적 지식과 질성적 사고의 요청

지식에 관하여 '보는 사람의 이야기'로 비유할 수 있는 관조적 지식의 개념 대신에 '탐사자의 이야기'와 같은 탐색적 노력의 개념으로 이해할 수도 있다. 듀이는 특히 후자에 특별한 관심을 두었다. 탐색적 노력의 목표는 사물의 본질에 관한 어떤 (관조적) 그림을 완성하는 것이 아니라, 지력을 동원하여 탐색의 목적인 문제의 해결에 도달하는 것이다. 그러나 탐색적 지식은 결론적인 것이 아닌, 보다 나은 해결의 방법을 추구할 여지를 두고 있는 잠정적인 의견 혹은 주장일 뿐이다. 오류의 가능성이 항상 존재하기 때문이다. 말하자면, 단정적인 최종의 결론으로 주장하면 언제나 다른 주장과 배타적으로 대립하게 되지만, 잠정적인 문제해결의 방안은 더욱 효율성이 높은 방안을 언제나 대기하는 열린 마음으로 임한다. 해결의 방법을 한 가지로 고집하지도 않고 다원적으로 허용한다.

그러면 탐색적 지식의 경우에 '진리'의 의미는 어떻게 되는가? 진리를 말하는 것과 확실성의 정도를 말하는 것은 다르다. 어떤 명제의 진리 여부는 결론적으로 진실과 허위의 결정적인 판단을 요구한다. 그러므로 한 명제에 대한 신념은 진실이 아니면 허위에 해당한다. '지구는 둥글다.'라는 명제의 진실 여부는 지구가 둥글거나 그렇지 않거나 어느 하나로 판단되어야 한다. 그러나 어떤 명제의 확실성의 여부는 확률적으로 상대적 판단을 허용한다. 예를 들어, 암 환자의 진료를 맡고 있는 의사는 그 암의 원인이 무엇이라고 밝히는 진단이 절대적으로 확정될 때까지 기다리기보다는 가장 확실하다고 판단되는 가설적인 원인의 진단에 의해서 몇 가지의 안전한 처방과 대책을 시도해 본다. 만약에 질병이 완화되었다면 진단한 내용이 적어도 부분적으로 암의 원인에 관련이 있을 것이라는 추정을 할 수 있고, 완전히 치유가 가능했다면 가설적이었던 원인의 진단은 문제해결에 가장 효율적인 지식으로 확인될 수 있다. 만약에 다른 방법이 기술적으로 더욱 덜 복잡하고 비용이나 시간도 줄일 수 있다면 이것 역시 탁월한 문제해결의 방법이고 이러한 가설적 진단은 더욱 효율성이 높은 지식이 된다.

이런 경우에 지식의 확실성은 도구적(道具的) 효율성으로 말하게 된 것이다. 지식의 의미를 진위적(眞僞的) 확실성의 여부로 규정하기보다는 도구적 효율성의 정도로 규정한 것이다. 도구적 효율성이 매우 낮은 가설 혹은 처방이거나, 처방의 과정에서 우연히 발견되는 부작용과 같은 것도 특정의 문제해결에 직접적인 도움이 되지는 않아도 그것이 지니는 효율성의 정도만큼 유용성을 말할 수도 있다. 이러한 원리가 바로 프래그머티즘의 지식론을 일컬을 때 흔히 '도구주의'[17]라고 하는 이치이다. 어떤 신념 혹은 명제가 도구적으로 유용하기 때문에 진리라는 것이 아니라, 도구적 유용성만큼 확실성의 정도를 말할 수 있다는 것이다.

---

17) instrumentalism

듀이는 자신의 탐색적 방법을 '명시적 경험의 방법'18)이라고 하였다. 탐색적 방법으로 지식을 획득하는 방법은, 무엇보다도 먼저 당면한 상황에서 발생한 문제의 성격을 개념화하여 의미를 명료하게 규정하고, 다음에 문제의 해결을 위한 가설적 방안들을 분석하여 검증을 위한 탐색을 거쳐 밝혀진 결과가 확인되면 그것을 다시 본래의 맥락 속에 되돌려 검토한다는 것이다. 그렇지 않으면, 우리는 분석과 탐구의 결과로 확인된 그대로가 우주 혹은 자연에 있는 구성 요소라고 단정해 버릴 수 있다. 그러면 거기에 우리 자신의 관심사가 얼마나 작용했는가는 무시해 버린 것이다. 바로 '주지주의적 오류'를 범하는 결과를 가져온다.19)

우리가 어떤 삶을 영위하느냐에 따라서 해결을 요구하는 상황은 수없이 다양하다. 문제상황은 신체적 안전에 위협을 받게 된 상태와 같이 당장의 해결을 재촉하는 절박한 상황일 수도 있으나, 삶의 의미를 두고 끝없는 물음으로 추구하는 인생의 행로 그 자체일 수도 있다. 그것은 고도의 이론적 가설을 검증하기 위하여 실험에 몰두한 물리학자의 과학적 상황일 수도 있고, 시적(詩的) 영감을 표현하기 위하여 어휘를 구하고 있는 시인의 문학적 상황일 수도 있으며, 심미적 감정의 표현을 위하여 재료의 선택을 두고 고민하는 조각가의 예술적 상황일 수도 있고, 집단 간에 상반된 이해관계를 조정해야 하는 지도자의 정치적 상황일 수도 있다. 그리고 그것은 한 사상가의 체계가 지닌 이론적 모순을 분석하는 철학자의 비판적 상황일 수도 있고, 경제성과 실용성을 동시에 만족시키는 건물을 설계하는 건축가의 공학적 상황일 수도 있다. 문제상황은 일상적인 인간의 활동, 적어도 어떤 목적지향적인 과정에서 수없이 경험한다. 우리는 그 상황을 의식하고 있을 수도 있지만, 어느 순간에는 무의식 상태에서 모르는 사이에 거기에 몰입되어 있을 수도 있다. 점진적으로 의식될 수도 있고, 갑자기

---

18) denotative-empirical method
19) '명시적 경험의 방법'에 관해서는 제5장에서 더욱 상세하게 논의하게 된다.

어느 순간에 의식되기도 하고, 얼마나 오랫동안 자신의 생활 속에 잠복해 있었는지를 알지 못할 정도로 묵은 것도 있다. 문제상황의 해결은 인간의 한 구체적 행위가 반드시 종결되었다는 것을 의미하는 것도 아니다. 그것은 오히려 새로운 사건의 시작이며 또한 새로운 문제의 발생을 뜻할 경우도 있다.20)

우리가 듀이의 편에 서지 않고 비교해 본다면, 관조적 지식과 탐색적 지식의 중요한 차이는 지식을 추구하는 동기에서 비롯된 것이기도 하다. 관조적 지식은 객관적으로 존재하는 세계를 설명하고 이해하는 데 일차적 관심을 둔 것이라면, 탐색적 지식은 우리의 일상적 경험에서 자연적으로 직면하거나 의도적으로 구성하는 문제를 해결하려는 데 일차적 의도를 둔 것이다. 관조적 지식의 본질적 요구는 진리를 밝히는 데 있고, 탐색적 지식의 요구는 문제를 해결하는 데 있다. 관조적 지식의 동기와 목적은 세계와 사물을 이론적으로 규명하고자 하는 것인 데 비하여, 탐색적 지식은 일상적 경험에서 발생하는 문제들을 포함하여 세계와 사물이 제공하는 경험의 질성적 상황에서 그 동기와 목적이 발생한다.

물론 이 두 가지가 서로 무관한 것은 아니다. 세계를 설명하고 이해하고자 하는 지식이 진리의 개념에 비추어 어느 수준에 도달해 있느냐를 판단할 수 있으면, 그것에 따라 우리는 경험 세계의 많은 문제를 해결할 수 있다. 뉴턴의 사과 이야기와 같이 일상적인 평범한 문제 혹은 고도의 관념적인 문제의 해결에 도달하면, 그 자체가 세계의 질서와 구조를 설명하고 이해하는 사고의 틀이 될 수가 있다. 진리를 말하는 것과 문제를 해결하는 것의 어느 것이 우선적 관심이 되느냐보다는, 우리가 세계를 설명하거나 문제를 해결하려는 노력은 그 자체가 모두 사고의 과정이라는 것이다. 단지 게임으로서의 실질적인 목적과 진행하는 규칙에 차이가 있을 뿐이다. 그러므로 오히려 중요한 것은 인간의 사고, 즉 '생각한다'는 것의 성격과 특징을 검토해 볼 필요가 있다는 것이다.

---

20) 이돈희, 『교육정의론』 (서울: 교육과학사, 1999, 수정판), pp. 483-484.

　듀이는 사고의 개념을 자신의 경험이론의 맥락에서 설명하기를, '하나의 막연한 상황을 효율적으로 통제하고 조정함으로써 잡다한 구성요소들과 이에 관련된 것들을 명료하게 정리하여 애초의 요인들을 하나의 전체로서 통일체가 되도록 전환시키는 과정'이라고 하였다.21) 그 특징을 정리해 보면, 사고는 그 자체로서 일종의 행위이지 하나의 특별한 기능적 힘을 의미하는 것은 아니며 어떤 활동으로 이어질 성향을 지닌 것이다. 그런 점에서 사고는 활동 혹은 행위에서 보여 주는 동태적 특징을 수식하는 일종의 형용사적인 (혹은 더 정확히는 부사적인) 의미를 지닐 뿐이지 어떤 실체를 나타내는 명사적인 의미를 지닌 것은 아니다.22) 그것은 불확실한 상황이 주어졌거나 발생하여 그것을 확실한 상황으로 변환시키려는 마음의 시도이다. 즉, 백일몽이나 일시적 관심에 빠지는 임의적인 동기에 의한 것이 아니라, 어떤 불확실한 상황을 확실하게 전환시키려는 의도적인 노력의 양상으로 진행된다. 아직은 구체적인 행동으로 옮기는 단계에 있지 않고 구체적 행위를 미루고 있는 탐색적 수준의 상태이지만, 명시적이고 구체적인 활동과는 무관한 것이 아니다. 즉, 사고는 전적으로 경험의 한 부분에 속하며, 객관성을 지닌 구체적 활동으로 표출되기도 한다. 또 하나의 특징으로 사고는 현재 진행되고 있는 것에 관한 것이지만 그것으로 끝나는 것이 아니라, 시간과 공간을 달리한 상황에서도 어디든지 드나들고 영향을 미칠 수 있다는 것이다.23)

　전통적으로 관조적 지식을 사고의 전형으로 여겨 온 것은 먼저 어떤 대상(혹은 세계)을 인식한 연후에 관련된 경험을 언급해 왔기 때문이다. 예컨대, 플라톤은 『국가론』에서 이데아를 인식하는 철인왕이 다스리는 정의로운 상태를 설정

---

21) Dewey, *Logic: The Theory of Inquiry* (New York: Henry Holt & Company, 1938), pp. 103-104.
22) Dewey, *Experience and Nature* (Chicago: Open Court, 1925); Reprinted as *John Dewey, LW 1925~1953, vol. 1: 1925*, p. 62.
23) 위의 책, p. 212.

하고 그러한 국가를 만드는 과정을 경험적 수준에서 설명하였다. 그러나 어떤 대상을 공식이나 수식이나 설명의 틀과 같은 상징적·형식적 체제로 전개하지 않고, 사고를 우리의 마음이 실제적으로 활동하는 그대로 이해한다면, 그러한 활동은 상징적 매체들보다는 사물 혹은 상황과의 관계에서 감지되는 질성들을 직접적으로 다루게 된다. 관조적 지식도 그 내용으로 질성들을 포함한다고 할 수 있으나, 그 내용은 우리의 마음이 직접적으로 감지하거나 성립시킨 즉시적 경험의 내용이 아니다.

듀이는 질성적 사고의 가능성을 두고 이렇게 말했다.

> 문제의 요지는 바로 이것이다. 우리가 직감할 수 있는 질성, 또한 (어떤 상황을) 지배하고 거기에 편재하는 질성이 존재한다는 것으로 그것은 바로 모든 사고의 배경이 된다. 즉, 모든 사고의 출발점이 되고 모든 사고를 규제하는 원리가 된다.[24]

듀이가 제시한 즉시적 경험의 내용에 관한 질성으로는 두 가지 수준의 것이 있다. 하나는 '감각적' 질성이고, 다른 하나는 '편재적' 질성이다. 감각적 질성은 17세기 영국의 경험주의자들이 말하는 감각자료와 거의 같은 것으로 볼 수도 있겠으나, 감각자료[25]와는 성격과 기능에 있어서는 분명한 차이를 보인다.

아마도 가장 손쉽게 확인할 수 있는 것이라면 감각적 질성은 시각, 촉각, 청각, 미각, 후각 등의 기관을 통하여 지각하는 자료, 즉 색깔, 소리, 촉감, 맛, 냄새 등이다. 이러한 질성들은 다른 어떤 매체의 도움을 받지 않고 즉시에 지각할 수 있는 것들이다. 그러나 질성이라는 것이 감각기관을 통하여 획득한 자료, 즉 감각자료만으로는 사물을 탐구하고 이해하는 데 크게 도움을 주지 못한다.

---

24) Dewey, "Qualitative Thought" *in Philosophy and Civilization* (New York: Minton, Balch & Company, 1931), p. 116.
25) sense data

다만, 상황을 감지하고 호기심을 자극하지만 관찰이나 탐색의 경지로 이끌지는 못한다. 모든 동물은 감각적 수준에서 여러 가지의 질성을 지각할 수 있으나, 이미 익숙한 것을 다시 지각하는 것일 뿐이다. 그러나 인간은 단순히 질성을 감식하는 수준을 넘어 그 질성에 능동적으로 반응하면서 그것이 자신에게 유의미한 것이 되도록 한다. 즉시적 경험의 내용이 되는 질성들을 소재로 하여 전개되는 사고를 '질성적 사고'라고 한다면, 물론 우리의 사고가 그 수준에서 종결되는 것은 아니다.

질성에 의미를 부여하는 데는 적어도 두 가지의 반응이 부수된다. 하나는 관찰의 작업이고, 다른 하나는 언어, 기호 등의 상징적 수단을 마련하는 것이다. 우리의 마음이 직접 관찰하여 다루는 질성들로 사고의 진행이 끝나는 것이 아니라, 상징적 매체인 언어와 기호를 도구로 사용하여 그 질성들을 사고의 간접적인 내용으로 삼을 수 있다.

그러나 관찰은 백지에 글씨를 쓰듯이 질성을 그냥 수용하기만 하는 피동적인 인지의 수준이 아니라, 그 질성이 생산적인 결과에 연결되도록 하는 능동적인 탐색의 과정이다. 이러한 맥락에서 보면, 질성은 본래 잠재적으로 탐색적 관찰에 유용하게 사용될 수 있을 정도의 유의미성을 지니고 있었고, 생산적인 결과와 연결되면 제대로의 의미를 지니게 된다. 그 과정에서 우리가 무엇인가를 인지하면 그 인지한 바를 가지고 새로운 탐색의 과정에서 사용한다. 그러나 인지된 감각적 자료, 예컨대 모양, 소리, 냄새, 촉감 등 그 자체로서는 덧없는 것이어서, 비록 개별적으로 변별하고 기억할 수는 있으나 서로 소통하는 내용으로 유지되기가 어렵다. 여기에 언어 혹은 기호 등의 상징적 수단의 도움이 요구된다.

앞서 언어와 기호 등의 상징적 수단들이 우리의 사고를 풍요하고 체계적이게 하는 역할을 하지만, 그 수단들에 의해서 이론이 개발되는 과정에서 자칫 우리의 경험과는 크게 이탈되면 검증이 불가능한 도그마를 생산할 수 있다는 것을 검토한 바가 있다. 그러나 그러한 상징적·이론적 수단이 지닌 도구적·기능적 힘을 완전히 폐기해 버릴 필요는 없다. 상징적 수단들은 질성적 사고와 이론적 사고를 연계하여 우리의 형식적 사고와 체계를 발전시키면 질성들을 담는 유용한 그릇이 된다. 언어의 도움을 받음으로써 질성은 그 자체로서만 아니라, 자체를 대신하는 상징적 수단이 내포한 의미의 체제가 질성의 변별과 기억과 소통의 내용을 제공한다. 예컨대, '붉은' '새소리' '향기' '부드러운' 등의 단어들은 감각적 자료 그 자체를 대신하여 질성을 담는 그릇의 기능을 한다. 사물이 언어로 표현되면 이론적 사고가 가능해진다. 질성은 더 이상 현란하기만 한 상태에 있지 않고 탐색하고 숙고하고 정교하게 다듬는 작업의 소재가 된다.

언어는 질성을 소재로 하여 이론을 생산할 수 있게 하지만, 직접적으로 감각의 대상이 되는 특징, 성질, 특성 등의 질성적 소재들은 그 자체로서 지식을 생산할 수 있는 대상이 아니다. 예컨대, 인과관계를 밝히는 설명의 직접적인 내용이 되지 못한다. 화재가 발생하면 열기도 느끼게 하고 붉은 빛을 보이며 타는 소리와 냄새도 나게 하지만, 이러한 질성들의 각각이 화재의 발생과 결과를 설명해 주지는 않는다. 그러한 소재들이 우리에게 무엇이 발생하였는가를 '알도록' 하자면 그 소재들을 포함한 일종의 통일성을 지닌 '상황', 즉 화재가 발생한 상황의 인지와 관찰이 있어야 한다. 말하자면, 화재의 발생이라는 상황을 인지하게 하고, 그것을 관찰하고 탐색하는 대상과 표적과 범위를 구분해 주는, 즉 그 상황을 지배하는, 또 다른 차원의 질성을 감지하여야 한다. 이러한 차원의 질성은 감각적 질성과 구별되는 '편재적 질성'이다.

감각적 질성과는 달리 편재적 질성의 개념은 '상황'의 개념과 더불어 성립한다. 갑자기 요란한 소리가 나고 불빛이 보이고 냄새도 맡아지고 진동을 느끼게 한다고 해서 내가 그 각각에 반응하는 것보다는, 내가 어떤 상황에 있는가를 생각하기 시작할 것이다. 위험하다든가 안전하다든가 재미있는 일이 벌어지고 있다든가를 생각하게 되고, 그 원인이 무엇이고 어떤 진행이 있을 것이며, 내

가 이 상황에서 어떤 행동의 선택과 대응이 필요한가를 판단할 것이다. 말하자
면, 나는 어떤 상황에 있게 되고 그 상황에 대응하며 그 상황과 나의 마음이 서
로 작용하는 상태에 있게 된다. 그 상황을 구성하는 요소들은 설명할 수 없을
만큼 많고 다양한 것으로써 이루어져 있다. 둥글거나 모나거나 하듯이 모양일
수도 있고, 붉거나 파랗거나와 같이 색깔일 수도 있으며, 달다든가 짜다든가와
같이 맛일 수도 있으며, 딱딱하다든가 무르다든가와 같이 촉감일 수도 있고,
유쾌하다든가 우울하다든가와 같이 기분일 수도 있으며, 보수적이라든가 진보
적이라고 하는 것과 같이 어떤 경향성일 수도 있다. 그러나 상황은 하나의 전체
로서 내게 다가온 것이다.

우리의 주의는 고정되는 것이 아니라 옮겨 간다. 우리의 주의가 옮겨 간다는
것은 상황의 변화를 의미한다. 그리고 상황은 시간적으로 공간적으로, 혹은 상
상적 세계에서 확장될 수가 있다. 큰 상황 속에는 많은 작은 상황이 구성요소로
서 포함된다. 큰 상황은 큰 상황대로 그 속의 작은 상황들은 작은 상황들대로
각기 상황으로서 성립하기 위해서는 그 자체에 '편재된' 질성이 있다. 그 구성
요소가 되는 상황들을 어떤 원리에 의하든지 하나의 큰 상황 속에서 포괄하여
하나의 통일된 상황으로 성립시키는 또 하나의 편재적 질성을 산타야나
(George Santayana)와 듀이는 '제3의 질성'26)이라고 하였다. 듀이는 하나의
총체적 경험의 단위를 생각할 수 있다면, 거기에는 그 경험을 완성된 경험으로
성립시키는 하나의 '편재적 질성'을 생각할 수 있다고 하였다. 그러므로 그것
은 구체적 경험이 총체적으로 지배하는 특성에 적용되는 말이다.

질성은 우리의 지각 혹은 구체적 경험이 '직접적으로' 식별하는 대상을 의미
한다. 편재적 질성은 책상이나 의자나 막대기와 같이 물리적 구조의 파악에서
성립될 수도 있고, 흰 구름, 붉은 꽃, 녹색 잔디와 같이 색깔의 지각에서 설정되
기도 하며, 휘발성, 가연성, 가소성, 응고성과 같이 어떤 성질의 이름에 적용되

---

26) tertiary quality

기도 하고, 번민이나 고뇌나 희열과 같이 정서적 상태를 언급할 때도 생각할 수 있는 것이며, 지도력이나 단결력이나 파당성의 경우처럼 사회적 집단의 성향을 설명할 때도 성립되는 것이다. 사실상 경험을 표현하는 우리의 언어, 아니 모든 언어는 그것이 일상적인 것이든지 이론적인 것이든지 이러한 질성의 이름이다. 어떤 것은 구체적 사물이나 행위의 질성이지만 어떤 것은 그러한 질성들을 차원을 달리하여 하나의 경험적 대상으로 삼게 하는 질성일 수도 있다. 예컨대, '인력(引力)의 법칙'도 그것이 설명하는 대상으로서의 물리적 세계를 상정하고 있으며 그 세계 속에서 일어나는 어떤 현상 혹은 관계의 편재적 질성에 붙여진 이름이다.

그러나 질성으로 표현되거나 나타난 것을 언어나 기호로써 이름 붙일 수 없는 것이 얼마든지 있다. 오히려 이름 붙이지도 않고 붙일 수도 없는 질성이 대부분에 속한다. 이름 붙이는 것은 우리가 일상적으로 자주 경험하는 대상에 매우 한정된 것이다. 이런 경우를 생각해 보자. 만약에 어느 연주회에 갔다 온 사람이 자기가 듣고 온 모든 것(질성들)을 말로써 전할 수 있다면, 우리는 그 비싼 연주회에 시간을 내어 꼭 가야 할 필요가 없다. 갔다 온 사람의 말로써 전해 주는 것만으로 감상은 충분할 수가 있다. 그러나 우리의 언어는 매우 복잡하고 잘 발달되어 있지만 생활에서 경험하는 극히 제한된 부분의 질성들을 표현할 뿐이다.

이러한 질성들의 종류는 우리가 사용하고 있는 언어로 전부 표현될 수 있는 것이 아니다. 그것은 언어의 부족 때문이기도 하지만 또한 질성은 우리의 직접적 지각과 상상적 조작에 의해서 무한히 성립될 수 있는 것이기 때문이다. 오히려 우리가 언어로써 이름 붙이기 이전의 모든 대상은 질성으로만 존재한다. 그리고 모든 명칭과 개념 그리고 이론은 사실상 직접적으로 지각 혹은 조작되는 질성이거나 아니면 질성들의 체제가 지닌 특성(그 자체로서 하나의 질성)의 이름이거나 그 표현이다. 언어나 상징적 수단에 의해서 표현되면 질성은 추상화되고, 그렇게 추상화된 질성 혹은 질성들의 체제는 관념적 혹은 상상적 조작의 대상이 된다. 이론은 원천적으로 이러한 대상에 관한 것이다. 그러므로 만약에 우리의 사고는 언어로써 전개되고 이론적 차원에서만 가능한 것이라고 한다면, 우리가 인간을 두고 말할 때 쓰는 합리적 존재라는 특징의 매우 작은 부분을 언급하는 것일 뿐이다.

환경과 작용하면서 경험이 형성되는 것은, 인간이 알게 모르게, 구체적으로 의식하든지 않든지 간에, 어떤 목적을 추구하는 삶을 살고 있기 때문이다. 추구하는 바가 자연스럽게 충족되면 해결을 요하는 문제가 없는 상태이며, 따라서 체계적이거나 집요한 사고도 요청되지 않으며 지력을 발휘할 필요도 없게 된다. 그러나 인간은 안전을 위하여, 생존을 위하여, 불편을 해소하기 위하여, 욕구의 충족을 위하여, 특정한 동기의 실현을 위하여 어떤 가치를 추구하게 된다. 추구하는 가치가 충족되면서 경험이 형성되고 축적되고 교환되면서 더욱더 다듬어진 가치를 지닌 목적을 추구한다. 추구하는 가치로는 일상적으로 사소한 것도 있지만, 매우 고답적이거나 획기적인 것이거나 심각한 것이거나 때로는 상상을 초월할 정도로 위대한 것일 수도 있다. 그러나 추구하는 바가 반드시 자연스럽게 충족되는 것은 아니므로 수단을 동원하고 방법을 구상하며 목적을 실현하는 과정에서 경험이 형성된다. 이렇게 형성된 경험들을 수단으로 사용하여 다시 어떤 가치(목적)를 추구하는 삶을 계속하면, 자신이 지닌 지력을 다하여 문제를 해결하는 방법적 원리들이 축적되고 재구성된다. 그러한 과정이 바로 인간의 지력에 의한 성장의 과정이다.

자유교육의 재해석

질성적 사고의 개념에 대한 이해를 바탕으로 하여, 우리는 이제 전통적 자유교육의 주지주의적 편협성을 보완하는 대안을 생각해 볼 단계에 있다. 그러나

'자유교육'이라는 말이 두 가지의 다소 다른 차원에서 사용되기도 하므로 이를 변별해 둘 필요가 있다. 하나는 '목적론적' 의미이고, 다른 하나는 '방법론적' 의미이다. 나는 이 구분을 다른 표현으로 전자는 '원리로서의 자유교육'이고, 후자는 '프로그램으로서의 자유교육'이라고 구분한 적이 있다.27) 자유교육의 고전적 의미는 이 장의 초두에서 언급하였듯이 '자유인의 교육'이다. 목적론적 관점에서 보면, 자유교육은 이성적 존재로서 자유인이 지니고 있는 잠재적 합리성을 계발하여 행복한 삶을 영위할 수 있게 한다는 것이다. 방법론적 관점에서 보면, 자유교육은 그러한 자유인의 합리적 잠재성을 계발하는 데 필요한 제도적 조건과 도구적 프로그램을 의미한다.

당시의 자유인은 아리스토텔레스적 자유인, 즉 노예가 아닌 시민계급에 속하며 국가를 유지하고 수호하되 생산에 종사하지 않는 사람들이다. 그러므로 그들은 여가를 향유하면서 우주와 자연의 질서에 대한 관조와 사회의 도덕적·정치적 원리에 관한 사유에 종사하는 사람들이다. 고전적 자유교육에서 상정한 자유인의 개념은 당시의 계급구조와 더불어 의미를 지니는 것이고, 그 프로그램도 그러한 맥락에서 개발되고 설정된 것이다.

초기의 고전적 자유교육은 당시에 자유인에 속하는 계급이 매우 한정적이었으므로 교육의 프로그램도 그만큼 매우 한정적이었다. 그들은 문사적 자질이 요구되었으므로 기본적으로 읽고, 쓰고, 셈하는 도구적 교과들로 출발하여, 중세기에는 문법, 논리학, 수사학을 포함하는 3과28)와 대수학, 기하학, 천문학, 화성학 등의 4과29)를 합하여 기본적인 7개의 자유교과로 구조화하였다. 그러나 르네상스 시대에 이르러 이탈리아의 인문주의자들이 개발한 '인문학과'30)라는 이름의 교육과정에서는 라틴어 문법과 수사학은 계승하고, 논리학은 제

---

27) 이돈희, 『교육정의론』 (서울: 교육과학사, 1999, 수정판), pp. 422-435.
28) trivium
29) quadrivium
30) humanitas

외하는 대신에 역사학, 그리스어, 도덕철학(윤리학)을 포함하였으며, 시학(詩學)을 문법과 수사에 연계하는 학과로 설정하였다. 고전어와 고전문학에 기초를 둔 이러한 인문학 중심의 교육과정은 16세기의 유럽 사회의 지도층 교육기관인 아카데미와 중세기에 발달한 전문직업인 양성기관인 대학 등에서 확산되었다. 그 이후에도 인문학은 자유교육의 전통을 대표하는 프로그램으로 정착되어 20세기의 중반까지 그 위세가 이어져 왔다.

방법론적 자유교육의 교과들은 인간 지성의 전통과 그 가치를 공부하는 데 있어서 가장 탁월한 프로그램으로 정착하였다고 평가할 수 있지만, 그 탁월성은 주로 이지적, 인지적, 이론적 측면의 것으로서 감성적, 정의적, 실천적 측면은 관심의 대상에서 상대적으로 멀리 놓여 있었다. 그리하여 직업교육은 그 자체의 전문성으로 인하여 고도의 이론적 경지를 포함하고 있어도, 그것이 직업세계에 나아가기 위한 준비로서의 기술훈련에 속하는 것이므로 자유교육의 범주에는 속할 수가 없었다. 이와 같은 방법론적 편견에 묶여 버린 전통적 자유교육의 개념은 직업교육의 개념과는 통합할 수 없는 것이었다.

그러나 근래에는 '자유교과'라는 말이 인문학에 한정되지 않고 여러 가지 방식으로 사용되고 있다. 주로 문학, 언어학, 철학, 역사학 등을 포괄하는 인문학의 영역을 가리키기도 하고, 사회과학, 수학, 생명과학 등을 포함하는 영역에서 수여하는 학위의 명칭에도 사용되고 있다. 특히 미국에서는 단과대학의 이름으로도 사용된다.31) 이 명칭을 사용할 때는 주로 기초학문 분야의 프로그램을 가리키며, 법학, 의학, 공학 등의 전문직 종사자를 양성하는 대학과는 구별된 것이다.

이렇듯 '자유교과'라는 말은 이제 가르치는 교과에 무엇을 포함하느냐로 구별되는 교육활동이라고 하기는 어렵다. 그러나 방법적 과정이 목적을 결정하면 자유교육의 의미와 가치를 지나치게 협소하게 규정하고 그 활동을 위축시

---

31) college of liberal arts

킬 수가 있다. 오히려 그것의 근원적인 의미를 되살려 그 특징을 검토해 볼 필요가 있다. 목적론적으로 볼 때, 인문학을 중심으로 하는 전통적 학과를 공부하기 때문에 자유교육인 것이 아니라, 먼저 자유인의 지성을 계발하는 교육이라는 의미를 검토할 때 그 의미에 더욱 충실하게 접근할 수가 있다. 여기에서 우리는 자유교육의 개념을 이론적 범주에 한정하지 않고 비이론적(질성적) 범주에로 개방할 수 있는 여유를 찾을 수가 있다.

이와 관련하여, 듀이는 직업훈련도 인간의 마음 혹은 지성(지력)을 계발하는 데 훌륭한 도구일 수가 있음을 언급한 바 있다.32) 제조업과 같은 생산 활동에서 기술을 익히는 학습을 기계적인 활동을 하는 작업으로만 볼 것은 아니라는 것이다. 신체적인 활동을 통하여 건설적이고 창의적인 생각과 능력을 계발할 수도 있다. 오히려 실업교육의 현장에서는 이론적 권위에 복종하는 것보다는 질성적 사고의 자유를 소중히 여기고, 판에 박힌 기계적 기술보다는 독창력을 발휘하는 학습의 기회를 제공받기가 더욱 용이하며, 다른 사람이 가르쳐 주는 그대로 암기하고 시키는 대로 복종하게 하는 것보다 스스로 발휘하는 통찰력과 이해력을 증진시킬 수가 있다. 그러므로 학교를 두 개의 유형으로 나누어 빈곤층의 아이들은 직장에 가서 일할 것을 배우게 하고 부유층의 자녀들은 전통적인 자유교육의 프로그램으로 공부하게 해야 할 이유는 없다는 것이다.

듀이의 경우에 '자유교육'이라는 말을 전통적 의미 그대로 자주 사용하지는 않았다. 그러나 분명한 것은 학교의 종류와 대상을 사회계층과 관련하여 차등적으로 구별하고, 자유교육이라는 이름의 프로그램을 사실상 특수계층의 전유물로 여기게 하는 사고를 경계하는 표현은 그의 작품 여러 곳에서 볼 수 있다. 자유교육이 참으로 교육의 전형(典型)으로서 그 의미를 지니려면, 그것이 지력과 지성의 계발을 통한 인간 성장의 원리를 내포하고 있어야 한다.

듀이는 '지성'33)이라는 말보다는 '지력'이라는 말을 쓰기를 좋아하였다. 그

---

32) Dewey, "Learning to Earn." *School and Society 5* (March, 1917: 333-334).

것은 전통적 교육을 지배해 온 주지주의의 편협성에서 탈피하는 길을 열고자 한 것으로 보인다. 지성의 개념은 주로 마음의 이지적 측면에 관한 것으로 이해 되고 그런 의미로 계발되고 도야된 것이며 대체적으로 이론적 사고의 특성을 언급한 것이다. 이에 비하여, 지력의 개념은 인간이 본래 잠재적으로 소유한 능력에 관한 것이며, 마음의 작용이기는 하지만 이론적인 것에만 제한되는 것 이 아니라 비이론적 상황에도 적용된다. 전통적 자유교육론자들은 지식의 이 해와 획득을 통한 지성적 측면의 마음을 계발하는 데 역점을 두고 있지만, 듀이 의 교육은 지력이 주도하는 문제해결의 과정을 통한 경험의 성장에 관심을 두 고 있다.

---

33) 여기서 '지성'은 'intellect'를, '지력'은 'intelligence'를 의미한다.

제2장

철학적 자연주의와
질성적 사고

철 학 적   자 연 주 의 와   질 성 적   사 고

제2장 철학적 자연주의와
질성적 사고

　19세기의 말기와 20세기의 초기에 문학과 예술의 분야에 중요한 변화가 진행되었다. 언급할 만한 특징의 하나는 자연과학의 방법, 특히 진화론적 자연관을 반영한 원리를 문학과 예술에 적용하는 자연주의¹⁾의 확산이었다. 과학적 결정론에 의존하는 자연주의는 당시의 지배적인 사실주의²⁾보다도 훨씬 더 충실하고 또한 철저하게 인간 삶의 실상을 도덕적 선입견에 구애됨이 없이 표현하고자 하였다. 자연주의적 저작자들은 인간의 도덕적이고 합리적인 특성보다는 생리학적인 본성을 드러내고자 하였다. 개별적인 인간으로 말하면 유전과 환경의 결정체일 수밖에 없으며, 안으로는 강력한 본능적 욕망이 지배하고 밖으로는 사회적·경제적 영향의 제약 속에 있을 수밖에 없는 존재로 묘사되었다.

　이러한 자연주의적 분위기에서 철학의 경우도 과학적 방법의 영향을 받아 우주 안에 있는 모든 존재와 거기서 발생하는 모든 현상은 자연적인 것일 뿐이

---

1) 여기서 '자연주의'라는 말은 철학적 자연주의를 의미하는 것이다. 서양교육사에서도 언급되는 '자연주의'는 대체적으로 루소(Rousseau) 혹은 그 이전의 로크(Locke), 코메니우스(Comenius) 등을 포함하여 '아동중심적 낭만주의자'로 불리기도 하는 사상적 계통, 그리고 특히 페스탈로치(Pestalozzi), 헤르바르트(Herbart), 프뢰벨(Froebel) 등으로 이어지는 19세기의 '신교육 운동가들'의 교육사상을 통칭하기도 한다. 그러나 이러한 교육사조를 일컬어 '자연주의'라고 하는 것은 후대의 역사적 서술에 의한 것일 뿐, 당대의 사상가들이 스스로 명명한 것은 아니다. 우리는 이러한 '교육사상적 자연주의'의 흐름과 19세기 말기와 20세기 초기에 프래그머티즘 철학자들을 중심으로 전개된 '철학적 자연주의'를 구별할 필요가 있다.
2) realism

라는 사고의 경향이 새롭게 태동하고 그 추세가 확장되기에 이른다. 결국 우주
에 관한 지식은 자연적 탐구의 범위 내에 있다는 것이다. 자연주의자들은 초자
연적인 실체들의 존재를 부인하기는 하였지만, 초자연적인 것에 관한 지식을
두고 논의하는 것이 무의미하다고 보지는 않았다. 그것은 자연적인 대상들도
소위 초자연적인 실체들의 영향을 받아 존재한다는 사실을 부인할 이유가 없
기 때문이다. 자연은 객관적 법칙성을 상정하는 규칙성, 통일성 그리고 총체성
을 지닌 것으로 그 자체의 특징을 보여 주고 있다. 만약에 이러한 법칙성이 없
다면, 모든 것은 가변적인 것일 수밖에 없으므로 과학적 지식의 추구는 공허할
뿐이고 의미가 없다. 그러나 자연주의자들은 이러한 과학적 방법에 의해 성립
된 지식이 절대적인 확실성을 보장하지는 않으며 반드시 그래야만 하는 것도
아니라고 하였다. 자연주의적 사고의 유연성과 '체감적' 자연관은 바로 질성적
사고가 제공하는 경험적 자료를 중심으로 교육에 접근하는 길을 보게 한다.

자연과 자연주의

　자연주의는 흔히 유물주의(唯物主義)와 동일시되기도 하지만 외연이 그보다
는 훨씬 넓은 것이다. 말하자면, 유물주의는 자연주의의 범주에 속하지만, 자
연주의가 유물주의의 범주에 속하는 것은 아니다. 모든 실체가 자연적인 것인
한에서는, 거기에 어떤 다른 제약이 가해져야 할 이유가 없다. 자연주의자들은
자연적인 것들을 대상으로 하는 다양한 접근을 개방적으로 허용하고 있는 셈
이다. 그들은 자연이 곧 실재(實在)[3]이고 그 이상의 어떤 것도 없으며 다른 별
도의 세계도 없다고 여긴다. 철학에서 자연주의는 우주 안에 있는 모든 존재와
거기서 발생하는 모든 것은 그 본질적인 특징이 어떻든 간에 오로지 자연적인

---

3) reality

것일 뿐이라고 주장한다. 철학에도 과학적 방법을 밀접히 관련시켜 논의하려
는 사고의 양식을 취하고 있다. 결과적으로 자연주의자들은 우주에 관한 모든
지식은 과학적 탐색의 범위 안에서 생산된다고 생각한다.

그러나 현대철학에서 '자연주의'라는 말이 하나의 명확한 의미를 가진 용어
로 사용되어 온 것은 아니다.[4] 대체적으로 20세기의 초반부터 미국의 프래그
머티즘 철학자들을 중심으로 사용된 말이다. 듀이를 비롯하여 네이글(Earnest
Nagel), 훅(Sidney Hook), 셀라스(Roy W. Sellars) 등이 자신들을 일컬어 자연
주의자라고 하였다. 그들의 공통된 특징은 철학을 과학과 밀접히 관련시키고
특히 존재론적 개념인 실재를 철저하게 자연의 개념으로 일치시키는 것이다.
즉, 그들은 초자연적인 실체들은 철학적 관심의 대상에서 제외하고, '인간의
정신'을 포함하여 실재에 관한 모든 영역은 오로지 과학적 방법으로 밝힌 바에
의존하고자 한다.

'자연'[5]이라는 말은 의미의 다양성을 나타내고 있기 때문에 여러 가지의
맥락에 따라서 그 분별에 유의할 필요가 있다. 그 어원은 라틴어의 natura이
며, '본질적 특성' 혹은 '본연의 성향'을 뜻한다. 라틴어 번역 이전의 그리스어
어원은 physis(φύσις)이고 물질적 세계를 뜻한다. 가장 넓은 의미로는 물질적
(혹은 물리적) 세계의 전반과 거기서 발생하는 현상을 언급하기도 하며, 또한
생명체의 전반에만 한정적으로 포함하기도 한다. 과학의 대부분은 자연의 연
구이다. 인간도 자연의 한 부분이지만, 인간의 활동은 흔히 다른 자연적 현상
과는 분리된 범주에서 다루어지기도 한다. 또한 '자연적'이라는 말은 '초자연
적', '인간적', 때로는 '인위적'이라는 말의 반대말로서 대조를 이루기도 한다.

듀이의 경우에 자연은 인간이 경험하는 세계, 즉 인간과 상호작용하는 세계

---

4) Papineau, David, "Naturalism." *The Stanford Encyclopedia of Philosophy* (Winter
2016 Edition), Edward N. Zalta, (Ed.),
⟨URL = https://plato.stanford.edu/archives/win2016/entries/naturalism/⟩.
5) nature

를 뜻한다. 실제로 살아 있는 인간은 문화 속에 태어나서 문화와 더불어 교섭하면서 성장하고 생활하므로 듀이의 자연은 문화를 포함한 경험의 세계를 의미한다. 이러한 의미의 자연은 문화적인 것임을 암시한다는 점에서 독특하다.

> 만약 인간의 경험이 실제로 심미적이고 도덕적인 특성을 지니고 있다고 한다면, 이러한 특성은 또한 자연 속 깊숙이 스며들어 있는 것이고 동시에 자연에 속하는 어떤 것을 나타내 준다. 그것은 물리학에서 어떤 기계적 구조가 자연에 속한 특성을 보여 주는 것과 조금도 다름이 없다. 단지 일반적 추론에 의해서 이와 같이 자연에 속한 특성을 드러낼 가능성을 배제해 버리면, 그것은 실제적 사실을 망각한 결과가 된다. 즉, 사물은 그 자체로서 연구되어야 하며 그래야만 그것이 경험의 대상이 드러내는 바를 그대로 알 수 있게 한다는 것이다. 경험의 내용이 지닌 특성은 태양과 전자의 특징으로 나타나는 것과 성격상 조금도 다름이 없는 것이다. ……경험에 의하여 이렇게 드러난 특성들은 자연과학에서 보여 주는 특성들에도 해당하는 것처럼 자연에 관한 철학적 이론에도 똑같은 적절성을 지닌다.[6]

그렇다면 경험의 대상은 아마도 자연의 특성이 드러난 것이고, 또한 그러므로 자연적 현상의 특징을 나타내는 증거로 사용될 수 있다. 이런 논거에 의하면, 공상이나 욕구도 사물의 진정한 본질을 추구하는 과학적·철학적 이론의 관심사가 될 수 있다. 실제로 명시적인 관찰을 통해서는 발견되지 않지만, 우리는 상상 속에 나타나는 가능한 대안적 자료로 고려할 수 있다. 듀이는 이렇게 말했다. 즉,

> 과학적으로 혹은 반성적으로 경험함으로써 알게 된 대상의 특징이 중요한 것과 같이 주술, 신화, 정치, 회화, 교도소 등을 포함하는 모든 현상도 못지않게 중요하다. 사회적 삶의 현상에도 논리적 현상에서와 같이 개별성과 보편성의

---

6) Dewey, *Experience and Nature* (1925; rev. ed. 1929); and in *LW 1: 13-14.*

관계에 관한 문제가 있다. 정치적 조직과 관련하여 국경선과 성벽, 권력의 집중 현상, 국제간 교류, 영토의 확장과 병합 등이 중요한 문제가 된다. 사물의 단절성과 연속성을 논하는 형이상학의 이론도 화학분석에서 무엇을 추출해 내는 것과 같이 중요한 관심사가 될 수 있다. 지혜뿐만 아니라 무지도, 진리뿐만 아니라 오류도, 그리고 광기도 존재한다는 사실은 고려될 수 있다.[7]

그리하여 듀이는 자신의 이론을 '문화적 자연주의'라고 밝히기를 좋아하는 편이었다. 그러나 얼핏 생각하면, '문화적 자연'이라는 말은 어색한 감이 없지 않다. 왜냐하면 자연이란 그 본래의 의미에서 보면 인간의 영향이 미치지 않은 상태를 뜻하기도 하는 것이기 때문이다. 문화란 자연에 대하여 인간의 노력이나 작용이 가해져서 변화된 상태 혹은 새롭게 만들어진 양상을 의미하기도 한다. 그러나 듀이에 의한 자연의 개념은 문화를 포함한 경험의 세계를 의미한다. 그는 이렇게 말하였다.

　　자연은 인간에게 어머니이기도 하고 생장한 보금자리이기도 하다. 비록 때로는 의붓어머니 같이 불편하기도 하고 편안하지 못한 가정 같기도 하지만, …… 개체가 태아에서부터 성장기에 이르기까지 발달한 것은 유기체로서 환경과 상호작용한 결과이듯이 문화라는 것도 공허한 상태에서 저절로 생긴 것이 아니라 인간이 오랫동안 환경과 상호작용하는 중에 이루어진 것들이 쌓인 결과이다.[8]

듀이는 자신의 이론을 일컬어 일종의 '경험론적 자연주의' 혹은 '자연주의적 인문주의'라고 명명한 바 있다.[9] 그의 자연주의적 특징은 질성 혹은 질성적 사고의 개념을 기본적 설명원리로서 사용한 '상황'의 개념과 더불

---

7) 앞의 책, p. 27.
8) Dewey, *Art as Experience* (New York: Perigee Books, paperback edition, 2005), p. 28.
9) 앞의 책, 위의 부분.

어 설명될 수 있다. 말하자면, 질성의 개념과 상황의 개념은 듀이가 자연주의적 방법으로 자신이 말하는 경험의 개념을 전개하고, 세계 곧 자연에 탐색적으로 접근할 때 기본적으로 상정한 일종의 공리10)이기도 하다.

하나의 상황은 다양한 요소로 구성되지만, 그러한 요소들을 어느 수준에서 하나의 전체로서 감식할 수 있는 상황이 특징짓는 것은 그것에 '편재하는 질성'이 성립하기 때문이다. 그 질성으로써 우리는 잡다한 것들을 서로 관련된 하나의 대상, 즉 상황으로 삼게 되고, 그 상황에 관하여 생각하거나 다루거나 조작한다. 그러면 하나의 경험이 발생하는 셈이다. 이것을 역으로 설명하면, 우리의 실제적 경험에서 식별되는 어떤 대상이나 발생하는 어떤 사건도 그 자체로서 고립된 것은 없으며, 하나의 경험된 세계, 즉 하나의 상황에 속한 독특한 부분이거나 단면이거나 측면일 따름이다.11) 다시 부연해서, 단지 그것을 사고의 내용(혹은 대상)으로 삼는 것은 편재적 질성에 의한 분별이 가능하기 때문이다.

요약하면, 듀이에 있어서 자연주의의 요지는 이것이다. 즉, 우리가 세계와 더불어 교섭하면서 경험을 만들어 갈 수 있게 하는 '원초적 자료'는 우리가 즉시에 직접 경험하는 것과는 무관한 관념이나 이론적 요소들이 아니라, 객관적 사물의 속성들과 우리의 의식적 흐름들이 서로 작용하면서 형성하는 질성(들)이라는 데 있다. 이러한 질성들의 관계로서 구조화된 것을 의미하는 여러 가지의 상황에 우리의 탐색적 지력이 작용하여 자연과 세계와 자아에 관한 지식이 생산된다.

학교와 같은 제도적 교육장에서 이루어지는 경험, 즉 교사와 학습자가 함께하는 상황의 경험도 이러한 의미의 질성을 소재로 하여 형성되는 것이 본질적으로 순수성을 지니는 것이라고 할 수 있다. 듀이는 교육을 서술하는 여러 곳에

---

10) postulate
11) Dewey, *Logic: The Theory of Inquiry* (New York: Holt, Rinehart and Winston, 1938, 1960), p. 67.

서 '경험에 의한 학습' 혹은 '활동을 통한 학습'12)이라는 표현을 쓴 것도 즉시
적이고 직접적으로 감식하는 상황을 교육적으로 귀하게 여기는 원리의 천명으
로 읽을 수 있다. 듀이에 있어서 자연주의적 상황의 개념은 경험과 지식과 학습
을 새롭게 규정하는 원리이기도 하다. 그리고 이러한 상황의 개념은 주로 탐색
의 원리를 체계화한 듀이의 논리학에서 핵심적인 요소에 속한다.

헤겔사상과 과학적 심리학의 교차

러셀(Bertrand Russell)은 듀이가 말하는 상황의 개념을 원천적으로 헤겔(G.
W. F. Hegel)의 사상에서 연유한 것이라고 지적하고 비판적인 여러 글에서도
언급한 바 있다.13) 이러한 러셀의 언급에 대응하여, 듀이는 자신의 사고의 구
조 속에 헤겔의 영향이 강하게 남아 있음을 숨기지 않았다. 그는 뉴잉글랜드14)
지방의 문화적 유산을 받아 성장하였기 때문에 분석적인 사고와 행동에 익숙
해 있었다. 그리하여 그는 자아를 세계로부터, 영혼을 육체로부터, 자연을 신
으로부터 분리시킴으로써 고통스러운 구속감과 비통함을 경험하였다고 피력
하였다. 이에 비하여, 그는 헤겔사상이 개인적으로 자신에게 특별한 관심을 가
지게 한 독특한 요소가 있음을 언급하였다.15) 가장 중요한 것은 강열한 정서적
동기와 만족스러운 이지적 내용을 동시에 충족시키는 통일성을 요청한다는 것
이다.

「절대주의에서 실험주의로」라는 자서전적 스타일의 논문에서, 듀이는 당시
뉴잉글랜드의 지역문화로 깊이 뿌리박혀 있는 이원론적 사고의 틀에서 벗어나

---

12) learning by experience 혹은 learning by doing
13) Bertrand Russell, "Dewey's New Logic." *In The Philosophy of John Dewey*,
   Paul Schilpp (Ed.) (New York: Tudor, 1939), pp. 138, 141, 154.
14) New England
15) Jane M. Dewey, "Biography of John Dewey", 위의 책, pp. 10-11.

려는 철학적 탐색의 노력을 기술하였다. 그는 이렇게 말하였다.16)

> 헤겔이 주체와 객체, 물질과 정신, 신격(神格)과 인격(人格) 등의 이원론적
> 대립을 종합적 사유의 틀로써 볼 수 있게 한 것은 단순히 이론적 사유의 구조를
> 새롭게 보여 주는 정도가 아니라, 놀라운 해방감을 경험하게 하고 자유를 향유
> 하는 길을 보여 주었다. 헤겔은 인간의 문화와 제도 그리고 예술을 대하는 태도
> 에 있어서도 그야말로 난공불락(難攻不落)의 성벽을 헐어 버렸다고 할 정도로
> 특별한 매력을 느끼게 하였다.

철학적으로, 듀이에게 있어서 초기에 만난 헤겔사상은 종래의 철학과 심리
학에서 파편처럼 분리된 것으로 규정한 경험의 다양한 차원들(실제적, 상상적,
신체적, 심리적)을 역동적인 전체로 통합하는 것을 하나의 필생의 과제로 삼게
한 셈이다. 대체적으로 말해서, 그는 1884년에서 1903년에 이르는 약 20여 년
동안 헤겔의 관념주의에 심취해 있었지만, 그러한 이원론적 대립의 극복을 위
한 문제의식은 당시에 스탠리 홀(G. Stanley Hall)을 비롯한 생리학적 심리학에
서 대안의 실마리를 찾기 시작하였다. 오히려 그는 새로운 심리학이 자신의 철
학적 과제를 해결해 줄 완전한 방법이 될 것으로 기대하였다.17)

당시의 인간행동에 관한 이론은 잘못된 낡은 철학적 가정에 집착한 설명이
라고 규정하고, 듀이는 자신의 '새로운 자의식의 과학'18)을 구상하였다. 그가
쓴 『심리학』은 자아를 궁극적 실재로 이해하려는 것이었다.19)

듀이의 초기 작품은 경험의 개념을 더욱 포괄적으로 이해하기 위한 다양한
방법을 종합하려는 시도였다. 그러나 분석적 틀을 지니고 있었던 전통적인 영
국적 경험론에는 별로 매력을 느끼지 못하였던 듀이는 자극과 반응의 기계적

---

16) Dewey, "From Absolutism to Experimentalism", *LW 5:* 153.
17) Dewey, "Psychology as Philosophic Method", *EW 1:* 157.
18) the new science of self-consciousness
19) Dewey, "Psychology", *EW 2.*

연결을 의미하는 행동의 연상이론(聯想理論)도20) 거부해 버린다. 우리의 여러 가지 사고에는 정도의 차이는 있지만 인지적 능력뿐만 아니라, 의지적인 것과 감정적인 것을 포함한 모든 형태의 의식이 함께 스며 있다고 생각하기 때문이다. 그리고 1890년대의 말기에 이르러 헤겔의 형식적 변증법이 지닌 사상, 특히 도식적(圖式的)인 정반합(正反合)의 절대주의적 형식을 거부하였다. 실제로 듀이의 후기 사상은 헤겔의 사상에 대한 부분적인 수정이나 부정이라기보다는 실질적인 탈바꿈에 해당한다는 평가가 있다.21) 결과적으로 헤겔의 영향으로 당시의 기계적 연상론을 거부하고, 과학적 심리학의 영향으로 헤겔의 절대주의적 관념론을 거부한 셈이다. 다윈(Charles Darwin), 제임스(William James), 그리고 인간의 본성에 관한 여러 과학적 접근의 영향이 작용한 결과이기도 하다.

그러나 그의 심리학은 인간 존재의 의미에 대한 관심의 확장으로 인하여 문화적 습속에까지 침투하였고 사실상 심리학의 경지를 넘어서게 되었다. 그것은 경험의 문제에 관련된 관심이 예술, 정치학, 윤리학, 종교 등의 영역에까지 이어졌기 때문이다. 그리하여 심리학적 작업은 인간행위의 구성요소인 본능, 지각작용, 습관, 동작, 정서, 의식적 사고 등을 다루었으며, 후일에 이것들을 통합하여 경험의 이론을 더욱 심화시키는 데 활용하였다. 이러한 작업의 결과는 그의 평생에 걸친 일관된 주장, 즉 마음은 근본적으로 주관적이고 고립된 것이 아니라, 자연적·문화적 환경과 사회적 교변작용을 한다는 기본적 확신을 형성하였던 셈이다.

듀이의 자연주의는 주지주의자들이 지식은 객관적으로 실재하는 대상에 대응(일치)하는 표상이라고 설명하려는 관조적 지식관을 부정한다. 우리가 다루

---

20) theory of association
21) Denis C. Phillips, "John Dewey and the Organismic Archetype." *Melbourne Studies in Education*, R. J. W. Selleck (Ed.) (Melbourne: Melbourne University Press, 1971), pp. 232-271.

는 대상과 관념은 내심에서 일정하게 그려 보여 주는 '그림'의 구성요소가 아니라, '의식의 흐름' 속에서 그냥 즉시에 사용할 수 있는 도구로서 마음속에 떠오르는 것일 뿐이다. 바로 그의 도구주의적 사고가 등장한다. 내가 살고 있는 우리 집을 두고 평소에 생각하거나 설명할 때, 집의 모양도 떠오르고, 거기서 나와 가족이 살면서 행동하고 느끼고 생활하는 것도 마음속에 그려지지만, 어떤 때는 그 집을 구하기까지의 수고와 애환도 생각나고 그 집에 관한 이런저런 역사와 이야기도 내 마음을 채운다. 나의 집에 관한 생각, 기억, 가치, 의미, 태도 등은 언제나 나의 의식 속에 이런저런 양상으로 떠오르면서 지나가고 있다. 우연적으로 혹은 의도적으로 그 집을 인식할 때 항상 일정한 틀을 가지고 그것을 재인식하는 것이 아니라, 어떤 질성의 형태로 나의 의식의 흐름 속에 생겨나고 변화하면서 필요한 경우에 주어진 목적의 충족을 위해 사용되는 도구가 되기도 한다는 것이다. 인간의 경험에 대한 원초적인 사고는 질성적 사고의 도움으로 파악되는 상황에 관한 것이다.

1890년에 제임스의 『심리학의 원리』[22]를 읽고, 듀이는 초월적 절대자를 언급하지 않고도 의식과 지력을 소유한 자아를 설명할 수 있다는 자신의 생각에 확신을 더하였다. 제임스 자신이 사용한 '반사호'[23]의 개념에서는 육체와 영혼의 오래된 이원론을 자극과 반응의 새로운 이원론으로 대치한다. 자연주의적 개념이 사용된 것이다. 물질과 정신, 신격과 인격, 주체와 객체의 이원론을 극복하는 기본적인 바탕에 대한 확신이다. 그리고 제임스에 의하면 경험은 본래 전체로서 이루어지는 것이며 몇 가지의 개념으로써 종합할 필요가 있는 것이 아니다. 말하자면, 헤겔의 사상에 담긴 유의미한 부분을 모두 '자연주의적

---

22) William James, *The Principles of Psychology* in three volumes, (New York: Henry Holt, 1890); *The Works of William James*, Fredrick H. Burkhardt (Ed.) (Cambridge, MA: Harvard University Press, 1981).

23) reflex arc

이론의 틀'로 전환시켜 버린 셈이다.

　듀이가 1896년에 발표한 매우 중요한 논문의 하나인 「심리학에서의 반사호의 개념」[24]에서 제임스의 영향을 확연히 보여 준다. 『심리학의 원리』에서 제임스가 특히 역점을 두어 밝힌 부분이 있다고 하면서, 듀이는 그것은 바로 '마음의 생물학적 개념'이라고 하였다. 그것이 자신의 생각에 새로운 방향을 제시하고 자신이 생각하고 있는 바에 대하여 더욱더 깊이 몰두할 필요가 있다는 확신을 가지게 하였다. 말하자면, 낡은 신념을 바꾸는 데 발효제가 되었다.[25] 실제로 제임스는 심리적(정신적) 현상을 단순히 기존의 추상적 개념으로 설명하지 않고 일상적 경험의 구체적 국면과 요소들을 자료로 하여 일종의 '급진적 경험주의'라고 할 수 있는 사례를 보여 주었다.

　제임스에 의한 반사호의 행동모형은 인간의 행동을 자극과 반응(혹은 원인과 결과)의 관계로 짝을 지우면서 경험적으로 그리고 실험적으로 설명하고자 한 것이다. 그것은 단순히 '심리적' 혹은 '정신적' 내용에 의존하기 때문에 관찰하기도 어렵고 검증하기도 힘든 방법을 폐기하려는 것이다. 예를 들면, 아기가 촛불을 보고(자극), 그것을 잡으려고(반응)하다가 손을 덴다(자극). 그러면 아기는 손을 피한다(반응). 이런 과정의 설명은 바로 자극과 반응을 연결함으로써 신비스럽고 검증할 수도 없는 존재나 실체에 의존하지 않고 기계적이고 생리적인 용어로 설명해 주고 있다.

　그러나 비록 반사호의 모형에서 피동적인 유기체가 감각과 동작을 유발하는 외부의 자극을 접하는 것으로 설명되지만, 듀이는 여기에 몇 가지의 비판적인 지적을 하였다.

　첫째, 그 과정이 분석을 위하여 인위적으로 감각적 자극, 중추신경적 반응,

24) Dewey, "The Reflex Arc Concept in Psychology." *Psychological Review 3* (1896: 357-370). Reprinted in *EW 5:* 96-110.
25) Dewey, "From Absolutism to Experimentalism", *LW 5:* 157.

그리고 동작 등으로 분절되었다는 것이다. 그는 이러한 반사호의 모형은 종합적이고 유기체적인 단위가 아니라, 조각조각으로써 퍼즐놀이를 하는 것과 같은 것으로 비유하였다. 즉, 연결되지 않은 과정을 기계적으로 연결된 것처럼 어색하게 말해 주고 있다는 것이다.[26]

둘째, 반사호의 모형은 상호작용의 본질을 왜곡시킨다는 것이다. 유기체는 피동적으로 외부의 자극을 받아들이기만 하는 것이 아니라 능동적으로 반응하며, 오히려 환경과의 계속적인 '상호작용'을 통하여 경험을 축적하고 변화시켜 간다.

셋째, 반사호의 모형은 자극 혹은 반응 등을 하나의 고정된 현상으로 나타내어 자칫 실체화하는 오류를 범할 정도로 경직성을 보이고 있다는 것이다. 그 모형에서 설명되는 현상들은 연구의 목적에 따라서 달리 조직될 수도 있는 것으로서 어떤 단위의 내용에 대한 이름이 아니라 일종의 기능적 현상으로 언급될 수 있다고 보았다.

그리고 듀이의 부분적인 비판과 함께 '조정작용의 순환'[27]이라는 새로운 설명의 모형이 제시되었다. 즉, 생명체가 환경과 계속적으로 상호작용하는 과정에서 자극과 반응의 국면이 교차적으로 생성한다는 것이다. 예를 들면, 아기가 촛불을 보면, 즉 자극을 받으면 촛불을 만지려는 반응을 하고, 그러다가 뜨거운 자극을 받게 되면 다음에는 손을 거두어들인다. 일종의 조정작용이 이루어진 것이다. 조정작용의 순환과정에서 아기는 자신의 환경에 이미 역동적으로 관여하는 유기체로서 자리를 잡고, 동시에 관심의 대상인 촛불에 집중하는 활동의 중심에 있게 된다. 촛불에서 뜨거움을 느끼는 것은 자신의 행위가 취한 결과로서 혹은 의미로서 느끼게 된다. 보고 접근하는 것은 감각적·동작적 조정의 계속적인 진행과정에서 아기와 환경은 서로 영향을 주고받는다. 원인과 결과로 연결되는 것은 오직 한 가닥으로만 가는 일종의 선형적(線形的) 관련성만은

---

26) Dewey, "The Reflex Arc Concept in Psychology", *EW 5:* 97.
27) circuit of coordination

아니다. 학습의 과정이 확장되고 의미를 제대로 느끼게 되면 분산된 상태로 있던 여러 행위를 새로 조정된 것이 대치해 버린다. 별로 의미 없이 옹알이도 하고 두리번거리기도 하던 아기는 어떤 대상에 집중하고 그 대상과 상호작용하면서 필요한 동작이 이어진다. 아기는 촛불의 뜨거운 성질을 느끼고는 접근하지 않으며 그러면서도 밝은 빛에 관심을 가지고 물건을 식별하고자 할 때 불빛을 이용한다. 그러다가 주위에 아무도 없다는 것을 알면 무서움도 느낀다. 제임스의 총체적 심리학28)을 발전시킴으로써 듀이는 유기체적 상호작용의 기본 모형을 발견하였으며, 이와 더불어 그의 자연주의적 형이상학, 도구적 논리학, 소통론, 도덕론, 정치론, 교육론 그리고 미학까지를 포괄하는 폭넓은 철학을 전개하였다.

몇 년 후인 1903년에 듀이는 그의 철학 전체에 영향을 준 매우 중요한 한 가지 추론을 추가하였다.29) 만약 표상이라는 것이 세계를 보여 주는 '그림'이 아니고 우리의 행위를 조정하는 '도구'라고만 생각한다면, 전통적 철학에서 기본적 주제가 된 '앎(인식)'이라는 것이 그렇게 중요성을 지니게 되었을 것인가? 그는 의심해 볼 만하다고 하였다. 이 말은 지식의 전통적인 '관조적 이론'을 거부할 수 있다는 것이다. 애초에 우리의 일상적 삶, 즉 고통도 있고 즐거움도 있는 삶 그대로를 경험으로 생각하기 시작했다면, 인식론적 사고의 과정을 거쳐서 만들어진 개념인 경험과는 아주 다른 것일 수가 있다. 내가 '무엇을 안다는 것'은 그 대상(무엇)이 나와 어떤 유의미한 관계에 있게 하는 여러 가지 방법 중의 하나일 따름이다.

그러나 모든 경험이 자동적으로 앎(지식)만의 경험인 것은 아니다. 심장병을 앓는다는 사실은 '누군가가 심장병이라는 것을 앓고 있음을 안다는 것'만을 뜻

---

28) holistic psychology
29) Dewey, *Studies in Logical Theory* (Chicago: The University of Chicago Press, 1903); *MW 2*: 293-375.

하는 것이 아니다. 그러한 앎보다는 훨씬 많은 경험적 요소가 있다. 존재와 의미와 진리는 같은 통 속에 있는 것이 아니다. 그럼에도 불구하고 전통적으로 철학은 그 자체의 성격상 세계를 인식의 대상으로만 여기고 그러한 관점에서 해석하려는 경향이 있어 왔다. 듀이는 철학이 더욱 넓게 맥락을 설정할 필요가 있고 형이상학과 방법론도 이에 따라서 새롭게 연구될 필요가 있다고 하였다.30)

　　듀이에 의하면 자연의 실제적 특징을 제대로 밝히는 데는 경험의 개념이 무엇보다도 우선적으로 재검토되어야 한다. 즉, 자연은 경험과 적대적 관계에 있는 것도 아니고 서로 무관한 관계에 있는 것도 아니고, 경험은 자연과 사람 사이를 베일로 가로막지도 않으며, 오히려 자연의 핵심에 계속적으로 침투해 들어갈 수 있게 하는 수단이 된다.31) 듀이의 이러한 생각은 데카르트(Rene Descartes)에 의해서 굳혀진 '정신(마음)'과 '물질(자연)'의 이원론적 대립을 겨냥한 공개적 도전이었다.

이원론적 사고와 연속성의 원리

　　우리는 일상적인 생활에서도 이원론적인 사고를 하는 습관이 있다. 즉, 두 가지의 특징 혹은 원리를 대립시켜 놓고 이것이냐 혹은 저것이냐의 어느 하나로 귀결시키기도 하고, 두 가지의 특징을 양극으로 놓고 적절히 균형을 맞추면 안전하고 합리적이라는 생각도 한다. 그런가 하면, 둘은 어느 한쪽으로 합칠 수도 없고 어느 한쪽이 다른 쪽을 대신할 수도 없는, 각기 독자적 위치에 있다고 하면서도, 둘은 가장 기본이 되는 요소이므로 양립시키거나 둘 사이에 끝없는 대립을 상정해 버리기도 한다. 요사이 우리 사회의 풍토이기도 한 것 중에

---

30) Dewey, *Experience and Nature* (Chicago: Open Court, 1929); Reprinted as *LW 1:* 16f.
31) 위의 책, p. 5; pp. 10-12.

보수와 진보(우파와 좌파)의 대립적 관계, 자유와 평등의 가치에 대한 우선적 고려, 경제적 성장과 분배의 정책적 대립, 산업화와 민주화의 주도계층 간의 정치적 경쟁 등 현실적으로 존재하는 이원론적 사고의 유형을 우리의 생활 주변에서 흔하게 볼 수 있다. 이러한 이원론에는 성격상 다소 다양하게 존재한다.

(1) 이원론적 사고의 유형

첫째, A와 B가 이원론을 구성하는 요소라고 할 때, A를 취하면 B를 버리는 것으로 보는 '배타적 이원론'이 있다. A가 진리면 B는 허위라는 의미이고, A가 가치 있는 것이면 B는 무가치한 것으로 되며, A가 승리하면 B는 패배한다는 것을 의미하는 이원론적 사고이다. 유신론(有神論)과 무신론(無神論)의 경우와 같이 어느 한쪽을 긍정하면 다른 한쪽은 허위가 된다는 말이다. '배중률적(排中律的) 이원론'이라고 할 수도 있다. 플라톤의 경우에서 보듯이 이성적 사유에 의해서 인식하는 이데아[32]는 궁극적으로 존재하는 실재이고, 감각기관으로 지각하는 것은 그것의 모방이거나 허상일 뿐이라는 사고가 그 대표적인 것이다. 사회사상적으로 '개인'의 가치가 절대적으로 중요하고 '사회'는 개인의 가치를 실현하는 수단일 뿐이라고 하면 개인주의일 것이고, 거꾸로 개인은 사회의 구성요소일 뿐이고 사회적 유기체의 부속물일 뿐이라고 한다면 전체주의이다. 어느 한쪽을 수용하면 다른 쪽은 거부하는 관계를 형성하면 서로 배타적인 이원론이다.

둘째, A와 B의 어느 하나를 취하는 것이 아니라, 각각을 서로 환원할 수 없는 대조적 관계에 두는 '범주론적 이원론'이 있다. 아리스토텔레스의 형상과 질료,[33] 데카르트의 정신과 물질의 이원론이 이에 속한다. 형상은 질료일 수 없고 질료는 형상일 수 없는 관계, 즉 서로 다른 어느 것으로도 환원할 수 없는

---

32) idea
33) form and matter

관계에 있지만, 어느 하나를 긍정하면 다른 하나는 부정하는 식으로 서로 모순된 관계에 있지는 않다. 어느 하나를 버리고 다른 하나를 취하지는 못한다. 데카르트에 있어서 정신적인 것과 물질적인 것은 서로 어느 쪽으로도 환원할 수 없는 기본적인 이원적 존재의 요소이다. 물질적 구조와 정신적 내용이 함께 있다는 말이다.

셋째, A와 B를 관심의 대상으로 하되 둘을 양극에 놓고 서로 대립되는 관계로 보는 '상대적 이원론'이 있다. 부자와 빈자, 우파와 좌파, 승자와 패자, 우수반과 열등반 등의 구분과 같이 서로 반대되는 특징을 양극으로 두고 그 사이에 정도의 차이가 연속선을 이루어 존재하는 현상을 서술하는 방식이다. 양극의 중간에 있는 위치는 상대적으로 양극의 어느 쪽에 가깝거나 멀거나 하게 된다. 극단적 진보주의자와 극단적 보주주의자의 사이에 있는 위치들은 서로 비교할 때 어느 쪽이 더욱 보수적이라거나 혹은 더욱 진보적이라고 상대적 무게를 말하기도 한다. 선진국과 후진국, 문명인과 미개인 등의 구분과 관계도 상대적 이원론에 해당한다. 절대적으로 선진국이면서도 동시에 절대적으로 후진국일 수는 없지만, 상대적으로 어떤 국가에 대해서는 다른 나라에 비해서 상대적으로 선진국이라고 할 수 있으나 또 다른 국가와 비교하면 후진국이 되는 경우가 있다.

넷째, A와 B는 각기 서로 상대의 존재로 인하여 자체의 의미가 성립하는 그런 관계에 있음을 말하는 '대칭적 이원론'이 있다. 인식의 주체(인간)와 객체(대상), 원고와 피고, 공격자와 수비자, 생산자와 소비자의 관계와 같이 상대의 존재로 인하여 자체의 존재가 의미를 지니는 그런 관계이다. 상대적 이원론과 비슷하지만 서로 대립되는 요소들의 속성에 있어서 다르다. 상대적 이원론은 같은 속성을 가진 두 개의 요소(대상)가 그 특징에 있어서 정도의 차이로 구분된다고 볼 때 성립하는 이원론이나, 공격에는 방어가 있고 노예에는 주인이 있듯이 대칭적 이원론은 요소들이 같은 속성을 공유하지 않지만 인과론적으로 서로 관련되어 있는 두 요소 간에 성립하는 것이다.

(2) 연속성의 원리

'이원론'은 기본적으로 서로 구분되는 관계에 있는 두 개의 범주를 상정해
두는 사고의 습관이다. 일상적 생활과 사고의 형식 속에만 있는 것이 아니라,
고도의 다양한 사변적 철학의 체계에서 볼 수 있는 경향이기도 하다. 알렉산더
(Thomas M. Alexander)는 서양철학에서 발생적 초기부터 이원론적 사고가 있
어 왔다고 지적하였다.34) 플라톤의 사상에서는 감각의 세계와 이데아의 세계
가 구별된다. 아리스토텔레스에서는 하나의 실체는 형상과 질료로 구성된다.
데카르트에서 실체는 정신적인 것과 물질적인 것의 두 가지 유형으로 존재한
다. 그리고 학파들 사이에는 이분법적으로 합리론과 경험론 혹은 유심론과 유
물론의 대립이 있다. 여러 가지의 이원론은 다소 변형되기도 하였지만, 근대에
이르러서도 반복되면서 결과적으로 서로 대립되는 유형의 어느 하나를 강조하
는 여러 학파가 생겨나기도 하였다.

아마도 전통적 이원론을 넘어서고자 하는 듀이의 방법과 그의 사상 일반에서
가장 중요한 특징을 파악하자면 '연속성의 원리'를 이해하는 것이다.35) 듀이가
말하는 '연속성'은 여러 개체로 구성된 한 집합체를 어떤 기본적인 '본체'36)로
귀결시킨다는 것은 아니다. 무지개의 색깔이 빨간색에서 시작하여 보라색으로
연결되는 연속성을 보여 주듯이 하나의 연속체는 유사성으로 인하여 이루어지
지만 차별성으로 인한 경우도 있다.

또한 연속성은 정태적이거나 선형적37)인 질서로만 이해될 성질의 것도 아니

---

34) Thoma M. Alexander, "Dewey, Dualism and Naturalism." *A Companion to Pragmatism*. John R. Shook, & Joseph Margolis (Eds.) (New York: Blackwell Publishing, 2006), pp. 184-186.
35) Dewey, *LW 1*: 8-9, *LW 10*: 42f., *LW 12*: 26 and 12.30f.
36) identity

다. 유아와 노인은 서로 대립적인 구별을 하게 하고, 아침과 저녁은 일출에서 시작하여 일몰에 이른 연속성이 시간을 따라서 흐르는 결과이다. 그런가 하면, 조용한 밤하늘의 고요와 폭죽을 터뜨린 요란함은 하나의 창의적 진행이기도 하다. 달리 말하면, 우리가 이원론적인 사고의 경향을 극복하기 위해서는 연속성을 하나의 성장 과정과 같은 것으로 생각할 수 있다.

그것은 단순히 서로 대립적인 요소를 발견하여 짝을 짓고 그 범위 내에 있는 경험들만 가지고 하나의 범주를 설정하는 그런 것이 아니다. 연속성은 오히려 이렇게 설명된다. 즉, 하나의 현상에는 어느 것이나 그것이 발현되는 맥락이 있고, 거기에는 그 현상 자체의 잠재성도 포함되어 있어서 어떤 조건이 주어지면 그 잠재된 것이 실제로 발현되기도 한다. 마치 어떤 주제를 두고 격렬하게 끝장 토론을 하듯 하다가 어느 순간에 서로 공감하는 경지에 다다르면 서로를 인정하는 분위기로 전환할 수가 있다. 잠재적으로 이러한 가능성은 존재했던 것이다. 시간적으로 과거의 모습은 단순히 반복되기만 하는 것이 아니라 탈바꿈을 하며, 그러면서 어느 정도 새로운 모습을 지니게 되는 창조적인 반응을 하게 된다. 자연과 경험의 기본적인 특징은 '탈바꿈(변환)'[38]을 한다는 것이다. 그것은 과거의 것을 재구성하는 새로운 특징의 발현으로 완성되는 것이다.

심신이원론의 문제

근대철학적 이원론의 대표적인 것이라고 할 수 있는 데카르트의 심신이원론(心身二元論)을 보면, 한편으로는 물질적 공간을 차지하는 연장(延長)[39]의 속성을 지닌 실체가 있고, 다른 한편으로는 사유와 의지의 속성을 지닌 정신적

---

37) static, linear
38) transformation
39) extension

(심리적) 실체가 있다. 즉, 서로 구분되는 이원적 요소가 있다. 데카르트에 있어서 '자연'은 물질적(혹은 신체적) 속성의 체계이고 궁극적으로 기하학적 설명을 요하는 것이라면, '정신'(혹은 마음)은 심리적(혹은 정신적)[40] 속성으로 작용하며 명료한 분별의 기능을 하는 합리적 사고와 정의적(情意的) 의식의 능력이다. 이러한 능력은 인간이 태어나면서 가지고 나온 '생득적 표상'[41]의 도움으로 마음 밖의 세계를 인식할 수 있다는 것이다. 그의 철학적 유산의 하나는 존재하는 것은 정신적인 것과 자연적인 것, 마음과 육체, 혹은 심리적인 것과 물질적인 것 등의 이원적 범주로 구분한다는 존재론적 이원론이고, 앞에서 열거한 것 중에서 일종의 범주론적 이원론에 속한다. 다른 하나는 인식의 주체인 나와 인식의 대상, 즉 사물이 존재하는 객관적 세계는 따로 따로 존재한다는 인식론적 이원론이다. 내가 지식으로 획득한 내용은 실재로서 존재하는 것에 대응하는, 즉 그것을 그려내는 혹은 나타내는 그림과 같은 표상이라고 말하는 일종의 대칭적 이원론이기도 하다.

　우리는 여기서 잠깐 데카르트의 '생득적 표상'에 관해서 좀 더 검토해 볼 필요가 있다. 그것은 감각적 자료에 근거한 사유과정은 그 확실성을 보장하지 못한다는 데서 연유한 주장이다. 우리의 마음 밖에 존재하는 자연적 세계의 대상을 인식하고자 할 때, 보고 듣고 만지고 하는 감각기관의 작용에서 얻어지는 것, 즉 소리, 모양, 촉감 등의 감각자료[42]는 인식의 주체인 사람에 따라서, 시간과 장소에 따라서, 기분에 따라서 다를 수도 있다. 그러므로 확실한 표상의 자료가 되지 못한다. 감각작용에 의존하는 모든 것은 의심스러운 것이다. 단지 확실한 것은 의심하고 있는, 즉 생각하는 주체인 내가 존재한다는 것이다. 그

---

40) physical, psychical
41) innate idea: 'idea'라는 말은 흔히 '관념' 혹은 '이념' 등으로 번역되기도 한다. 그러나 인식론의 맥락에서는 인식의 대상(object)을 나타낸다(표현한다)는 의미로 보면 '표상'이라고 번역하는 것이 적절하고, 존재론적(혹은 형이상학적) 맥락에서는 존재(being 혹은 reality)의 내용 그 자체를 지칭하기 때문에 '관념' 혹은 '정신' 등으로 번역되기도 한다.
42) sense data

유명한 명제 '나는 생각한다. 그러므로 나는 존재한다.'[43]는 존재하는 것의 확실성은 감각적 대상으로 무엇인가가 있고 그것을 근거로 해서 내가 존재한다고 할 수 있는 것이 아니라, 생각하는 행위가 있고 그 행위의 주체가 요구되는 만큼 바로 생각하는 주체인 내가 존재한다는 것이 확실하다는 것이다. 그러면 마음 밖에 존재하는 인식의 대상, 즉 객관적인 자연의 세계를 마음의 기능인 사유의 작용으로 어떻게 알 수 있는가? 거기에 기본적인 근거가 생득적 표상의 개념이다.

데카르트에 의하면 인간은 외계의 대상을 인식하는 데 필요한 사유의 틀을 가지고 태어난다. 그것이 바로 '생득적 표상'이다. 그 표상의 내용은 변덕스러운 감각기관의 작용으로 얻어진 자료와 같은 것이 아니며, 나의 존재의 확실성까지를 보장하는 내심(內心)에 주어진 선천적 자료이다. 그것의 도움으로 우리의 합리적 기능(사유)은 마음 밖에 객관적으로 존재하는 자연세계의 대상에 대한 확실한 지식을 획득한다. 세계는 가장 확실하고 완전한 정합성[44]을 지닌 기하학적 구조로 되어 있고, 우리의 마음은 그것을 인식할 수 있는 기본적인 표상의 구조와 합리적인 사유의 능력을 가지고 있다는 것이다.

데카르트의 이원론은 근대 물리학의 관심사가 되면서 성립된 것이다. 갈릴레이(G. Galilei)는 두 가지의 강력한 주장을 내어 놓았다. 하나는, 신체 속에 독자적으로 존재하는 '일차적 성질'과 신체로 인한 것이지만 감각기관에 영향을 주는 '이차적 성질'을 구분하는 것이다. 다른 하나는, 신체(물질적인 것)와 그 운동은 본질적으로 수학적 원리로 기술된다는 것이다. 이것이 바로 자연을 하나

---

43) cogito, ergo sum
44) coherence: '정합성'은, 여러 개의 요소로 구성된 하나의 체계가 있다면, 그 요소들이 서로 공존할 수 있는 관계를 유지하고, 서로 모순되는 관계에 놓여 있지 않다는 것이다. 어느 하나를 긍정하면 다른 하나를 필연적으로 부정할 수밖에 없는 그런 모순의 관계를 유지하는 요소들이 공존하고 있다면, 그 체계는 정합성의 개념을 충족시키지 못한다. 기하학적 체계는 공리(axiom)와 정리(theorem)에 해당하는 요소(명제)들이 하나의 완전한 정합성을 유지하고 있어야 한다.

의 거대한 기계와 같은 것으로 보는 기초가 된다. 그 부속물들은 고정된 법칙에 의해서 스스로 재조정되는 반면에, 전체적 체제는 일정하게 유지된다. 그 과정에서 나타난 현상들은 궁극적으로 평형상태를 유지하지만 여러 가지의 다른 성질은 정신적 영역으로 옮겨 간다. 그러면 수학적 원리에 일관하는 물리학의 법칙은 그러한 심리적 현상을 지배할 수 없고 설명할 수도 없으므로 오히려 그것을 무시해 버린다. 그러나 정신적(심리적)인 것은 원천적으로 물질적(신체적)인 것에서 이어진 것이지만, 정신과 육체(물질)는 서로 환원해 버릴 수 없는 각기 다른 실체로서 존재한다는 것이다. 이것이 바로 데카르트의 심신이원론의 요지이다.

영국의 현대철학자 라일(Gilbert Ryle)은 데카르트의 이론을 비판하여 인간의 심신관계를 마치 '기계 속에 혼신'이라고 말하는 격이라고 하였다.45) 듀이는 '마음'이라는 단어는 일차적 특징에 있어서 명사적 표현이라기보다는 기능적으로는 동사로 읽힐 수 있다고 하면서, 마음과 육체는 이원론적으로 분리되는 것이 아니라는 것을 매우 독특한 수사적 표현으로 언급한 부분이 있다.

내용을 요약하면 대개 이러하다.46) 우리가 어떤 상황에 임하면 의식적으로 유의하여 그 상황을 제대로 다루는 여러 방식의 작용이 있을 것이다. 마음은 바로 그 일체의 방식들이 작용하는 바를 가리키는 말이다. 불행히도 어떤 권위적인 사고방식의 영향으로 인하여 상황과 함께 작용한 여러 양태 그 자체가 마음이 아니라, 그와 관련된 여러 활동을 가능하도록 주도하는 기본적인 바탕이 따로 있다고 보고 그것이 마음이라고 생각하게 만들었다. 그러면 마음이란 주의를 기울이고 무엇을 의도하고 무엇인가를 살피고 무엇에 주목하고 어떤 것을

---

45) ghost in the machini; Gilbert Ryle, *The Concept of Mind* (New York: Barnes and Noble, 1949), Chapter 1.
46) Dewey, *Art as Experience* (New York: Penguin Books, 1934), pp. 274-275. 박철홍 역, 『경험으로서 예술 1, 2』(경기도: ㈜나남, 2016), p. 142.

기억하는 독립적인 실체로 보게 된다. 그런데 마음을 실체로 보면 마음의 작용에 필연적으로 요청되는 어떤 대상, 사건, 과거, 현재, 미래 등의 환경적 요소들과는 분리된다. 그러면 마음과 환경의 관계는 우연적인 것이 되고, 따라서 마음과 신체의 관계도 마찬가지로 그럴 수밖에 없게 된다. 이처럼 마음이 완전히 물질적이거나 육체적인 것과 무관한 비물질적인 것이고 순수히 정신적인 것이라면, 마음은 실제로 환경과 무엇인가를 주고받는 신체적 기관과도 무관한 것이 되며, 육체는 살아 있는 것이 아닌 오직 죽은 고깃덩어리에 불과하게 된다.

듀이는 심신이원론의 문제를 이원론의 오류를 찾는 소극적 대응에 그치지 않고 오히려 더욱 적극적인 대안적 이론을 전개하였다. 정신적인 것과 물질적인 것의 이원론, 19세기에 이르러 역사에 대한 관심, 특히 헤겔의 역사관이 있고, 다른 한편으로 수학적 자연관을 우월시하는 것에 반대하는 다윈의 진화론이 있었다. 어느 편에서도 시간과 변화는 단순한 수학적 방정식으로 환원될 수가 없는 것이었다. 양쪽 모두가 듀이에게 대단한 영향을 주었다.

헤겔은 역사를 자체의 내적 '변증법'에 의해서 전개되는 과정으로 보았다. 그 변증법에 의하면 절대적 정신을 향하여 나아가면서 더욱 높고 더욱 포괄적인 '종합적 원리'[47]가 실현된다. 불안정한 물질적인 것들의 단계에서 더욱 발달된 생명체로 나아가고 더욱 완전한 자의식[48]에 이르게 한다는 것이다. 그리고 진화론은 또한 근대과학의 탈시간적 기계론에 도전하였다. 실제로 다윈은 종(種)의 변화에 관하여 돌연변이(突然變異)와 적자생존(適者生存)의 원리로서 설명하는 것은 기계론적이라고 생각하였다. 그러나 그 결론은, 시간이 지남에 따라 순전한 질적인 탈바꿈, 즉 생명체 그 자체는 말할 것도 없고, 전적으로 종래의 것과는 다른 속성(의식과 같이)을 지니고 출현한다는 것이다. 그리하여 진화론은 과학적으로 검토할 새로운 문제를 제공하였다. 즉, 이전에 전혀 없었던

---

47) synthesis
48) self-consciousness

새로운 질적인 변화가 발생할 수도 있다는 것, 그리고 새로운 양상을 지닌 생명체가 갑자기 존재를 드러낼 수도 있다는 것이다.

　듀이는 비록 헤겔의 변증법적 관념론을 부정하였지만, 정신적인 것과 물질적인 것의 어느 쪽으로 환원된다는 이른바 환원주의에도 반대하면서 그의 자연주의는 일종의 형이상학적 경지로까지 포괄적인 설명원리로 전개하였다. '자연'은 물리적 세계에 한정하지 않고 정신적 현상이라고 할 수 있는 문화의 현상까지도 포함하는 것으로 보았다. 그의 자연의 개념은 모든 '질성적인 복합현상'을 포괄하는 개념이다. 또한 그는 역사라는 것도 시간이라는 자연에 대한 통찰력을 제공한다고 하였다.49)

　듀이는 창조적 탈바꿈의 아이디어를 자연의 핵심적 위치에 두고자 하였다.50) 어디서나 자연은 어느 정도의 안정성과 불안정성을 나타내지만, 그것은 일률적인 원인과 결과의 관련성이라기보다는 오히려 '상호작용'의 형태로 존재하는 것이다. 살아 있는 생명체는 유기체 전체가 평형을 유지하려는 항상성(恒常性)51)을 지니면서 적응하고, 그 유기체는 자체의 총체적 특성을 어디에서나 어떤 의미로든지 나타내고자 한다. 그러나 그 유기체의 질성적 전체는 그것을 구성하는 요소들이 지닌 개체적 속성들만으로 설명되지는 않는다. 개체들 간의 관계가 어떤 성격의 것이냐에 따라서 전체가 영향을 받기도 한다. 인간의 문화도 같은 이치로 설명될 수가 있다. 듀이가 주장하는 '자연으로서의 문화'도 인간 경험의 복합적인 요소들이 역동적인 질성적 체제로 형성된 것을 의미하는 것이며, 그것은 역사적으로 유지되면서 또한 변화하는 '사회적 기억'이라고 할 수도 있고, '사회적 습관'이라고 할 수도 있다. 이러한 습관은 그 문화 속에 태어나는 개체들에게 '문화적 마음'을 만들어 준다.52)

---

49) Dewey, "Time and Individuality", *LW 14:* 98f.
50) Dewey, "The Influence of Darwinism on Philosophy", *MW 4:* 3f.
51) homeostasis
52) Dewey, *LW 1:* 132f.

듀이에 의하면 자연은 시간의 흐름에 따라 탈바꿈하는 과정에서 순수한 창조성을 발현한다. 이 말은 한 인간 개체도 자연적 존재로 볼 때, 개체의 변화와 성장은 그 자체로서 창조적 탈바꿈으로 이해될 수 있고, 현재의 개체는 장차 새로운 무엇인가를 발현할 잠재적 조건을 지닌 것으로 보게 된다. 그는 그 잠재성이 장차 실제로 성장(혹은 탈바꿈)과 함께 발현되면 예상할 수도 없는 많은 것이 가능하게 될 것이라고 하였다. 그것은 계속적이고 다원적인 성장의 가능성을 비친 것으로 이해된다. 현재의 개체는 시간적으로 지금까지 자신을 만들어 온 그 역사에 대하여 창조적 반응을 한 것이다. 즉, 창조적으로 거듭난 것이다. 이러한 창조적 탈바꿈은 교육에 의한 성장의 자연주의적 설명이기도 하다. 그리고 앞서 언급한 '명시적 경험의 방법'은 이러한 경험의 자연적 연속성과 역사성을 밝히고 실제성뿐만 아니라 잠재성도 함께 검토하는 것을 그 목적으로 삼는다.

듀이는 성장 혹은 탈바꿈의 자연적 과정에서 새로운 형태의 상호작용이 일어나는 세 가지 차원이 있음을 지적하였다. 즉, '물질'과 '생명' 그리고 '정신'(혹은 '문화')이 그것이다. 그리고 이 세 가지 차원에는 각기 평원현상(平原現像)53)이 있음을 지적하였다. 자연의 변화는 하나의 시간적 연속성을 지니면서 진행하지만, 그 과정은 물질과 생명과 정신 등이 각각의 고지에서 독특한 양상을 보이기도 하면서 또한 어떤 공통된 일반적 특징을 지니기도 한다. 세 가지 차원에서 공통된 특징으로는, 첫째, 어느 것이나 안정성과 불안정성을 나타내는 상태가 있다는 것, 둘째, 어느 것이나 즉시적으로 감지할 수 있는 질성적 상황이 있다는 것, 셋째, 관련된 것들을 어떤 매체적 기능이 중재한다는 것이다.

그리고 그 각각은 또한 독특한 특징을 보인다. 물질세계의 차원(예컨대, 물리적 상황)에서는 기후 혹은 환경의 안정성과 불안정성이 있고, 생명체의 의식에서는 불안과 평안이 있으며, 문화적 차원에서는 정체성의 혼란과 정착이 있다.

---

53) plateau

질성적 즉시성의 차원에서도 물질적 상황을 식별하는 것은 인간 의식의 변화나 문화의 경향성을 일종의 상황으로 지각하는 것과는 다르다. 매체적 기능의 경우도 물질에 관해서는 감각적 관찰과 분석에 의존할 수 있지만, 인간의 의식에 관해서는 소통과 공감의 다양한 형태가 활용되고, 정신적 혹은 문화적 차원에서는 다양한 제도적, 관습적, 의식적 변화에 대한 미시적·거시적 자료와 담론에 의존한다. 그러나 그 차이는 각기 지니고 있는 일정한 범주의 독특성 때문에 나타나는 경향일 뿐이며, 실체로서 고립된 것이기 때문은 아니다. 오히려 각 평원의 차원에서 진화의 역사가 진행되는 연속성으로 인하여 나타나는 차이일 뿐이다.54)

인식론적 이원론의 문제

플라톤의 존재와 생성의 이론에서 연유한 이원론, 즉 감각적인 현실 세계에서 생성된 것들은 이데아의 세계에 있는 실재의 상(像)이 모방된 것이라고 한 이론에서 관조적 인식론의 전형적인 것을 볼 수 있다. 그는 하나의 생성 현상을 원천적으로 실재하는 것, 즉 참된 존재에서 파생되는 것으로 보고, 초현실적인 세계와 현실적인 세계의 영역을 별도로 설정하였다. 그러나 인간의 영혼은 이데아(이성)의 세계에 살고 있다가 육신을 입고 현실(감각)의 세계에 태어나면서 본래 지니고 있던 이데아를 모두 잊어버렸다. 감각세계에 살면서도 이성의 세계에 있던 실상(이데아)을 사모하는 마음으로 추구하면 유사한 것(모조품)을 경험하고 그 실상에 대한 체계적 사유의 과정을 통하여 회상해 낼 수도 있다는 것이다. 이러한 회상의 과정을 플라톤 대화편의 하나인 『메논(Menon)』에서 한 노예 소년을 상대로 진행한 문답의 방법으로 일종의 피타고라스 정리에 해당

---

54) Dewey, *LW 1:* 191f., esp. 208f.

하는 도형의 기하학적 원리를 증명해 보이기도 한다.

플라톤의 이데아의 세계와 감각적 세계의 이원론에 관하여 이해를 돕기 위하여 이런 예로써 생각해 보자. 기하학에서 말하는 삼각형은 세 개의 직선이 만나서 만들어진 도형이다. 이러한 삼각형의 내각의 합은 180도이다. 그리고 기하학에서 정의된 선은 점의 연속(혹은 연결)이며 점에는 면적이 없고 위치만 있을 뿐이다. 사실상 이러한 삼각형은 우리가 볼 수도 없고 그릴 수도 없는 것이다. 위치만 있고 면적이 없는 것은 시각적 대상이 되지 않는다. 즉, 볼 수가 없다. 그러면 그러한 점으로 연결된 선도 우리가 볼 수 없을 뿐만 아니라 그릴 수도 없다. 아무리 정밀한 기계를 사용해서 그려도 보이는(감각적인) 대상인 삼각형은 완전한 진품의 삼각형이 아니다. 그렇다면 수학 시간에 학생들이 논증기하학을 공부할 때 그리는 삼각형은 모두가 진품이 아니고 모조품일 뿐이다.

그러나 그러한 모조품인 삼각형을 그려 놓고 내각의 합이 180도라는 것을 증명하는 수업을 한다. 감각적 인지의 대상이 되는 삼각형은 모두 모조품이고, 진품은 단지 생각(사유)할 수 있을 뿐이다. 칠판이나 공책에 삼각형을 그려 놓고 기학학적 학습을 하는 것은 진품에 관해서 생각하는 데 도움이 된다. 칠판이나 공책에 그린 삼각형은 단지 생각하는 기관(이성)이 시각적 모양의 도움을 받아서 추리적 사고를 편하게 할 수 있게 하는 보조적 자료일 뿐이다. 엄격히 말하면 기하학은 도형에 관한 교과가 아니다. 그려진 도형은 개념적 사고를 용이하게 하는 편의적 수단에 불과한 것이다. 그러면 이상적 삼각형, 그래서 완전한 삼각형은 사유의 세계에 있을 뿐이고 감각의 세계에는 없는 것이다. 완전하고 불변하는 것으로 상정한 플라톤의 이데아는 사유의 세계에 있는 '실재'이고 감각의 세계에 있는 모든 것은 본래 실재인 이데아로부터 파생한 것이며 그 모조품이다.

그렇다고 하더라도 진품을 닮은 모조품은 그 자체로서 변화될 수 있는 것이다. 듀이는 오히려 이와 대조적으로 변하지 않는 안정성과 가변적인 불안정성은 양자 모두 자연적 현상에 공존하는 특징이라고 보았다. 예로 들면, 완전한 원형(圓形)의 특징은 변화무상한 원형들이 공유하듯이 안정성(항구성)을 지닌 것들은 불안정성(가변성) 속에 있고 그것으로 인하여 존재하며 그 반대로도 된다. 앞에 예로 든 삼각형의 경우도 그러하다. 어떤 것도 완전히 안정의 상태에 있거나 불안정의 상태에 있는 것은 아니다. 문제는 정도의 차이, 원인과 결과의 차이일 수 있다. 머릿속에서 완전한 원형과 삼각형을 생각할 수 있기 때문에 불완전한 것들을 그릴 수가 있고, 불완전한 도형들을 두고 완전한 것을 추구해 보면 적어도 머릿속에서 그것이 만들어질 수는 있다.

관조적 인식론의 또 다른 형태는 경험주의자인 로크에게서도 볼 수 있다. 그는 데카르트의 생득적 표상의 개념에 대하여 부정적이었다. 오히려 그는 우리가 마음 밖에 존재하는 대상에 대한 지식을 획득하는 것은 데카르트가 신뢰하지 않았던 감각적 자료에서 시작한다고 하였다. 로크에 의하면 인간이 타고난 마음은 본래 오히려 '백지'[55]와 같아서 지식에 속하는 것이라고는 아무것도 없는 것이었다. 그러나 거기에 경험의 글씨를 쓰는 것과 같은 과정을 통하여 지식이 만들어진다. 경험의 자료는 인간의 마음과 신체가 지니고 있는 두 개의 기관을 통하여 획득한다. 하나는 '외관'이고, 다른 하나는 '내관'이다.[56] 외관은 주로 감각기관의 작용으로서 우리 마음의 외부로부터 받아들이는 자료, 즉 시각적 모양, 청각적 소리, 촉각적 느낌, 미각적 맛, 후각적 냄새 등의 감각자료를 받아들인다. 내관은 그러한 자료들을 관련시키고 구별하고 기억하고 조직하고 범주화하는 반성적 작용을 하는 기관이며, 객관적 인식이 가능한 내용을 만들면 그것은 마음 밖에 있는 실재적 대상에 대한 표상을 성립시킨다. 그 표상을 만드는 과정과 만들어진 결과를 경험이라고 한다.

로크는 우리의 마음에는 본래 아무런 표상적 내용이 없는 상태, 즉 백지와

---

55) tabula rasa
56) external sense, internal sense

같은 상태이지만, 거기에 경험의 글씨를 쓸 때 표상들을 조작하는 능력은 선천적으로 가지고 있다고 하였다. 백지와 같은 마음은 표상이 없는 상태를 말하는 것이고, 표상들과 더불어 경험을 만드는 능력은 잠재적으로 가지고 있다는 것이다. 말하자면, 기억하고 관련시키고 조직하고 추리하고 새로운 표상을 발상하는 과정에서 발휘하는 기억, 추리, 연상 등의 인지적 능력, 감정이나 의지를 순화하거나 제어하는 정의적 능력 등은 잠재적으로 가지고 있는 것이다. 이러한 잠재적 능력들은 일정한 형식적 조작의 과정을 통하여 지속적으로 도야(陶冶)하면 질적으로 향상된다. 이것이 바로 일종의 '능력심리학'과 '형식도야설'57)이다.

로크의 경우는 데카르트식의 존재론적 이원론에는 해당되지 않으나, 인식의 주체와 인식의 대상은 각기 별도로 존재한다는 것을 수용하는 것이므로 인식론적 이원론의 특징을 지니고 있다. 경험과 그것이 생산하는 지식은 마음 밖에서 들어오는, 원천적으로는 감각적 자료를 표상으로 만든 것이지만, 그것은 실재하는 것의 형상 그대로가 아니라 외부의 사물에 대응하여 마음이 작용하는 양상이다. 우리가 지닌 표상들은 마음 밖에 존재하는 사물을 제대로 복사하듯이 서로 일치하도록 나타낼 때 그것을 진리로 주장할 수 있는 지식이라고 평가하게 된다. 인식의 대상은 외관이나 내관의 작용과는 상관없이 원래 우리의 마음과는 별개로 독립해서 존재하고, 표상이 진리의 지식이 되는 것은 인식의 양상이 대상과 서로 대응하여 일치할 때 성립한다.

그러나 듀이에 의하면 경험은 마음 밖의 환경으로부터 수용하는 감각자료를 소재로 하여 지식을 만드는 일방적이고 피동적인 과정이 아니라, 복합적으로 환경과 상호작용하면서 서로 교변(交變)하는 과정이다. 봄날 아침에 벚꽃이 핀 것을 볼 때, 벚꽃 송이를 시각적으로 확인하는 것 이외에 많은 인지적·정서적·신체적 작용과 기능의 내용이 함께 우리의 경험적 상황을 만든다. 우리가 알고

---

57) faculty psychology, formal discipline

자 하는 대상과 그 세계는 우리가 어떤 방식으로든지 관심을 두는 맥락에서 다가온다. 우리의 주변에는 항상 수없이 많은 물리적·심리적·사회적 요소가 어지럽게 있을 수 있지만, 그 자체로서 탐색의 대상이 되기도 하는 세계는 아니다. 이런저런 동기나 목적으로 추구한 행위가 문제적 상황에 놓이게 될 때 내가 관여할 질성적 사고의 대상으로 의식하게 된다. 그러나 실제의 경험은 어떤 대상에 접근할 때 나와 그 대상과의 사이에 일어나는 모든 의식의 내용을 포함한다. 바로 인간이 어떤 존재로서 어떤 삶을 영위하는가를 의미한다. 그 대상과의 관계에서 형성된 문제적 상황은 다소 특이하게 형성되고 다양한 가능성을 언제나 두고 있다. 거기에 성립하는 주제는 매우 종교적이고 예술적인 상징성을 지니는 것일 수도 있고, 그런 것들로 인한 고통과 희열도 고도의 이론적인 과학과 논리에 못지않은, 어쩌면 더욱 깊이 인간의 경험에 관해 말해 주기도 한다.

가치론적 이원론

앞에서 설명한 존재론이나 인식론의 문제뿐 아니라, 근대의 가치론에서도 이원론의 문제가 있다. 가치론적 이원론으로 두드러진 것을 들면 두 가지가 있다. 하나는 가치의 문제에 대하여 객관적 인식이 가능한 것이냐의 여부에 따른 이원론이고, 다른 하나는 인간이 사회를 구성하는 관계에 관한 것이다. 듀이는 주로 서양적 이원론의 유산을 특징짓는 전통적인 철학적 주제와 관련하여 이러한 자연주의적 방법을 가치론적 범주에 속하는 도덕적 판단과 사회적 관계에 관한 이론에서도 일관성을 보여 주고 있다.

첫째, 가치인식의 문제는 원천적으로는 데카르트가 의지는 본래 전적으로 자연과 분리된 것이라는 아우구스티누스(Augustinus)의 주의론(主意論)[58]을 수용하여 심신이원론을 주장한 데서 연유한 것이다. 가치표현 혹은 가치판단은 단순히 의지나 욕구 혹은 태도 등의 정의적(情意的) 표현에 불과한 것이므로 객관적 인식이 가능하지 않다는 주장이 있는 반면에, 그 가능성을 모색하는 논자들도 있다. 20세기에 이르러 논리실증주의와 일상언어분석59)을 비롯한 분석철학의 계열에서는 도덕적·심미적 가치를 포함한 가치 혹은 규범의 주장이나 표현은 인간의 감정, 의지, 원망 등의 표현일 뿐이므로 가치의 문제는 진리의 여부를 묻는 객관적 인식의 대상이 아니라고 주장한다. 카르나프(R. Carnap), 라이헨바흐(H. Reichenbach), 에이어(A. J. Ayer) 등이 이에 속한다. 특히 그들은 사실의 진술을 전제로 하여 가치의 진술을 결론으로 도출할 수 없다고 보고, 즉 사실은 사실이고 가치는 가치일 뿐이지 사실에서 가치가 추론된다거나 사실에 근거하여 가치를 주장할 수 없다는 것이다. 이러한 원칙을 어기는 추론은 '자연주의적 오류'60)를 범하는 것이다.

그러나 가치인식의 가능성을 주장하는 이론가들의 시도도 있다. 당시로서는 다소간 열세인 상태에서 그들 자신의 분석을 정당화하는 근거와 논리로 맞서기도 한다. 가치인식의 여부에 대한 이원론은 일종의 배타적 이원론에 속한다. 그러나 가치의 인식 혹은 판단은 신념의 측면과 태도의 측면을 동시에 지닌다는 상대적 이원론에 해당하는 주장(Charles L. Stevenson), 그리고 가치의 판단에는 주장의 이유가 있음을 언급하면서 적어도 상당한 객관적 인식의 내용을 포함하고 있다는 주장(S. E. Toulmin)도 있다.61)

『가치판단의 이론』62)에서 듀이는 사실과 가치가 기능적으로 다른가의 문제

---

58) voluntarism
59) logical positivism, ordinary language analysis
60) naturalistic fallacy
61) C. L. Stevenson, *Ethics and Language* (New Haven: Yale University Press, 1944.); S. E. Toulmin, *The Place of Reason in Ethics* (Cambridge: Cambridge University Press, 1950).
62) Dewey, *Theory of Valuation*. In *Foundations of the Unity of Science*. Otto

를 다룬 부분이 있다. 현대 분석철학의 계열에서는 사실에 근거하여 가치를 추리하거나 주장하는 것은 자연주의적 오류라고 규정하는 것이 그 대세를 형성해 왔지만, 듀이는 가치라고 해서 사실과 분리해서 설명되는 것은 아니라고 하였다. 어떤 것을 하나의 사실로 말할 때는 그것에 어떤 가치가 있음을 강조하게 되고, 그것이 어떤 가치를 지닌다고 말하는 것은 그 사실이 잠재적으로 지닌 많은 유의미한 특성의 어느 하나에 대한 반응이다. 그렇다면 사실과 가치는 어떤 탐구행위에서 서로 협동적으로 작용하는 상태에 있는 셈이다.

둘째, 사회적 관계, 즉 개체와 개체의 관계와 관련해서는 두 가지의 대립된 견해가 있어 왔다. 하나는 '기계적 관계'로 이해하는 방식이고, 다른 하나는 '유기적 관계'로 이해하는 방식이다.63) 일종의 배타적 이원론이다. 기계적 관계를 주장하는 논자들은 사회를 성립시키는 기본적인 실체는 개체들이며, 개체와 개체의 관계는 필연적인 것이 아니라 우연적인 규칙들이 형성된 결과라고 생각한다. 이때의 개체는 원자적 개체로서 고전적 자유주의자들에게서 볼 수 있는 개인주의적 사고에서 나타나는 개념이다. 개체와 개체 사이에 본연적 관계라는 필연적 개념이 없다. 말하자면, 그 관계의 개념은 개체들의 속성과는 무관하며 우연적으로 성립한다는 것이다. 그리하여 '외적인 관계'라고도 한다. 반대로 개체와 개체의 관계를 유기적 관계로 이해하면, 사회 속에 있는 개체들은 각기의 본질적 특성 속에 이미 다른 개체, 나아가서는 전체와의 관계를 지닌다는 것이다. 가족과 가족적 관계가 그렇듯이 그 관계는 사회를 구성하는 개체들의 속성 속에 이미 존재하는 것이므로 '내적 관계'라고도 한다. 그 관계는 우연적인 것이 아니라 필연적인 것이다.

기계적(혹은 외적) 관계설에서 보면 각 개체는 고유하며 그 자체로서 목적적

Neurath, Rudolf Carnap, and Charles Morris (Eds.). (Chicago: The University of Chicago Press, 1937). Reprinted in *LW 13:* 189-254.
63) mechanic relation, organic relation

존재이고 도덕적으로는 절대적 존엄성을 지니며 따라서 스스로는 자유로운 존재이다. 우주 안에 있는 모든 실체는 더 이상 분리할 수 없는 구성요소인 원자들로서 존재하는 것과 같이 개체들은 사회적 조직의 기본적인 단위이다. 이기적이고 자기충족적인 개체들, 모든 사회적 가치, 제도, 발전, 과정은 전적으로 특정 사회에 살고 있는 개체들의 이해관계와 행위에서 비롯된다. 개체는 사회의 원자이다. 모든 관심과 분석의 대상이다. 그러한 자유롭고 존엄한 개체들도 사회적 관계 속에서 존재한다. 그러나 그 사회적 관계는 '사회계약'과 같은 우연적인 규칙에 의해서 성립된 것이다. 계약의 원리는 인간이 이성의 능력에 호소하여 합리적 방식으로 규칙들을 입법하고 이에 따른 준법의 삶을 요구한다는 것이다. 이러한 원자론적 사고는 고대 그리스의 데모크리토스(Democritos), 로마의 루크레티우스(Lucretius) 등에서도 있었지만, 로크(J. Locke)와 홉스(T. Hobbes) 등에서도 볼 수 있다.

이와는 달리 유기적 관계설에서 보면 사회 혹은 사회적 구조는 하나의 '살아 있는 유기체'이다. 한 개체와 다른 개체와의 관계는 필연적으로 주어진 것이라면, 결국 모든 개체는 전체 속에서 서로 내재적으로 지닌 관계의 그물 속에 있는 셈이다. 사회유기체설은 법률, 가족, 범죄 등의 개념은 사회적 특징의 관계를 나타내는 것이고, 사회적 필요를 충족시키기 위하여 다른 사회적 특징과 상호작용하는 관계에 있는 것으로 검토한다. 문화와 정치와 경제 등의 상호관계 속에서 사회적 가치와 문제를 논의해 왔다. 이러한 유기체설은 인간은 '사회적 동물'이라고 한 아리스토텔레스에서도 볼 수 있고, 19세기의 사회학자인 뒤르켐(E. Durkheim)과 진화론자인 스펜서(H. Spencer)에서도 볼 수 있는 이론이다.

사회적 관계에 관한 이론의 경우에도 흔히 개인과 사회를 이원론적으로 대립시켜 생각하는 경향이 있다. 듀이는 개체와 개체, 개체와 사회의 관계를 설명하는 방식에 있어서도, 전형적인 개인주의자들과는 달리 개체를 사회적 개체로 보았고, 철저한 유기체설과는 달리 사회를 개체들의 연합적 조직[64]이라고 하였다. 듀이에 의하면 모든 신념과 관습과 제도와 전통은 사회적 과정의 산물이지만, 그러한 사회성은 본질적으로 유기체인 사회에 필연적으로 주어지게 되는 것이 아니라, 개체들의 상호관계를 통하여 형성된 산물이며, 또한 그러면서도 그 개체들을 다시 사회적 맥락 속에 있게 한다는 것이다. 개체와 사회는 모두 그 관계를 통해 특성을 서로 결정한다.

그러나 듀이의 그러한 연합적 조직은 낱낱으로 존재하는 개체들의 기계적 집합체가 아니라, 그 조직을 성립시키는 일종의 느슨한 유기체적 원리가 있다고 보았다. 하지만 유기체적 원리는 부분적이고 다원적인 것으로서 하나의 전체만을 의미하는 유기체는 아니다. 전체가 하나의 유기체로 존재한다면, 그 속에서 흔히 발생하는 개체와 개체, 집단과 집단의 갈등적 관계는 어떤 성격의 것인가를 설명할 수 없게 한다. 왜냐하면 개체들이나 집단들이나 간에 존재하는 목적과 추구하는 가치가 본질적으로 하나로 귀결되는 유기체적 특성에서 유래한다면 서로 충돌하고 갈등해야 할 이유가 없기 때문이다.

듀이에 의하면 사회에는 수많은 조직체가 구성되어 있으며 그 수는 구성원이 함께 추구하는 가치의 수만큼 많고 다양하다고 하였다. 가족, 기업, 학교, 사원, 교회, 동호회, 정당 등의 모든 사회적 조직은 구성원이 추구하는 가치의 실현을 가능하게 하는 사회적 장치들이다. 그리고 개체들은 각기 자기가 추구하는 가치들 중에 특히 사회적 가치에 해당하는 것들이 수없이 많으므로 자신이 속한 조직들의 수도 그만큼 헤아릴 수 없이 많을 수밖에 없다. 개인은 사회적 개인이고, 사회는 개인들의 연합적 조직이라고 요약할 수 있다. 하나의 큰 사회 속에 존재하는 조직들의 수는 그 사회의 구성원이 함께 추구하는 가치의 수만큼 많은 것이다. 사회는 다원적이면서도 조직들은 앞서 언급한 '느슨한' 유기체적 특성을 동시에 가지고 있다는 것이다.

---

64) association

듀이는 사회적 조직이 있다는 것과 거기에는 서로를 맺어 주고 어울리게 하는 어떤 동력과 행위가 있다는 것, 그리고 그것이 개별적인 구성원의 활동에 영향을 미친다는 사실이 특별하게 신비스러울 것은 없다고 하였다.[65] 개체들이 어떻게 조직을 이루게 되었는가를 묻는 것도 별로 의미가 없다. 개체들은 살아가면서 조직을 만드는 활동을 한 것이다. 거기에 꼭 무슨 신비스러운 점이 있다면, 우주 자체가 본래 그렇게 신비스러운 것이라고 말할 수 있을 뿐이다. 이러한 신비를 설명하자면 우주 안에서보다는 우주 밖에서 우주를 설명해야만 한다. 만약 누군가가 그 신비를 설명하는 데 필요한 자료를 우주 밖에서 구하려고 시도한다면, 논리학자라면 깊이 생각하지 않더라도 우주 안에 있는 것을 설명하기 위해서 외계로 나가면 거기도 역시 우주와 연결되어 있다는 점을 지적할 것이다. 그렇게 되면 서로 연결되어 있다는 것을 하나의 사실로서 받아들이는 것이 되고 결국 아무런 새로운 설명도 없는 셈이다.

그러나 인간의 조직에 관해서 의미 있는 질문이 하나 있다. 이 질문은 어떻게 사람들만이 할 수 있는 독특한 방식으로 서로 관계를 맺게 되는가라는 것이다. 사람들이 서로 관계를 맺으면서 하나의 공동체를 형성하는 방식은 사람 이외의 물리적 실체나 생물학적 생명체들이 군집을 이루는 방식과는 근본적으로 다르다. 예컨대, 전자(電子)들이 하나의 집합을 이루는 것이나, 산속의 나무들이 하나의 숲을 이루는 것이나, 곤충들이 하나의 떼를 짓는 것이나, 양들이 하나의 무리를 지어 있는 것이나, 별들이 한데 몰려 하나의 성군(星群)을 형성하는 것과는 다른 방식이다.

그 차이를 자세히 검토해 보면 우리가 즉시로 알 수 있는 사실의 하나는 이런 것이다. 즉, 사람들은 서로 어떤 관계를 맺게 되면 그 결과를 예측할 수 있고 거기서 새로운 가치를 만들어 낸다는 것이다. 왜냐하면 사람들은 그냥 타인과 관

---

65) 이하, 사회적 조직에 관한 듀이의 논의 내용은 다음의 자료를 참고한 것이다. Dewey, *The Public and Its Problems* (New York: Henry Holt and Company, 1927), pp. 12-25.

계를 맺으면 그것의 효과를 알게 되고, 그 맺어진 관계 그 자체에 관해서 깊이 생각을 하게 되며, 하나의 주의 혹은 관심의 대상이 된다. 쉽게 생각해서, 새로운 곳으로 이사를 하면 거기에 어떤 이웃이 있다는 것을 살피고 그들과 어떤 관계에 있어야 하는가를 생각하는 것과 같다. 우리는 이웃을 생각하면서 그들과 더불어 지내는 삶이 어떤 식으로 될 것이라고 생각하고 행동하면서 살게 된다. 크고 작고 간에 하나의 공동체에 살면서도 개체들은 각기 생각하는 바가 있고, 바라는 바가 있으며, 추구하는 가치와 실현하고자 하는 목적을 세운다. 그러나 그들은 그들의 행동이 다른 사람의 행동에 어떤 영향을 주는가, 다른 사람들의 행동이 자신의 행동에 어떤 결과를 가져오는가를 생각한다.

　모든 인간은 본래 영아로 태어난다. 영아는 미성숙하고 무기력하고 다른 사람의 도움을 받으면서 살아가야 하는 존재이다. 우리의 주변에는 수없이 많은 어린 사람이 우리와 함께 생존한다. 그것은 바로 누군가가 상당한 정도로 그들을 도와주고 있으며 또한 돌보고 있음을 증명하는 것이다. 성숙한 사람들은 그 어린 사람들을 어떻게 대하여야 하고 자신들의 행동이 그들에게 미칠 결과에 관해서도 잘 알고 있다. 그들은 단순히 어린 사람들과 함께 활동하기만 하는 것이 아니라, 그들의 행동이 어린 사람들의 생명과 성장에 어떤 영향을 미치는가에 관심을 두고 있다.

　어린 사람들이 생물학적 존재로서 계속 유지되는 것은 단지 자신이 속한 사회적 조직에 대한 관심과 기대가 있기 때문이다. 성인들도 미성숙자들이 생각하고, 느끼고, 기대하고, 어떤 식의 습관적 행동을 배우도록 하는 데 관심을 둔다. 어린 사람들도 무엇을 하면 바라는 바가 이루어진다는 예상을 하면서 판단하고 목적을 정하고 선택하는 행동을 한다. 사실상 많은 경우에 영아들도 성인이 하는 바와 같이 결과를 기대하고 계획을 세운다. 개별적인 존재로서 무엇을 생각하고 기대하고 결정할 때, 그들이 가지고 있는 신념과 의도의 내용은 자신이 속한 바로 그 사회적 조직에 의해서 형성된 것이다. 인간은 그 조직 속에서 자신의 생각과 감정과 행동을 전개하면서 사회적 동물이 되어 가는 것이다. 인간이 믿고 바라고 목적하는 바는 바로 조직체와 그 속에서 이루어지는 소통의 결과이다.

결론적으로

듀이가 말하는 자연주의적 형이상학에서는, 단순히 철학적 반성 그 자체의 과업을 실재와 진리를 밝히려는 전통적 개념의 이성이 구상하는 바에만 한정하지 않고, 그것을 훨씬 넘어서서 거대한 삶의 세계에 다시 정착시키는 것이다. 새로운 성찰을 통하여 철학이 성취하고자 하는 바는 지력의 사용을 제약하거나 방해하는 경직된 이원론을 차단시킴으로써, 철학 그 자체가 세계를 새롭게 조명하고 거기에 반응할 수 있도록 하려는 방법이다.[66] 체계적인 성찰을 통하여 이렇게 다듬어진 것은 본래의 것과는 구별되는 '이차적' 대상이다. 거기에 동원된 개념 혹은 합리적 방법 등은 결코 버릴 것이 아니라, 경험의 생동적 바탕과는 완전히 분리시킬 수 없는 연속성을 지닌 것으로 입증하여야 한다.

다시 말하면, 문화적 자연주의의 목적은 전문적 철학자들의 사유 세계에만 머물지 않고 더욱 인간적이면서도 더욱 효율적인 지력으로 작용하면서 문명 그 자체를 주도하는 데 있다는 것이다. 듀이는 우리의 사고를 기능적 측면에서 강조함으로써, 즉 연속성의 개념으로 생각하는 습관을 발전시키면, 초월적 대상이나 신비적 사고에 호소하기도 하는 습관인 여러 가지의 이원론적 사고에 대한 대안을 제시할 수 있었다고 생각하였다.

듀이는 지금 우주를 고정된 것, 즉 이름이 붙여질 정도로 고정된 것으로 보

---

66) 듀이는 사유의 능력을 가진 기관을 상정하는 '이성(reason)'이라는 말을 거의 쓰지 않고, 오히려 그 대신에 '지력(intelligence)'이라는 말을 쓰는 편이다. 이성과 지력의 대조적 검토는 별도의 장에서 이루어질 것이다.

는 것을 멈춰야 한다고 하였다. 우주는 고정된 사물들로 가득 채워져 있는 방과 같은 것이 아니다. 우리가 살고 있는 세계는 이미 광범한 가능성을 보여 주었다. 그러므로 그 속에서 이루어진 역사적 사실들을 개방적으로 찾아 밝히고 그들 간의 상호작용을 검토할 필요가 있다. 미래를 투시하면, 현재의 것이 어떤 것인가를 생각하기도 하지만 또한 현재가 어떻게 될 것인가를 생각하게 된다. 그는 과거를 다시 읽으면 현재의 사건들이 생긴 근원을 이해할 수 있고, 역사가 현재의 존재 양상에 좋든 나쁘든 어떤 영향을 미쳤는가도 알 수 있게 된다고 하였다. 이러한 연속성과 역사성을 밝히고 실제성뿐만 아니라 잠재성도 함께 검토하는 것이 바로 듀이가 강조하는 '명시적 경험의 방법'이 겨냥하는 바의 목적이다.

듀이는 주로 서양적 이원론의 유산을 특징짓는 전통적인 철학적 주제에 이러한 방법을 철저히 적용하는 데 관심을 보였다. 사고를 기능적 측면에서 강조함으로써, 즉 연속성의 개념으로 생각하는 습관을 발전시키면 프래그머티즘은 서양철학을 특징지어 온 사고의 습관인 여러 가지의 이원론에 대하여 대안을 제시할 수 있었다. 그것은 듀이의 손에서 모든 형태의 문화가 자연의 본질을 나타내는 것으로 볼 수 있게 하는 '새로운 자연주의'67)로 표현된다.68)

---

67) nascent naturalism, 쉽게 '신자연주의(neo-naturalism)'라고 칭해도 무방할 것 같기도 하다.
68) Thomas M. Alexander, "Dewey, Dualism, and Naturalism." *A Companion to Pragmatism.* John R. Shook, & Joseph Margolis (Eds.) (New York: Blackwell Publishing 2006), pp. 184-192.

교육적 경험의 예술성

교 육 적　　경 험 의　　예 술 성

제3장 교육적 경험의 예술성

우리는 경험의 개념을 인간 생명체가 물리적·사회적 환경과 상호작용하는 과정 혹은 그 결과로 요약해 왔다. 그러나 특히 교육적 의미를 지닌 심미적 경험의 경우에 환경의 의미는 생명체가 처한 실질적 '상황'에 상응하는 것이고, 상황은 그것을 특징적으로 지배하는 편재적 질성으로 인하여 경험의 주체에게 다가와 있는 것이다. 그러면 우리가 교육적 경험의 장을 제공한다는 것은 학습자가 상호작용하는 관계에 있을 상황을 마련해 주는 것을 의미한다. 교육, 특히 학교를 비롯한 제도적 교육은 학습의 경험이 가능하도록 하는 데 어떤 상황을 제공하는가를 체계적으로 검토할 필요가 있다. 교육적 경험을 가능하게 하는 상황은 적어도 성장의 삶을 사는 창조적 지력이 발휘되는 생활의 장이다. 그러한 생활의 장이 반드시 학교라는 제도적 조직이 제공하는 것은 아니지만, 우리는 여기서 학습과 성장을 가능하게 하는 모든 잡다한 기회를 언급하거나 관심의 대상으로 삼을 수는 없다. 다만, 사회적 과업으로 실시되는 제도적 교육인 학교의 상황을 중심으로 논의할 수밖에 없다.

일상적 경험, 심미적 경험 그리고 교육적 경험

듀이가 미학적 이론을 집중해서 다룬 것은 『경험으로서의 예술』[1]이다. 이 책으로 말하면 자신의 철학적 관심을 특별한 영역으로 옮겨 가는 변화를 보여 준 것이었다. 물론 『경험과 자연』에서 예술에 관한 약간의 언급이 있었지만 뚜렷한 윤곽을 드러내는 수준은 아니었다. 그는 '질성적 즉시성'[2]을 언급한 바도 있고, 경험의 발달에 관한 견해를 보여 주기도 하였다. 그러나 엄격히 말하면, 듀이의 경험은 전통적 인식론의 개념으로 사용된 것이 아니었다. 물론 전혀 무관한 것은 아니지만, 경험은 우리가 일상적으로 '~을 경험한다'든가 '~한 경험이 있다'라고 하는 말이 사용되는 맥락과 그러한 표현들의 도구적 특징에 관한 공감적 이해에 일관성을 유지하면서 사용하고 있는 말이다. 그러므로 '경험'은 어떤 권위 있는 사전에서 제시한 정의나 엄격한 언어분석적 방법으로 명료화된 의미로 사용되고 있는 것은 아니다. 오히려 그 말이 사용되는 상황에 기능적으로 관련된 요소들과 더불어 밝혀지는 의미를 공유한 것이다.

경험은 식사를 하고 일을 하고 잠을 자는 것과 같은 일상적 활동과 구별되는 별도의 행동과 사고가 이루어지는 삶의 경지를 뜻하는 것이 아니다. 우리가 삶을 영위하고 존재하는 상태에서 능동적으로 행하고 피동적으로 겪는 모든 것이 경험의 범주에 속한다. 그러나 막연한 전체가 아니라, 시작과 끝이 있으며 식별이 가능한 부분과 부분으로 나누어 언급할 수도 있는, 즉 삶을 구성하는 요소들을 언급한 것이다. 오래도록 지속하는 것도 있고, 새롭게 만들어지기도 하며, 일시적으로 존재하다가 사멸해 버리는 것도 있다. 그러나 경험들은 그냥 덧없이 생멸하는 것이 아니라, 삶의 흐름 속에서 생겨나고 지속하고 사라지면서 우리의 존재 자체를 유지하고 특징짓는다.

생명체인 인간은 일상적 삶의 과정에서 자체의 생존을 가능하게 하는 환경

---

1) Dewey, *Art as Experience* (New York: Capricorn Books, 1934).

2) 질성적 즉시성(qualitative immediacy)은 우리가 어떤 질성을 지각할 때 복잡한 간접적 관찰이나 체계적인 추리의 과정과 같은 어떤 매개적 수단의 도움 없이 직접 지각의 대상으로 삼는다는 뜻이다.

과 항상 상호작용하고 있으므로 경험은 끊임없이 일어난다. 그러나 인간의 경험은 많은 경우에 때때로 불완전하며 매우 산만하고 분산되어 있다. 우리는 일을 시작하다가도 멈춘다. 단지 경험이 목적하는 바의 수준에 도달했기 때문이 아니라, 오히려 외부의 장애물이나 내부의 무력감 때문에 시작하다가도 중지하는 경우가 많다. 기억할 정도로 의미가 있는 것도 아니고 무심코 지나치거나 방심한 사이에 흘러가 버리는 것도 매우 많다.

그러나 이러한 경험과는 반대로 제대로 과정을 따라서 잘 진행되는 경우도 있다. 이런 경험은 자체의 여러 가지 요소가 자연스럽게 어우러져 있고, 생활의 일반적인 흐름에서 보면 다른 경험과는 달리 다소 특별하게 구별되기도 한다. 한 가지의 일이 만족스럽게 끝나거나, 고민스러운 문제가 해결되거나, 하나의 경기가 끝나는 것이 그러하다. 그리고 식사를 하든지 대화를 나누든지 책을 쓰든지 정치적 활동에 참여하든지, 그 어떤 과정이든지 간에 잘 마무리되는 것이 있다. 그런 경험의 끝은 단순한 정지 상태가 아니라 완성의 단계에 이르게 된 것이다. 이러한 경험은 전체가 하나로서 통일성을 보이고 그야말로 자족성을 지닌 것이다. 듀이는 이와 같이 융합된 통일체를 일컬어 '하나의 경험'을 가지는 것이라고 하였다.3) 그리고 이러한 경험은 심미적 특징을 지닌 것으로 규정하였다.

어떤 경험이 완성되는 단계에 이르면 여러 가지 유의미한 것이 하나로 통합되고 서로 조화를 이루는, 말하자면 경험의 주체와 환경이 다시 함께 서로 어울려 하나가 된다. 그러나 듀이는 예술적·심미적 경험의 근원은 달리 있는 것이 아니라 평범한 일상적 생활에 속한다고 하였다. 우리의 일상적 삶의 과정 어디서나 여러 가지 모습의 경험이 완성되고 있다. 얼마 전에 경험한 바라도 지금의 상황에서 그 의미와 가치를 되찾아 하나의 질성적 통일체로 융합하는 것이 가

---

3) 완성된 것을 의미하는 '하나의 경험을 갖는 것(having an experience)'이라고 표현하였다. 앞의 *Art as Experience*, 3. Having an Experience.

능하게 된다. 여기서 '통일체'란 우리가 경험한 하나의 사건이나 활동에는 수없이 많은 잡다한 요소가 거기에 포함되어 있고, 그것들이 서로 관련하여 하나의 구체적 경험을 만들고 있는 상태가 어떤 짜임새로 특징을 나타내고 있다는 것을 의미한다.

일상적 삶에는 심미적 특징을 지닌 다양한 경험들을 생각할 수 있게 한다. 가령, 내가 어제 우연히 오래전부터 보고 싶었던 옛 친구를 만났다. 그 친구와 함께 보낸 지난날의 일들을 이야기로 나누었고 지금도 그 즐거움을 주변의 누군가에게 들려주고 싶을 정도로 귀한 순간이었음을 생각하고 있다면, 어제의 만남은 하나의 특별한 경험이다. 그 경험에는 옛날의 귀한 기억들을 담고 있고, 그것을 이야기하면서 만남의 감격과 흥분이 지금도 남아 있다면 내게는 다시 잊을 수 없는 또 하나의 즐거운 경험이다. 만남 그 자체의 특별한 의미도 있지만 이와 더불어 생각하고 느끼고 행동한 내용이 하나의 융합된 통일성을 지닌 경험으로 형성된 것이다. 그것들을 소재로 하여 수필도 쓰고 노래를 지어 보기도 한다. 이와 같이 심미적 경험은 그 근원으로 보면 평범한 일상적 경험이다. 바꾸어 말하면, 심미적 가치란 소수의 특별한 사람들이 전문적으로 향유하는 것이라거나 특별하게 열광적인 애호가들의 전유물이라고 여겨야 할 이유가 없다는 것이다.

오히려 가다머(Hans-Georg Gadamer)는, 우리가 경험의 개념을 끝까지 분석해 보면 경험의 구조 그 자체와 심미적인 것에는 유사성이 있음을 알 수 있고, 심미적 경험이란 여러 가지 종류의 경험 가운데 하나가 아니라 경험 그 자체의 본질적 특성이라고 하였다.[4] 그야말로 생생한 경험은 그 안에 실천적인 것과 정서적인 것, 그리고 이지적인 것들을 서로 분리시킬 수가 없을 정도로 하나이다. 전체로서 하나인 것이다. 때로는 어느 한 차원의 특성이 다른 차원의

---

4) Hans-Georg Gadamer, *Truth and Method* (New York: Crossroad Publishing Company, 1975), p. 63.

것들을 압도해 버리는 것 같은 경우가 있을 수도 있지만, 결코 다른 차원의 특성들을 완전히 지워 버릴 수는 없다. "정서적 국면은 부분들을 하나의 전체로 묶어 주며, '이지적인'이라는 말은 단순히 그 경험이 의미를 지닌다는 사실을 나타낼 뿐이고, '실제적인'이라는 말은 유기체가 그를 둘러싼 사건과 대상과 더불어 상호작용을 한다는 것을 나타낸다."[5] 또한 듀이는 이렇게 표현하였다.

> 가장 치밀한 철학적 탐구나 과학적 탐구도, 그리고 가장 야심에 찬 기업이나 정치적 활동도 각각의 과정을 구성하는 여러 요소가 하나의 통합된 경험을 이룬다면, 그것은 심미적 특징을 지닌다고 해야 한다. 왜냐하면 그때 각각의 다양한 부분은 단지 서로 인접해 있기만 하는 것이 아니라 서로서로 연결되어 있기 때문이다. 그리고 부분 부분들은 그 관련성을 지니고 있으므로 시간이 지나면 일상적 삶의 과정에서 그냥 중지하는 것이 아니라 무엇을 결성하고 종결짓는 방향으로 움직여 간다. 더욱이 이와 같은 결성의 과정은 그 일이 끝나도록 의식 속에서 가만히 기다리고 있는 그런 것이 아니다. 우리는 그것을 전체적 과정을 통하여 언제나 예측하고 되풀이해서 새로운 의미를 부여하면서 재음미한다. 그럼에도 불구하고 실제의 경험들이 독특하게 심미적이라기보다는 오히려 이지적이거나 실천적인 특징을 보이는 경우가 있지만, 그것은 그 경험들이 애초에 시작할 때 그 경험을 통제하는 세력과 추구하는 목적이 이지적이었거나 실천적인 것이었기 때문이다.[6]

경험과 활동에서 심미적인 사람들과 이지적인 사람들의 차이는 단지 각기 집착하는 분야의 차이에 불과하며, 궁극적으로 모두가 경험에서 역점을 두는 일반적 특징은 그 성격상 같은 것이다.[7] 흔히 쉽게 예술가는 사고행위와 무관하고 과학자는 사고행위 이외에는 관심이 없다고 말하는 것은 잘못이다. 물론 실

---

5) Dewey, *Art as Experience*, pp. 56-57.
6) 위의 책, p. 57.
7) 위의 책, p. 15.

제로 심미적 사고를 주로 하는 예술가와는 대조적으로, 과학자는 어떤 문제에 집착하면 관찰하고 사고하는 과정에서 긴장이 지배하지만, 이때 중요한 것은 해결에 대한 집념이다. 그러나 과학자는 거기에 머물지 않고 새로운 다른 문제로 관심이 옮겨 간다. 그것은 문제의 해결은 그 자체로서도 중요하지만 그보다는 그것으로 새로운 탐구의 과제를 찾기 위한 디딤돌이 된다는 데 있다. 예술가도 문제상황을 맞는다. 그러나 그의 사고는 직접적인 눈앞에 놓인 바로 그 대상과 함께 진행되지만, 과학자는 언어나 기호 등의 상징적 수단을 사용하여 진행한다. 예술가는 그런 점에서 사고의 일차적 특징은 질성적 매체를 사용하거나 다루는 대상과 밀접한 관련을 가진 용어를 사용하는 것이 보통이다.

예술가는 창조적 활동을 하는 사람들이다. 그들은 창조적 활동으로 인하여 예술가로 불린다. 예술가는 어떤 목적을 위하여 필요한 재료를 사용하고 조작한다. 그리고 그 과정에서 크고 작고 간에 문제가 생기면 그것을 해결하기 위하여 지력과 상상력을 동원한다. 문제를 해결하고 목적하는 바를 실현하는 노력의 과정은 그 자체가 창조적 활동이다. 그러나 그러한 창조적 활동과 성취한 결과(작품)는 오직 예술가에게서만 볼 수 있는 것이 아니다. 반드시 '예술적'이라고 구분해서 말할 수 있는 것은 아니라고 하더라도, 또한 반드시 기술적 창조성, 생산적 창조성, 과학적 창조성, 인문학적 창조성 등과 같이 사회적 관심도가 높은 것이 아니라고 하더라도, 누구나 나름대로 여러 가지의 창조성을 발휘하면서 살아간다. 이러한 일상의 창조적 활동은 그 자체로서 특징상 창조적인 예술적 활동과 본질적으로 다를 것이 없다. 스스로 통쾌함을 느낀다든가, 안도의 한숨을 쉬게 되었다든가, 오래 간직하고 싶다든가, 자신을 칭찬해 주고 싶은 경우에 일종의 창조적 경험을 한 것이다.

그러나 우리는 여기서 말을 좀 바꾸어 볼 필요가 있다. 일상적 경험이나, 과학적 혹은 생산적 창조성과 같이 독특한 경험을 언급하면서 예술적 경험이나 창조성을 설명하기보다는, 오히려 예술적 창조성 그 자체로서 과학적 혹은 생

산적 창조성을 이야기하는 것이 훨씬 더 설명력을 지닐 것이다. 예술가가 창조
적 작품의 완성을 위하여 주로 사물을 있는 모습 그대로를 관조하고 재현하는
데만 관심이 있는 것이 아니다. 그들은 물리적·심리적·사회적 차원의 온갖 질
성을 소재로 하여 어떤 의미와 가치를 창조하거나, 자신의 개인적·사회적 문제
를 다루는 반성적 사고를 자신의 본업으로 하고 있다.

물론 이와 비슷한 수준의 창조적 활동은 우리의 삶에서, 특히 전문적 활동의
어디에서나 요구되는 것이지만, 일상인과는 달리 예술가는 질성적 복합체를
하나의 통일성을 지닌 대상으로 직접 감지하고, 상대적으로 다른 사람들보다
는 더욱 독특하게 그런 것에 감수성과 집념을 보인다. 그들은 그것으로 자신의
창조적 활동 자체가 지닌 내재적, 본질적 가치를 즐기고 또한 거기에 헌신하는
생활 자체로 보상을 받는다. 그 과정에서 그들은 인간의 삶과 의미와 가치에 관
한 광범한 소재를 다루고, 추구하는 바의 목적을 실현할 수 있도록 하는 훈련된
능력을 소유하고 있다는 점에서 특별하다.

예술가의 창조적 활동이나 애호가의 감상적 태도에서 기본적 역할을 하는
것은 감각, 감정 등의 정의적(情意的) 요소라고 생각하는 경향이 있다. 그러나
듀이는 정의적 요소에 관련하여 감각적인 경험을 단지 색깔, 냄새, 감촉 등의
감각적 성질에 한정하여 해석하는 견해에는 반대하였다. 예술가가 작업의 과
정에서 다듬고 아울러는 소재로서 중요하게 여기는 것은 단순히 물리적 매체
가 지닌 감각적 질성뿐만 아니라 그 질성이 지닌 풍부한 의미와 그 가치를 귀하
게 여긴다. 물론 작업에서 그 의미를 집중적으로 드러내고 생기를 부여하는 기
능은 '정서'가 하는 것이라고 할 수도 있지만, 단순히 거친 열정으로 분출되는
것이 아니라, 작업의 전체적 방향을 신중히 이끌어 가는 차분함이 있다. 정서
가 예술적 작업에서 결정적으로 중요한 내용은 아니지만, 예술가의 창조적 활
동 중에는 정서의 도구적 역할로 인한 경우가 얼마든지 있다.

우리가 무엇에 종사하고 있든지 간에 그러한 창조적 집념과 그 가치의 실현

에 헌신하고 있다면 창조적 삶을 누리고 있는 셈이다. 철학자도, 과학자도, 사업가도, 종교인도, 기술자도, 교육자도, 어떤 일에 종사하든지 간에 각기의 창조적 삶을 사는 셈이다. 우리의 경험, 특히 교육에서 말하는 경험, 즉 아이들의 경험, 교사의 경험, 교육경영자의 경험도 창조적 삶의 경험일 때, 그러한 경험은 인간의 성장을 설명해 주고 그 성장에 의미와 가치를 부여해 준다. 우리는 여기서 예술적(심미적) 경험의 특징이 교육에서 추구하는 성장과 창조적 삶과 어떤 관계에 있는가를 좀 더 체계적으로 검토해 볼 필요가 있다.

경험의 예술성

'경험'이라는 말의 일상적 의미로는 우리가 무엇인가를 행하거나 겪는 과정 혹은 그 결과를 나타내는 말로 사용되고 있다. 그러나 전통적 철학자들은 경험의 의미를 일상적으로 느끼고 생각하고 노력하는 활동이나 과정과는 거리가 먼 '이론적·사변적 수준'에 올려놓는다. 특히 서양의 근대철학에서 '경험'이라는 말은 인식론적 용어로서 사물에 관한 지식을 획득하는 과정을 설명하는 데 사용되어 왔다. 이러한 경험의 개념은 대체적으로 우리의 마음 밖에 존재하는 것에 관하여 보고 듣고 만지면서 감각적 자료를 받아들이고 그것을 마음의 내면에서 조직하여 지식을 형성하는 과정 혹은 그 결과를 의미하는 것이었다. 그 의도는 인간이 소유한 지식, 확실한 지식의 근원을 밝히려는 것이었다. 이러한 경험의 의미는 서양의 17~18세기에 영국 철학계의 베이컨(Francis Bacon), 로크(John Locke), 흄(David Hume) 등이 전개한 인식론적 주류의 하나였던 경험론의 기본적 개념이었다.[8] 이러한 의미의 경험은 사실상 우리가 평소에 무

---

8) 경험론(empiricism)의 반대편에 있던 당시 유럽 대륙 철학계의 데카르트(Descartes), 스피노자(Spinoza), 라이프니츠(Leibniz) 등은 확실한 지식, 진리로 보장받을 수 있는 지식은 인간이 선천적으로 가지고 태어나온 표상(관념, idea)에서 추론된다는 합리론(rationalism)

엇을 시도해 보기도 하고 겪어 보기도 하는 것을 의미하는 일상적 의미의 경험
과는 매우 다른 의미로 사용되거나 아니면 매우 제한된 의미로 사용되고 있다.

　그러나 듀이의 경험은 서양의 전통적 철학에서 사용해 오던 경험의 개념과
는 크게 다른 의미를 지닌 것이다. 말하자면, 종래의 인식론적 개념이 아니라
일종의 '미학적' 개념이다. 그것은 듀이가 '관조적 인식론'을 주지주의자의 오
류로 규정하고 탐구적 논리로 대치해야 한다고 한 주장의 당연한 귀결이기도
하다. 달리 말하면, 듀이의 경우에 인식의 주체와 객체의 존재를 구분하는 이
원론적 사고인 전통적 인식론은 더 이상 의미가 없는 것으로 평가하고, 경험을
우리의 일상적 삶과 무관하게 사용한 관념적·이론적 의미를 배척하였다.

　"나는 그것을 경험한 적이 있다."라고 말하면 어떤 과정을 의미하고, "내게
는 이런 경험이 있다."라고 말하면 어떤 결과를 의미한다. 우리의 일상적인 경
험은 그 과정이나 결과 모두가 마음 밖의 외계와의 관계에서 보고, 듣고, 접촉
하고, 겪은 것, 즉 감각적 자료를 수용하는 측면이 있다. 그러나 이러한 피동적
과정으로 끝나는 것이 아니다. 우리의 마음과 활동이 오히려 외계에 작용하여
거기에 변화를 가져올 수도 있는 능동적 기능이 함께한다. 이렇듯 경험은 인간
이 외계와 서로 상호작용[9]하는 과정 혹은 그 결과를 의미한다. 이러한 상호작
용과 원천적으로 무관한 경험을 생각할 수가 없다. 여기서 '외계'란 자연적·물
리적 환경과 인간적·사회적 환경을 포함하는 것이다. 단순히 서로 관계하는 대
상을 말하는 것이 아니라, 어떤 영향을 주고받고 그것으로 인하여 생명체인 인
간도 변화하고 환경도 변화하는 관계, 즉 그 상대방을 서로 변화시키는 기능을
한다. 듀이는 후기에 이르러 상호작용이라는 표현 대신에 '교변작용'[10]이라는
표현을 더욱 자주 쓰기도 하였다. 그러나 능동적·피동적 기능은 서로 교차하는

───────────────

　으로 대응하였다.

9) interaction

10) transaction

특징은 있지만, 거의 동시적으로 일어나는 현상이다. 그는 능동적인 것과 피동적인 것의 교차를 이렇게 묘사하였다.

> 숨을 쉬는 경험은 흡입과 배출의 리듬을 가진다. 흡입과 배출의 연속은 잠시 중단되면서 한편은 멈추고 다른 한편은 새로 시작할 준비를 하는 시간의 간격을 둠으로써 리듬을 만든다. 윌리엄 제임스는 의식적 경험의 과정을 새가 날았다 앉았다 하는 것을 번갈아 하는 것에 곧잘 비유하였다. 나는 것과 앉는 것은 서로 매우 밀접하게 관련되어 있다. 그렇게 수없이 날고 앉고 하지만 어느 것도 서로 아무런 관련 없이 번갈아 이어지는 것이 아니다. 경험에서 휴식처는 있지만 어느 것이나 이전의 행위 결과를 흡수하고 안착시키는 피동적인 수용과정이 마련한 것이며, 아주 변덕스럽거나 매우 단조로운 것이 아니라면 능동적인 움직임은 그 자체 속에 이미 잘 정제되고 잘 간수되어 온 유의미한 것들을 지니고 있다.[11]

그리고 이러한 능동적·피동적 상호작용은 단순히 한 가닥으로 이어지는 것이 아니다. 우리의 수많은 경험 중에는 상대적으로 단순한 것과 복잡한 것이 있고, 순간적으로 끝나는 것도 있지만 오랜 시간 동안 끌고 가는 것도 있으며, 오래 진행되는 중이지만 일시적으로 유보된(포기하거나 종결한 것이 아닌) 것도 있다. 토론에 종사하는 동안에 상대방의 주장에 귀를 기울이면서 논박할 준비를 해야 하고, 야구에서 투수는 포수에게 공을 던져야 하지만 주자를 견제하기도 하고, 엄마는 아기를 등에 업고 요리를 하며, 부장 간부는 부하 직원의 보고를 받기도 하지만 상사의 결재를 받기 위한 준비를 한다. 말하자면, 경험을 만드는 상호작용은 단선적이라기보다는 복합적이다. 내가 어떤 사람의 소개를 받는다든가 상점에서 물건값을 흥정하는 일은 간단한 경험이지만, 외국 여행을 한다는 것은 다소 긴 시간을 요하고 복잡한 준비와 절차를 포함하고 있으며 일

11) 앞의 책, p. 58.

정의 도중에 크고 작은 여러 일시적 경험이 포함될 수 있다. 대학을 졸업하거나 학위논문을 쓰거나 병역의무를 완수하는 경험은 매우 오랜 기간 진행되는 것으로서 수없이 많은 경험의 요소를 포괄하는 것이다.

경험의 크고 작고, 단순하고 복잡하고는 어느 수준 혹은 차원에서 상호작용할 상황이 설정되느냐에 달려 있다. 인간과 상호작용하는 상대의 장은 환경이지만 맥락에 따라서는 '상황'의 개념으로 표현된다. 우리가 '상황 판단을 잘한다'라는 표현을 쓰는데, 듀이의 개념과 상당히 비슷하게 나타내는 것으로 들린다. 상황의 개념은 사람이 상호작용하는 대상인 환경의 의미를 명료하게 규정하며, 그 과정에서 질성의 개념이 지니는 의미론적 역할을 더욱 확실하게 밝힐 수 있게 한다. 그러나 간혹 듀이를 검토하거나 비판하는 철학자들 중에는 바로 이 '상황'의 개념이 지니는 모호성에 대하여 불만스러움을 나타내는 경우가 있다. 그럼에도 불구하고 상황의 개념은 듀이의 경험, 사고, 의미, 가치 등을 이해하는 데 매우 중요한 설명적 요소가 된다.

내가 어떤 물리적·사회적 환경 속에 있을 때, 내가 위치해 있는 주변의 모든 것이 내가 실제로 존재하고 있는 세계이며 또한 환경이지만, 현재 내게 유의미한 것은 지금 내가 하고자 하는, 혹은 내가 하고 있는 신체적·심리적 행위 혹은 활동에 관련된 것에 한정되고 그것만이 내가 지금 의식하고 있는 대상이다. 추구하는 목적과 수단에 관련되지 않는 그 밖의 것은 적어도 우선은 내가 처한 상황의 개념에 속하는 것이 아니다. 그러면 그 상황은 나의 의식적 관심의 내용을 뜻하는 것이고, 순간순간마다 무엇을 의식적 관심에 두느냐에 따라서 실제 직접적 상황의 내용은 달라진다.

그러면 우리는 여기서 이런 질문을 해 볼 수 있다. 즉, 내가 환경 혹은 상황과 상호작용하는 과정에서 거의 망각 상태에 있는 나의 깊은 습관이나 의식이 구체적으로 작용하지 않지만 가끔 무의식적인 본능적 반응을 일으킬 수도 있다. 나의 행위가 결과적으로 환경에 대응하는 방식에 영향을 줄 수가 있다면, 이런 요소들도 경험의 범주에 속하는 것이냐의 질문이다. 물론 평소에 별로 의식하지 못하는 습관이 앞서 우리가 논의한 '하나의 완성적 경험'에서 주도적인 기능을 하거나 그 핵심을 이루지는 않을 것으로 생각할 수 있다. 그러나 경우에 따라서 때로는 단순하고 사소한 것일 수도 있지만 때로는 매우 결정적인 것일 수도 있다.

이런 경우에 상황의 개념을 매우 애매하게 만든다. 비록 나의 습관 혹은 나의 무의식적 행동이라고 하더라도 나의 의식의 내용이 아니므로 나의 의식이 반응하게 될 상황의 한 요소라고 할 수도 있다. 그러나 습관이란 엄격히 말하면 나의 심리적·신체적 전체에 어떤 모양으로 기억된 행동, 사고, 혹은 감정을 의미한다. 그것은 나의 밖에 있는 것이 아니라 나의 안에 있는 것이다. 말하자면, 유기체적 구성요소이지 객관적인 환경적 위치에 있는 것이라고 하기는 어렵다. 즉, 습관은 비록 경험의 주체인 나의 속성이기도 하지만 원천적인 속성은 아니다. 그러므로 자아의 구성적 요소에 속하기도 하다가 제외되기도 하는 애매한 속성이다.

그러나 습관은 나의 밖에 존재하던 어떤 것이 침범하여 자리 잡은 것이 아니다. 그것은 본래의 속성이 탈바꿈한 것이고 그럼에도 상황의 구성요소가 되기도 한다. 그러므로 상황의 밖에 있기도 하고 안에 있기도 하지만 본래 열외의 존재가 아니다.12) 내가 식후에 아이스크림을 즐겨 먹는 습관이 있다고 하자. 이 습관은 그 자체로 홀로 생긴 것이 아니다. 그것은 본래 내 몸이 잘 받는 것이고, 가족과 함께 즐기게 된 것이며, 음식 자체의 달콤한 속성이 있다. 이러한 요소들이 그 습관을 낳는 상황을 구성한 것이다. 말하자면, 습관은 행위의 주체와 객체가 이원적으로 구분되지 않도록 연속성을 성립시키는 매체이기도 하다.

또 하나의 의문으로, 비록 경험은 인간 유기체와 환경의 사이에 상호작용하

---

12) Dewey, "Brief Studies in Realism: Epistemological Realism: the Alleged Ubiquity of the Knowledge Relation", *MW 6:* 120.

는 관계의 개념으로 이해되지만, 환경을 상황의 개념으로 동일시할 경우에 경험의 주체와 객체가 물리적으로 구획되지 않는다는 것이다. 상황은 객관적으로 주어진 객체라기보다는 경험의 주체와의 관계 속에서 주체의 주도로 설정된 것이다. 경험 주체의 문제나 관심이나 의지가 없으면 상황은 그 자체로서 독자적으로 존재하지 않는다. 어떤 의미에서 상황은 경험의 주체가 구체적으로나 추상적으로 설정한 의식의 내용이다. 그러므로 경험의 주체와 상황은 인과적으로 관련성을 지니게 된 것이지만 결국 논리적(개념적)으로도 구분할 수 없는 관계에 있다.

어떤 주체에게 상황은 고정된 것이 아니라 역동적이라고 할 만큼 화려한 변화의 다양성을 보일 수도 있다. 교향악이 연주될 때에는 수십 개의 악기가 각기의 소리를 내면서 각각 자체의 독특한 질성으로 전체의 음악을 만드는 데 참여한다. 많은 악기로 연주하는 음악적 형식을 의미하며, 그러한 형식이 지니는 음악적 질성으로 인하여 '교향악'이라고 일컫는 것이 만들어지고, 그 형식은 다른 형식의 연주와는 구별된다. 베토벤의 것도 있고 하이든의 것도 있고 많은 교향곡이 있다. 베토벤의 것이 하이든의 것과 다른 것은 각기의 질성이 다르기 때문이고, 베토벤의 것이라고 해도 '영웅교향곡'과 '운명교향곡'이 다른 작품으로 구별되는 것은 각기의 작품을 전체적으로 지배하는 질성에서 구별되기 때문이다. 교향곡뿐만 아니라 가령 피아노 협주곡 '황제'를 처음으로 듣고서도 그것이 베토벤의 작품임에 틀림없다고 판단한다면, 그 감상자는 베토벤 음악의 독특한 질성에 익숙해 있기 때문이다. 그리고 지휘자에 따라서 식별가능한 또 다른 개성을 지닌 연주가 된다면 그것 또한 독특한 질성이 만들어지기 때문이다. 이와 같이 어떤 독특한 질성으로 인하여 통일되고 다른 것과 구별되는 것, 그리하여 우리가 지각하고 사고하는 내용이 되는 것이 바로 '상황' 그것이다.

그러나 그냥 우리가 지각하는 대상의 요소들 그대로가 상황은 아니다. 교향악에는 많은 악기의 소리가 연주되듯이 하나의 상황 속에 온갖 요소가 존재하지만 이것들은 그 자체로서 상황인 것은 아니다. 상황 밖의 온갖 것과 구별하고 상황 안에 있는 요소들을 하나의 통일된 전체로서 지각할 수 있게 하는 질성, 즉 '편재적 질성'이 그 상황을 성립시킨다. 그 질성, 즉 편재적 질성에 이름을 붙여 '교향곡' '협주곡' 등으로 불리기도 하고 그냥 그 자체가 상징적 특징을 지니도록 둘 수도 있다. 이름을 붙이면 서술되는 것이므로 서술적인 경험의 단초가 된다.

이론적(혹은 서술적) 사고도 하나의 완성적 경험을 결성할 수 있고 또한 그 자체의 심미적 특징(질성)을 지닌다. 그것은 보통 우리가 심미적이라고 말하는 경험과는 다소 다르지만 단지 그 경험의 내용(재료)에 있어서 다를 뿐이다. 순수 예술의 재료는 질성들로 이루어져 있다. 그러나 과학의 경우와 같이 이론적 결론으로 이루어진 경험의 내용은 기호 혹은 상징(언어)으로 표현된다. 기호 혹은 상징에도 그 자체의 본질적인 질성은 있어도 별로 의미가 없지만, 다른 경험에서 질성으로 작용하는 내용을 담는 그릇과 같은 도구적 기능을 한다. 그 차이는 대단히 크다. 컴퓨터에서 사용하는 고도의 이론적인 기호 혹은 상징의 체제는 복잡한 질성들을 담은 기술적 내용으로 구성되어 있다. 그러므로 상대적으로 훨씬 덜 복잡한 질성을 담고 있는 음악이나 미술의 작품처럼 쉽게 대중화될 수가 없는 이유도 거기에 있다.

그럼에도 불구하고 경험 그 자체는 이론적(서술적)이든 예술적이든 체계적이고 조직적인 움직임을 통하여 내적인 통합과 완성에 도달하기 때문에 만족감을 주는 정서적 특징을 지닌다. 며칠 동안 밤낮을 설치면서 고도의 추상적 문제를 해결한 수학자나 물리학자의 희열과 같이 이러한 기예적[13] 과정에서 정서는 직접적으로 감지된다. 아마도 어려운 계산 혹은 증명을 요하는 수학문제

---

13) artistic

를 푼 학생은 하나의 예술적 작품을 완성한 것과 같은 경험을 하였다. 그런 한 에서 그것은 심미적이다. 과학자가 어떤 기발한 창조적 발상 끝에 설정한 가설 이 검증되기만 하면, 세계를 지배하듯 한 환희에 빠질 기분이 들 것이다. 이러 한 정서적 특징을 지닌 질성은 이론적 탐구를 수행하고 그것이 성공적인 것이 되게 하는 중요한 동기가 되기도 한다. 뿐만 아니라, 어떠한 이론적 활동도 강 하고 약하고 간에 이러한 정서적 내용을 실은 질성과 더불어 마무리되지 않는 다면 그 과학적 과제를 '하나의 완성된 경험'으로 종결(수행)하였다고 말하기가 어렵다. 요컨대, 이지적(理知的) 경험도 그 자체가 완성되기 위해서는 심미적 특 징을 지닐 수밖에 없고, 그 때문에 우리는 심미적인 것을 이지적인 경험과 분명 하게 구분하기가 어렵다는 것이다. 이 점에 관해서는 폴라니(Michael Polanyi) 가 '암묵적 지식'이라고 한 부분도 이와 일관성을 지닌다.14) 나는 과학자가 확 실성이 매우 높은 가설 혹은 이론을 개발하고 주장할 때 그가 소유하고 있는 성 향에는 언어로서 표현할 수 있는 명제와 그 명제를 정당화하는 인지적 능력 이 상의 것이 있음을 언급한 적이 있다.

(과학자의) 마음속에는 그가 발표한 이론 속에 담지 못한 수많은 종류의 사고 와 감정이 남아 있으며, 그가 입증해 보이는 과정에서 나타나지 않은 방법적 요 인들이 그의 인격의 구조 속에 담겨 있다. 과학적 생애에 대한 가치관과 과학에 대한 개인적 신념과 문제의식도 엄격히 보면 인지적 수준 이상의 것이다. 발표 된 이론을 생산하는 과정에서 발휘된 희열과 고뇌와 열정, 그리고 크고 작은 솜 씨, 기지, 영감, 요령 등도 그 이면에서 작용해 왔다. 이러한 심층적 수준의 것 은 그 과학자의 인격 속에 내축해 있는 능력, 태도, 신념, 성향의 어떤 체제이 다. 이러한 특징은 기술과 요령을 사용하는 방법적 지식의 경우에도 마찬가지 이다. 예컨대, 베토벤의 '월광곡'을 연주할 때, 그 연주자가 동원하는 자신의 기

---

14) Michael Polanyi, *The Tacit Dimension* (Garden City, New York: Doubleday and Company, 1967), pp. 3-25.

술적 능력은 건반 위에 움직이는 손의 습관적 동작과 그 동작을 다스리는 심리
적 통제, 그것보다는 훨씬 복잡하고 원천적이고 인격화된 능력, 태도, 신념, 성
향의 요소들이 동원되고 있다.[15]

교육적 경험의 상황적 조건

지금까지 우리가 고찰한 바는, 하나의 (완성된) 경험이라는 것과 심미적 경험
이라는 것이 지니는 공통성, 그리고 무엇인가를 강조함으로써 드러나는 특이
성에 관한 것이었다. 즉, 하나의 경험은 심미적 특징을 지닌다는 것이었다. 이
것이 없으면 그 경험의 내용을 이루는 소재들은 하나의 잘 정합된 경험으로 만
들어지지 않는다. 앞서 언급하였듯이 통일성이 없고 산만한 것이어서 '하나의
경험'으로 식별할 수 없는 어지러운 상태에 있는 경험들은 예술적으로나 교육
적으로 별로 의미가 없다. 심미적 경험은 일상적 경험에 속하는 것이지만, 예
술과 교육의 중요한 공통성은 어떤 가치를 추구하는 의도적 노력에 속한다는
것이다. 교육은 산만하고 어지러운 활동과 경험을 본질로 하는 것이 아니다.
어느 차원 혹은 어느 수준의 것이든지 간에 교육적 경험은 잘 통합되고 하나의
통일성을 지니게 될 것으로 기대되는 것이다. 그런 의미에서 심미적 경험의 특
징 그대로를 지닌 것이다.

학습자의 교육적 경험을 위한 상황으로서 가장 전형적인 것은 교실의 상황
(혹은 수업의 상황)이다. 교실이라는 물리적 공간은 교사가 지식을 전달한다든
가, 학습자들 사이에 관찰이나 토론을 시도해 보게 한다든가, 어떤 주제로 개
인별 프로젝트를 수행하도록 하는 등의 활동이 가능한 상황을 만들고 그것을
운영한다. 그 상황에는 교사도 있고 또래들이 함께하고 학습을 위한 시설이 주

---

15) 이돈희. 교육적 경험의 성격과 구조. 『학술원논문집』 인문·사회과학편 제48집 1호, (2009):
     1-36.

어진다. 뿐만 아니라 교사가 인간관계를 맺는 특징적 스타일도 있고, 독특하게 발휘하는 지도력도 있으며, 동료 학생들이 함께 형성하는 분위기도 있다. 그리고 제도적 조건이 함께한다. 즉, 신입반이거나 졸업반이거나 남녀 공학이거나 같은 지역에 거주하는 주민의 자녀이거나 도시의 학교이거나 공립학교이거나 전통이 오랜 학교이거나 특정한 시기에 반영되어야 하는 교육정책이 영향을 주는 상황이 될 수도 있다. 말하자면, 교실의 상황에는 교육과 학습의 문화가 있다. 이러한 문화는 학습자가 직접 경험하는 독특한 질성적 풍토를 의미한다.

이러한 환경 속에서 교사가 어떤 주제나 소재를 중심으로 하여 수업을 진행하면 학습을 위한 기본적인 상황이 조성될 수 있다. 그러나 집단적으로나 개별적으로 학습자가 실질적으로 주어진 상황과 상호작용하는 경험적 양상은 수없이 다양하게 발생한다. 교실의 학습활동이 정상적으로 운영되는 것을 전제로 한다면, 학습자의 동기나 관심의 여하에 따라서 학급의 구성원은 어느 수준까지 거의 비슷한 공통적 내용을 담은 학습경험을 할 수 있다. 학습자는 일단 주어진 상황으로부터 공통된 영향(자극)을 받기 때문이다. 그러나 학습자 개개인의 구체적 경험은 환경(상황)과의 상호작용(혹은 교변작용)을 통하여 형성되고 발전하고 완성되는 것이기 때문에 개별적으로는 천차만별의 다양한 심리적·사회적 특징을 별도로 경험했을 수도 있다. 그것은 학습자에 따라서 각기 실질적인 상황이 다르다는 의미이다.

그러면 이러한 교실의 상황이 학습자의 교육적 경험의 장으로서 제공할 수 있는 상황적 기여는 어떤 것이어야 하는가? 달리 표현해서 교실의 상황에서 이루어지는 학습자의 완성적 경험은 어떤 특징을 가질 것으로 기대할 수 있는가? 나는 적어도 다음의 네 가지 상황적 조건이 만들어진다고 생각한다. (1) 질성적 즉시성, (2) 성장의 계속성, (3) 경험의 사회성, (4) 전인적 통합성 등이다.

(1) 질성적 즉시성

교실은 학습자의 물리적 공간이기도 하지만 하나의 문화적 공간이다. 학습의 분위기를 포함한 물리적·문화적 공간의 특성과 의미는 학습자의 각각에 교실이라는 상황의 독특한 편재적 질성을 제공한다. 교실에는 반드시 교사가 있어야 하는 것은 아니지만 교사가 있는 교실과 없는 교실은 그 상황의 의미에 있어서 다를 수 있다. 단순한 물리적 차이만은 아니다. 교사는 적어도 학습자와 인격적 가치로서 상호작용하는 관계에 있을 수 있기 때문이다. 도서, 컴퓨터, 시청각 기기, 시뮬레이션 장치 등의 물리적 장비와 프로그램만 설치되어 있는 경우와는 크게 다르다. 교사와 더불어 만든 상황의 편재적 질성은 그 교실만이 가지고 있는 독특하고 유일한 학습의 장을 만들고, 또한 거기서 학습자는 어떤 이론적 분석이나 전달되는 정보의 도움이 있기 전에 이미 그 교실과 상호작용하는 관계가 시작되어 있다.

교사의 역할과 학습자의 동기 여하에 따라서 크고 작은 경험들이 형성되고, 성공적인 학습이 되자면 교사와 함께하는 시간마다 적어도 완성적인 학습의 경험이 이루어져야 한다. 순간마다 혹은 어느 특정한 시점에서는 어지럽고 흐트러진 경험이 아니라 통일되고 응집된 완전한 경험이 만들어진다. 모든 학습자가 동시에 학습하는 경우라고 할지라도 각자는 동일한 학습의 경험을 완성하는 것은 아니다. 각자는 자신의 성장에 기여할 수 있는 '완성적인 (하나의) 경험'을 이루었을 때에야 비로소 교육적인 학습이 성공한 것이다. 성공적인 학습의 경험은 학습자의 동기와 교사의 지도력에 달려 있지만, 아마도 일차적인 책무는 교사에 있다고 보아야 한다. 왜냐하면 교실이라는 학습경험의 상황을 조성하고 운영하는 교사의 책무에는 학습자에게서 동기를 유발하는 것까지 포함되는 것이기 때문이다.

교사가 학습의 상황을 제공하는 책무는 도덕적으로 준엄한 것이다. 훅(Sidney Hook)이 "한 학생의 생애를 파멸시키는 데는 오직 한 사람의 교사이면

족하다."고 한 말이 결코 과장된 표현은 아닌 것 같다.16) 반드시 교육자답지 않게 사악한 인성을 가진 교사도 있다는 말이 아니다. 흔히 말하듯 실력 있고 말이나 행동으로 뛰어나서 설득력이 매우 대단한 교사도 가끔 이 범주에 속할 수가 있다. 실력이나 인기로 뛰어난 교사는 자신의 특유한 스타일로 학습의 상황을 주도하고자 하는 유혹에 빠질 수가 있기 때문이다. 뛰어난 언어적 구사력을 지닌 교사는 학습자가 경험할 학습의 상황을 매우 단조롭게 만들 수도 있다. 지식이나 정보를 주입하는 것으로써 학습의 상황을 제공하는 임무를 끝내 버릴 수가 있다. 또한 어떤 교사는 학습자가 지닌 잠재력과 경험구조에 별로 주의를 기울이지 않고, 흥미 위주의 혹은 교사 위주의 일방적 학습장을 구축하고 그것으로써 학습의 성공을 장담하고자 할 수도 있다.

그런가 하면 학습 프로그램을 설계하고 운영하는 데 뛰어난 경영적 자질을 가진 교사도 유사한 위험요소를 가지고 있다. 학습자가 잘 짜인 수업계획과 흥미 있는 운영에 일시적으로 매몰되면 당시로는 한 편의 재미있는 영화를 관람하거나 게임을 즐기는 것처럼 학습자 개개인의 성장에 별로 기여하지 못하는 흥미 위주의 경험에 빠질 수도 있다. 이러한 흥미 위주의 학습활동은 불온한 사상이나 허위의 선전을 하는 데 있어서 직설적으로 시도하는 주입식의 경우보다 훨씬 더 결정적인 영향을 줄 수도 있다. 흔히 교실 수업의 방법으로 권장하는 토론 중심의 수업도 마찬가지이다. 단순한 전달식 수업은 잘 조직된 지식을 전달할 수 있지만 토론의 경우만큼 강력한 자발적 관심을 유도하지 못하는 것이 보통이다. 옛 소련의 청년공산당17)의 구성원은 토론과 반성과 선서 등의 집단적 과정을 통하여 매우 경직된 사상으로 무장하게 하였듯이 강력한 동지적 결속의 의지는 토론의 과정을 통하여 내면화된 신념과 사상으로 더욱 철저하

---

16) Sidney Hook, *Education for Modern Man* (New York: Alfred A. Knopf, 1967), p. 229.
17) Comsomol

게 학습자의 인격 속에 침투할 수 있다.

　민주주의 교육은 교사의 기술적 효율성보다 학습자의 성장에 얼마나 유의미한 결과를 가져오느냐에 달려 있다. 대체적으로 말해서 루소(Jean J. Rousseau) 이후의 낭만적 자연주의의 교육론에서 아동중심교육을 주장해 왔고, 그것이 민주적 교육의 전형이라고 생각하기도 한다. 전통적인 교사중심에서 아동중심으로 전환한다면 당시로서는 흔히 그렇게 했듯이 교육의 코페르니쿠스적 전환이라고 평가할 수 있는 것이었다. 아동중심교육은 19세기 유럽의 자연주의적 낭만주의자들과 20세기 초기의 미국 진보주의자들이 새로운 개념으로 중요하게 사용하던 개념이다. 해방 후에 미국 교육사절단의 활동으로 우리나라에 '새교육' 운동이 전개될 당시에 가장 중요한 개념은 '아동의 흥미'를 존중한다는 것이었다. 나는 '흥미'라는 말이 영어의 'interest'의 번역어로 사용된 것이라면 약간의 불편함을 느낄 수 있다고 본다. 이러한 번역은 아동중심의 의미를 이해하는 데 어려움과 혼란을 야기한 것이 사실이다. 새교육의 주요개념은 학습의 장에 아이들이 흥미 있게 참여하도록 만들고, 그런 분위기 속에서 즐거운 시간을 보낼 수 있게 하는 것으로 이해되는 경향이 있다.

　그러나 내가 보기로는, 교육 관련 외서에서 'interest'라는 말은 자주 볼 수 있지만, 교육적 맥락에서는 '흥미'라기보다는 문맥에 따라서는 '관심'의 의미로 보면 오히려 적절한 번역이 된다. 'interesting'이라는 말도 '흥미 있는' 혹은 '재미 있는'이라는 번역보다는 '관심을 끄는'으로 번역하는 것이 옳을 것 같다. 물론 우리말의 '무엇에 흥미가 있다'고 하면 '무엇에 관심이 있다'는 의미를 함께 지니고 있는 것이 사실이다. 그러나 대체적으로 '흥미 있는'이라고 하면 그냥 '재미있는' '즐기는' '신나는' 등의 의미를 지니는 것으로 보고 학습자의 진지한 호기심을 집중하는, 즉 가치 집중적 성향을 나타내지 못하는 것이 보통이다. 말하자면, 아동중심교육은 흥미중심의 교육이라기보다는 '아동의 관심거리를 중심으로 하는' 혹은 '아동의 관심을 집중시킬 수 있는' 교육이라고 이해하는 것이 옳을 것 같다. 이와 관련하여 듀이의 다음과 같은 설명이 있다.

어원상으로 볼 때 'interest(관심)'라는 말은 서로 거리를 두고 있는 두 가지를 중간에서 연결하는 위치에 있음을 뜻한다. 교육의 경우에는 그 거리를 시간적 개념으로 볼 수 있다. 성숙한 단계에 이르려면 그 과정에 시간이 걸린다는 사실은 매우 분명하다. …… 우리는 흔히 성장하는 과정에는 출발하는 시점과 완성하는 시기의 사이에 시간적 간격이 있다는 사실을 잊어버리는 것이 보통이다. 실제로 그 사이에는 장애 요인이 존재한다. 학습의 경우를 두고 보면, 학생이 현재 지니고 있는 성장력은 출발 단계의 것이라면 교사의 목표는 멀리 끝 지점에 놓여있다. 그 둘 사이의 중간에 있다면, 그 위치에 도달하여 그대로를 유지하려는 노력을 해야 하고, 여러 가지의 어려움을 겪어야 했을 수도 있으며, 필요한 장비나 교구들을 조달하고 활용해야 한다. 출발점에서 시작한 활동은 시간이 흘러서야 만족스러운 완성의 수준에 도달하게 된다.

…… '관심'으로 말하면 바로 이러한 중간적 위치에 해당하는 것이다. 왜냐하면 바라는 바의 목적을 실현하기 위하여 나아가는 활동은 바로 그 중간적 상태가 좌우하기 때문이다. 중간에 위치해 있으려면, 현재의 추세에 이르기까지 여러 수단의 작용이 있었고, 행위의 당사자와 목적의 중간에 위치해 있으며, 그리고 관심 그 자체를 유지하는 상태에 있다. 이 세 가지는 같은 현상의 다른 이름일 따름이다. 실질적으로 관심거리가 된다는 것은 성장하려는 힘이 현재로서는 아직 목적하는 바에 도달하지 않았음을 의미한다. 이미 연결된 상태라면 아직 그런 줄을 모르고 있는 셈이다.[18]

듀이와 유사하게 호킹(William E. Hocking)도 "어려움이 없는 상태에서는 어떤 관심(혹은 흥미)도 오래 지속될 수가 없다."고 지적하였다.[19] 역경이 있고

18) Dewey, *MW 9*: 134.

좌절이 있으며 난관이 닥친 상태에 임하는 경험을 하지 않고는 주어진 과업을 감당하고 목적하는 바를 실현하고자 하는 지속가능한 의지력을 활성화하는 데 결정적 계기를 만들기가 어렵다는 것이다. 듀이와 호킹은 모두 학습자의 흥미진진한 상태를 중요하게 여기는 것이 아니라, 과제를 수행하고 목적을 실현하는 일에 대한 진지한 집념과 의지를 언급하고 있다. 교사가 학습을 위한 상황을 마련하는 일에서 덧없이 흘러가는 '흥미로움'과 '즐거움'을 충족시키기만 하는 것은 학습자의 계속적 성장을 위한 정책으로 만족스러운 것이 아니다.

(2) 성장의 계속성

학습의 장이 설명식, 토론식, 탐구식, 자습식 등의 어느 것으로 선택되고 각각이 어떻게 구성되는가는 거의 전적으로 교실경영에 대한 교사의 방침에 속한 사항이다. 학습의 상황적 특징을 구상하고 거기서 학습자가 경험의 성장을 기대할 수 있다고 예상되는 최선의 것을 교사는 창의적으로 계획한다. 흔히 학습자의 활동이 활발하면 교사는 성공적인 역할을 하고 있다고 생각하는 경향이 있다. 그러나 반드시 그런 것은 아니다. 교사는 현재 거느리고 있는 학습자 집단의 성장에 요구되는 경험의 성격이 어떠해야 하느냐에 따라서 교실의 생산적인 학습 상황이 조성된다. 교사의 일방적 설명이 중요할 수도 있고, 집단적 토론이나 탐구의 활동이 가장 효율적인 것일 수도 있으며, 학습자가 일시적이나마 혼자서 생각하고 반추하고 확신하고 구상하는 시간을 필요로 할 때도 있다.

요컨대, 학습자의 성장의 과제가 무엇인가에 따라서 학습의 상황이 계획되고 제공된다. 교사가 아무리 강의식 설명에서 인기를 얻고, 학습자의 집단적

---

19) William E. Hocking, *Human Nature and Its Remaking* (New Haven, Conn.: Yale University Press, 1918), p. 271.

토론이나 탐구가 성취감을 만족시키고, 학습자 혼자서 보낸 시간이 일시적으로 유익한 것이라고 하더라도, 교육적 성장은 경험의 계속성을 충족시킬 때 그 의미를 제대로 기대할 수 있다. 물론 일회적이고 단편적인 것들도 전혀 무의미한 것은 아니다. 때로는 전형적인 교실 수업의 상황에서는 기대할 수 없는 경험이 요구되기 때문에 그러한 학습의 상황이 요청되는 경우가 있다. 그러나 성장의 계속성을 위하여 요청되는 것이 아니라면, 그러한 기회는 달리, 예컨대 강연회나, 놀이의 장에서나, 독서실에서도 경험할 수 있다. 학교와 같은 제도적 교육의 장은 경험의 계속적인 성장이라는 기준에서 가장 효율적이고 타당한 학습의 상황을 전문적으로 제공한다.

　경험의 계속적인 성장이란 어떤 것인가? 그것은 이미 가지고 있는 경험의 구조적 재구성을 의미한다. 방만하고 잡다하게 가지고 있는 다양한 경험이 한꺼번에 성장할 것으로 기대하기는 어렵다. 학교라는 교육의 장에서 제공된 상황이라고 하더라도 그것과 더불어 아무런 문제의식을 가지고 있지 않는 학습자는 성장의 동기를 유발할 수가 없다. 그렇다면 교사의 역할이 일차적으로 작용해야 하는 곳은 바로 학습자가 이미 지니고 있는 경험과 더불어 새로운 목적(가치)을 추구할 수 있도록 하는 데 성공해야 한다. 물론 새로운 가치의 설정은 교사 자신의 가치관에 의한 회유나 설득에 의해서가 아니라 학습자 수준의 경험에 기초한 것이다.

　1990년대의 후반에 '수요자중심교육'이라는 말이 자주 사용된 적이 있다. 당시의 대통령 자문 교육개혁위원회가 개혁방안을 보고한 시기(1995년)를 즈음하여 교육기회의 수요자인 학습자의 필요를 충족시키는 교육을 말한 것이다. 이때의 필요를 반드시 학습자의 '주관적' 필요를 의미하는 것으로 이해하면 여러 가지의 혼란이 발생할 수도 있다. 학습자 혹은 그 보호자로서의 수요자 측의 주관적 필요로만 이해하면 교사의 전문성은 고객의 주문에 응하는 서비스의 수준에 머물고 만다. 그러면 이때 학습자의 필요란 주관적 필요가 아니라 객관적 필요라고 생각하면 옳은 것인가? 필요의 객관성은 학습자의 의지와는 무관하게 어떤 권위주의적 힘을 요청하는 결과를 가져올 수도 있다. 그러면 교사는 그 필요를 충족시키는 데 전문성을 발휘한다는 것이다. 필요의 객관성은 학습자에게 요구되는 교육적 필요라는 것이 어떤 성격의, 어떤 내용의, 어떤 수준의 것인가를 전문적으로 판단한 것이다. 그것은 마치 의사가 환자의 건강을 관리하는 상황에 있다면, 환자에게 객관적으로 필요로 하는 건강관리의 기준과 진료의 선택에 전문성을 발휘하는 것이나 같은 이치이다.

그러면 환자에 대한 의사의 전문성과 학습자에 대한 교사의 전문성은 유사한 것인가? 신체적·정신적 건강의 유지에 봉사한다는 것에서는 유사하다. 비중으로 보면 의사는 신체적 건강과 생명의 보호에, 교사는 정신적 성숙과 발달쪽에 상대적으로 더 큰 비중을 두고 있는 셈이다. 의사는 신체적 생명력을 관리하는 일을 한다면, 교사는 정신적 성장력을 관리하는 것이다. 의사가 관리하는 환자가 신체적 생명체로서 지닌 객관적 조건은 교사가 관리하는 학습자가 정신적 성장체로서 지닌 객관적 조건보다 덜 복잡하다. 의사는 자연과학적 법칙성에 더 많이 의존한다. 의학적 판단의 기준은 교육학적 판단의 기준보다 훨씬 과학적 법칙성이 분명하다. 그러므로 의사는 수요자의 필요를 충족시키기에 교사의 경우보다 도덕적 부담을 덜 느끼게 한다. 그것은 교육서비스가 의료서비스보다 도덕적 책임에 관하여 상대적으로 더 복잡하고, 전문적 판단의 기준과 활동의 지침이 불확실하고 모호하기조차 한 것이기 때문이다. 의사의 판단과 처방에 대하여 고객의 동의를 얻기가 비교적 용이하지만, 교사의 교육적 판단과 문제의 처리에 있어서 반론이나 거부적 반응을 받기가 쉽다. 교육적 가치판단 자체가 어렵기 때문이다.

우선 교사는 학습자가 결과적으로 보여 줄 교육의 목표인 '성장된 실체'를, 의사가 참고하는 각종 검사결과의 지표처럼 어떤 공식적 형태로 구체화할 수도 없고, 측정가능한 요소들 이외에 수없이 많은 것을 고려하기도 어렵다. 더욱이 교사에게는 목표를 향하여 나아가는 실천의 과정에서 범하지 말아야 할 도덕적 규칙이 매우 엄격한 경우가 많다. 그래서 교육은 일종의 도덕적 과업이라고도 한다.[20] 모든 교육행위에서 이루어지는 크고 작은 판단은 도덕적 판단의 부담을 지니고 있다. 특히 어떤 학습자를 두고 교육의 목표를 설정할 때, 교사와 관계자는 어떤 인격적 존재로 육성할 것인가를 결정하는 것이므로 준엄한 도덕적 책무의 부담을 지니게 된다.

동서양의 역사에서 교육이 지향하고 실현할 이상적인 인간상으로 제시된 '홍익인간' '민주적 인간' '자유인' '신사' '선비' 등의 이념적 표상은 매우 추상적이다. 그런 만큼 어느 표상을 특정한 개체의 교육목표 수준에서 구체화하면 너무 다양하게 제시될 수 있고, 결과적으로는 별로 법칙성도 없고 구속력도 없는 서술적 결과를 낳는다. 그럼에도 불구하고 대개 그러한 이념적 표상들은 교육의 결과로서 도달해야 할 목표를 추상적으로 상정한 것이며, 보편적 가치의 실현을 전제로 하는, 적어도 추구하는 바의 목표로 제정되기를 기대한 것이다. 그러나 그러한 이념적 표상이 교육의 실제상황에서 어떤 권위에 의해서 임의적으로 구체화될 수가 있다. 과거의 '국민교육헌장'과 같이 국가적 차원에서 정한 교육이념의 해석을 중심으로 하여 현장에 이와 일관된 교육프로그램을 구체화하기도 하였다.

교육이라는 추상적 관념이 목표를 가지는 것이 아니라, 부모, 교사, 정책입안자 등의 사람들이 목표를 가진다. 사회적 풍토나 조직의 힘으로 사회적 지도자가 되라든가, 어떤 분야의 전문가가 되라든가, 어떤 유업을 계승하는 실천가가 되라든가 하는 등 이렇게 되면 교육은 바로 미래의 특정한 삶을 준비하는 과정이다. 결과적으로 사람들의 목표는 천차만별이어서 아이에 따라서 다르고 아이의 성장에 따라서 달라지고 또한 돌보고 가르치는 사람 쪽의 경험이 바뀜

---

20) John L. Childs, *Education and Morals* (New York: Appleton-Century-Crofts, 1950).

에 따라서 달라진다. 듀이가 지적하듯이 외부에서 부과된 목표의 폐단은 그 뿌리가 깊으며, 현실적으로도 제도적 교육의 여러 곳에서 나타나고 있다.

> 외부에서 부과되는 목표는 교사가 상부로부터 받아들인 것이며, 상부에서는 현재 사회에서 통용되고 있는 것을 수용한 것이다. 교사는 그것을 학생들에게 강제로 부과한다. 우선 가장 먼저 나타나는 결과는 교사의 창의적 지력이 자유롭지 않다는 것이다. 그의 지력은 위에서 정해진 목표를 받아들이는 일에 한정되어 있다. 교사는 개별적으로 권위적인 장학관의 지시, 교수방법의 지침서, 정해진 교과과정 등에서 벗어나서 학생들의 마음과 교과에 자신의 마음이 함께 작용할 수 있게 하는 경우가 매우 드물다. 그리하여 교사의 경험에서 느끼는 이러한 불신은 학생들의 반응에서 불신으로 나타난다. 학생들은 외부로부터 이중 삼중으로 학습의 목표를 부여받는다. 한편으로는 자신의 경험에 비추어 설정되어야 한다고 배운 자연스러운 목표, 다른 한편으로는 외부로부터 주어진 목표, 그 사이에 갈등이 생겨 끊임없는 혼란에 빠져 있게 된다. 성장하는 경험은 어느 것이나 내재적 의미를 지닌다는 민주적 기준이 공인될 때까지 우리는 외부의 목표에 맞추어야 한다는 요구로 인해서 지적 혼란을 겪을 수밖에 없을 것이다.[21]

듀이에 의하면 교육에는 그 자체의 과정 혹은 활동을 초월한 목적이 별도로 없으며 교육 그 자체는 미래의 준비가 아니라고 하였다.[22] 그러면서도 그는 자신이 스스로 다음과 같이 교육의 궁극적 목표를 말하는 모순을 보이고 있다. 즉, "교육의 궁극적 목표는 각자의 가능성을 완전히 발휘할 수 있도록 인간을 만들어 가는 것 이상의 어떤 것도 아니다."라고 하였다.[23] 진술의 형태로 보면 모순 같지만, 듀이가 말하는 궁극적 목표는 '열린 목표'의 개념이다. 사람들로

하여금 남자로서나 여자로서나 간에 원대한 대망을 가지게 하고 자유로운 사고를 하며 취미를 계발하고 지식과 적절한 방법을 지니게 하면, 사회 그 자체가 끝없이 재구성되고, 나아가서 세계 그 자체도 재창조된다는 것이다.

이러한 듀이의 궁극적 목표는 최종적 상태, 즉 그 이상의 어떤 것도 없는 완성의 상태를 진술하고 있는 것은 아니며 계속성의 원리를 반영하고 있다. 목표의 진술이라기보다는 오히려 교육의 '규범적 정의'를 말하고 있다. 그리고 그가 일관되게 주장하는 바는, 교육에서의 목표는 교육 그 자체에서 결정할 사항이지 교육의 외부에서 주어지거나 결정될 것은 아니라는 것이다. 교육은 마땅히 자율적이어야 하며 그 자체의 목표를 결정하는 데 자유로워야 한다. 교육의 기능 바깥에 나가서 외부로부터 목표를 빌려오는 것은 교육의 대의를 포기하는 일이라고 할 수도 있다.

종합적으로 정리하여, 듀이가 말하는 좋은 교육목표의 기준은, 첫째, 학습자의 내재적 활동과 필요에 기초한 것이어야 하고, 둘째, 학습자의 활동과 유의미한 조화를 이루는 방법으로 해석될 수 있어야 하며, 셋째, 폐쇄적이고 궁극적이라고 주장하는 목표를 경계해야 한다는 것이다.

학습자의 측면에서 보면, 성장의 목표는 자신의 경험구조와 자연적·사회적 환경의 상호 관련 속에서 자신이 추구하는 가치의 선택 혹은 설정을 의미하는 것이다. 목표 혹은 가치는 이미 학습한 경험을 수단으로 하여 설정한 것, 곧 도전과 노력의 여하에 따라서 실현이 가능한 표적으로서의 거리에 있어야 한다. 즉, '가시적(可視的, 보이는) 목표'[24]이다. 그러나 앞서 관심(흥미)의 개념에서 언급하였듯이 성장의 힘을 활성화하기 위해서는 목표를 다소 거리가 있을 뿐만 아니라 다소 혹은 상당한 곤란도를 지닌 문제상황을 직면하도록 한다. 교사는 문제를 해결하려는 학습자의 의지와 동기가 충분하도록 지도하고, 학습의 상

---

24) end-in-view

황적 위치에서 학습자가 자신의 지력을 최대한으로 발휘할 수 있는 환경을 조성한다. 지력을 발휘한다는 것은 바로 사고에 몰입한다는 것을 의미하고, 문제가 해결되었다면 그것은 방법의 발견 혹은 창조를 의미한다. 다시 말하면, 주어진 '수단'들을 동원하여 가시적 '목표'를 실현하는 '방법'을 발견(혹은 창조)한다는 것이다.

동원된 수단들은 학습자가 이미 지니고 있는 경험적 요소들이고, 추구하는 목표는 새로운 가치와 관련된 (미래의) 경험적 내용이며, 방법은 문제해결의 과정에 있는 학습자의 지력이 활성화된 마음의 작용인 '사고'의 결과로서 새롭게 획득한 경험이다. 방법과 지력과 사고, 이 세 가지는 사실상 같은 현상의 다른 이름들이다. 방법은 주어진 수단과 설정한 목표를 연결하여 문제를 해결하는 원리를 뜻하고, 지력은 문제를 해결하는 데 작용하는 인간의 능력을 말하며, 사고는 그 능력이 활동하는 과정의 특징을 의미한다.

경험이 재구성된다는 것은 적어도 세 가지를 생각할 수 있게 한다. 첫째, 이미 지니고 있는 경험들이 재구성된다는 것을 뜻한다. 인간의 행위는 그 자체가 목적(가치)지향적인 과정이다. 기존의 경험들이 여러 가지의 목적 혹은 가치를 실현하는 데 수단으로 동원되어 새로운 경험을 형성한다는 것이다. 둘째, 이미 지닌 경험들이 새로운 통일성을 지니게 된다는 것이다. 새롭게 추구하는 가치를 중심으로 기존의 경험들이 새롭게 기능적 응집성과 통일성을 지니게 된다. 엉성하게 흩어져 있던 지식과 기능과 정서 등이 새로운 가치의 개념과 더불어 그 의미를 새롭게 하고 한층 더 새로운 가치를 추구할 수 있는 조건을 만든다. 셋째, 문제의 해결 과정에서 구안된 방법은 그 자체가 새로운 경험적 요소로서 우리의 마음을 장식한다는 것이다. 새롭게 구안된 방법은 기존의 경험적 요소들과 함께 새로운 가치를 추구하는 데 잠재적 수단 혹은 도구로서 의미를 지닌다.

(3) 경험의 사회성

한 개체가 지닌 경험의 요소들 중에는 통일성의 중심부는 말할 것도 없고 주변부에도 제대로 기식하지 못하는 것이 수없이 있다. 인간은 언제나 만족한 삶을 살아가고 있는 것은 아니다. 실로 우리는 일상적으로 자신의 습관과 감정과 행동에서 부족함을 말하고 뉘우치고 후회하는 존재로 살고 있다. 있어야 할 것이 없고 없어야 할 것이 있다는 것이다. 사실상 개체들은 도덕적으로, 이지적으로, 정서적으로 그리고 사회적으로 완전한 인격체로 존재하기가 어렵기 때문이다. 어떻든 한 인격체가 조화와 균형을 상대적으로 잘 유지하는 존재라면, 그것은 좋은 경험적 요소들을 제대로 통합한 성취의 상태로 볼 수 있다. 적어도 제도적 교육은 사회적 존재로서의 학습자로 하여금 자신의 경험구조를 계속적으로 재구성하면서 성장의 삶을 살 수 있도록 돕는 데 그 목적이 있다.

이러한 의미의 성장은 경험적 요소들이 서로 어울려 통일성을 지니되 새로운 가치를 지향하면서 더욱 풍요롭고 균형 잡힌 역동성을 유지해 가는 삶의 과정을 말하는 것이다. 경험구조의 통일성은 적어도 한 인격체를 특징짓는 일관된 특징을 의미하고, 역동성은 환경적 요소들의 변화에 일관되게 주도적으로 적응하는 능력을 뜻한다. 물론 이러한 인격체로서 성장하도록 돕는 전문적 관리자가 교사이다. 교사의 전문성은 성장을 가능하게 하는 학습의 환경, 더욱 직접적으로는 경험의 재구성을 위한 학습의 상황을 관리하는 데 전문적 능력과 도덕성을 발휘하는 데 있다. 그만큼 교사가 하는 일은 사실상 예술가가 작품을 생산하는 활동과 유사한 과업을 수행하는 셈이다. 듀이는 예술의 특징을 이렇게 표현하였다.

예술은 경험을 하나의 통일된 경험으로 되게 하는 능동적 행위와 피동적 행위, 그리고 방출의 에너지와 흡수의 에너지의 관계를 그 (예술적) 형태 속에서 통합한다. 능동적 행위와 피동적 행위의 요소들을 서로 통합하여 조직하는 데 도움이 되지 않는 것을 모두 제거하기 때문에 그리고 그 요소들이 서로 침투하여 융합하는 데 도움이 되는 질성들을 선택하기 때문에 그 결과적 산물은 하나의 심미적인 예술의 작품이 된다. 우리는 깎아내고, 조각하며, 노래하고, 춤추며, 몸짓하고, 본뜨며 그리고 칠하는 등의 일을 한다. 무엇을 행하거나 만드는 것이 예술적이라고 할 수 있으려면, 그 결과를 보고서 그것은 제작의 과정에 있었던 질성들을 통제한 결과로 생산된 그런 것이라고 인지할 수 있어야 한다. …… 예술가는 그가 작업하는 동안 스스로 그 작품을 감상할 사람으로서의 태도를 동시에 지니고 있다.[25]

예술에는 제작하는 편의 능동적인 기예적 활동이 있고 감상하는 편의 피동적인 심미적 활동이 있다. 교사는 기예적 활동의 편에 있고, 사회는 심미적 활동의 편에 있는 셈이다. 한쪽은 생산자의 입장이고, 다른 쪽은 소비자의 입장이기도 하다. 교사는 학습자를 자신의 가치관에만 충실한 경험의 소유자를 생산하는 것이 아니다. 한 작품이 진정으로 기예적인 것이 되기 위해서는 또한 심미적이어야만 한다. 예술의 생산자는 보고서 즐겨 수용할 수 있는 것이 되도록 만들어야 하듯이 교사의 전문성이 진정으로 교육적인 것이 되기 위해서는 사회의 교육관과 가치관에 비추어 수용과 공유가 가능한 것이어야 한다. 이 말은 반드시 왜곡된 사회적 판단의 기준에도 적응할 수 있는 것이어야 한다는 뜻이 아니라, 적어도 충분히 사회적 수용 혹은 동의가 가능한 설득력을 지닌다는 말이다. 또한 예술가의 보는 눈이 본질적으로 심미적이지 못하면 그의 작품은 혼란스럽고 저질스러운 것으로 생산될 수 있듯이 교사의 교육관과 판단의 기준이 일관성을 지니지 못하거나 혼란스러우면 학습자는 일관성과 통합성을 지닌 성장을 기할 수가 없다.

성장의 단계에 있는 학습자에 대하여 후견자적 위치에 있는 가정과 기성세

---

25) Dewey, *Art as Experience*, p. 50.

대는 제대로 경험형성의 과정을 평가하기 위해서는 예술의 감상자와 같은 위치에서 자신의 경험을 창조하여야 한다. 여기서 후견자란 양육의 일차적 책임을 진 부모와 가정을 의미하는 것만은 아니다. 오히려 그가 성장하면서 사회적 구성원으로 수용하고 사회 자체의 경험적 재구성에 동참할 성장세대에 대하여 직접 혹은 간접으로 책무성을 지닌 공동체의 기성세대 모두를 말한다. 그들은 전문가와 마찬가지로 세세한 부분의 관찰은 아니더라도 교사가 의도적으로 진행하는 학습과 경험에 대하여, 그리고 성장의 과정 그 자체에 어떤 질서를 변별하는 안목을 가질 필요가 있다. 서로의 교육관에 대한 이해와 공감을 형성하지 못하면 교육은 불필요한 갈등상황에 시달리거나 교육을 방치하는 결과에 이른다. 교육의 전문가가 자신의 몫으로 할 일이 있는 것처럼 후견자도 자신의 몫으로 할 일이 있다. 이러한 일을 하는 데 나태하거나 관습에만 매인 후견측은 교육의 과정과 결과를 관습적인 기준 그대로 받아들이고 학습자의 성장과는 무관한 혼란스러운 상태에 방치할 수밖에 없게 된다.

　교사, 특히 집단적 구성원인 교사가 전문성을 지닌다고 해서 그들의 교육적 가치관이 통일된 상태에 있는 것은 아니다. 현실적으로 보듯이 그들은 정치적 노선에 속할 수도 있고, 자신의 권익을 위하여 투쟁의 대열을 형성할 수도 있다. 교사 집단 내부에도 교육관의 차이로 인하여 갈등구조가 만들어지기도 하고, 교사의 전문적 교육관과 후견측의 통속적 교육관의 충돌이 발생할 수도 있으며, 정치적·사회적·종교적 세력 등의 교육외적 요소가 작용하여 교육의 장이 혼란에 빠질 수도 있다. 이러한 혼란은 어느 세력이 교육관의 공식성을 독점하고자 할 때 거기에 저항하는 세력의 반작용으로 발생하는 것이다.

　여기서 우리는 적어도 세 가지를 유의할 필요가 있다. 첫째, 국가적 차원의 공식적 교육관에 대한 이해의 폭을 넓혀야 한다. 공식적 교육관은 교육의 전문가들 사이에는 말할 것도 없고 후견집단을 포함한 사회 일반의 교육, 특히 공교육에 대한 이해가 일반화되어야 한다. 둘째, 발생하는 갈등적 문제의 해결을 위한 민주주의의 원리를 철저하게 공유하고 그것에 기초하여 조정적 결과에 도달할 수 있도록 사회적·정치적 성숙성을 형성해야 한다. 셋째, 교육의 제도적 프로그램을 다원화하여 다양한 교육관에 따른 선택의 여유를 고려하는 데 인색하지 말아야 한다. 교육 프로그램의 선택을 위한 폭이 좁으면 특정한 부분에서 교육기회의 희소성이 발생하고 갈등적 요인이 항상 발생하게 된다.

(4) 전인적 통합성

교육은 인간의 성장에 관한 활동이다. 인간의 성장을 말하면 우리는 쉽게 신체적 성장만을 생각하지만, '성장'이라는 말은 인간의 여러 가지 특성에 적용된다. 지식, 기술, 판단력, 의지력 등의 능력에도 적용되고, 한 인간을 전체적으로 특징짓는 개성 혹은 인격에도 적용되며, 개체의 유지와 변화에 관계되는 신념, 욕구, 정서, 감정, 기질, 안목 등의 성품에도 적용된다. 그리고 성장은 증진 혹은 증대 등의 양적 개념으로만 이해되는 것이 아니라, 안정, 순화, 균형, 세련, 조화, 통합 등의 질적 개념으로도 이해된다. 인간은 성장의 욕구를 지니고 있으며, 성장의 욕구가 쇠잔되지 않은 한에서는 언제나 교육을 필요로 한다.[26)]

교육에 의한 인간의 성장을 설명하는 방식은 여러 가지로 있을 수 있다. 지식의 획득, 경험의 성장, 혹은 행동의 변화 등으로도 설명되지만, 적어도 인성교육과 관련하여 이해하고자 할 때는, 내가 보기로 습관의 개념이 다른 어느 경우보다도 교육적 성장에 대하여 더욱 질성적 검토를 용이하게 하고 포괄적인 설명력을 지닌다. 왜냐하면 한 개인의 교육적 성장은 자체가 지닌 수많은 습관이 하나로 통합되고 융합된 체제로서 독특하게 계속적인 변화를 이어 가는 과정이기 때문이다. 그리고 그러한 독특성에 관해서 말할 때, 우리는 맥락에 따

---

26) 이돈희, 『교육적 경험의 이해』 (서울: 교육과학사, 1993), pp. 3-4.

라서 그 개인의 '개성' '인격' '인성' 등으로 표현한다. 대체적으로 이러한 말들은 한 개인을 다른 개인으로부터 구별되게 하는 특징을 언급하는 것이다.

특히 '인성'이라는 말은 대체로 두 가지의 방식으로 사용되고 있다. 한 가지는 '도덕적' 개념으로 사용된다는 것이다. 즉, '인성'은 '인격'의 경우와 같이 다소 도덕성의 개념을 내포하는 것으로 이해된다. '인성이 좋은 사람'이라는 말은 도덕적으로 칭찬받을 만한 사람이라는 의미를 지니는 경우가 많다. 그러나 인성의 개념은 인격의 개념보다 도덕적 의미에 있어서 다소 느슨한 편이다. '인성교육'은 한 사회의 도덕적 판단의 기준이나 인간관계의 규칙에 비추어 '호의적인' 평가를 받을 수 있는 사람으로 교육하고자 할 때 사용되는 말이다. 다시 말하면, '인성'은 대체적으로 말해서 도덕적으로 '바람직하다' 혹은 '좋다'는 평가를 할 수 있는 인간의 특성에 관해서 언급할 때 사용되는 말이다. 이때의 평가에는 타고난 성품이나 우연적으로 형성된 특성을 배제하지는 않는다.

그러나 '인격'의 개념은 다소 다르다. 인성의 개념은 천성적인 것까지를 내포하는 것이지만, 인격의 개념은 자신의 천성을 스스로 다스리면서 그 노력으로 성취한 바를 평가할 때 사용되는 말이다. '훌륭한 인격자'라고 할 때, 그 표현은 타고난 좋은 성품의 소유자라기보다는 오히려 그 사람의 노력, 예를 들어 수양이나 극기나 단련으로 성취한 바를 더욱 칭찬하고자 할 때 사용하는 말이다. 물론 인성교육이 인격의 개념을 배제하는 것은 아니고, 다만 선악을 분별하고 선을 실천하는 사람임을 요구하는, 즉 인격의 개념에서 철저하게 요구되는 바를 다소 느슨하게 겨냥한다.

다른 한 가지는 인성의 개념이 '도덕외적' 의미, 즉 도덕적 가치의 반영을 반드시 요구하지 않는 개념으로도 사용된다는 것이다. 이러한 맥락의 인성교육은 개체가 자신의 정체성(正體性)27)을 바로 세운 인간이 되기를 기대하는 것으

27) identity

로 '인격'의 개념보다 '개성'의 개념에 더욱 충실한 편이다. 개성의 교육은 각자가 다른 개체와 구별되는 고유한 특징을 지닐 수 있다는 전제하에서 자아실현의 자질을 요구한다. 즉, 우선 지식을 획득하고 사용하고 가공하고 창조하는 능력을 지니게 하고, 또한 감정과 정서의 순화, 관리, 세련을 기하는 자율적 통제력을 소유하게 하며, 나아가 당당한 사회적 관계의 세련된 기술, 태도, 의식을 구유함과 동시에 생존의 기본 조건인 건강한 심신의 유지와 증진을 가능하게 하는 능력을 요구한다.

인성의 개념이 인격의 개념보다 도덕론적으로 느슨하게 여겨지는 것은 바로 천성적 요소까지를 포함하는 개성의 의미가 함께 내포되어 있기 때문이다. 그런데 일반적으로 인성교육을 말할 때, 대개는 도덕교육적 맥락에서 언급되는 경우가 많다. 그것은 인성교육의 현실적 필요나 요구가 도덕적 위기감이나 불안감에서 연유한 것이기 때문일 것이다. 그러나 인성교육의 범주를 전인교육적 개념으로 그 외연을 확대할 필요가 있다면, 우리는 앞의 두 가지 이해방식을 외연적으로 분리시키는 것보다는 두 가지 측면을 상보적으로 고찰하는 것이 더욱 유의미한 것임에 틀림이 없다. 이러한 관점에서 말하는 인성교육은 아마도 젊은이로 하여금 자아실현의 지속적 유지와 증진을 위하여 자신의 삶 자체를 스스로 관리하는 능력과 의지와 방법을 포괄하는 습관의 체제를 구축하고 그 성장을 돕는 사회적 노력이라고 말할 수 있을 것이다.

질성적·이론적 상황의 배합과 학습활동

반성적 사고가 진행될 때, 사고의 과정은 일차적 경험의 상황에서 시작하여 이차적 경험이 구조화되는 방향으로 나아간다. 그 과정에서 사고를 실질적으로 형성해 갈 상징적 매체가 요구된다. 우리가 사고한다는 것은 마음의 활동을 의미하지만 그 활동이 진공 속에서 진행되는 것은 아니다. 데카르트가 "나는 생각한다. 그러므로 나는 존재한다."고 말하기도 했을 때의 '생각한다'라는 단어는 이 경우에 문법적으로 자동사라고도 하겠지만, 그것은 단순히 그 내용을 언급하지 않은 마음의 활동이나 상태를 나타내는 정도에 불과한 것이다. 엄격히 의미론적으로 보면, '생각한다'라는 단어는 타동사적 성격을 지니고 있다. 말하자면 우리는 '무엇에 관하여' 생각한다. 그것을 사고의 '대상'이라고 할 수도 있고 '내용'이라고 할 수도 있다. 일상적으로 대하고 행하는 모든 상황은 질성으로 지각되는 것이므로 우리의 사고는 직접적으로 경험하고 소유하는 '질성'과 더불어 작용하기 시작한다고 해도 좋다.

내가 열차를 타고 부산으로 여행하는 경우를 지금 이 자리에서 생각한다면, 그러한 상황에 관하여 생각하는 모든 것은 그 상황에 담겨진 질성들에 관한 것이다. 정차하거나 지나가는 역들과 같이 이름이 붙여진 것도 있고, 화려하도록 지나가는 들판과 야산과 계곡과 개울 중에는 이름이 붙여지지 않은 것도 있다. 건물이나 다리나 나무나 바위나 구름 같이 구체적 사물의 질성도 있고, 풍경이나 평야나 농촌이나 도시와 같이 사물들이 함께 형성한 질성도 있으며, 어떤 시인이 태어나서 성장한 고장이라든가 나의 고향을 떠올리는 산천과 마을의 구조라든가와 같이 나의 필요에 의하여 마음속으로 조작한 어떤 상태를 그린 질성도 있다. 다시 말하면, 사고의 모든 대상(내용)은 원천적으로 주어진 어떤 상황의 편재적 질성들이고 그 상황은 이러한 질성들에 의해서 구성된 것이다.28) 우리는 그 상황의 질성을 두고 질성과 함께 질성에 관하여 생각하는 것이다.

그러나 경험적 상황에서 우리가 질성 그 자체만으로 사고를 진행하면 적어도 두 가지의 불편한 현상이 발생한다. 하나는, 사고란 정태적으로 고정되는 것이 아니라 시간과 함께 흘러가는 것이므로 덧없이 변화하는 일련의 질성들

---

28) Dewey, *Philosophy and Civilization* (New York: Minton, Balch & Company), p. 107.

과 그 의미를 사고의 진행 속에 담아 두고 검토하기가 어렵게 된다는 것이다. 다른 하나는, 비록 순간적으로나 일시적으로 가능하다고 하더라도 그 상황을 떠나 버리면 질성적 구조와 특징을 체계적인 사고의 내용으로 견지하기가 어렵게 된다는 것이다. 그러므로 질성들은 그 자체로서 객관적 인식의 내용이 되기가 어렵다. 이러한 불편을 해소하는 방법은 그러한 질성들을 어떤 상징적 매체에 담아 기억 속에 저장하는 것이다. 다행히 우리는 질성들을 담을 수 있는 상징적 매체로서 언어를 사용하고 있다.

언어는 자체의 상징적 특성상 그 자체가 아닌 다른 대상을 가리키면서 어떤 의미(관념, 표상 등)를 연상하게 하고 기능적으로 타인의 반응을 유발하기도 한다. 언어는 바로 의미를 담고 있고 의미를 나타내고 의미로서 작용하는 기능적 힘을 가지고 있기 때문이다. 언어는 사회적 상황에서 타인과 소통할 수 있는 매체가 되며, 자연적 환경과의 유의미한 상호작용을 할 수 있도록 하는 수단이 된다. 우리는 언어를 목소리로 말하고 문자로 쓰기도 하는 것보다 더욱 확대된 의미로 생각할 수도 있다. 몸짓, 의식, 제례, 기념물, 예술적 작품도 관념적 메시지와 표상적 의미를 담고 있으므로 일종의 언어적(상징적) 기능을 한다.

그러면 상징적 매체로는 질성 그 자체로써 소통적 기능을 하는 '질성적(비언어적) 매체' 그리고 외연과 내포로써 소통의 수단이 되는 '이론적(언어적) 매체'로 구분할 수 있다. 질성적인 것이나 이론적인 것이나 모두 그 내용은 원천적으로 사물이나 현상의 질성에서 연유한 것이다. 차이로 말하면, 이론적(언어적) 상징은 단어, 표현, 나아가서 이론까지도 질성의 이름에 해당하는 것이지만, 질성적 상징의 경우에는 '질성' 그 자체를 매체로 사용한 것이다. 교통신호, 교회의 십자가, 이발소의 표시, 옛날의 봉화, 국기 등의 깃발, 게임에서 팀의 동료와 약속한 사인 등은 질성 그대로가 어떤 의미를 나타내는 언어와 유사한 상징적 기능을 한다.

목적과 수단과 방법은 어떤 상징들에 의하여 표현되고 조작되고 통제된다.

언어나 기호로 진술된 것은 이론적 상징들이고, 즉시적 지각의 대상이 되는 물리적·심리적 특성, 특징, 성질, 모양, 감각적·상상적 자료 등을 조작하거나 통제하는 것은 질성적 상징들이다. 크게 나누어 이론적 상징들도 있고 질성적 상징들도 있다. 그러면 우리는 여기서 이론적인 것과 질성적인 것이 목적과 수단의 관계로 배합되는 방식을 몇 가지로 생각해 볼 수 있다.29)

첫째, 질성적인 것이 어떻게 목적, 수단, 방법이 되는가를 검토해 볼 필요가 있다. 추구하는 질성적 목적, 사용 가능한 질성적 수단 그리고 수단과 목적을 연결하는 질성적 방법이 있어야 한다. 이 경우는 언어나 기호 등의 이론적 매체가 전혀 관여하지 않은 순수한 질성들의 관계로 목적과 수단이 성립하고 방법적 과정도 질성적인 것이다. 이러한 상황은 '질성적 독립상황'30)이다. 문자를 문양으로 사용하기도 하듯이 경우에 따라서 이론적 매체인 언어나 기호가 사용되어도 그것은 단순히 질성적 기능만 할 뿐이다. 예를 들어, 한 미술 학도가 봄날 나무와 풀이 자라고 있는 잔디밭에서 유화를 그리는 상황을 생각해 볼 수 있다. 목적하는 바는 한 폭의 잔디밭 그림이지만 고흐(Vincent van Gogh)식의 화풍과 비슷한 인상파 작품을 만들고자 한다. 그리고 그 그림을 그리기 위한 적당한 잔디밭과 적절한 시간대 그리고 그림을 그리는 데 필요한 재료인 물감, 붓, 약간의 물, 또한 앉을 의자와 배고픔을 이기기 위한 약간의 간식 등은 직접적인 수단은 아니다. 이런 것들이 그림을 만들어 내는 데 필요한 부수적 조건이기는 하지만 완성된 그림에 구성요소로서 참여하지는 않는다. 그림은 색으로 구성된 작품이다.

---

29) 다음의 네 가지 상황은 본래 오래 전에 빌메인(Francis T. Villemain)과 챔플린(Nathaniel L. Champlin) 두 명의 교수가 듀이의 *Art as Experience*의 내용을 반영하여 범주화한 것이다. "Frontiers for an Experimental Philosophy of Education." *Antioch Review*, *XIX* (Fall 1959), pp. 345-359.

30) Qualitative Independence

　작품을 완성하되 아무렇게나 색을 칠하는 것이 아니라, 고흐식 화풍의 인상 파 작품이 되도록 할 것이다. 그러나 고흐를 전적으로 모방한 것보다는 학생은 나름대로 창의성을 발휘하여 독특한 작품이 될 수 있도록 하는 계획을 의중에 지니고 있다. 그가 의중에 지닌 자신의 창의적 생각은 그림이 시작하는 순간부 터 완성되는 순간까지 마음의 긴장과 함께 작업의 과정을 지배하고 있는 방법 적 기준이고 활동의 원리에 해당한다. 그것은 질성적인 것이고 수단과 목적을 연결하는 방법이며 작품의 전체에 그 방법의 기법적 원리가 미치고 있어야 한 다. 말하자면, 그 방법은 그 그림을 하나의 '상황'으로 특징짓게 할 편재적 질성 이며, 이 편재적 질성은 그림을 완성하는 동안 학생의 지력에 의해서 발상되고 유지되고 그림의 완성에 작용한다. 그 편재적 질성으로 인하여 그 작품은 다른 모든 작품과는 구별되는 독특한 특징을 지니게 되고 그 특징(질성)과 함께 작품 이 평가받고 감상될 것이다.

　질성적인 것이 수단이고 목적이며 방법 또한 그렇다. 그 그림은 수단적 범주 에 속하는 질성들을 구성요소로 하여 편재적 질성이 주도하는 방법(고흐의 스타 일)에 따라서 하나의 작품이 그 자체로서 통일성을 지닌 질성의 전체로서 완성 된 것이다. 수단에 해당하는 것은 '요소적 질성'이라고 한다면, 목적하는 바도 그 자체가 하나의 완성된 질성적 상황인 '총체적 질성'이며, 수단(요소)과 목적 (총체)을 연결하는 방법은 '편재적 질성'이다. 언젠가는 누구에 의해서 방법을 의미하는 편재적 질성에 이름이 붙여질 수도 있다. 아무개가 그린 고흐 화풍의 작품임을 밝히는 이름이다. 이름이 붙여지면 그것은 질성적 상태 그대로는 아 니며, 오히려 이론적 담론의 시작이 되는 셈이다. 이론적 담론이 시작되기 이 전에는 목적도 수단도 방법도 모두 질성적인 것이다. 하나의 작품을 완성하는 방법은 수단과 목적을 연결하는 질성적 사고의 산물이며 그것은 지력의 작용 에 의해서 성취한 것이다. 다소 구체적인 것에 감각적 작용을 하는 경우도 있 고, 여러 가지의 구체적인 것을 하나의 상황으로 묶어 느끼고 의식하고 상상적으로 표상화31)하는 경우도 있다. 이렇게 표상화된 것들을 또 다시 하나의 거대한 포괄적인 상황에 담을 수도 있다.

'그리운 금강산'을 노래하는 성악가는 요소인 소리들(요소적 질성)을 발생시켜 그 소리들을 이어 가고 하나의 노래(총체적 질성)를 완성한다. 그 과정에는 자신의 소리를 만들고 다듬고 조정하면서 이어 가는 과정을 지배하는 창법이 있다. 즉, 편재적 질성이 있고 그것은 질성적 사고의 결과이다. 스포츠 선수, 기계적 생산과정을 다루는 기술자, 각종의 정교한 실험을 진행하는 과학자, 어려운 수술 혹은 진단을 통하여 질병을 관리하는 의사 등은 전문적으로 이러한 질성적 사고를 하는 사람들이다. 물론 이러한 활동과 생활에는 수없이 많은 이론적 요소가 포함되지만 방법적 사고가 관계하는 직접적 내용은 편재적 질성의 도움으로 성립된 상황이다.

의사나 기업가의 생애는 전문적인 직업에 종사하기 위해서 많은 이론적 공부를 해야 하지만, 그러한 공부와 생활의 이런저런 면면은 그 자체를 특징짓는 편재적 질성에 의한 상황들이다. 그러므로 그러한 생애는 이론적으로 설명되기 이전에 질성적 구성의 전체이다. 직업적·기술적 수준에서만 아니라, 학생들의 성장을 관리하는 교사의 생활, 적군을 상대로 전쟁을 치르는 지휘관의 전략, 기업을 경영하는 사업가의 성취력, 정치적 대결에서 승리하기 위하여 전략을 관철하는 정치가의 지도력 등도 매우 포괄적인 수준의 질성적 사고를 해야 한다. 우리가 자신의 인격을 관리하고 생애를 계획하면서 하나의 인생을 사는 것 자체도 매우 포괄적 차원의 질성적 삶이다. 말하자면, 삶 그 자체는 궁극적으로 질성적인 것이다.

둘째, 질성적인 것이 목적이면서 이론적인 요소들이 수단으로 사용되는 경우는 우리의 일상적 생활 속에서 흔히 있는 일이다. 이러한 경우를 우리는 '질

---

31) imagination

성적 우세상황'[32])이라고 분류한다. 이론과 질성이 교차하면서 수단과 목적을 연결하는 과정에서 발생하는 장애와 난관과 문제를 돌파한다. 방법은 질성적인 것과 이론적인 것의 교차로 성립하지만, 전략적 사고는 이론적인 것이고 결과적 완성은 질성적인 것이다.

　우리의 일상적 생활에서는 무엇인가를 이루거나 수행하고자 하는 것의 많은 것이 질성적인 것들이다. 사람을 만난다든가, 업무를 수행한다든가, 어떤 작품을 완성한다든가, 경기를 한다든가, 공부를 한다든가, 조직체를 만든다든가, 여행을 한다든가, 밭 갈기를 한다든가, 요리를 한다든가 등 거의 대부분의 일상적 일들은 질성적인 것이다. 단지 특별한 경우에 이론적인 것이 있다. 질성적 목적을 충족시키는 일상적 과업 중에 이론적 수단들을 사용하는 경우가 적지 않게 있다.

　예를 들어, 우리가 컴퓨터 등의 전자제품이나 서랍장 등의 가구를 새로 구입하면 그것을 조립하는 매뉴얼이 함께 따라 오는 것이 보통이다. 이와 같이 우리의 관심과 의도를 매우 한정된 대상에 두어 목적을 설정하는 경우에 매뉴얼은 부품들을 조립하여 제품이나 가구를 완성하는 방법에 해당한다. 거기에는 부품의 이름들이 적혀 있고 조립하는 순서를 설명하고 있다. 좀 복잡한 경우, 예컨대 몇 개의 서랍이 있는 책상이라고 하면, 조립의 과정을 확실히 하기 위하여 부품의 이름들과 조립하는 단계를 쪽지들에 적어서 한 묶음으로 손에 쥐고 있다가, 작업이 진행되면서 완성된 단계마다의 쪽지는 차례로 하나씩 뜯어서 버린다고 하자. 그 쪽지들이 떨어져 나가는 순서는 바로 조립의 과정에서 부품을 완성의 목적에 맞게 다루면서 사용하는 '방법'이다. 조립이 완성된 책상은 질성적 목적에 해당하며, 부품과 조립의 단계를 설명하는 내용은 이론적 수단들이다. 그리고 쪽지들이 떨어져 나가는 순서는 이론의 도움을 받아 조립을 완성

---

32) Qualitative Predominance

하는 방법이며, 그 방법에 이름이 붙을 수도 있겠지만 그냥 별도의 이름이 없는 요령 혹은 절차이기도 하다.

한 채의 집을 건축하기(질성적 목적) 위해서는 설계도가 작성되고 이름이 기록되어 있거나 아니면 그냥 명칭을 머릿속에 기억하고 있는 자재들(이론적 수단)이 준비되며, 작업의 기술적 절차가 기록으로나 기억에 따라서 실행하는 절차(질성적 방법)가 있다. 어떤 복잡한 시설을 마련하거나 물자를 생산하는 과정에는 질성적 목적을 위하여 이론적 수단들이 활용되는 것은 흔히 있는 일이다. 제조업의 생산 활동, 스포츠 경기, 기업 경영, 조직 운영 등에는 기획 문서, 실천 매뉴얼, 관련된 이론들이 있고, 관련된 종사자들은 수단들을 어떻게 조직하고 통제하고 정리하여 목적하는 바를 완성할 것인가에 지력을 집중한다. 이 경우에도 관련자들의 노력에는 단순히 어떤 전제와 결론의 형식적 절차를 의미하는 이론적 사고 이외의 질성적 사고가 결정적으로 작용한다. 이론적 내용의 형식화보다는 질성적 경험의 체질화가 경영적 지도자들의 자질이 될 것이다. 대개 기술공학33)에 해당하는 활동은 질성적인 목적을 실현하기 위하여 이론적인 내용이나 자료를 수단으로 활용한다.

뿐만 아니라, 사람들은 자신의 일상적 생활을 절도 있게 효율적으로 영위하기 위하여 일정표를 계획하여 실천하고, 종교인은 자신의 신앙이 흐트러지지 않도록 하고 더욱 경건한 삶을 살기 위하여 기도문을 외우고 경전을 익힌다. 정치적 목적으로 시위를 하는 단체는 구호를 외치기도 하고 현수막을 걸고 과시하기도 한다. 구성원의 생활과 행동의 틀을 항상 바르게 유지하기 위하여 학교에는 교훈이 있고 회사에는 사훈이 있으며 가정에는 가훈이 있다. 일정표, 기도문, 정치적 구호, 교훈이나 사훈 등은 언어적 표현을 수단으로 사용하여 바른 행동이나 절도 있는 생활의 질을 유지하는 목적을 실현하고자 한다. 헌법이

---

33) technology

나 준칙이나 정관 등과 같이 법리적 규칙의 형식적 문서가 있고, 강령이나 요강과 같이 어떤 단체적 목적을 실현하기 위한 일종의 전략적 지침이 있다. 이러한 방식의 언어적 표현은 질성적 목적을 실현하기 위한 이론적 수단들이며, 거기에 담긴 이론 혹은 언어의 의미론적 내용은 각각의 활동이나 생활을 통제하고 방향을 잡는 방법적 규칙을 담고 있다.

이러한 설명의 맥락을 조금 더 확대하면, '대한민국은 민주공화국이다'라는 헌법상의 법률적 진술이나, '자유민주적 기본질서'라는 일종의 강령적 표현은 국가가 지향하는 헌법적 가치를 표방하면서 국가의 정체성과 기능의 전반을 규정하고 있으므로 모든 국민이 자유롭게 추구하는 가치와 생활의 방식은, 소극적으로 말해서 그러한 가치체제에 위배되지 않아야 하고, 적극적으로 말해서 그러한 삶을 추구하는 제도적 조건을 제공받아야 한다. 언어적(이론적) 수단으로써 실질적이고 궁극적인 목적인 삶의 양식 자체를 특징짓고 있다. 언어는 실제로 영위하고 있는 삶의 질성들을 포괄적으로 담는 그릇일 뿐만 아니라, 추구하는 가치들의 체제를 밝혀 보이기도 한다.

셋째, 이론적인 것이 목적이면서 질성적인 요소들이 수단으로 사용되는 경우가 있다. 대개 철학적, 과학적 활동에 종사하는 사람들의 연구와 학습의 장에서 볼 수 있는 '이론적 우세상황'34)이다.

자연세계의 법칙성이나 인간사회의 경향성을 밝히려는 과학적 탐구, 그리고 어떤 사상이나 가치 혹은 의미를 체계적으로 밝히거나 그 관계를 논의하는 철학적 사유에 종사하는 경우도 목적하는 바는 가설, 법칙, 학설, 사상 등의 이론적 주장이나 체계에 관한 것이다. 언어 혹은 기호 등의 이론적 요소는 그것이 가리키는 외연(外延)인 대상과 자체가 함의하는 내포(內包)에 대하여 상징적 기

---

34) Theoretical Predominance

능을 한다. 이때의 외연은 어떤 실체적 대상을 가리키고, 내포 그 자체는 이론적인 것이 아니라 전적으로 비이론적인 것에 해당하는 질성이거나 아니면 이론적인 요소가 담긴 질성에 관한 것이다.

어떤 단어가 원천적으로 가리키는 지시적 기능으로 이해하면 그 대상은 이론적인 것이 아니라 존재하는 실체이고, 그 단어의 내포는 그 대상(실체)의 특징을 언급하는 질성적 요소를 담게 된다. 예컨대, '황소'라는 말의 외연은 암소가 아닌 모든 소, 특히 성장한 소의 어느 것이나 혹은 모두를 의미하고, 내포는 모든 황소가 암소나 다른 동물들과는 구별되게 하는 독특한 특징, 즉 황소의 편재적 질성을 의미한다. 그러므로 이론적 목적을 위한 언어적(상징적) 수단은 질성적 요소들을 포함할 수밖에 없다. 다시 말해서, 이 경우에 목적은 이론적인 것이지만 그 표현의 매체가 언급하거나 함의하는 바는 질성적인 것이고 수단으로 작용한다. 과학자가 가설의 검증을 통한 법칙을 발견하려는 노력은 이론적 목적이지만, 검증의 과정은 잡다한 비이론적, 질성적 내용이 담긴 활동을 통하여 사물을 관찰한 내용으로써 진행된다.

철학적 사고에서도 그 내용은 순수한 형식들만으로 구성되는 것이 아니다. 비록 기호논리학의 경우처럼 순수한 형식의 구조가 전개되는 것도 있지만 형식적 요소들의 관계는 질성적 성격을 지닐 수밖에 없다. 예를 들어, A=B, A>B, AvB 등에서 A와 B는 내용을 담지 않은 순수한 형식일 수 있으나 =, >, v 등의 기호적 의미인 '같음', '보다 큼', '둘 중의 어느 하나' 등은 요소들 사이의 관계를 언급하는 질성적 의미(내용)를 담은 일종의 상황이다.

발생론적으로 보면, 이론적인 것은 일차적 경험을 소재로 하여 반성적 과정을 거친 결과로서 구성된 것이지만, 이론은 특징상 복잡하고 어지럽고 혼란스러운 것들을 구조화하고 개념화한 것이므로 그 자체가 지닌 의미론적 이해를 필요로 하는 경우가 많다. '민주주의' '정의' '자유' 등의 인문·사회과학적 개념들뿐만 아니라, '전자' '열량' '유전인자' '관성법칙' 등의 개념은 이미 정의

된 다른 개념들과 언어적 요소들을 수단으로 하여 이해가 가능하도록 설명된
다. '설명되는' 이론적 개념은 '설명하는' 언어적 표현35)이 지닌 외연과 내포
의 기능으로 정의 혹은 설명되기도 하고 직접적인 질성적 요소들의 제시에 의
해서 그 의미가 규정되기도 한다.

각급의 학교 교실에서 이루어지는 수업의 상황에서나 과학자들의 연구실에
서 진행되는 토론에서, 기업이나 관청 등이 전략적 구상을 하는 협의회에서,
정치적 대결의 장이나 법정의 공방에서 전개되는 언어적 진행의 많은 부분이
이 상황에 속한다. 옛날부터 자유교육의 기초였던 독서산(讀書算)의 능력, 그리
고 문법, 논리, 수사 등의 교과들은 사실상 이론적 우세상황에 대비한 프로그
램이었던 셈이다.

넷째, 목적과 수단의 모두가 질성적이면서 동시에 이론적인 것, 이 경우는
'질성적·이론적 공통상황'36)이라고 할 수 있다.

어느 날 어느 장소에서 유명한 교향악단의 연주회가 있다는 포스터를 하나
의 뛰어난 예술적 작품으로 제작하여 사람들이 많이 다니는 곳에 붙였다고 하
자. 그 포스터는 연주회를 메시지(이론적)로 알리려는 목적으로 제작된 것이다.
그러므로 시간과 장소, 교향악단에 관한 정보가 수단으로 사용된다. 동시에 포
스터는 하나의 예술적 가치와 의미를 표현(질성적)하는 작품이 되도록 공간과
색채를 통제하고 독특한 기법을 발휘하여 제작된 것이다.

영화, 연극, 가극 그리고 웅변하는 정치적 연설, 다양한 매체를 동원하는 광
고, 학습의 목적으로 계획한 답사 혹은 여행 등이 이 범주에 속한다. 언어와 몸
짓(제스처), 때로는 현란한 색채와 황홀한 동영상도 어떤 메시지를 전달하고 구
호나 슬로건을 각인시키기 위하여 사용하기도 한다. 거기에도 일종의 질성적

---

35) explicandum, explanans
36) Qualitative-Theoretical Reciprocity

사고가 진행된다. 영화나 연극은 관객에게 전달하고 호소하는 메시지(목적)가 언어와 동작과 무대의 질성으로 표현되고, 공연은 전체로서 하나의 총체적 질성을 만들어 하나의 작품이 된다. 모든 장면과 그 구성의 전개(수단)는 독특한 양상의 흐름을 잇고 시종을 관장하면서 다른 작품과는 구별되게 하는 특징(편재적 질성의 방법)을 구현하고 유지한다.

　학교의 수업은 시간적·공간적 제약으로 인하여 이러한 공통상황의 설정이 어려울 수밖에는 없지만, 이론적·질성적 수단들을 동시적으로 사용하여 이론적·질성적 특징을 지닌 목적의 실현을 동시적으로 겨냥하면서 이론적·질성적 방법을 함께 창안하는 종합적 경험은 흥미롭기도 하고, 생산적인 학습의 장이 될 수가 있다. 이와는 달리 연극에서 연기의 동태적 경험과 관람의 정태적 경험은 다르다. 이에 비하여 답사나 여행은 그러한 구별이 없는 동시적 공통상황의 특징을 지니고 있다. 그러나 많은 시간과 비용이 요구되기 때문에 자주 계획하기는 어렵지만, 잘 짜인 프로그램은 다목적적인 학습활동을 가능하게 하고 중요한 주제와 내용의 집중적 학습을 가능하게 하는 이점이 있다.

　우리는 일상적 생활에서나, 전문적 활동에서나, 특별한 문제의 상황에서 단순한 발상이나 우연적 착상도 하지만, 오랫동안 고질적인 질병과 같은 심각한 문제로 고뇌에 빠져 있기도 하고, 화려한 결실을 예상하지만 지금은 당장 헤어나기 힘든 족쇄에 빠져 난관을 극복해야 하는 경지에 있을 수도 있다. 우리가 추구하는 가치와 당면하는 문제의 상황은 이론적인 것이거나 질성적인 것의 어느 하나로 다가오는 것은 아니다. 이론은 이론만으로 처리되고 질성은 질성만으로 완결된 경험을 만들지 않는 것이 일반적인 우리의 삶이다. 그렇듯이 특히 성장세대의 젊은이들에게는 이론적인 것과 질성적인 것의 다양한 배합을 경험할 필요가 있다. 그것은 그들의 성장에 더욱 균형감과 생동감을 가져다줄 것으로 예상할 수 있다.

인간능력의 질성적 이해

- 이성의 개념과 지력의 개념 -

제4장 인간능력의 질성적 이해
- 이성의 개념과 지력의 개념 -

　우리가 젊은이들을 교육한다는 것은 그들이 잠재적으로 지니고 있는 능력을 계발하는 것으로 이해하기도 한다. 인간으로서 각자가 지니고 있는 잠재력은 매우 다양하다. 식물이 지닌 성장과 재생산의 잠재력, 또한 동물이 지닌 감각적 반응과 신체적 활동의 잠재력에 더하여 인간만이 소유하는 합리적 사고의 잠재력은 정도의 차이는 있으나 누구나 지닌 것이다. 아리스토텔레스의 언어로 말하면, 합리적 사고의 잠재력으로 인하여 한 생명체가 인간이라고 분류된다고 말할 수도 있다. 자유교육의 전통에서는 그러한 합리적 사고의 잠재력을 계발하는 노력이 바로 교육의 중심을 차지하고 있었다. 합리적 사고를 담당하는 기관은 '이성'이라고 불리어 왔고 그것은 인간의 마음을 지배하는 핵심적 부분으로 이해되었다.

　플라톤의 이성과 아리스토텔레스의 이성은 서로 일치하지는 않으나 기능적으로 매우 유사한 특징을 지녔다. 그러한 이성은 중세기의 기독교 신앙과 근대 초기의 인문주의적 사고, 근대후기의 자연과학의 발달, 그리고 현대의 자연주의적 접근 등 그 의미를 조금씩 바꾸어 왔다. 이성의 개념이 우리의 마음에서 차지하는 구조적·기능적 특징과 인간의 여러 다른 능력과의 관계에 관해서도 많은 변화가 진행되었다. 이러한 변화의 과정은 이성의 이해에 대한 접근의 방식이 능력심리학적 사고의 틀에서 출발하여 자연철학적 해석의 틀로 바뀌는 긴 여정이었다. 그리고 그 과정에서 교육의 과업과 역할도 이와 병행하여 달리 이해되는 경향을 보여 왔다. 지식의 관념적 구조에 입문하는 학습도 관조적 사고가 주도하는 전통적 풍토에서 점차적으로 근대과학의 발달과 함께 질성적 문제상황이 요청하는 탐색적 학습이 새로운 장르를 만들고 있다.

이성의 개념과 능력심리학적 근원

인간은 지식을 생산할 수 있는 동물이다. 지식을 생산하는 능력은 인간만이 소유하는 능력이다. 오직 인간만이 지닌 것, 그것으로 인하여 인간을 다른 생명체와 구별되게 하는 독특한 능력을 고대 그리스의 철학자들은 우리가 지금 '이성'이라고 일컫는 것을 언급하였다. 원천적으로는 오늘날 논리학(logic)의 어원이기도 한 '로고스(logos, λόγος)'이고, 라틴어에서는 'ratio', 영어와 불어에서는 각기 'reason'과 'raison' 그리고 독어에서는 'Vernunft'로 번역하고 있다. 우리말에서는 그것을 '이성(理性)'이라고 하지만, 한국의 많은 학자가 경험하듯이 영어로 된 서적을 참고할 때 문맥에 따라서는 'reason'을 '이성'으로 직역하면 이해하기가 불가능할 정도로 의미가 통하지 않은 경우가 있다. 이러한 불편은 우리가 사용하는 '이성'이라는 말과 영어의 'reason'이 의미하는 바가 그 용법에 있어서 반드시 전적으로 일치하지는 않기 때문이다.

우리말의 '이성'은 일종의 심리적 능력 혹은 그 능력을 발휘하는 기관을 언급하는 말이며 주로 명사로 사용된다. 그러나 영어의 'reason'은 문맥에 따라서 때로는 명사형으로, 때로는 동사형으로 사용된다. 명사형으로는 우리말로 '이성'이라는 표현 이외에 '이유', '근거', '이치', 맥락에 따라서는 '합리성' 등으로 번역해야 하고, 동사형으로는 '추론하다', '논증하다', '이유를 밝히다' 등으로 번역해야 하는 경우도 있다. 이와 같이 비록 각기 언어의 체제에 따라 번역되면서 문법적 기능과 의미론적 특징에 다소의 차이가 있었다. 그러나 적어도 철학적 용어로서의 '이성'과 여러 번역어는 고대 그리스의 원천적 의미에서 기본적으로 크게 벗어나지 않으려는 경향을 보이기도 한다.

철학에서 '이성'은 흔히 논리적으로 생각하는 능력을 의미하기도 하고 그 능력이 작용하는 활동적 속성을 뜻하기도 한다. 이러한 의미의 이성은 근원적으로 아리스토텔레스의 능력심리학[1]에서 말하는 '능력'의 유형이다. 아리스토텔레스의 심리학은 자연철학의 한 부분을 이루고 있었으며, 그의 생물학에서 다룬 독특한 '영혼'[2]의 개념이 반영되어 있다. 그의 생물학적 영혼의 개념은 하나의 유기체적 구조와 관련하여 그 본질적 성격이 설명된다. 영혼은 인간만이 소유한 것이 아니라 동물과 식물도 역시 소유한 것이며 생명체가 지닌 독특한 속성이다. 그 영혼이 있어 생명체는 자체를 보존하고 성장하고 재생산하는 가능성을 잠재적으로 지니고 있고 또한 그러한 능력을 실제적으로 구현한다. 어쩌면 '생명력'이라고 해도 좋을 것 같다.

아리스토텔레스가 존재하는 실체를 형상(形相)과 질료(質料)[3]로 언급한 이원론적 구조로 본다면, 영혼은 자연적(혹은 유기체적) 몸체의 형상이고, 여러 개의 특별한 기능을 하는 기관이 질료에 해당하는 부분이다. 생명체의 영혼에는 위계가 있다. 식물은 영양을 흡수하여 성장하고 재생산하는 영혼을 지니고 있고, 동물은 거기에 더하여 감각적 반응과 사물의 지각과 운동의 힘을 발휘하는 영혼을 지니고 있다. 그리고 인간은 식물과 동물의 경우와는 또 다른 기능, 즉 생각하고 추리하는 영혼을 지니고 있다. 아리스토텔레스가 영혼과 그 능력들을 구조화한 방식은 철학에서뿐만 아니라 거의 2천 년 동안의 서양 과학에 영향을 미치기도 하였다.

인간의 능력은 인지적(認知的)인 것과 정의적(情意的)[4]인 것의 구별이 가능하

---

1) faculty psychology
2) soul
3) form, matter
4) cognitive, affective

다고 여긴다. 정의적 능력은 특징상 영혼의 비합리적인 부분이지만, 자발적 감정이 발현되는 부분이며 이성에 의해서 통제를 받는다. 특히 욕망과 열정의 부분은 이성의 지배를 받아 용기와 절제 등의 덕성을 유지한다. 영혼의 가장 높은 수준에 마음 혹은 이성이 있으며 사유(思惟)와 이해의 방으로 자리하고 있다. 사유는 감각적 지각과는 다르며 이 세상에서 인간이 가장 특권을 누릴 수 있도록 하는 특별한 활동이기도 하다. 이러한 사유기능도 감각작용과 마찬가지로 옳고 그름, 좋고 싫음, 거짓됨과 참됨 등 사물에 대한 판단을 한다. 그러나 오늘 김 씨가 내게 보여 준 태도는 매우 불쾌하다고 말하기도 하듯이 감각적 작용은 특수한 것에 관한 것이지만, 그의 주장은 자기모순에 빠진 것이라고 평가하여 규정하기도 하듯이 이성적 판단은 보편적 기준을 전제로 한 것이다. 전자는 '특수자'에 관한 것이고, 후자는 '보편자'5)에 관한 것이다.

아리스토텔레스의 고전적 심리학에 의하면 인간의 마음에는 여러 개의 능력을 담당하는 방이 있다. 이성은 그중 하나의 방을 차지한다. 이러한 의미의 이성은 그 방의 작용으로 추리하고 변별하고 관계 짓는 기능을 하며, 기본적인 진리들을 직관적으로 인지하는 능력을 발휘하기도 한다. 그러므로 그것은 감정이나 욕구의 속성을 지니고 감각작용이나 지각작용을 담당하는 방과는 달리 보편적 지식을 생산하는 기능을 한다. 이성에서는 진지하게 심의하는 실천적 기능과 엄격히 사색하는 이론적 기능이 작용하여 지식을 생산한다.

지식은 의미상 '앎'을 뜻하는 것이지만, 안다는 것은 나의 앎, 즉 내가 혼자서 순수하게 사적으로 아는 것 혹은 생각하는 것을 뜻하지는 않는다. 물론 내가 상황에 따라서 움직이고 반응하고 활동하는 것은, 내가 알고 있는 것을 바탕으로 한 대응이라고 할 수 있다. 그러나 내가 알고 있는 것이 다른 사람들과 더불어 서로 교환할 수 있는 인식의 자료로 개발되어 있을 때 우리는 그것을 '지식'이라고 한다. 즉, 지식은 일종의 사회적 소통이 가능한 객관적 내용이어야 하

---

5) particulars, universals

고, 그러므로 소통은 매체를 필요로 한다. 사적인 앎의 사회화 혹은 객관화는 언어라는 소통의 수단을 필요로 하고, 그 언어가 음성, 문자 혹은 기호 등의 매체를 사용함으로써 전달과 보존과 성찰과 분석을 가능하게 하며, 또한 활용과 확산이 가능하도록 그 의미를 심화할 수 있다. 사실상 동양이나 서양이나 간에 어떤 형태로든지 문자 혹은 기호가 사용되기 이전에도 당시의 소통은 가능했던 것은 사실이다. 그러나 전달과 보존과 분석이 없었으므로 지식은 축적되고 다듬어지기가 어려웠다. 그러므로 그 확산이 지극히 제한적인 수준에서만 가능하게 된다. 지식을 소유하도록 하기 위해서는 주로 문자를 사용해야만 하였고, 체계적인 문자가 없는 곳에서 지식은 지극히 제한적으로 축적될 뿐이었다. 그러므로 문명의 진보도 매우 더딜 수밖에 없었다.

고대 그리스의 귀족층이 행한 지식교육은 3R, 즉 읽기, 쓰기, 셈하기[6]의 세 가지 도구를 익히게 함으로써 시작하였다. 이와 비슷하게 고대 중국의 육예(六藝)[7]에도 쓰기와 셈하기를 포함하였다. 주로 문자를 해독하는 문해력(文解力)과 숫자를 사용하는 수리력(數理力)[8]을 길러 주는 것이 애초의 자유교육의 역할이었다. 문자와 숫자를 사용함으로써 앎의 내용이 생산되고 보존되고 전달된다. 사고의 법칙인 논리학, 그 대표적인 것으로서 아리스토텔레스의 연역법[9]도 문자를 사용한 개념들의 관계에 관한 것이었다. 이성은 이러한 문자와 기호 등의 상징적 도구가 없이는 객관적 의미의 지식을 생산할 수가 없었다. 그러므로 이성은 이러한 도구를 사용한 내심(內心)의 사고와 지식의 생산을 위한 활동을 하는 기능적 능력으로 이해되었다. 그러나 문자와 기호 등의 상징적 도구를 매체로 사용하지 않는 심리적 현상인 잡념이나, 상상 혹은 회상과 같이 덧없이 지나가는 생각, 혹은 의식 속에서 생멸하는 환상으로 전개되는 현상도 우리가 경험

6) 읽기(讀, reading), 쓰기(書, writing), 셈하기(算, reckoning)
7) 禮·樂·射·御·書·數
8) literacy, numeracy
9) syllogism

하는 바이지만, 그 모든 것을 이성의 작용이라고 하지는 않는다. 그리고 이성이 활동하는 대상(내용)이 되지 않는 것은 지식일 수 없다. 고전적 의미의 이성은 오히려 상징적 매체를 도구로 한 성찰, 추리, 분석, 분류, 비유 등의 체계적인 형식과 규칙에 따라 반성적 사고의 기능을 하는 능력이었다.

아리스토텔레스의 능력심리학은 후일에 교사가 학습자에게 지식을 가르치는 원리를 체계화한 교수이론인 심성도야설10)의 근원이 된다. 이 이론에 의하면, 교사가 학습자에게 무엇인가를 가르쳐야 하는 것은 그 내용 자체가 중요하기 때문이 아니라, 그것을 가르침으로써 지력, 태도, 가치의식 등의 심성적 기능을 도야(陶冶)하기 때문이라는 것이다.11) 좋은 학습자료를 선택하여 그것을 기계적 방법으로라도 익히면 그것으로써 학습자는 자신의 마음을 도야하고 지성을 더욱 세련되게 한다. 이러한 도야설은 가르치는 행위를 특정한 지식의 암기나 주입이라고 하지 않고 인간이 지닌 주요한 능력들을 계발하는 것이라고 밝힌 것이다. 일반적으로 비유해서 설명하기를, 마치 우리가 신체적 능력을 단련할 때 근육을 단련하듯이 정신적 능력을 단련할 때도 그러한 근육에 상당하는 것이 있다고 상정한다. 말하자면, 심성적 능력의 방에는 '심리적 근육'이라고도 할 수 있는 능력의 장치 혹은 기관과 같은 것이 있다고 가정한다. 그것을 '심근(心筋)'이라고 한다면, 능력의 도야는 가장 적절한 자료를 선택하여 조직하고 학습하면서 바로 그 심근을 단련하는 일이다. 마치 우리가 팔의 힘을 기르고자 할 때 아령이나 역기를 사용하여 근육을 단련하듯이 '마음의 근육'이 발휘한 힘을 의미하는 지성을 계발하고자 할 때도 그것에 가장 효과적인 자료(교과)를 사용한다는 것이다.

서양의 고대와 중세기에 이르기까지 젊은이들을 교육할 때 가장 중요한 목

---

10) mental discipline theory
11) 이러한 정신적 기능은 사고의 내용 그 자체보다는 형식에 해당하는 것이므로 심성도야설은 '형식도야설(formal discipline theory)'이라고 일컫기도 한다.

표는 '칠개자유교과'12)를 중심으로 한 교육과정으로써 체계적인 훈련을 받은 시민을 육성하는 것이었다. 학습은 주로 모방과 암기에 의존하였고, 교사의 학문적 권위는 거의 절대적으로 존중되는 분위기 속에서 이루어졌다. 특히 그리스와 로마의 문학과 철학을 공부함으로써 학습자는 자유로운 지성의 능력을 계발한다는 믿음이 그 이후 수세기 동안 이어졌다. 르네상스 시대에 네덜란드의 철학자인 에라스뮈스(Desiderius Erasmus)와 예수회 교단13)의 성직자들이 사용한 교수법은 젊은이들의 심리적 특징을 예리하게 분석한 것에 기초한 것이다. 단순한 암기를 위주로 하는 학습이 아니라 수업 이전에 학습 자료에 관련된 이해의 수준을 높이고 학습자의 동기를 충실히 반영하기도 하였다. 그러나 이러한 방법도 여전히 정신적 능력의 도야와 고전 위주의 학습에 몰두한다는 이유로 비판의 표적이 되기도 하였다.

능력심리학의 일반적 원리는 인간의 심성적 활동을 구분하여 아는 것, 느끼는 것, 배고파하는 것, 추리하는 것, 행동하는 것 등으로 아리스토텔레스적 개념인 영혼의 작용을 분류하는 이론에 그 근원을 두고 있다. 이러한 생각은 중세기의 스콜라주의14)의 철학자인 아퀴나스(Thomas Aquinas) 등의 심리학적 저술에서도 반영되어 있다. 중세기에서 19세기에 이르기까지 많은 능력이 새롭게 인정을 받기도 하였다. 대표적인 것으로 판단력, 의무감 그리고 인지작용과 개념형성15) 등이 포함된다. 이러한 능력들은 골상학자(骨相學者)16)에 의해서 분류된 두개골의 어떤 부위와 관련이 있다고 보고, 학습은 이러한 '부위들' 혹은 정신적 소질들을 단련하는 것이라는 주장이 가세하기도 하였다. 그런 관점에서 학교의 어떤 교과들은 특정한 능력의 단련을 담당하는 독특한 기능과

12) seven liberal arts: grammar, logic, rhetoric, geometry, music, geography, astronomy
13) Jesuit Society
14) scholasticism
15) perception, conception
16) phrenologist

가치를 지닌다고 평가되기도 한다. 예컨대, 지리는 추리의 능력을 단련하고 역사는 기억의 능력을 단련한다는 것이다.

18세기에 계몽사상이 지배적이었던 시기의 철학적 논의에서, 근대적 능력심리학도 인간의 마음을 하나의 통합된 실체라고 보면서도 기능을 달리하는 여러 개의 능력을 그 속에 포함한다고 보았다. 그 능력들은 대개 기억하고, 식별하고, 판단하고, 추리하는 기능을 하는 이지적(인지적) 능력이라고 믿어졌다. 마음에 관한 이러한 견해를 받아들이면, 학교가 할 일은 주로 그 능력들이 각기제 기능을 할 수 있도록 훈련하고 연마하는 것이다. 학교의 이러한 과업을 수행하도록 하는 교육과정은 '고전(古典)'으로 구성하는 것이 가장 능률적이라는 주장이 지배적이었고, 주로 인문학자들이 열정을 가지고 지지하는 편이었다. 그러한 능력들을 철저하게 단련받은 사람은 다양한 상황에서 이러한 이지적 능력을 발휘할 수 있다는 것이다. 그리하여 19세기의 학교들은 반복적인 연습을 하는 데 인색할 필요가 없다고 생각하였다.

그러나 20세기의 초기에 실시된 여러 경험적 연구에서는 그러한 추론이 취약점을 지니고 있다고 밝히면서, 심성도야의 학습이론이 내세우는 대부분의 주장은 근거가 희박하다고 주장하는 결과를 발표하기도 하였다. 능력심리학적 이론 그 자체는 행동주의 심리학 혹은 생물학적 심리학 등 현대의 과학적 심리학의 영향으로 인하여 상당히 퇴조한 것은 사실이다. 그러나 현재에도 심리학과 교육학의 여러 연구에서 그러한 사고의 영향으로 심리적 현상을 분석할 때 분석의 유형으로 반영하고 있는 것 또한 사실이다. 예컨대, 요인분석[17]이나 계산모형, 그리고 블룸(B. S. Bloom) 등의 '교육목적 분류체제'도 능력심리학 그 자체는 아니지만, 마음에 관한 몇 가지의 매우 복잡한 개념적 구조를 인간능력의 분석적 틀로 반영하고 있다. 그리고 학교의 조직, 교육과정, 교육방법을 구상하는 많은 교육자에 의해서 일반적으로 흔히 쓰이는 '심성적 능력'[18]이라

---

17) factor analysis

는 일종의 은유적 표현도 정교하게 분석해 보면 능력심리학적 사고의 일면이 반영된 것으로 볼 수 있다.

다시 말해서, 능력심리학은 인간의 마음을 마치 신체의 근육과 유사한 것으로 비유하고 기억과 암기 등의 반복적 연습에 의해서 도야(혹은 단련)될 수 있다고 믿었던 이론이다. 엘리엇(Charles Eliot)은 바로 학교교육과정에서 능력심리학을 신봉한 대표적인 인물이다. 대개 고전중심의 교육과정을 중요하게 여기는 사람들은 이 부류에 속하며, 그들은 고전이 아이들의 심성도야를 위하여 무엇보다도 필요하다고 주장한다. 대표적인 것이 라틴어로 쓰인 고전이다. 마음은 근육과 같은 것으로서 단순한 반복적 연습에 의해서 도야된다. 무거운 것이 근육을 더욱 강하게 하듯이 교육내용이 어려울수록 마음의 근육이 더욱 빠르고 크게(넓게) 발달한다는 주장도 있었다. 종합적 이해는 그 다음에 고려할 사항이다. 체육관에서 근육을 단련하기 위하여 반복적인 운동을 하듯이 기억과 암기는 인간의 두뇌를 더욱 활성화한다. 이러한 사고는 1860년대에서 1890년대의 교육과정이론에서 흔히 볼 수 있는 현상이지만 1900년대 이후에도 적지 않게 그 영향이 남아 있다.

이성관의 변화

서양의 고대와 근대의 철학자들 중에는 능력심리학적 방식과는 달리 이성의 개념을 일종의 형이상학적 실재로 이해하기도 하였다. 이성의 기능은 진리의 위계와 관련된다. 고대 철학에서 지식으로 인식하는 것 중에는 기본적인 진리에 속하는 것도 있고 거기서 파생된 것들에 속하는 것도 있다. 이러한 진리의 위계는 자연의 질서에도 부합하여 전자는 후자에 대하여 원인이기도 하고 그

---

18) mental abilities

후자가 존재하는 이유(혹은 이치)이기도 하다. 존재하는 모든 것에는 그것을 존재하게 하는 목적이 있음을 상정한 것이다.

피타고라스(Pythagoras)와 헤라클리투스(Heraclitus) 시대의 우주론에서 이성은 단순히 인간의 우연적 특성이 아니라, 우주의 질서 속에 있는 필연적 부분이며, 인간의 천성 중에서는 다른 부분보다 더욱 존귀한 위치에 있다고 규정하였다. 이성은 인간의 마음에 불변하는 부분이고, 특히 인간이 함께 삶을 영위할 수 있게 하는 사회성을 지니며 우주의 차원에서 신격적(神格的)[19] 질서와 연결된다는 생각이 있었다. 플라톤은 『국가론』에서 이성을 소유한 철인왕이 '이데아'[20]의 질서에 따라서 기개(氣槪)와 욕망(慾望)에 지배되는 다른 부분을 다스려야 한다고 하였다. 이러한 이성의 소유자는 이데아를 인식할 수 있고 국가의 구성원 중에서 한정된 소수에 해당한다. 그리고 아리스토텔레스는 이성을 능력의 개념으로 설명하였지만 인간의 본질적 특성으로 규정하여 '인간은 합리적(이성적) 동물'이라고 하였다. 그가 인간의 목적으로 규정한 최고선의 개념인 '행복'[21]은 이성의 본질에 일관된 수월성과 완전성을 지닌 삶을 의미한다.[22]

그러나 중세기 유럽의 기독교 철학에서 종교적 진리는 궁극적으로 신앙에서 오는 것이고 이성은 거기에 기반을 두고 작용하는 인간적 지력으로 이해하였다. 여기에도 일종의 능력심리학적 사고가 적용된 것이기는 하지만, 고대적 개념의 이성만큼 그 위치가 궁극적인 것은 아니었다. 진리는 이성으로 보는 것이 아니라 믿음으로 보는 것이다. 당시에 교회의 사명과 권위로 행사된 궁극적 진리의 수호는 신앙에 의한 것이었다.

---

19) divine
20) Ιδέα, idea
21) eudaimonia
22) Aristotle, "Nicomachean Ethics." *Aristotle II, Great Books 9,* W. D. Ross (trans.) (Chicago: Encyclopedia Britannica, 1952).

그러나 종교개혁의 진행과 근대과학의 성장은 그러한 교회의 권위에 도전하였다. 점차 진리의 문제를 세속적으로 논의하면서 이성의 개념이 진리의 발견을 위한 객관적 방법과 관련된 자리에 있게 된다. 가장 중요한 변화의 하나는 바로 인간에 대한 형이상학적 수준의 이해에 새로운 변화가 시작되었다는 것이다. 과학자들과 철학자들이 의문을 제기한 것에는 목적론적 우주관도 그중의 하나에 속한다. 그들에 의하면 자연은 그 목적에 있어서나, 존재하는 이유에 있어서나, 인간이 지닌 인격적인 특성과 유사성을 지닌 것이 아니다. 그리고 인간의 본성도 무생물에 적용되는 자연법칙과는 다른 어떤 특별한 질서에 따르는 것이 아니라는 것이다. 이러한 사고는 종전의 형이상학적 우주관에 대한 집착에서 벗어나게 하는 결과를 가져왔다. 그러는 중에 이성의 개념은 인간이 일종의 능력으로 소유한 '사유(思惟)의 기관'으로 돌아온 셈이다.

근대적 과학이 시작된 17세기의 초기에만 해도 과학적 방법이 전통적 진리에 관한 인식을 바꾸어 놓을 만큼 위력을 발휘하지는 못하였다. 그러나 예컨대, 당시에 사용한 갈릴레이의 망원경은 이전에 볼 수 없었던 것을 볼 수 있게 하였고, 특수계급에 한정되었던 새로운 지식의 생산은 점차로 넓은 계층으로 확대되는 계기가 되었다. 말하자면, 갈릴레이가 본 달의 산들을 누구나 볼 수 있게 된 것이다. 이러한 분위기 속에서 데카르트는 인간을 '합리적 동물'이라고 하던 전통적 생각을 부정하고 인간도 자연에 있는 다른 사물들과 같은 차원의 존재라고 하였다. 다만, 인간은 '생각하는 사물'일 따름이다. '나는 생각한다. 그러므로 나는 존재한다.'고 했듯이 마음의 작용 그 자체가 아닌, 마음 밖에 있는 어떤 대상에 관한 지식도 그 근거에 있어서 의심의 여지가 없을 수 없다는 것이다.23)

다른 한편, 로크(John Locke)와 흄(David Hume)도 인간의 자연적 특성을 심

23) René Descartes, *Discourse on Method and Meditations on First Philosophy*. Donald A. Cress (trans.) (Indianapolis: Hackett, 1980).

리적인 것(마음)과 신체적인 것(육체)으로 구별되는 이원론적 구조로 이해하고
자 하는 데는 같은 편에 서 있었다. 그러나 데카르트의 '생득적 표상'24)의 개념
에는 동의하지 않았다. 특히 흄의 경우에 "이성은 열정의 노예이고 그럴 수밖
에 없다."고 하면서 거기서 인과관계를 도출하는 것은 가능하지도 않으며, 지
식은 추론(推論)에만 의존해서 만들어지는 것도 아니라고 하였다.25) 흄에 의한
이성의 개념은 고대의 '합리적 동물'을 보증하는 인간의 능력에 상당하는 것도
아니며, 따라서 이제 수월성과 완전성을 보장해 주지도 않는다는 것이다. 이렇
듯이 17세기 근대철학의 초기에 개념화된 과학적 사고의 능력을 의미하던 이
성의 개념이 지닌 위세도 크게 위축되어 버린 셈이다.

　　그러나 칸트(Immanuel Kant)는 지식을 생산하는 기관인 이성26)의 기능을
또다시 매우 고매한 위치에 올려놓았다. 이성이 성취하는 바로서 대단한 것은
바로 '보편적 법칙'을 인식할 수 있다는 것이다. 실천적 이성은 보편적 규범(법
칙)을 스스로 입법하거나 통제하는 원리를 생산할 수 있으며, 이론적 이성은 자
연의 보편적 법칙을 판정하는 원리를 형식적으로 구조화한다고 하였다.27) 실
천적 이성의 작용으로 인간은 도덕적 자율성을 향유할 수 있다고 함으로써 종
교적 이해나 해석에 의존하던 종래의 도덕적 판단의 성격과는 대조를 이룬다.
칸트에 의하면 자유로운 사회에 살고 있는 개인은 스스로 설정한 목적을 추구
할 수 있어야 하되, 그 과정에서 이루어지는 행위는 이성적 판단에 의한 보편적
법칙이 될 수 있는 것이어야 한다는 준칙을 제시하였다. 그 판단은 가설적 조건
이 따르지 않는 '절대적 명령'28)이어야 한다. 흄의 경우와는 달리, 칸트에 있어

---

24) innate ideas
25) David Hume, *A Treatise of Human Nature* (London: Oxford University Press, 2007).
26) Vernunft
27) Immanuel Kant, *The Metaphysics of Morals*, M. J. Georgor (trans.) (Philadelphia: University of Pennsylvania Press, 1965); *Critique of Practical Reason*. Lewis White Beck (trans.) (Indianapolis: Bobbes-Merrill, 1956).

서 이성은 그 자체가 자연적 목적 그 자체를 지님으로써 도덕의 기초를 세우려는 형이상학적 문제를 '선험적 논리'[29]로 해결하고자 하였다.[30] 선험적 논리는 규범적 논리와는 달리 일종의 도구가 아니라, 그 자체의 당위성으로 성립하는 과학[31], 즉 선험적 과학이며 모든 다른 과학의 기초가 된다. 여기서 칸트는 이성을 심리적 능력의 기관으로 개념화하면서 동시에 보편적 법칙성을 요청하는 사고의 형식으로 설명한다.

그러나 20세기에 이르러 이성의 개념을 재해석한 하버마스(Jürgen Habermas)는 그것의 '실질적 통일성'은 근대에 이르러 이미 사실상 해체되어 버린 것이라고 보았다. '나는 어떤 삶을 살아야 하는가' 라는 질문에 대한 해답을 이성의 개념에서 더 이상 기대할 수 없게 되었다는 것이다. 그는 오히려 이성의 통일성은 엄격히 형식적이고 '절차적'[32]인 것이어야 한다고 보고, 칸트에게서 일종의 심리적 기관을 상정하는 듯한 요소를 제거하려는 의도를 보였다. 말하자면, 우리의 마음이 작용할 때 우리가 사용하는 특정한 기능적 차원의 영역으로 논의하였다. 그러면서도 그는 칸트의 '세 가지 비판'의 모형을 반영하여 세 가지의 자율적 영역을 포함하는 것으로 서술하였다. 첫째, 인지적·도구적 이성이다. 과학자들이 사물을 관찰하고, 결과를 예측하여 통제하며, 가설에 근거하여 일상의 변화를 조정하는 데 사용하는 것이다. 둘째, 도덕적·실천적 이성이다. 칸트의 '절대적 명령'과 유사하게 보편타당한 절차에 따라서 도덕적·정치적 생활의 영역에서 당면한 문제를 성찰하고 토론하는 데 사용된다. 셋째, 심미적 이성이다.[33] 예술과 문학의 작품에서 그 전형적인 것을 볼 수 있는 것으로서

28) categorical imperative
29) transcendental logic
30) Weldon, T. D., *Kant's Critique of Pure Reason* (London: Oxford University Press, 1958), pp. 77-103.
31) 독일어의 'Wissenschaft'는 대체적으로 영어로 'science'라고 번역되고, 우리말의 관행으로 보면 '과학' '학문' '지식' 등으로 번역될 수 있다.
32) procedural

세계를 보는 새로운 안목과 실천적 노력의 의미를 해석하는 것을 포함한다.

하버마스는 이러한 세 가지의 영역으로 말하면 대체적으로 전문가들의 활동 수준에 속하는 것이기 때문에 철학자들이 '생활세계'에 관련시켜 생각할 수 있도록 할 필요가 있다고 하였다.34) 하버마스는 이러한 이성의 기능을 고전적인 능력심리학적 이성의 개념으로보다는, 우리가 '이성' 혹은 '이성적'이라는 개념을 적용하는 인간의 사유기능, 특히 형식적·절차적 사고의 특성으로 분류하여 서술한 것이다. 이성이라는 하나의 실체적 능력의 방이 작용하는 것이라기보다는 인간의 사유기능이 이루어지는 독특한 차원으로 개념화하고자 한 것이다. 말하자면, 이성을 하나의 기관으로 실체화하는 사고에서 벗어나고자 한 것이다.

많은 철학자가 이성의 개념에 관하여 새롭게 심층적으로 논의한 바 있다. 대체적으로 이성의 개념은 인간의 고유하고 탁월한 부분을 대표하는 기능적 특징으로서 지식을 생산하고 동시에 생산된 지식의 타당성을 보장하는 장치로서 그 의미를 지닌 것이었다. 이성의 개념은 본래 그 고전적 의미에서는 능력심리학적 기관으로서 이해되는 경향이 있었으나, 점차적으로 합리성을 지닌 사고와 행동과 생활의 기준, 구조, 기능 등을 포괄하여 이해하려는 변화를 보여 주기도 한다.

듀이의 지력의 개념

듀이는 '이성(reason)'이라는 말을 가끔 사용하기는 하지만 논의를 위한 진술의 주어로 사용하기보다는 지나가는 길에 잠깐 관습적 표현으로 수식적 기

---

33) cognitive-instrumental, moral-practical, aesthetic
34) Jürgen Habermas, *Moral Consciousness and Communicative Action* (Cambridge, MA: Massachusetts Institute of Technology Press, 1995).

능을 언급하는 정도에 머무는 것이 보통이다. 말하자면, 이성이라는 능력의 기관이 존재한다는 전제로 사용하지는 않은 편이다. 듀이는 오히려 지식을 생산하고 사고를 주도하고 문제를 해결하는 능력은 '지력(intelligence)'의 개념으로 설명하였다. 현대 심리학에서도 그러한 마음의 유사한 기능적 힘을 그 개념으로 나타내고 있고, 우리나라의 심리학자들은 그 개념을 '지능'이라고 번역하고 있다. 듀이는 'intelligence'라는 말을 그의 철학적 저술에서 수없이 사용해 왔으나, 오늘의 심리학자들이 말하는 바와는 의미상 공유하는 부분이 있지만 다소 다른 뜻을 지니고 있다. 듀이의 'intelligence'는 기본적으로 '문제해결력'을 뜻하고, 반성 이전의 상태에서 반성 이후의 상태로 전환하는 데 작용하는 기능적 힘을 의미한다. 그런 맥락에서, 나는 듀이의 철학적 이론을 다룰 때 'intelligence'의 우리말 번역을 심리학자들이 사용하는 '지능'이라는 표현을 쓰지 않고 '지력'이라고 번역한다. 의미상의 혼란을 피하기 위해서이다.

지력은 문제상황을 해결하고 수단과 목적을 연결하는 방법을 산출하는 마음의 기능적 힘을 의미한다. 지력의 기능을 암시하는 표현으로, 예컨대 아무개는 '그 문제를 잘 해결하였다', '그 상황에 지혜롭게 대처하였다', '탁월한 방법을 사용하였다', '영리하게 판단하였다' 등의 표현에서 '잘', '지혜롭게', '탁월한', '영리하게' 등의 표현은 모두 '지력의 힘(혹은 방법적 힘)을 잘' 발휘하였다는 뜻을 나타내고 있으며, 영어로는 각기 다른 표현들이 있기도 하지만 전체적으로 'intelligent(ly)'라는 말로 대치하여도 의미상 다른 점이 없다.

지력은 자연적·사회적 환경과의 상호작용 혹은 교변작용에서 발생하는 문제들을 해결하는 과정에서 형성된 일종의 '습관'이기도 하다. 습관은 유기체로서의 인간이 환경에서 주어지는 온갖 자극에 반응하는 틀이 형성된 것이므로, 단순히 외부의 힘으로 만들어진 반복적 적응의 기제(機制)35)라기보다는 유기체와 환경이 상호작용하는 성향이 보여 주는 다소 지속적인 양상이라고 할 수

---

35) mechanism

있다. 그러나 여기서 말하는 지력의 습관은 일찍 일어나는 습관이나 인사를 잘 하는 습관과 같이 구체적 행동으로 반복되면서 숙련된 습관이라기보다는 반성적 사고, 즉 문제해결의 과정이 요구하는 요령, 전략, 자세, 태도, 의지 등을 포함한 방법적 원리에 익숙한 상태를 의미한다.

'이성'과 '지력'은 단순한 어휘의 선택이 아니라 개념의 기능적 의미에 있어서 차이가 있다. 전통적 개념의 이성은 지식을 생산하는 능력 혹은 기관임을 기본적으로 상정하고 있음과 같이, 듀이의 지력의 개념도 지식의 생산과정에서 작용하는 능력의 체제를 함의하고 있다. 그러나 전통적 이성의 개념은 세계를 인식하는, 즉 세계를 설명하고 이해하며 진리를 찾는 능력으로 이해되지만, 지력의 개념은 우리가 경험하는 세계에서 대결하는 크고 작은 문제들의 해결을 위한 방법을 탐색하는 마음의 다원적 구조와 그 작용을 의미한다. 전통적 이성의 개념은 일차적으로 진리로 보장받는 관조적 지식의 인식에 작용하지만, 지력의 개념은 문제해결의 방법적 원리를 통합하는 사고의 성향으로 탐색적 지식의 생산에 작용한다. 이성의 개념은 마음의 자유를 추구하는 능력을 의미한다면, 지력의 개념은 문제해결에 동원되는 심리적 요소들의 양상을 의미하고 인간의 성장을 주도하는 일종의 습관적 성향을 의미한다. 그런 점에서 이성의 개념은 일차적으로 철학적 관심의 대상이며, 지력의 개념은 교육적 관심의 대상이다.

듀이에 의하면 지력은 자연의 수준에서 활동하는 하나의 활성적인 요소이며, 세계를 능동적으로 그리고 효율적으로 바꾸는 데 작용한다. 그러나 듀이는 '절대주의'를 철저하게 배격하였다. 절대주의가 지배하는 곳에서는 인간의 지력이 제대로 유의미한 작용을 한다는 것이 거의 불가능하다. 왜냐하면 모든 것은 진실한 것이고 영원한 것이며, 가장 이상적이고 가장 합리적이라고 선언하는 사상이나 이론이 지배한다고 철저히 믿고 있는 편이다. 그러한 상황에서는 지력이 특별하게 요구되지 않으며 오히려 지력이 작용하는 맥을 차단해 버리기 때문이다.36) 거기서는 이방적이라고 여겨지는 특정한 생각은 타도되어야 한다는 풍토를 조성한다.

지력이 효율적으로 작용하기 위해서는 세계가 유연한 상태에 있는 것으로 접근하여야 한다. 듀이의 개념으로는 자연이란 넓게 개방된 세계이며, 이러한 세계에서는 실제로 갈등과 불안, 불안전성과 불확실성이 존재할 수밖에 없고, 이러한 현상은 세계 그 자체의 특색이기도 하다. 우리가 사는 세계는 바로 이러한 문제의 상황이 본질적으로 주어진 세계이고, 그런고로 지력의 작용을 요청하는 세계이기도 하다.

듀이에 의하면 새로운 개념의 자연이 전통적 이론의 자연과 차이를 나타내는 것은 바로 불안정성이라는 객관적 특성을 인정한다는 데 있다. 그것이 바로 자연의 상태에서 존재하는 것들의 특성에 속한다. 듀이의 관념으로는 현실적 세계란 일시적으로 존재하는 과정의 순간이며 모든 것이 시기에 따라서 변한다. 절대적인 시작도 없고 자연 속에 있는 모든 것에는 미리 결정된 결과도 없다. 인간도 실제로 당면한 상황에 본질적으로 존재하는 불안정성을 해소하면서 환경에 선택적으로 적응하면서 살아간다. 그러므로 이러한 상황에서 지력이 겨냥하는 목표도 어떤 고정된 목적에 의해서 미리 결정된 것이 아니다. 일시적이고 유연하며 변덕스러운 세계에 살면서 인간은 자신의 환경과 더불어 서로 작용하고, 지력을 발휘하는 사고를 통하여 독특한 삶을 영위하고 자신의 미래를 주도적으로 형성한다.

그러면 지력이란 어떤 것인가? 듀이는 그의 초기 저작물에서 보면 다윈(Charles Darwin)의 사고의 틀에 가까운 생각을 하였다.

모든 (생명체의) 독특한 기관, 구조, 혹은 조직 그리고 모든 부류의 세포나 요

---

36) Dewey, *Essays in Experimental Logic* (Chicago: The University of Chicago Press, 1918), p. 23.

소들은 특정한 환경에 적응하기 위한 도구라고 생각할 필요가 있다. 그 각각의 의미와 특성과 위세는 어떤 특정한 상황이 요구하는 조건의 충족을 위한 것이라고 보면 이해가 간다.[37]

　이러한 진화론적 특징은 인식론과 논리학의 문제에 관한 이론에서도 보여주고 있으며, 지력의 원천적 기원과 기능도 순수하게 생물학적 언어로 서술할 수 있다고 보고, 지력은 특정한 상황에 대한 생물학적 적응의 도구로 읽혀진다. 후기에 접어들면서도 상당한 정도의 일관성을 유지하고는 있다. 그러나 듀이는 지력을 단지 생물학적 설명에만 한정하지 않고 '새로움'[38]을 지력의 중요한 특징으로 서술하면서 새로운 것을 추구하는 데 창의성을 발휘하는 특성을 포함하는 것으로 다소 확장적인 설명을 덧붙였다.

　　지력에 관한 프래그머티즘의 이론은 마음의 기능으로 새롭고 더욱 복잡한 목적을 구상하는 것―즉, 경험을 고정된 타성과 변덕에 고착하지 않고 자유롭게 하는 것―이다. 신체의 구조적 특징에서나 사회적 현상으로서 이미 주어진 목적의 실현을 위하여 사고를 하는 것이 아니라, 지력의 사용으로 우리의 행위를 자유롭게 하고 무엇인가를 실현하게 하려는 것이다.[39]

　'창의성'으로서의 지력의 개념은 듀이의 후기 저술에서 더욱 두드러지게 보이는 경향이다. 특히 더욱 나은 세계를 만들기 위한 필요에 의해서 철학의 목적과 기능에 관하여, 교육에 관하여, 이지적, 도덕적, 사회적 재구성에 관하여 논의할 때 더욱 빈번하게 중요한 관심사로 자리를 잡았다.
　듀이의 경우에 지력은 정태적이고 정돈된 상태에서보다는 혼란스럽고 충동

---

37) 앞의 책, p. 93, 혹은 pp. 9-11.
38) novelty
39) Dewey, "The Need for a Recovery of Philosophy" in John Dewey, et al., *Creative Intelligence* (New York: Henry Holt & Company, 1917), p. 63.

적인 상태에서 더욱 절실하게 요청되는 것이다. 욕구와 충동은 사실상 그야말로 그냥 동물적인 것이어서 방치상태에 있어야 하는 것이 아니라, 어떤 방식으로든지 방향을 잡고 조절하고 유지하고, 경우에 따라서는 거역하기도 하는 통제를 필요로 한다. 말하자면 지력에 의한 방향잡기와 조정기능이 요구된다. 충동에만 맡기지 않는다는 것이다. 충동은 발생하면 그것이 어디로 나아갈지 알수가 없는 경우도 있다. 충동은 어떤 길이 열리면 분별없이 돌진한다. 지력이 그러한 충동에 봉사하는 것은 충동에의 복종을 의미하는 것이 아니라 (앞서 언급하였듯이, 흄의 생각과는 달리) 충동을 밝게 분별하게 하고 자유롭게 인도하는 것이다. 이 경우에 지력은 욕망을 체계적인 힘과 계획으로 전환시키는 기능을 한다.

새로운 목적을 향하여 건설적으로 나아가는 과정의 특징을 언급할 때, 흔히 사람들은 지력이 작용한다는 뜻으로 '머리를 쓴다'고 표현한다. 지력은 사람들이 무지로 인하여 그리고 우연한 관습에 깊이 빠져 버린 탓으로 과거의 속박에 매여 있을 때 거기에서 벗어날 수 있게 한다. 더욱 나은 미래를 보여 주고 그것을 실현할 수 있도록 도와준다. 또한 자연 안에서 진행되는 상호작용의 과정에서 차지하는 지력의 위치와 역할을 설명하여 듀이는 이렇게 말하였다.

여러 가지 모양으로 상호작용이 계속되면 여러 가지의 변화가 생산된다. 지력의 작용에서 멀어지면 이러한 변화들은 방향을 잃는다. 지력에 의한 상호작용이 개입하여 그러한 변화의 진행에 방향을 잡아 주면 자연적으로 일어나는 상호작용의 현장에는 하나의 새로운 질성과 새로운 차원을 나타낸다. 이와 같이 지력은 상호작용이 지닌 또 하나의 특징적 기능이기도 하다.[40]

듀이는 지력의 개념을 매우 광범하게 사용하고 있다. 적어도 두 가지의 범주를 언급한다면, 하나는 지력이란 특정한 상황에 주어진 역량과 조건으로 '적응

---

40) Dewey, *The Quest for Certainty* (New York: Minton, Balch Co., 1929), p. 214.

하는 방법'이라는 것이고, 다른 하나는 새로운 목적을 구상하고 실현하는 과정에 작용하는 '창의성'이라는 것이다. 이러한 두 가지를 서로 다른 개념으로 분리시키면 철학적으로 서로 갈등하는 요소들을 포함하게 되고 교육학적으로도 서로 다른 결과를 가져올 수가 있다. 전자는 기존하는 것에의 적응을 의미하는 것이기 때문에 소극적이고 '순응적' 특징을 보인다. 그러한 적응은 생물학적 적응과 같이 자아의 객체화를 가져온다. 즉, 나의 의지, 습관, 의미, 가치 등의 본질적 정체성을 등한히 하는 경향을 보이게 된다. 그리고 후자는 항시 새로운 것을 추구하고 변화의 삶을 추구하는 어떤 의미의 '진보적' 특징을 보이기는 하지만, 그러한 변화는 자칫 정체적 가변성 혹은 상실을 가져올 수 있다.

그러나 이러한 문제에 대하여 듀이는 자신의 사상적 구조의 중요한 특징으로 자리 잡고 있는 독특한 자연주의적 원리인 '이원론과의 투쟁'이라는 원리에 충실하고자 하였다.

> …… 탐구적 조작, 생물학적 조작 그리고 물리적 조작의 사이에 연속성의 단절이라는 것은 없다. 살아 있는 생명체의 활동에서 수단은 비록 의도적으로 조종하지 않아도 결과에 자연스럽게 부응하고자 한다. 인간은 삶의 일상적 혹은 '자연적' 과정에서 목적에 맞게 적응하고자 하고, 목적 그 자체도 애초에는 당시의 지엽적 상황에 한정되는 것이 보통이지만 …… 의도하는 바가 일반화되면서 탐구적 조작은 특정한 환경에 매이지 않게 된다.[41]

지력의 개념에서 적응성과 창의성이라는 두 가지는 서로 배타적인 것도 아니고 화합이 불가능한 것도 아니다. 주어진 것에 적응하면서도 어떤 창의적 발상을 할 수도 있고, 여건을 수용하면서도 상상력을 발휘해 볼 수도 있다. 이 말은 과학적인 방법도 특정한 문제해결의 과정에서 철학적 사유와 유사한 상상

---

41) Dewey, *Logic: Theory of Inquiry* (New York: Holt, Rinehart and Winston, 1960), p. 19.

적인 방법에 몰두한다는 것이다. '적응'42)이라는 말은 환경적 여건을 적극적
으로 사용한다는 것이지 단순히 소극적으로 동화되어 버린다는 것을 의미하지
는 않는다. 적응은 단순이 객관적 대상이 요구한 바에 응대하는 것을 뜻하는 것
이 아니라, 추구하는 바의 목적을 실현하기 위하여 환경을 수단의 범주에 두고
바로 그 수단을 목적의 실현에 맞게 활용한다는 적극적 의미를 내포하기도
한다.

　마치 방 안에 온갖 잡다한 물건이 흩어져 있으면 그 자체로서 아무런 의미가
없을 수 있으나, 어떤 목적으로 지력이 작용하여 그것들을 정리하면 그 상황에
서 작용한 지력은 추구하는 목적에 따라서 하나의 '새로운 질성'을 창조하기도
한다. 예컨대, 아기들이 놀 수 있는 훌륭한 공간이 된다. 지력은 생명체의 특징
에 따라서 여러 가지의 형태를 취하기도 하고 다양한 작용을 한다. 물론 상대적
으로 덜 복잡한 (다소 하등의) 것이 있고 더 복잡한 (다소 고등한) 것이 있지만 그
사이에는 연속성의 특징이 있다. 지력이 처음 작용할 때는 대개 예상하기가 어
려운 가변적인 모양을 보이지만, 조건이 조금씩 충족되고 새로운 특성들이 합
세하면 유사한 것은 유사한 대로 이질적인 것은 이질적인 대로 어떤 '제일성(齊
一性)'43)에 따라서 일반화가 가능해진다. 또한 장차 어떤 질성들이 출현할 것
인가에 대한 예측도 가능하게 된다. 날씨가 흐려지고 짙은 구름이 모이면 우리
의 지력은 그 상황의 질성적 특징에 따라서 비가 올 것을 예상한다. 이와 같이
인간이 지닌 지력의 형태와 기능에 관한 일반화가 가능해지면 그것의 발달에
따른 어떤 제안도 가능해진다. 기다렸던 비가 온다고 예상되면 앞뜰에 나무를
심을 준비를 한다. 이러한 자연적·사회적 변화에 일반화의 원리가 발견된다면
적어도 교육적으로 매우 중요한 상황이 제공될 수도 있다.

42) adjustment
43) uniformity

탐색적 사고와 지력의 작용

탐구(혹은 학습)의 일반적 방법에는 그 타당성과 중요성에 있어서 논의의 여지가 없는 경우가 있지만, 방법에 관한 지식만 가지고는 탐구의 탁월성이나 성공을 보장하지 못한다. 바둑의 기사가 바둑을 두는 방법에 관하여 누구보다도 탁월한 지식을 가지고 있다는 것만으로 탁월한 기사가 되지 못한다. 그렇듯이 방법의 핵심적인 내용을 배워서 알았다고 해서 훌륭한 탐구자가 되는 것은 아니다. 물론 바둑을 잘 두기 위해서는 바둑의 규칙과 전략을 반복해서 익혀야 한다. 바둑의 고단자들은 사실상 수없이 많은 대국을 경험한 사람들이다. 하지만 그러한 연습만으로 좋은 기사를 보장하지도 않는다. 물론 탁월한 바둑기사가 되기 위해서는 바둑의 규칙에 대한 지식과 게임의 상황에서 여러 기법을 평가하고 새롭게 판단하는 연습을 할 필요가 있다.

그러나 지력은 규칙에 대한 지식보다는 자발적인 판단에 의한 실천에서 더욱 세련된 수준에 도달한다. 전문적인 바둑 기사의 움직임은 보기에는 기계적인 숙달인 것 같지만 사실은 대국의 진행 중에 바둑판의 어느 특정한 상황에서 요구되는 것은 반드시 단순히 정석화(定石化)된 연습이나 습관에만 따른 것이 아니다. 뛰어난 기술은 전적으로 기계화되는 것이 아니며, 바둑에서도 그렇지만 탐구는 획득한 기술을 어떻게 사용하느냐의 예술이라고 해도 좋을 것이다. 탐구에 있어서도 필요한 규칙을 익히는 것은 중요한 것이기도 하다. 그러나 지력의 사용을 요청하고 탁월한 실행력을 발휘하자면, 소재나 재료를 다루고 규칙을 활용하는 데 있어서 모든 것을 새롭게 평가하고 혁신적인 판단도 함께하는 것이어야 한다.

2016년에 서울의 한 호텔에서 최고의 바둑 인공지능 프로그램 알파고(AlphaGo)와 바둑의 최고 인간 실력자의 한 사람인 이세돌이 대결한 적이 있다. 그해 3월 9일부터 15일까지, 하루 한 차례의 대국으로 총 5회에 걸쳐 진행된 대결에서 알파고가 4승 1패로 승리하였다. 이 대국이 있은 후에, 나는 어떤 사람으로부터 이런 말을 들었던 기억이 있다. 이세돌이 알파고와 그야말로 세기의 바둑을 벌인 결과 한 판을 겨우 이기고 네 판에 모두 패하였지만, 만약 바둑판의 가로세로 각기 19줄로 되어 있는 것 대신 한 줄을 늘이거나 줄여서 가로세로 각기 20줄 혹은 18줄로 당장 현장에서 정하고 대국하면 알파고는 이세돌을 절대 이기지 못한다는 것이다. 알파고는 기계일 뿐이고 프로그램화된 대로 기계적인 반응을 하지만, 이세돌은 다양한 상황에 대처하는 창의력을 발휘할 것이라는 이야기이다. 이 경우에 이세돌의 실력은 창의력이지만 알파고의 실력은 창의력이 아니다. 알파고의 프로그램 제작자는 대단한 창의력을 발휘한 것임에 틀림이 없다. 그러나 말을 달리하면, 창의력은 문제에 대한 기계적인 대응의 능력을 의미하는 것이 아니라, 새로운 상황에, 즉 상황의 변화에 자율적으로 적응하는 능력을 의미한다.

사고는 창의적인 것, 즉 새로운 것을 찾아가는 것이다. 알파고는 사고하면서 바둑을 둔 것이 아니라 프로그램화된 기계적 반응을 한 것일 뿐이고, 창의적이고 새로운 것을 찾은 결과로 바둑에서 승리한 것이 아니다. 이러한 관점에서 보면 교육에서 사고는 지금까지 별로 고려해 보지 않았던 것을 투시해 보는 독창성이 요구된다. 학습자는 탐색자와 같은 자세로 학습에 임할 수 있고, 학교는 지식과 기능에 관련하여 발견의 정신으로 학습에 임할 수 있게 하는 조건을 제공해 준다. 어떤 의미에서 학교교육의 목적은 가장 포괄적인 의미의 지력을 계발하는 데 있다. 지력, 특히 인간적 지력은 비판적이고 창의적인 사고에서 그 자체의 특징을 보여 준다.

'비판적'이라는 말과 '창의적'이라는 말은 함께 간다. 왜냐하면 비판적 사고는 질문하는 습관이나 반대하는 능력을 의미하는 것이 아니라 오히려 상상력을 발휘하는 것을 의미하기 때문이다. 그것은 새로운 아이디어와 창의적 가능성의 필요를 요청하는 것이다. 창의적 사고는 고정된 해결방안에 대한 불만족을 시사하고 또한 비판적인 태도도 시사한다. 우리가 무엇에 관해서 사고한다는 것의 본연적 의미를 생각해 보면, 그것은 실제로 의식하든지 않든지 간에 다소 간의 정도의 차이는 있지만 독창성을 추구한다는 것이다. 그러므로 한 개인이 하나의 완전한 반성적 사고를 해낸다거나 유능한 탐구행위를 완성한다는 것은, 개별적으로 그 세련성에 있어서는 차이가 있지만, 비판적이고 창의적인 능력을 계발한다는 것을 의미한다.

창의적이고 비판적이란 어떤 것을 의미하는가? 비판적·창의적 특성은 분명히 많은 정보를 소유한다거나 사실에 관해서 많은 것에 익숙해 있다는 것과는 다른 것이다. 심지어는 문제를 해결하는 방법에 관하여 많은 것을 안다거나, 비판적·창의적 사고의 특성에 관한 많은 지식을 가지고 있다는 것을 의미하는 것도 아니다.

창의력이란 이런 것이라고 잘 설명할 수 있는 사람이라고 해서 언제나 생활이나 행동에서 창의성을 잘 발휘하고 있는 것도 아니다. 정확이 말하면 비판적인 것이든 아니든 간에, 알고 있는 사실이나 정해진 규범에 대한 태도를 의미하는 것이지 소유하고 있는 정보의 양으로써 이야기할 성질의 것이 아니다. 그리고 비판적이란 것은 자동적으로 반응할 수 있도록 잘 훈련된 습관을 의미하는 것도 아니다. 어떤 습관적인 요소가 과학자나 지휘자의 비판적·창의적 활동에 들어오기는 하지만, 비판적이도록 훈련될 수 있음을 가정하는 것은 이치에 맞지가 않다. 창의적인 독창성에 관해서 말하면, 그것은 권장될 수도 있으나 강제될 수는 없다.

비판적·창의적 사고는 엄격히 말하면 기술이 아니고, 마음의 태도 혹은 성향과 같은 것이며 또한 인격화된 체질과 같은 것이기도 하다. 어떤 기술에서나 그 역량을 발휘하는 수준을 향상시키고 세련되게 할 수는 있으나, 기술을 학습하는 것과 그 기술로 비판적이고 창의적이도록 학습하는 것은 분명히 다른 것이다.

학생들의 학습에서 또 하나의 매우 중요한 부분은 이것이다. 즉, 다른 사람의 경험도 내가 지식을 획득하는 방법과 유사할 경우에 그것을 매우 효율적인 것으로 수용하면 같거나 유사한 방법들에 포괄적으로 통달할 수도 있다. 대체적으로 일반적 방법은 어떤 의미에서 공인된 절차가 있고 연구를 수행할 때 참고해야 하는 관점을 제공한다. 이러한 방법을 공부하는 것은 과거에 실시한 방법과 그 결과에 관하여 공부하는 것이므로 학습자에게 매우 필요하고 건설적인 가치를 지닌다. 그러나 일반적 방법에 확정된 규칙이나 기존하는 모형이 반드시 있어야 하는 것은 아니다. 그 자체로서는 탐구활동에서 무엇을 해야 하는가를 말해 주지는 않는다.

일반적 방법은 지력을 통하여 조작적(해결사적) 활동을 하는 것이다. 그것은 외부로부터 주어진 질서에 순응함으로써 활용되는 것은 아니다. 기존의 기술에 통달하는 데 사용된 능력은 예술적 작업을 보장하지 않는다. 왜냐하면 예술적 작업은 살아 있는 생생한 아이디어에 의존하기 때문이다.44) 비슷한 방식으로, 인식의 방법에 관한 일반적인 특성을 안다고 해서 혹은 탐구의 기술에 통달하여 잘 사용할 줄 안다고 해서 탐구활동에서 그 능력이 발휘할 것이라고 보장된 것은 아니다. 이러한 능력은 궁극적으로 탐구자 자신의 선천적 자질과 후천적인 습관과 관심에 따른 '개인적 능력의 특징'에 의존한다. 듀이는 자신이 생각하기로 탐구의 일반적 방법을 제대로 사용하는 데 집중하는 태도와 관심이 무엇보다도 중요하다고 하였다.

> 좋은 방법의 특성은 일사불란함, 융통성 있는 이지적 관심 혹은 열린 마음으로 배우고자 하는 의지, 균형 있고 통합된 목적, 자신의 사고를 포함한 활동의 결과에 대한 책임의 수용 등으로 표현된다.45)

---

44) Dewey, *Democracy and Education; MW 9*: 246.
45) 위의 책, p. 180.

그러므로 탐구적 성향은 이지적이면서도 도덕적이다. 다소는 과학적 기질의 특성이기도 하고, 다소는 분명히 도덕적 특성을 지니기도 한다. 그러나 듀이의 개념으로 그 성향들은 과학적인 것과 도덕적인 것의 구분과 분리가 있기는 하지만 전체로서 하나의 종류라고 하였다. 실로 탐구의 개념은 거의 언제나 도덕적 과제로서의 문제를 안고 있다. 탐구의 과정에서는 선택과 판단이 요구되기 때문이다. 그리고 문제상황에서 정직하고 신중하게 그리고 세상이 만족하는 만큼의 바른 방향을 찾으려고 노력한다. 그리하여 탐구에서 요구되는 것을 열거하면 이런 것들이다. 즉, 상황이 어떻게 구성되어 있는가에 대한 면밀한 관찰, 다양한 요소의 분석, 모호한 것의 명료화, 더욱 현저하고 명확한 특성의 분별, 여러 가지의 결과를 추적하기, 도달한 결론도 가상한 결과가 실제의 결과와 일치할 때까지는 가설적이고 잠정적인 것으로 유보하기, 이러한 성격의 탐구는 바로 그 자체로서 과학적 지력의 작용이며 또한 위력이다.46)

탐구행위는 단지 과학적인 작업에서 과학자에게 기대하는 신중함과 인내심, 공정성과 객관성, 이런 규범들만을 포함하는 것은 아니다. 탐구행위의 역량은 특별하고 단호한 도덕적 덕목에 해당하는 어떤 인격적 특성까지를 요구한다. 도덕적 실패는 공감성의 결여, 즉 구체적 사례를 판단하는 데 있어서 부주의하거나 일관되지 못한 일방적 편견 등 성향의 어떤 취약성으로 인한 것이다. 폭넓은 공감대, 뛰어난 민감성, 일관된 지속성, 균형 있는 관심의 유지 등은 분석하고 결정하는 일을 지혜롭게 이행할 수 있도록 한다. 이러한 것들은 바로 분명히 도덕적 본질, 즉 탐구행위의 덕목이며 수월성이다.

문제상황에 임하여 요구되는 탁월한 탐구능력은 탐구자의 넓은 이지적·도덕적 포괄성과 복합성을 요청하고 거기에 의존한다. 듀이는 종종 이러한 기본적인 성향을 지력의 습관 혹은 단순히 성찰47)의 습관으로 서술하였다. 그러나

---

46) Dewey, *Reconstruction in Philosophy* (New York: Henry Holt and Co., 1920), p. 163.

듀이가 인간의 지력을 설명할 때, 그것은 실질적으로 유능한 탐구, 혹은 지력을 활용한 가장 효율적인 조작적 과정이라고 하였다. 그러나 그 지력은 단순히 한 가지 기술을 획득한 상태를 말하거나 하나의 구체적인 문제해결의 방법을 사용하는 것만으로 언급하지는 않았다. 지력은 다원적이고 복합적인 태도와 능력, 그러면서도 그 자체가 전체로서 하나의 개체적 특성의 구조를 지닌 것으로 이해된다.

다시 말하면, 듀이의 지력은 단순히 특정한 과학적 문제를 해결하는 데 작용하는 기술적 사고의 능력을 의미하는 것만은 아니다. 오히려 민감성이나 공감성, 책임감, 성실성 그리고 관용적 태도와 양심적 심성 등의 다른 성향들과 함께 작용하는 포괄적 문제해결의 체제를 포함한다. 그러므로 잘 계발된 지력은 비판적·창의적 사고로서 발휘되지만, 현재의 문제해결의 기술적 능력을 넘어서서 방법과 해결에 관련된 모든 전제조건을 검토하는 데까지 작용한다. 예컨대, 과학적 문제의 해결에 작용하는 지력은 설정된 가설의 검증 그 자체에 기술적으로 만족하는 것만을 의미하는 것이 아니라, 검증과정의 정직성, 반증이나 비판에 대한 개방성, 혹시 검증의 결과가 가져올 사회적 영향의 파장에 대한 합리적이고 책임성과 설득력을 지닌 대응까지를 포괄하는 개념이다. 이러한 지력의 개념은 교육에 중요한 의미를 부여한다. 교육은 이지적, 도덕적, 사회적 재구성(개조)에 계속적인 역할을 하는 제도적 활동이기 때문이다.

지력과 사고와 방법의 기능적 관계

'사고(思考)'는 명사형으로 보면 생각하는 과정 혹은 결과를 가리키는 것으로 볼 수도 있다. 그러나 우리가 흔히 '생각(한다)'이라는 말을 쓸 때, 그것은 우리

---

47) reflection

의 마음에서 일어나는 온갖 심리적 현상 혹은 과정을 통칭하는 넓은 의미를 가진 것으로 사용되는 것이 보통이다. 상상하거나 믿음을 가지거나 의심을 하거나 환상에 빠지거나 몽상 속에 있거나 사랑하거나 미워하는 마음을 가지거나 수심에 빠지거나 분노를 일으키거나, 이 모든 것이 '생각하는 것'의 범주에 속한다. 그러나 우리말에서 '사고'라는 말은 그러한 심리적 현상 중에서도 다소 어떤 체계적 질서를 가지고 진행되는 마음의 활동 그 자체(즉, 사고) 혹은 그것에 의해서 생산된 관념적 내용(신념 혹은 사상)에 관한 것이다.

여기서 사용하는 '사고'라는 말은 대개 철학적, 과학적, 심미적, 기술적 탐구의 목적을 겨냥하여 전개되는 마음의 통제된 활동에 관한 것이다. 그런 뜻에서 우리말의 '사고'는 단순한 생각이라기보다는 그 자체로서 반성적(反省的)인 것의 의미를 지니고 있다. 듀이는 사고의 개념을 주로 반성적 사고에 한정해서 사용하고, 문제상황의 해결과정에서 인간의 지력이 어떤 방법적 작용을 하는가에 관심을 두고 있다. 그렇다고 해서 문제상황 그 자체에서 감정, 정서, 의지 등과 같은 정의적 요소를 배제한다는 것은 아니다. 다만, 해결을 위한 방법적 원리를 찾고자 하는 '지력의 활동'을 의미하기 때문에 '방법적 사고'48)라고도 한다. 이러한 지력의 개념과 그 작용은 정의적, 작동적 요소를 사고의 본질적 기능에 포함하지 않는 고전적 이성의 개념과 그 기능에 있어서 다르다.

우리는 여기서 인간의 삶이란 기본적으로 어떤 목적(가치)을 지향하고, 그러한 삶은 주어진 자연적·사회적 환경 속에서 형성된 목적·수단의 관계를 지닌 수없이 많은 상황과 더불어 이루어진다고 상정하고 있다. 목적은 반드시 어떤 신비적 혹은 초월적 표적을 의미하는 것이 아니라, '가시적(可視的)' 목적,49) 즉, 삶의 실제적 상황 속에서 사용 가능한 수단들이 있고 그 수단들을 사용하여 실현이 가능한 목적을 의미한다. 말하자면 '보이는' 목적을 의미한다. 그러나

---

48) methodic thinking
49) end-in-view

추구하는 목적이 언제나 성공적으로 실현되는 것은 아니다. 방해나 장애나 좌절이나 갈등이 발생할 수도 있기 때문이다. 바로 크고 작은 문제상황에 직면한다. 수단들의 사용 혹은 조정이 목적의 실현을 즉시에 가능하도록 하는 경지에 있지 못한 것이다. 그러면 문제의 해결을 위한 방법을 구하는 의지가 작용하고, 그것이 곧 '지력'이 조직적으로 작동하여 '방법'을 탐색하는 반성적 '사고'이다. 듀이는 집약적으로 표현하여, 사고란 탐구의 과정과 같은 의미로 사용하고 있다. 사고(탐색)는 '하나의 어지럽고 막연한 상황을 잘 통제함으로써 잡다한 구성요소들과 그 관련성이 명료하게 정리되고, 애초의 상황에 있던 요소들을 전체적으로 하나의 통일체가 되도록 전환시키는 과정'이라고 하였다.50)

인간이 실현하고자 하는 가치와 함께 추구하는 (보이는) 목적은, 막연한 공상이나 염원의 대상이 아니라면, 적어도 그것을 실현할 수 있도록 하는 실제적 수단들이 주어졌기 때문에 성립된 것이다. 우리가 추구할 만한 가치를 지닌 목적을 명시적으로 (혹은 묵시적으로) 설정할 때, 우리의 현실적 삶의 물리적·사회적 상황에서 동원될 수 있는 유의미한 수단들이 있음을 전제로 한다. 그 과정은 기계적인 과정이 아니라 생각하는 과정, 즉 체계적이고 통제적인 기능을 특징으로 하는 반성적 사고의 과정이다. 우리가 임한 상황에서 사고의 대상과 내용은 원천적으로 '질성들'이다.

여기서 '원천적'이라고 단서를 붙이는 것은 우리의 사고를 오직 질성들로써만 전개하면 불편함과 방만함을 면하기가 어려우므로, 당연히 언어나 기호 등의 상징적 수단의 도움을 받을 수밖에 없기 때문이다. 예를 들어, 한 채의 집을 짓는 일을 한다면 설계도를 사용하고 자재들의 이름들을 기록하고 일꾼들을 동원하는 계획을 정리해 둔다. 이러한 기록의 수단을 사용하지 않으면 모든 것을 머릿속에 넣어 두고 일을 진행해야 한다. 기록된 내용들은 사실상 질성들의 이름이며, 매우 소박한 뜻으로 일종의 '이론'에 속하는 것이다. 이론의 경지에

50) Dewey, *Logic: The Theory of Inquiry*, pp. 104-105.

이르면 상징적 매체들의 도움으로 많은 질성은 기억 속에 저장해 둘 수 있고, 자유롭게 형식적 조작을 할 수도 있다. 즉, 설계도를 수정한다든가, 자재를 바꾼다든가, 일꾼의 수를 줄이고 늘린다든가 하는 일들을 상징적 매체의 조작만 가지고 진행한다.

앞서 제3장에서 언급한 바 있지만, 상징적 매체로는 대체적으로 질성 그 자체가 아니면서 상상적으로 질성을 조작하고 체계화하고 설명하기도 하는 '이론적 상징'이 있고, 이와는 달리 질성 그 자체가 상징적 매체의 기능을 하는 경우가 있다. 예컨대, 교통신호등의 파랑, 빨강, 노랑 등의 불빛 색깔은 가는 것, 서는 것, 주의하는 것을 나타내는 상징의 기능을 한다. 기상나팔, 축포 등과 같은 소리, 악수, 경례, 허리 굽혀 인사하기와 같은 동작 등 질성 그 자체가 상징적 매체의 기능을 하는 경우에 '질성적 상징'이다.

그렇다면 설정된 목적이나 동원될 수단에 관한 사고의 내용은 두 가지 차원에서 언급될 수 있다. 하나는 우리의 순수한 일상적 경험 자체가 지니고 있는 '질성적 내용'이고, 다른 하나는 상징적 매체에 담겨진 내용인 소박한 의미의 '이론적 내용'이다. 이론적 내용은 주어진 상황 속에 있는 질성들을 전체적으로 서술할 수는 없지만, 이론이 지닌 설명력으로 인하여 우리의 사고를 매우 체계적이고 정밀하게 효율적으로 전개할 수 있게 한다. 이것은 순수한 질성적 내용이 감당하지 못하는 측면이다. 우리의 사고도 그 내용으로 구분한다면, 질성적 사고와 이론적 사고로 나누어 생각할 수 있다. 우리는 일상적으로 엄격하고 체계적인 사고는 언어나 기호를 사용하는 상징적 매체의 도움으로 진행되는 이론적 사고를 오히려 사고의 전형으로 보고, 질성적 내용에 관한 지각이나 상상은 부차적인 것으로 생각하는 경향이 있다.

대체적으로 직접적 경험의 대상 혹은 요소는 질성들로 구성된 것이다. 이때 '질성'이라는 말은 색깔이나 모양이나 소리나 냄새와 같은 감각적 대상만을 가리키는 것이 아니라, 여러 수준의 상황을 성립하게 하는 '편재적 질성'으로 이해되어야 한다. 왜냐하면 우리의 일상적 삶 속에서 이루어진 일차적 경험에는 감각적 요소만이 아니라 이미 이론적 내용이 요소로서 포함되는 경우도 많이 있기 때문이다. 편재적 질성은 하나의 상황 전체를 특징짓는 데도 있지만, 부분 혹은 구성요소가 되는 부분을 그 수준에서 특징짓는 데도 작용하는 것이다. 하나의 가옥을 두고 말할 때 그 집을 특징짓는 편재적 질성이 있지만, 지붕만을 특징짓는 편재적 질성이 있고, 대문에 문패를 붙여 두었다면 그 부분은 일종의 이론적 표상을 담고 있다. 그리고 이차적 경험의 대상인 경우에 주로 반성적 사고에 의해서 다듬어진 부분이고 흔히 이론적 지식이라고 하는 것이 그 대표적인 것이다. 그러나 한 조각가의 작업에 의해서 만들어진 작품은 재료와 구상과 기법으로 표현되는 질성적 목적이 실현된 것이다.

이러한 반성적 사고에는 적어도 세 가지의 요소 개념이 있다. 목적과 수단과 방법이 그것이다. 목적은 추구하는 가치이고, 수단들은 목적을 발상케 하는 조건이다. 그 수단들로 인하여 목적은 '가시적 목적'으로 성립된 것이다. 그리고 방법은 목적과 수단을 연결하는 원리로서 사고를 요청하는 직접적 동기이기도 하고 지력이 생산해 주기를 기대하는 내용(대상)이기도 하다. 방법은 문제해결을 위한 가설적인 발상으로 잠정적인 상태에 있기도 하고, 결과적으로는 문제를 해결한 확정적 발상으로서 지력이 생산한 것이 된다.

여기서의 '방법'이라는 말의 의미는 다소 독특한 것이다.[51] 대개 방법이라고 하면 주어진 수단들(조건들)을 동원해서 목적을 실현하는 원리로 이해된다. 그러므로 방법의 개념은 그 자체가 어떤 과정을 암시하고 있다. 그러나 자세히 검토해 보면, 방법이라는 것이 반드시 어떤 과정적 특징만이 아니라 어떤 구조나 체제나 표현일 수도 있음을 알 수 있다. 어떤 조각의 작품을 보고 매우 탁월한 표현의 방법이라고 한다면 과정의 의미와는 별로 상관이 없으며, 건축물을 보고 새로운 방법의 건축물이라고 한다면 다소 과정의 의미를 암시하기는 하

---

51) 이돈희, 『교육적 경험의 이해』 (서울: 교육과학사, 1993), pp. 74-75.

지만 구조적 특징을 일차적으로 생각하게 한다. 그림이나 조각이나 건축물과 같은 작품의 가치는 예술적 표현의 탁월한 방법으로 인하여 의미를 지니는 것이다. 그렇다면 이론적 지식의 체제도 무엇에 관한 서술 혹은 설명의 노력이 발휘된 결과적 작품과 같은 것이라고 할 때, 예술적 표현과 같이 일종의 방법적 표현이라고 할 수도 있다. 그런데 방법은 자료의 밖에 존재하는 것이 아니다. 과학적 지식에서 어떤 자료가 잘 정리되어 이론적 구조를 보이고 있다는 것은 연구자의 지력에 의해서 그것이 방법적 관점에서 잘 조직되었다는 증거이기도 하다. 말하자면, 어떤 방법이 구현된[52] 결과이다.

인간의 행위는 본질적으로 강렬하거나 미온적인 동기, 의도, 목적을 지닌 움직임이고, 여기서 말하는 방법도 어떤 목적을 추구하는 사고나 행위의 원리를 의미하는 것이다. 그런데 어떤 행위에서 목적하는 바가 아무런 별다른 생각이나 노력이 없이도 이루어지고 있다는 것은 그 행위와 더불어 기용된 방법 혹은 방법적 원리가 아무런 제약이나 방해를 받지 않고 우리의 행위를 이끌어 가고 있다는 뜻이다. 대개 이러한 행위는 우리의 일상적인 습관이 방법적 원리로서 그 역할을 한다는 것을 의미한다. 여기서 말하는 방법 혹은 방법적 원리는 주어진 수단들을 의도, 동기, 혹은 목적하는 바의 표적에 연결시키는 과정의 원리를 의미한다. 방법적 원리는 반드시 기존하는 방법 속에만 기거하는 것이 아니다. 그것은 하나의 유의미한 경험을 성립시키고자 하는 과정에서 발견되고 생산되고 음미되는 것이다. 사상, 지식, 예술, 제도, 관습, 종교, 기술 등은 모두가 방법적 활동의 산물이며 그 자체가 방법이다. 방법적 원리는 방법의 원초적·본질적 의미와 질서를 의미하며, 마음 혹은 의식의 작용, 즉 지력의 업적을 암시한다.

나는 다른 저작물에서 인류의 문명사는 바로 이러한 방법적 원리의 생산과 축적과 개선의 역사라고 서술한 적이 있다.[53] 또한 한 개체 인간의 인격적 성

---

52) well methodized

장은 바로 이러한 방법적 습관의 획득과 형성과 재구성의 과정이다. 방법은 인간 사고의 업적이지만, 그것은 원천적으로 문제상황에서 출발한 것이므로 사고는 단순한 인간의 내심적 과정만을 거쳐서 생산된 것이 아니다. 그것은 밖으로는 삶의 상황 혹은 여건, 안으로는 의도, 동기, 욕구, 소망 등이 있어서 그 두 세계를 연결 짓고 조직하는 원리로서 생산된 것이다. 어느 수준의 공동체가 문화적 특수성을 지닌다는 것은 삶의 공통된 조건과 더불어 유사한 목적을 추구한 사람들의 유사한 방법 혹은 방법적 원리들의 체제가 있다는 것을 뜻한다. 그리고 인류의 사회에 문화적 보편성이 있다는 것도 인간의 삶의 상황과 추구하는 바의 가치에 기본적으로 유사성이 있기 때문이라고 할 수 있다.

반성적 사고의 모형

우리는 가끔 어떤 생각에 깊이 빠지는 때가 있다. 흔히 사색에 잠긴다고 말한다. 심리적으로나 신체적으로 건강한 상태에 있다면, 골똘히 생각해야 하는 내용은 막연히 떠오른 것도 아니고 아무런 근거 없이 그냥 생겨난 것이 아니다. 골똘한 생각의 내용이 어디에서 시작되었는가를 더듬어 보면 반드시 어떤 계기가 있게 마련이다. 크고 작고 간에 즐거웠던 경험일 수도 있고 고통스러운 사건일 수도 있다. 즐거움이었다면 그것을 기억 속에 간직하고 싶고 그런 일이 자주 있기를 기대할 것이고, 고통스러운 것이면 다시는 그런 일이 발생하지 않았으면 좋겠다고 할 것이며, 지금도 계속 중이면 해결해야 할 과제가 된다. 어느 경우에나 일종의 문제상황이라고 할 수 있다. 즐거운 것은 그것대로 긍정적 상황이지만 심각한 것은 아니라도 다소 흥분된 상태에 빠져 있기 때문에 정리된 것이 없으면 일시적이고 순간에 어지러운 것일 뿐이다. 고통스러운 것은 거기

---

53) 이돈희, 앞의 책, p. 80.

에 얽혀진 원인과 결과와 예측을 차근히 밝히기 어려운 상태에서 헤매는 중에 있다는 사실로 인한 것이다. 사색은 이와 같은 문제상황에서 시작된다. 일상생활의 자질구레한 것이든지, 사업상의 평상적 업무든지, 정치적·사회적 관심사든지, 고답적인 예술적, 사상적, 종교적, 혹은 학술적 내용을 두고 시작된 것이든지 간에 지금의 사색은 어떤 문제상황에서 비롯된 것이다.

사색의 기능은 지금의 문제상황과는 다른 새로운 상황을 가져다주는 것이다. 즉, 어려운 것이 해결되고, 혼란스러운 것이 정리되고, 괴롭히는 것이 없어지고, 제기된 질문에 해답을 얻게 된 그런 상황이다. 사고의 진행은 어느 경우에나 자연히 끝을 보게 마련이다. 우리의 마음이 안정되고, 결심이 서고, 정리되고, 모든 것이 말끔히 밝혀지면, 사색 자체를 더 이상 계속해야 할 이유가 없어진다. 적어도 새롭게 괴롭히거나 의심을 불러일으키는 상황이 발생할 때까지 깊은 사색은 멈추게 된다. 듀이는 반성적 사고[54]를 이렇게 형식화해서 표현하였다. 즉, '반성적 사고의 기능은 불명료하고, 의심스럽고, 갈등을 일으키고, 혼란스러운 상태의 상황을 명료하고, 일관되고, 안정되고, 조화로운 상황으로 전환시키는 것이다.'[55]

사람들은 곤란스럽거나 난처하게 하는 상황이 발생하면 이를 기피하거나 빠져나가는 방안을 찾고자 하지만, 그 상황을 정면으로 돌파하려는 자세를 취할수도 있다. 이 경우에 진지한 반성적 사고를 시작한다. 어떤 사고에서든지 '발단'과 '종결'의 양단적 상황이 있다. 시작하는 쪽에서는 당황스럽거나 괴롭거나 혼란스러운 상황이 있고, 끝나는 쪽에서는 명료하고 통합되고 해결된 상황이 있다. 발단 쪽의 것을 '반성 이전'[56]의 상황이라고 한다면 종결 쪽의 것을 '반성 이후'[57]의 상황이라고 할 수 있다.

---

54) reflective thought
55) Dewey, *How We Think* (Boston: D. C. Heath and Co. revised edition, 1933), p. 99.
56) pre-reflective

인간이 지력을 사용한다는 것은 이미 경험한 것에서 새로운 의미를 찾고, 그러한 의미에 따라서 적절한 반응을 찾는 것이다. 즉, 새로운 목적과 그 목적을 실현하려는 계획을 세운다. 이러한 일이 가능하게 되려면 탁월한 성과를 거두기 위하여 무엇인가를 탐색하는 노력이 있어야 한다. 그러한 의미에서 지력은 '탁월한 기능을 하는 탐색'의 대명사이기도 하다. 듀이 자신이 제시하는 탐구(탐색)의 형태는 바로 과학의 방법을 의미하고 모든 뛰어난 반성적 사고의 전형적 모형으로 제시하였다. 과학적 방법은 바로 가장 효율적으로 인간의 지력을 활성화하는 것을 의미한다. 학습은 기본적으로 사고의 연습과 계발을 의미하는 것이므로 과학적 방법은 학습과 지도의 일반적 방법이기도 하다.

듀이는 『사고의 방법』에서 시작과 끝의 상황들 사이에 진행될 수 있는 단계를 다섯으로 나누어 반성적 사고의 모형을 설정한 바 있다. 사고의 과정에는 ① 암시(징후)에의 대응, ② 문제의 확인, ③ 가설의 발상, ④ 추리의 진행, ⑤ 가설의 검증으로 구별 가능한 단계가 있다.58)

첫째, 암시에 대응하는 단계는 일차적 경험의 수준에서 발생한 문제를 해결하는 데 도움이 되는 어떤 가설적 방안을 암시받은 마음의 상태라고 볼 수 있다. 문제의 해결을 포기한 상태가 아니라 반성적 집념으로 잘 검토해 보면 해결의 가능성을 예상할 수도 있다는 사고의 초보적 시동에 해당한다.

둘째, 문제 확인의 단계에서는 주어진 상황을 문제로서 감지하고 규정하고 체계적으로 분석하는 이지적 작업이 이루어진다. 문제가 무엇인가를 확인하는 순간을 정점으로 하여 해결의 실마리가 풀리기 시작한다. 가장 심각한 문제는 문제가 무엇인지를 모르는 문제이다. 곤란함과 당혹함이 직접 감지되지만 그것을 해결해야 하는 문제로 인식하기 위해서는 체계적인 분석을 필요로 한다.

셋째, 가설 발상의 단계는 반성적 사고의 가장 중심적인 역할을 한다. 그러

---

57) post-reflective
58) suggestion, intellectualization, hypotheses, reasoning, test; 앞의 책, pp. 99-116.

나 문제의 해결을 위한 가설은 그 자체가 법칙이나 진리가 아니고 가설이니 만큼 마음의 발상에 의해서 여러 가지로 생산될 수가 있다. 가설은 무엇을 관찰해야 하는가를 밝혀 주고 사실적 자료를 수집하는 지침을 제공한다.

넷째, 여기서 추리의 단계는 아이디어 혹은 가정을 더욱 정교하게 다듬는 것을 의미한다. 형식논리의 연역적·귀납적 추리 혹은 증명의 과정을 의미한다기보다는 여러 가지의 가설을 하나씩 차례로 예비적으로 검토하고, 가장 타당성이 높다고 여겨지는 것을 다음 단계의 검증에 가져가기 위한 선택의 작업이기도 하다.

다섯째, 가설 검증의 단계는 실제적 혹은 상상적 관찰이나 실험을 통하여 가설을 법칙 혹은 지식으로 확정하는 이차적 경험의 최종적인 결정의 과정이다. 관찰이나 실험의 경우에 '상상적' 자료에 의존해야 하는 경우를 예로 들면, 우선 기술적으로 단순하기 때문에 일상적 자료나 정보로써 검증하는 것이 있고, 모형이나 시뮬레이션에 의존하는 것도 있으며, 생명을 위협한다거나 도덕적으로 허용되지 않는 사회적·도덕적 금기 때문에 가능한 최대한의 상상적 검토를 하는 경우가 있다.

앞의 반성적 사고의 모형은 일종의 철칙으로 밟아야 하는 단계들이 아니라, 사고의 전략적 흐름을 밝힌 것이다. 어떤 단계는 문제의 성격에 따라서 복잡한 과정을 거쳐야 하는 경우도 있고, 어떤 단계는 거의 생략될 수도 있으며, 어떤 단계는 다른 단계에서 부분적으로나 전체적으로 함께 완성되어 버리는 경우도 있다. 이미 이와 비슷한 모형들이 여러 나라의 학교에서 탐구수업의 이름으로나 창의성 개발이나 문제해결의 방법을 위한 학습을 위하여 사용되고 있다.

그러나 이러한 반성적 사고가 다른 사고의 유형과 구별될 수 있게 하는 특징은 두 가지로 들 수 있다. 하나는, 반성적 사고를 원초적으로 시작하게 하는 것에는 의심을 일으키고, 망설이게 하며, 당황스럽게 하고, 정신적 어려움을 주는 요소들이 포함되어 있다는 것이다. 문제는 심리적 불안정을 동반한다는 전제이다. 다른 하나는, 의심스러운 것을 해결하고 당혹스러운 것을 안정시키고 처리할 수 있는 요소를 찾아내고 탐색하고 조사하는 행위를 포함하고 있다는 것이다. 결론으로 생산되는 지식은 관조적인 것이 아니라 탐색적인 특징을 지닌다. 이러한 의미에서 반성적 사고는 그 자체의 특징상 '방법적 사고'이기도 하다.

반성적 사고는 흔히 '문제해결의 과정'59)이라는 말과 의미상 같은 뜻을 가진 것으로 이해되기도 한다. 모형은 다만 듀이가 우리의 마음이 효율적인 반성적 사고를 하는 일종의 전략으로 제시한 것이다. 그러나 우리의 마음을 앞의 모형 속에서 활동하게 하면 저절로 문제들이 해결되는 것은 아니다. 여전히 우리의 마음은 기본적으로 심리적 과정이 신체적 과정과 함께 작용하는 기관인 만큼, 그것이 발휘하는 기능적 힘으로 문제상황이 최종적으로 정리되고 안정된다.

관조적 지력과 생산적 지력

듀이는 과거의 철학자들 대부분이 기술공학60)의 중요성과 그 가치를 인식하지 못한 것에 대해서 비판을 면할 수가 없다고 주장하였다. 기술공학에 대한 상대적인 부정적 편견은 대개 두 가지의 경향으로 나타난다.61) 한편으로는 기술공학적 활동에 종사하는 기술공이나 공예가가 하는 작업의 내용과 소재들은 그때그때 쓰고 버리는 일시적인 것들이며, 이론적 지식을 다루는 경우와 같은 항구적 유용성을 지니지 못한다는 것이다. 그리고 그러한 일은 주로 무엇인가를 제작하거나 손발을 움직이는 활동에 종사하는 계급의 사람들이 맡은 천한

59) problem-solving process
60) technology
61) Larry A. Hickman, *Pragmatism as Post-Postmodernism* (New York: Fordham University Press, 2007), p. 112.

일이라는 편견이 있다. 다른 하나로는 기술공학적 방법은 특정한 상황에만 적용되는 것일 뿐 일상적 생활의 원리와는 거리가 멀다는 것이다. 우리가 잘 검토해 보면, 바로 우리의 사회적 삶을 민주화하는 원리일 수 있다는 생각, 즉 민주적 사회를 만들고 유지하는 과정도 어떤 의미에서 기술공학의 방법과 무관하지 않은 것이다.

인간이 일상생활에서 사용하는 온갖 기술과 방법들을 자세히 분석해 보면, 우리는 매일같이 그것들을 사용하고 개발하며 그물처럼 엮으면서 삶 자체를 영위하고 무엇인가를 생산하는 일을 평생의 과업으로 계속하고 있음을 알 수 있다. 이런 의미에서 우리는 모든 순간이 기술과 방법을 사용하고 만들어 가는 삶을 살고 있는 셈이다.

듀이는 1892~1898년의 초기 저술은 과학과 산업기술 그리고 일반학교와 기술학교의 차이와 관계를 다루는 데 관심을 바친 바가 있고, 1899~1924년의 중기 저술에는 인간 지력과 기술공학의 관련성에 관한 논의에 무게를 둔 적이 있으며, 1925~1952년의 말기에는 『경험과 자연』(1925), 『경험으로서 예술』(1934)에는 인간의 지력이 실천적·생산적 활동과 어떤 관련을 가진 것인가를 다루는 상세한 내용이 담겨 있다. 그는 고대와 근대와 현대의 기술공학을 철학적 관점에서 접근하고 많은 쟁점과 논의를 제시하기도 하였다.

듀이의 주장에 의하면 고대의 철학자들은 과학과 형이상학과 사회사상에 비하여 기술공학은 가장 잘못된 관심의 대상으로 제쳐 놓았다. 플라톤과 아리스토텔레스의 경우에 각기 차이는 있지만, 공히 '공학적 솜씨'와 같은 것을 다룬 바가 있다. 그것은 무엇인가를 다듬어 만드는 장인(匠人)의 손길과는 상관이 없는 것이라고 보았다. 사유하는 인간도 변화 가능한 물질과 상호작용하는 관계에 있다는 사실을 외면해 버렸다. 특히 플라톤은 세계를 만들어 가는 일종의 거대한 손이 있지만 그것은 자연의 영역 밖에 존재하는 어떤 초월적인 힘이라고 생각하였다.62) 아리스토텔레스는 자연 그 자체를 거대한 손으로 보았지만, 그

손은 자체로서 관조적 사유의 대상이 되는 고정된 목적이지 무엇을 위한 도구적 기능을 하는 개념은 아니다.

　그 결과는 기술공학의 의미를 왜곡한 정도가 아니라, 과학과 사회적 탐구의 성장을 방해하였다고 평가할 수 있다. 플라톤의『국가론』은 방대한 사회사상적 논의를 담고 있지만, 인간 경험의 완전한 의미를 충실히 담은 것이 아니었다. 오히려 부정적 논의로 서술하여 특히 민주주의와 인간 경험과의 관계를 비켜가게 만들었다. 감각과 경험은 진리의 세계, 즉 이데아의 세계에 접근할 수가 없다. 플라톤은 '기술'63)의 개념을 한편으로는 생산적인 활동에 종사하는 기능적 활동에 한정하여 사회·정치적 구조의 최하위에 속하는 생산자 계급의 속성에 관련시키기도 하였다. 다른 한편으로는 기술을 '비물질적 형상'의 특징을 지닌 것이라고 보고, 전체주의로 구상한 국가의 사회공학적 구조에서 통치자 계급의 가장 순수하고 중요한 역할을 담당하는 속성으로 보았다. 플라톤은 기술을 철인왕이 사용하는 힘의 효율성으로 밝히면서도, 그 개념은 신체적 경험으로 활동하는 생산계급의 경우와 이성적 사유로 이데아를 관조하는 통치계급의 경우는 그 특징에 있어서 확연히 다른 것으로 서술하였다.

　아리스토텔레스의『정치학』64)에서 도시국가는 자연에 의해서 '주어진 목적'에 근거하여 정당화된 것이고, 기술을 구사하면서 목적을 실현하는 데로 나아가는 생산자의 활동은 플라톤의 경우와 같이 매우 엄밀하게 승화된 것이다. 그러나 아리스토텔레스의 경우에 실천자인 거대한 손은 철인왕의 관조에 의존하는 초자연적 체제가 아니라 자연 그 자체이다. 초자연적 실체에 의존하지 않는다는 점에서 플라톤보다는 자연에 충실한 태도를 보이고 있으나, 그도 플라톤과 마찬가지로 장인의 작품이 지닌 창조적이고 사회적인 가치를 그 내용과는 무관한 다른 곳에 옮겨 놓았다.

---

62) Plato, Timaeus.
63) techne
64) Politics

듀이는 과학에 대한 고대 그리스 철학자들의 관념은 당시에 그들이 지니고 있었던 기술에 대한 잘못된 태도의 일면을 반영하고 있는 것으로 보았다. 그들은 일시적이고 가변적인 것들을 싫어하는 경향으로 인하여 기술공학의 내용과 과제를 별로 중요하게 생각하지 않았던 반면에, 영구적이고 불변적인 것을 즐겨 추구하는 과학(학문)에 이지적 관심을 집중하였다. 일시적인 변화를 조작하여 무엇인가를 만드는 기술적 작업보다는 이미 완성되어 객관적으로 실재하는 것을 밝히려는 이지적 과학의 사유기능이 인간의 수월성을 대표한다고 생각하였다. 과학은 무엇을 만들고 변화시키는 활동이 아니라 존재하는 것의 관조를 통하여 진리를 밝히고 그것을 증명하는 사유의 형식이었다. 이와 관련하여 듀이는 탐구의 행위가 이미 본질적 특성이 어떤 것이라고 인정된 영역과 대상에 집중하게 되면 실제로 존재하는 그대로의 사물에 관한 지식의 확충을 기대하기가 어렵다고 보았다. 이러한 한계는 그 탐구가 기술공학적 재료와 작품에 관한 것이든지, 자연의 개념적 모형에 관한 것이든지, 혹은 사회적 조직이 형성되는 방식에 관한 것이든지 그 어느 경우에나 마찬가지이다.

근대과학의 코페르니쿠스(Copernicus), 갈릴레이(Galilei), 케플러(Kepler), 뉴턴(Newton) 등에 관해서도, 듀이는 그들이 과학의 진보에 큰 기여를 할 수 있었던 것은 그들의 사유(思惟)의 노력보다는 실천의 활동에 기인한 바가 더 크다고 보았다. 그리고 당시에 그들의 참신한 이론은 분명히 과학적 활동을 한층 더 진보된 수준으로 올려놓았다. 그러나 그러한 과학에 관련한 형이상학, 인식론과 같은 메타이론은 그 실질적 과학이론들의 참신성을 파악하는 데 실패한 경우가 많다. 그러면서도 수학에서 대입법과 같은 새로운 기법은 높이 평가하였고 극한에 이르는 교환과 대치의 체계를 구성하였다고 언급하였다. 그리하여 과학적 사고의 내용들은 상호 간의 대입에 의하여 서로의 변형이 가능하게 되었다.65)

---

65) Dewey, *Experience and Nature*, *LW 1*: 115.

그러나 새로운 과학에 관한 당시의 형이상학과 인식론은 이미 더 이상의 변화를 기대할 수 없는 세계, 즉 '종결되어 버린 세계'에 관한 낡은 관념에 여전히 몰두하고 있었다. 그러한 분위기 속에서 근대적 과학의 과제가 무엇인가에 대한 공식적 견해는 여전히 보수적이고 권위주의적인 경향이 있었다. 추정적 진리, 논리적 추론, 확언적 결론 등의 규칙에 매여, 오늘날 정초주의66)로 언급되는 대응설적 진리관에 강한 집착을 보이고 있었다. 그러나 듀이는 17세기의 새로운 과학은 과학의 진보 그 자체에서뿐만 아니라 사회적 생활양식에 민주적 방법을 이끄는 변화를 가져왔다고 평가하였다. 그는 새로운 과학의 특징은 지식이란 확실성을 밝혀가는 작업이지 추정적 방법에 의하여 확실성이 확보된 상태를 의미하는 것은 아니라고 하였다. 자료 혹은 소재에 대한 탐구 그 자체는, 갈릴레이가 그랬듯이 더욱더 개념적 다양성을 유발하는 조건이 되며, 새로운 방법론을 제공할 뿐만 아니라 한층 더 구체적인 응용을 가능하게 한다. 듀이는 기초과학과 기술공학의 관계에 관한 논쟁에 중요한 기여를 한 셈이다. 중요한 것은 탐구의 자료에 관련한 지력은 우리가 흔히 과학이니 사회사상이니 하는 부문에 관련된 지력과 조금도 다름이 없다는 것이다. 기본적으로 탐구의 방법에서 뿐만 아니라, 인간세계의 지식이 발전하자면 두 영역이 서로 협동적인 관계에 있어야 한다.

듀이는 『경험으로서 예술』에서 다음과 같은 내용을 강하게 지적한 바 있다. 즉, 예술작품을 생산하는 데는 지력의 역할이 필수적으로 중요한 것이 아니라고 생각하는 사람들이 있다는 것이다. 이러한 편견은 우리의 사고란 그 특징상 오직 언어나 기호 등의 상징적 수단을 사용할 때에만 이루어지는 것이라는 고정관념에 빠져 있기 때문이다. 예컨대, 화가나 조작가가 여러 가지 질성의 관계를 소재로 하여 작품에 몰입하고 있을 때, 그는 수학자나 과학자가 언어나 기호를 가지고 사고하는 것에 조금도 못지않은 엄격성을 유지하고 있다. 실제로 언

---

66) foundationalism

어는 쉽게 기계적인 방법으로 다루어질 수 있지만, 예술작품을 생산하는 데는 아마도 '지식인'이라는 긍지를 가지고 소위 '사고'라고 일컫는 활동에 종사하는 어떤 경우보다 더 많은 지력이 요구될 것이다.67) '실용적'이거나 '기술적'인 작품들도 이러한 범주에 포함하는 데는 다소 주저함이 없지 않았지만, 듀이는 적어도 '예술'이라는 말은 무엇인가를 행하거나 만드는 과정을 가리키는 것이며, 기술공학적 예술의 경우에도 마찬가지라고 하였다.

듀이에 의하면 17세기에서 19세기에 이르는 시대의 근대철학도 기술공학을 제자리에 두고 평가하지는 못하였다. 그것은 철학이 관조적 형이상학, 추정적 진리, 논리적 추론, 확언적 결론에만 충실하고자 하는 미련을 버리지 못하였기 때문이다. 그러나 그의 분석은 쉽게 합리론자들만을 등지고 경험론자들의 편에 서지는 않았다. 근대철학자들 중에는 감각작용에 의한 추정적 진리를 수용함으로써 이성에 의한 추정적 진리를 인정하는 경향도 있음을 지적하였다. 근대적 경험론 자체도 똑같이 터무니없이 일종의 정초주의를 수용하였다는 것이다.

근대에는 많은 철학적 논의가 자연을 하나의 거대한 기계와 같다고 생각하는 경향이 있었다. 듀이도 다윈의 그늘 속에 살면서 그 영향을 받았지만, 그는 '기계'라는 은유적 개념 대신에 '유기체'라는 개념을 사용하였다. 당시에 기계적 세계관을 초월한 경지의 철학적 이론에서도 방법론적으로는 여전히 기계적 특징들이 사실로서 존재하는 것 같이 상정하고 문제를 그것에 관련시켜 논의하는 경향도 있었다.

그런데 우주를 기계와 같은 것으로 보면 적어도 세 가지의 특징이 있는 경우로 논의할 수 있다. 첫째, 기계는 더 이상의 변화가 없는 최종적 실체가 될 수도 있고, 철학과 과학은 그것의 작용과 활동을 관조함으로써 지식을 생산한다. 둘째, 기계는 완전한 것이지만 가끔은 수리를 요하는 것일 수도 있다. 셋째, 이보

---

67) Dewey, *Art as Experience*, pp. 236-237.

다 더욱 급진적인 사고로서 기계의 특성들을 계속적으로 진행되고 있는, 불안
정한, 일시적 현상으로 추정할 수도 있다. 각각은 자연과의 관계를 이해하는
방식에 차이가 있다. 17~18세기의 기계론적 세계관의 특징에 관한 철학적 논
의는 주로 세 가지 중에서 첫째와 둘째의 경우에 집중되어 있었던 셈이다. 그러
나 듀이의 경우에는 세 번째의 것이 자연과의 교변작용에 대한 제대로의 이해
를 가능하게 한다고 보고, 교변작용에 대한 이해의 내용은 바로 과학의 메타이
론68)에 포함된다고 하였다.

　정치적 측면에서 보면 세계를 고정된, 완성된 기계와 같은 것으로가 아니라,
수리하고 고쳐 갈 수 있는 대상으로 보는 것, 그것은 불완전한 것이기는 하지
만, 낡은 초월적 자연주의69)와 외계적 자연주의70)를 극복하는 거대한 진전이
었다. 듀이는 『자유주의와 사회적 행위』71)에서 이러한 진전에 기여한 벤담
(Jeremy Bentham)을 높이 평가하였다. 그러나 기계적 세계를 단순히 검토하고
보수하는 대상으로만 볼 것은 아니라고 경고하였다. 그러한 사고는 결국 인류
를 계산기와 같은 존재로 인정하는 것이기 때문이다.72) 벤담의 기계론적 은유
는 인간과 정치적 환경의 관계가 계속적으로 변화하는 관계이고 개체들의 불
안정성이 시작하고 끝나는 매듭이 있는 관계로 그 특징을 나타낸다고 하였
다.73) 그 관계는 계속적으로 재평가되고 사회적 차원의 검토를 통하여 구조적
조정이 있어야 한다.

---

68) meta-theory
69) supernaturalism
70) extra-naturalism
71) Liberalism and Social Action
72) *Dewey, LW 1:* 119.
73) 위의 책, p. 127.

지식은 어떻게 생산되는가

- 명시적 경험의 방법 -

지 식 은 어 떻 게 생 산 되 는 가

제5장 지식은 어떻게 생산되는가
- 명시적 경험의 방법 -

　일상적 삶의 상황과 경험에서 우리는 지식을 어떻게 만들어 내는가? 적어도 무엇인가를 스스로 탐색한 결과로 얻어진 '탐색적 지식'은 원천적으로 우리가 매일 같이 살고 있는 세계 속에서 이루어지는 경험, 즉 우리가 보고 듣고 즐기고 시달리면서 사는 삶 속에서 이루어지는 일상적 경험에 그 근원을 두고 있다. 단지, 논리학이나 수학과 같이 순수한 사고의 규칙과 형식을 내용으로 하는 형식이론이나, 초과학적 내용을 담고 있는 형이상학적 존재이론이나, 초월적 세계를 상정한 계시적 영감(靈感)에 근원을 둔 신비주의적 신념체제 등을 제외하면, 일반적으로 앎 혹은 믿음의 대상이 되는 거의 모든 지식이 우리의 일상적 삶의 상황과 경험에 직접 혹은 간접으로 관련된 것들이다. 그러나 젊은이나 성인이 지식을 획득할 때, 각기 자신의 일상적 경험으로 직접 지식을 만들어 가는 것이 아니라 이미 존재하는 지식을 수용하는 것이 일반적이다. 어쩌면 사람들은 각자 가지고 있는 지식의 대부분을 기존의 지식을 수용하거나 암기한 것이다. 각자가 가진 그러한 지식의 양 혹은 거기에서 차지하는 비중은 엄청난 것이지만, 그 양과 비중에 비하면 우리의 일상적 생활 속에서 거의 유의미하게 사용하고 있지 않다고 말할 정도이다. 사용한다고 하더라도 그 지식의 진리 혹은 확실성에 관한 특별한 의문이 없이 기계적으로 익힌 경우가 대부분이다. 이러한 지식의 수용과 사용의 방식이 습관화되면 지력과 창의력은 제대로 성장할 수가 없다. 그러므로 일단 이 장에서는 지식이 만들어지는 경험의 조건을 검토해 볼 필요가 있다.

일차적 경험과 이차적 경험

지식을 생산하는 원초적 경험은, 나의 일상적 삶과 경험을 초월한 경지에 있는 것이 아니라, 그야말로 누구나 함께 가지는 일상적 경험의 소재에서 전문적이든 비전문적이든 지식이 생산된다. 일상적 경험의 성격에 관한 듀이의 견해를 요약해서 말하면 두 가지 차원의 특징으로 구분할 수 있다. 한편으로, 우리가 개인적으로나 집단적으로 경험하는 세계에는 이런저런 잡다한 사물들이 있고 불확실하고 유동적이며 우연적인 양상을 보이는 것이 있다. 다른 한편으로, 우리가 경험하는 세계의 자연스러운 특징이기는 하지만 변화의 예측이 가능하고 필요에 따라서 우리가 통제하거나 관여할 수도 있을 만큼 안정적이고 규칙적인 양상을 보이는 것이 있다. 전자는 '일차적 경험'의 상태에 있는 것이라면, 후자는 '이차적 경험'의 내용이라고 구별할 수 있다.[1]

일차적 경험의 대상은 우리의 일상적 삶의 세계에서 즐기거나 시달리거나 간에 직접적으로 다가와서 겪게 된 것들이며, 각기 그 자체의 독특한 특징만으로 일어났다가 사라지기기도 한다. 전체적 양상은 언어로 표현할 수 있을 만큼 다듬어진 것이 아니며, 그냥 한갓 복잡하고 거대한 덩어리째로 발생한 것으로서 우리가 즉시에 직접 대하는 경험이다. 물론 거기에는 체계적인 사고를 통하여 이론화된 내용도 함께 부분적으로 엉켜 있을 수도 있다. 우리는 평소에 많은 지식과 정보를 가지고 살아간다. 이차적 경험은 그러한 덩어리째의 일차적 대상에 반성적 사고가 개입되어 구조화 혹은 개념화된 것을 말하며, '이론'은 바로 이차적 경험의 대표적인 소산이다.

---

1) Dewey, *LW 1:* 15-17.

우리가 지식으로 언급하는 경험은 대개 이차적 경험에서 반성적 사고를 통하여 개념, 구조, 체제, 인과관계 등의 형식으로 다듬어진 것을 의미하지만, 일차적 경험은 비록 다듬어진 것은 아니지만 우리가 어떤 목적을 지향하는 삶 그 자체로서 크고 작은 가치를 추구하고 실현하는 활동과 존재의 양상이다. 이러한 일차적 경험에서 형성되는 질성적 상황은 심미적 감식(鑑識)을 할 수 있는 내용을 제공하며, 또한 여러 가지의 문제상황도 발생하게 하여 반성적 사고를 유발하기도 한다. 이차적 경험에 소요되는 최초의 자료는 이러한 일차적 경험에서 제공받는다. 이차적 경험은 감각적인 접촉의 수준에만 있는 것이 아니라, 이론을 비롯한 인식의 틀을 구성하여 일차적 경험의 내용에 대한 분석도 하고 어떤 수준의 이해에 도달할 수 있도록 하는 '설명'의 기능을 한다. 그러므로 이차적 경험에 의한 결과를 검증한다는 것은 일차적 경험으로 되돌아가서 다시 검토함을 의미하고, 되돌아본 경험은 일차적 대상에 대한 더욱 체계적인 이해를 가능하게 하며 그 의미를 더욱 풍부하게 만든다.

이차적 경험의 기능과 중요성을 듀이는 이렇게 설명하였다.[2] 즉, 직접 접촉하는 일차적 경험의 대상, 예컨대 굳기, 색깔, 냄새 등은 이차적 경험의 대상으로도 그 특징에 있어서 별로 다를 바가 없다. 다만, 그 대상을 이차적 경험에서 반성적 사고를 통하여 검토한 연후에 본래의 직접적 경험으로 되돌려 보면, 그 대상이 지닌 질성들은 더 이상 고립되어 있는 자질구레한 것들이 아니다. 그것들은 낱개로 존재하는 것이 아니라 관련된 여러 대상과 함께 하나의 전체적 체제 속에 포함되어 있다. 즉, 그것들은 자연의 한 부분으로서 다른 부분과 연계되어 있고 또한 그 연계된 사물들의 의미를 드러낸다.

듀이는, 예를 들어 일식(日蝕)에서 관찰된 현상은 그 자체만으로 의미를 지니기도 하지만, 아인슈타인(Albert Einstein)이 질량에 의한 빛의 굴절을 설명한 이론을 검증하고 확정시키기까지 한다는 것을 언급하였다.[3] 그뿐만 아니라, 이차적

---

2) 앞의 책, p. 16.

경험의 대상이 된 현상 그 자체는 그 이전보다 훨씬 더 폭넓고 중요한 의미를 지니게 된다. 아마도 만약 그 이론이 새로운 관찰을 위한 방법으로 사용되지 않았더라면, 빛이 어떤 상태에서 실제로 굴절하는지는 거의 알려지기조차 하지 않았을 것이다. 그러나 비록 그 현상이 알려졌다고 하더라도 마치 우리가 거의 머리를 써서 생각해 보지 않고 그냥 넘기는 자질구레한 일들처럼 중요하지 않은 것으로 놓쳐 버렸을 것이다. 그러나 물속에 물체를 비스듬히 넣은 상태에서 볼 수 있듯이 사소한 실제적인 빛의 굴절 현상 자체도 이론이라는 수단에 의해 접근되면 빛의 굴절을 경험하게 하는 이론의 혁명적인 중요성 못지않게 대단한 의미를 지닌다.

이차적 경험을 중심으로 생각하면 그러하지만, 우리가 반성적 사고를 통하여 새로운 경험을 생산하는 데 있어서 원초적 자료로서 제공된 부분이 바로 일차적 경험인 셈이다. 앞에서 빛의 굴절에 관한 (이차적) 이론은 이미 일식에서 관찰된 (일차적) 경험으로 애초의 자료에 포함하고 있었고, 일식의 현상 그 자체도 원천적으로 볼 때, 그 이전의 경험에 대한 반성적 작용을 거쳐서 성립된 지식이다. 그러므로 일차적·이차적 경험의 구분은 특정한 시점과 상황을 기준으로 새로운 반성적 검토 이전의 것과 이후의 것으로 구분되는 서로 상대적인 개념이다. 그러니까 일차적 경험이라고 해서 관념적으로나 이론적으로 전혀 다듬어진 것이 없는 것을 의미하지는 않는다. 인간은 아무런 지식도 없는 상태에 태어나서 자신이 계속 만들어 내는 지식들을 쌓으면서 살아가는 것이 아니라, 이미 자신이 속한 인간 세계의 문화 속에 이미 축적된 많은 지식의 체제 속에 태어나서 거기서 성장하고 삶을 영위한다. 그러나 만약에 이차적 경험의 필요와 요구가 나타나지 않으면, 일차적 수준에 머문 커다란 덩어리째의 경험과 지식은 거기서 방치되어 성장이 없는 상태에 놓이게 된다. 그러므로 이러한 개념적 관계는 이전의 경험에서 새로운 경험이 형성되는 과정, 즉 바로 계속성과 상

---

3) 앞의 책, p. 15.

호작용을 포함한 경험의 성장과정을 시사한다.

명시적 경험의 방법

이차적 경험을 구성하는 내용은 일상적 경험의 수준을 떠나 그 자체로서 어떤 구조를 형성할 수가 있다. 지구가 둥글다는 사실을 깨닫기 전에는 지평선의 먼 곳으로 사라지는 커다란 배의 행방에 관하여 억측을 할 수가 있다. 그러한 현상에 대한 여러 가지의 억측을 포함한 설명적 주장들은 제대로 검증된 것은 아니지만, 타당성의 차이는 있으나 그런대로 이차적 경험의 경지에 있는 셈이다. 가장 타당성이 높다고 판단되는 주장이 그대로 지식으로 인정되면, 주지주의자들의 관조적 지식이 흔히 범할 수 있는 오류에 빠질 수가 있다. 이러한 오류를 피하기 위하여 이차적 경험의 내용을 일차적 경험의 상태에 되돌려 다시 검증을 받은 연후에 이론이나 인식의 양식을 제대로 갖춘 지식으로 확정하는 과정을 밟을 필요가 있다. 그렇게 함으로써 주지주의자들이 범하는 오류, 즉 지식으로 주장하는 바를 아무런 구체적, 경험적 상황에서 검증받지 않는다는 오류를 면할 수가 있게 된다. 듀이는 이러한 방법을 '명시적 경험의 방법'이라 하였고, 달리 '즉시적 경험론'[4])이라고도 한다.

듀이의 이러한 명시적 방법을 좀 더 자세히 설명하면, 먼저 개념 혹은 의미를 규정한다는 것은 구체적으로 당면한 문제로 의식한 독특한 상황이 있고, 그 상황을 지배하는 특징을 확인하여 문제의 성격을 개념화하여 이를 밝힌다. 어떤 아이가 열병을 앓고 있다고 하자. 구체적 열병의 특징을 확인하여 그 원인을 규명하고자 한다. 여기서 바로 그 문제상황은 반성적 사고의 대상이 된다. 밝혀진 문제의 성격에 따라 해결을 위한 가설적 방법들을 생산하고, 그 방법들의

---

4) denotative-empirical method / immediate empiricism, 앞의 책, p. 16.

각각이 가져올 결과를 예측하는 '상상에 의한 내심의 예행적 연습'[5]을 한다. 그런 과정을 통하여 검토한 결과 가장 확실성이 높다고 판단되는 가설을 선택하여 실제로 검정의 과정을 거치면서 해결의 방안으로 제시되는 것이다. 그러나 그 열병을 치유했다고 하더라도, 이러한 경험, 즉 문제해결의 경험은 어디까지나 특정한 상황에 관련된 것이므로 그것으로 일반화하기는 어려울 수가 있다. M이라는 요인이 열병의 원인이라고 진단하고 이에 따라 처방한 결과로 열병은 치료되었다고 하더라도, 그것만이 모든 열병의 원인이라고 규정하기도 어렵거니와 그 진단과 처방의 과정에서 식별이 불가능한 다른 요인이 작용했을 수도 있고, 진단과 처방과 치유가 우연적 요행으로 일치할 수도 있다. 그러므로 그것으로 종결하기보다는 본래의 상황이 발생한 맥락에 되돌려서 그러한 열병과 관련된 의학적 경험들이 교류되는 더 넓은 세계, 즉 M이라는 요인을 열병에 관련된 의학적 경험의 문화 속에서 다시 검토하고 문제와 가설과 검증을 평가할 필요가 있다는 것이다.

　명시적 경험의 방법은 듀이가 주로 관조적 지식과 대응설의 진리를 비판하면서 제시된 대안이기도 하며, 바로 경험의 개념이 지니고 있는 질성적 요소들이 지식의 형성에 있어서 어떻게 그 소재가 되는가를 보여 준다. 자연주의적 방법의 입증이기도 하다. 그러나 듀이는 전통적 철학에 집착한 사람들의 반응을 의식하여 자신의 생각이 상상을 초월할 정도의 엉뚱한 것으로 들릴 것이라고 짐작하였다.

　　만약 명시적 경험의 방법을 철학자들이 보편적으로 수용하게 된다면, 경험이라는 말과 경험의 개념은 쓸모없는 것이라고 던져 버릴지도 모른다. 그것은 불필요한 것이라고 생각할 것이기 때문이다. 왜냐하면 우리는 그 말이 나타내는 모든 것을 이미 소유한 상태에 있어야 하기 때문이다. ……이 넓은 세상에

---

5) imaginative rehearsal

있는 가지각색의 것들, 바로 불쾌하고 불안정하고 불확실하고 불합리하고 가증스러운 모든 것이 고귀하고 명예롭고 참다운 것들과 똑같은 관심의 대상이 된다고 하면, 아마도 짐작하건대 철학에는 경험의 개념이 없어도 된다고 할지 모른다.[6]

그러나 듀이는 이러한 우려에도 불구하고, 자신의 경험의 개념은 영국의 전통적 경험주의자들의 개념과 구별하고자 하였다. 그들이 감각적 표상을 원자론적으로 묘사한 것은 단순하고 일차적인 경험을 이론적으로 잘못 규정한 것이라고 비판하였다. 그리고 그것은 이미 고전적 개념이 된 기존의 이론이 관련되어 있지만, 자신의 새로운 경험의 개념은 오히려 일상에서 가장 손쉬운 것에서 시작하고, 어떤 과학이든지 덩어리째로 있는 것 그대로 직접 다룰 수 있는 소박한 경험으로 돌아가서 시작한다는 데 중요한 의미가 있다.

힐데브란드(David Hildebrand)는 적어도 세 가지의 특징에서 명시적 경험의 방법은 전통적 경험주의와는 구별된다고 정리하였다.[7] 그 세 가지의 특징에 관하여 그가 언급하지 않은 약간의 설명을 부연해 두고자 한다.

첫째, 명시적 경험의 방법은 일차적 경험을 대상으로 탐색에 착수함으로써 기존의 이론에 얽매이지 않고 직접 포착한 구체적 내용으로 시작하는 방법이라는 것이다. 직접적(명시적) 경험은 모든 이론의 밖에 있는, 즉 어떤 이론적 편견이나 위세의 영향이 없이 순수한 자료를 제공받는다. 물론 이차적 경험인 탐구행위 그 자체에는 흔히 우리가 연구과제를 시작할 때 선행연구를 확인하여 가설을 비롯한 연구의 성격을 밝히는 것과 같은 일을 한다. 그러나 기본적인 소재나 문제의식 그 자체에는 기존의 이론에 의한 분석이나 평가가 이루어진 결

---

6) 앞의 책, p. 372.
7) David Hildebrand, "Could Experience be More than a Method? Dewey's Practical Starting Point" appeared in Roberto Frega, Roberto Brigati (Eds.), *Pragmatist Epistemologies* (Lexington: Lanham, 2011).

과가 아니라, 일종의 즉시적·직접적 경험으로 발생한 것이다.

둘째, 명시적 경험의 방법은 잠정적 이론(혹은 가설)과 경험적 검증이 필연적으로 연결될 수 있게 함으로써 실질적으로 유의미한 결론에 도달하게 한다. 검증 이전의 아이디어는 본래 그 출처가 일차적 경험의 질성적 특징에서 온 것이지만, 일단 이차적 작업이 가해지면 가설적 특징이 재구성되어 비약하거나 왜곡될 수도 있다. 그러므로 문제를 발생하게 한 일차적 경험의 수준으로 되돌아가서 검증을 진행한다. 문제를 문제로서 재구성하고 명료화하고 해결을 위한 대안(가설)들을 상상적으로 검토하는 과정이 있게 되고 최종적 검증은 일차적 경험의 내용과 함께 이루어진다.

셋째, 제시된(혹은 검증된) 이론은 관련 연구단체나 학술조직에서 공적으로, 개방적으로 확인하고 검토하고 활용하는 데 필요한 실질적인 기준을 제공한다. 사용된 개념들이나 기술적 과정이나 증거로서 제시된 것들의 구성적 특징이 적어도 그 탐구행위에 유관한 경험을 소유한 전문적 집단에 개방된다. 즉, 사회적 공인(公認)[8]이 따른다.

그러나 이러한 명시적 경험의 방법은 단순한 기계적 절차나 과정이 아니다. 일차적 경험의 내용으로 문제를 의식하고 규정하는 순간에서부터 여러 가지의 가설을 생산하고 검토하는 이차적 작업의 과정과 검증의 단계에 이르기까지 모든 순간은 체계적인 사고가 집중되는 과정이다. 본래 문제가 주어졌거나 발생했다는 의식을 가지게 되는 것은 우리의 일상적 삶이 암묵적으로 실현하고자 하는 가치와 구체적으로 추구하는 목적이 설정되어 있기 때문에 일어난 현상이다. 그러한 문제의식은 일차적 경험에서 관련된 요소들의 갈등이나 혼란이나 좌절에서 발생한 것이므로 목적의 실현을 위하여 동원되는 기본적인 수단들도 거기서부터 주어진다. 여기서 요구되는 것은 수단들을 목적에 연결시키는 방법이다. 방법은 달리 표현해서 수단과 목적을 연결하는 원리를 뜻하고,

---

8) validation

문제의 해결을 위한 '반성적 사고'가 생산해야 할 과제이다.

우리가 여기서 뉴턴(Isaac Newton)과 사과나무의 이야기 그리고 제너(Edward Jenner)와 천연두의 이야기를 잠시 되새겨 보면 명시적 검증의 방법을 이해하는 데 좋은 소재가 될 것 같기도 하다.

뉴턴과 사과나무의 이야기9)

뉴턴의 사과나무에 관하여 전해 오는 이야기에 여러 가지의 사연이 있으나, 인력의 법칙은 뉴턴이 사과가 나무에서 떨어지는 것을 본 것과 관련이 있다는 것은 거의 확실하다. 뉴턴이 20대의 나이로서 케임브리지 대학교에 다니고 있던 1664년에 런던의 주변에는 흑사병이 발생하여 많은 사람이 죽어 가고 있었다. 무서운 병이 점점 더 확산되어 가자 뉴턴은 케임브리지를 떠나 2년 동안 어머니가 살던 집에 가서 함께 머물고 있었다. 어느 날 어머니의 집 뜰에 앉아 있을 때, 사과 하나가 나무에서 떨어지는 것을 보았다. 그것을 보자 그는 어째서 사과가 똑바로 아래로 향하여 땅으로 떨어지는 것일까 하는 생각에 잠겼다. 사과가 가지에서 떠났을 때 위로도 옆으로도 갈 수 있는데, 아래로 떨어지는 까닭을 두고 생각한 것이다. 숙고한 끝에, 어떤 힘이 사과를 땅 쪽으로 끌어당기고 있기 때문이라는 결론에 이르렀다는 이야기이다.

사과가 나무에서 떨어지는 것이 뉴턴 이전에는 없었고 뉴턴만 그런 현상을 처음으로 보게 된 것도 아니다. 수없이 많은 사람이 본 사실이지만 뉴턴이 최초로 인력의 법칙을 논하기 시작한 것이다. 전해 오는 이야기 중에는 떨어지는 사과를 보고 영감을 얻어서 그 법칙을 발견하게 되었다는 말도 있다. 그러나 뉴턴이 태어나던 해에 세상을 떠난 갈릴레이도 사과가 떨어지는 것과 같은 지구의

---

9) A. Sutcliffe & A. P. D. Sutcliffe, *Stories from Science Book 2* (Cambridge: At University Press, 1962), pp. 61-65.

인력에 관한 언급은 없었지만 이미 인력에 관한 이론을 편 바가 있었던 것으로 알려져 있다. 이에 미루어, 당시에 인력의 개념은 적어도 몇몇의 연구자에게 관심의 대상이 되었을 것으로 본다. 뉴턴의 주치의(主治醫)가 남긴 전기에 의하면, 인력의 법칙에 대한 발상은 그가 명상 중에 있을 때 사과가 떨어졌기 때문이었다. 왜 사과는 지구의 중심을 향하는가? 지구가 그것을 끌어당기는 데에 그 원인이 있다는 것은 의심할 여지가 없다고 확신하였다.

일상생활 중에서 사과만이 아니라 여러 가지 물건이 아래로 떨어지고 있는 것을 볼 수 있다. 그것들을 밑으로 똑바로 잡아당기는 어떤 힘(인력), 특히 그러한 힘은 특정한 사과나무에서만 관찰된 현상도 아니고, 뉴턴이 머물던 정원에서만 있었던 특별한 힘의 작용이 아니라, 적어도 지구의 어디에서나 관찰되는 힘의 작용, 즉 만유인력의 작용으로 설명된다. 뉴턴 이후에도 누군가가 이러한 설명을 할 수 있게 되었을지는 모르지만, 이차적 경험의 발상도 없고 되돌림에 의한 검증이 불가능했다면 인력의 법칙은 성립되지 않았을 것이다.

제너와 천연두의 이야기[10]

지금으로부터 250년 전까지만 해도 천연두는 가장 무서운 병의 하나였다. 이 병에 걸리면 대부분의 사람은 죽고, 비록 낫는다고 하더라도 얼굴에 곰보 자국이 남아서 보기 흉하게 된다. 한차례의 유행에서 수많은 사람이 죽은 적도 있다. 그런데 이 병에 한 번 걸렸지만 살아남은 사람은 그 후에 병이 유행해도 두 번 다시 걸리지 않는다는 사실도 옛날부터 전해져 왔다. 이러한 천연두를 예방하기 위하여 우두를 접종하는 방법을 탐지해 낸 영국인 의사인 제너(Edward Jenner)는 젊은 시절인 1766년경에 한 의사 밑에서 의술을 배우고 있던 어느

---

10) A. Sutcliffe & A. P. D. Sutcliffe, *Stories from Science Book 3*(Cambridge: At University Press, 1962), pp. 33-44.

날 농장에서 젖을 짜는 한 여인으로부터 들은 이야기가 있다. 자기는 우두가 몸에 젖어 있기 때문에 절대로 천연두에는 걸리지 않는다는 것이다. 우두는 암소의 유방을 침범하는 병으로 이것에 걸린 소의 젖을 짜는 사람에게 곧잘 옮는 일이 있다. 이 병에 걸리면 팔과 손, 때로는 얼굴에 천연두의 곰보 자국이 생기기도 한다.

제너는 그 여인이 한 말을 귀담아 듣고 기억하고 있었으며, 후에 그가 의사의 자격을 취득한 후에 고향에 돌아가서 마을의 다른 사람들에게서도 그와 같은 사실을 믿고 있다는 것을 확인하였다. 그는 한 소년에게 우두를 놓고서 그 후에 진짜 천연두를 놓아 보는 처방을 시도했다. 소년의 팔에 조그만 상처를 몇 군데 내고 거기에 우두에 걸린 종기에서 뽑은 고름을 조금씩 넣어 보았다. 소년은 가벼운 우두에 걸렸으나 곧 좋아졌다. 그러고는 얼마 후에 천연두에 걸린 환자의 종기에서 고름을 조금 뽑아 소년의 팔에 낸 상처에 발랐다. 며칠을 기다려 본 그는 젖을 짜는 여인이 한 말이 사실이라는 것을 알게 되었다. 우두는 그에게 천연두에 대한 '면역'을 주었던 것이다. 제너는 여러 차례 검증을 시도하면서 10여 년 가까이 우두에 관한 정보를 모으고 연구한 끝에 1776년에 종두를 처음으로 실시하였다. 제너는 우두와 천연두가 닮았다고 하여 '소의 천연두(라틴어로 Variola Vaccinae)'라고 이름을 붙였고 흔히 사용하는 '백신(vaccine)'이라는 말도 거기에서 연유한 것이다.

우두가 몸에 젖어 있기 때문에 다시 천연두에 걸리지 않는다는 사실은 젖을 짜는 한 여인의 일상적 경험이었다. 그리고 여러 사람이 경험한 바이기도 하다. 그렇다면 천연두는 백신으로 예방될 수 있다는 것은 이차적 경험의 발상이다. 제너는 소년에게 가벼운 우두에 걸리도록 하는 일차적 경험을 재현시키는 실험으로 면역과 예방의 이차적 경험을 검증한 것이다.

앞의 두 이야기와 관련하여 탐색적 지식이 만들어지는 원천적 상황은 일상적 생활의 경험에서 시작된 것이다. 뉴턴의 인력의 법칙이나 제너의 천연두의 면역과 같은 이론, 즉 이차적(반성적) 경험은 일상적 경험에 내재하는 현상인 사과가 떨어지는 것과 천연두가 전염되는 것 등에서 비롯된 것이다. 이러한 일차적 경험에서는 사과가 떨어지는 원인을 밝히고 질병을 고치려는 가치지향적 동기가 발생하고 이와 함께 거기서 문제의 해결을 시도하는 지력의 작동이 이루어진 것이다.

그리고 이차적 경험은 일차적 경험에서 제공된 자료를 대상으로 반성적 사고를 진행하여 문제를 체계적으로 규정하고 해결을 시도한다. 그러나 그 결과인 이론적(혹은 상징적) 내용과 논리는 그 자체로서 진리의 의미를 충족시키는 것은 아니다. 일차적 경험의 내용에 대한 설명력이 요구된다. 즉, 사과가 수직으로 떨어지는 현상의 원인 그리고 우두로써 천연두에 대한 면역력이 가능하도록 하는 이치를 밝혀 설명할 수 있어야 한다. 그러한 설명이 가능하지 않으면 이차적 경험의 내용은 검증된 것이 아니다. 이차적 경험인 인력의 개념은 사과가 떨어지는 원인을 설명하는 것이고, 우두를 이용한 종두는 천연두라는 질병에 대응하는 면역을 가능하게 한다는 원리를 보여 주는 것이다.

듀이의 일차적 경험은 인간사회가 전혀 반성적 검토나 이해를 시도해 본 적이 없는 원시적 자연 상태에서 경험한 것과 같은 것은 아니다. 우리가 지식을 생산하는 상황은 원초적 지식의 진공 상태를 의미하는 것이 아니라, 이미 만들어진 것들이 정보나 지식의 형태로 일차적 경험의 대상에 함께 뒤섞여 있고 거기서 이차적 경험이 새롭게 생성되기도 한다. 내가 보기로, 명시적 경험의 방법과 앞 장에서 언급한 '조정작용의 순환'은 단순히 어떤 특정한 시기의 현장에서 당면한 문제나 과제에 관련하여 시작된 탐색적 사고에만 적용되는 원리는 아니다. 오히려 과학적 사고의 발달, 즉 세대와 세대를 이어 온 일종의 사회적·문화적 역사성을 띤 연속적 유업의 진행에서도 볼 수 있는 현상이기도 하다.

나는 이러한 명시적 경험의 방법과 순환적 조정작용의 개념에 관련하여

18세기에 전기(電氣)에 열정적인 관심을 이어 가던 과학자들의 실험적 시도의 과정을 하나의 좋은 사례로 검토해 볼 필요가 있다고 생각한다.

자기와 전기에 관한 초기의 실험적 시도[11]

고대 그리스의 철학자들은 호박(琥珀, amber)이라는 물질을 문지르면 밀짚이나 마른 잎의 부스러기를 끌어당긴다는 것을 알고 있었다. 그러나 이러한 지식은 엘리자베스 1세(Elizabeth I)의 시기에 길버트(William Gilbert) 박사가 몇 가지의 실험을 해 보이기까지는 거의 관심의 대상이 되지 않았다. 길버트는 호박과 같은 작용을 하는 물질이 그 밖에 또 있다는 사실을 발견하였다. 호박을 뜻하는 그리스어인 'elektron'을 따서 그러한 물질을 총칭하여 'electric'이라고 이름을 붙였다. 그는 호박이나 자석을 사용하여 여러 가지의 실험을 하였고, 그의 연구는 18세기에 이르러 '자기학(magnetism)과 전기학(electricity)'으로 불리는 과학의 새로운 분야를 여는 데 중요한 기초가 되었다.

이어서 당시에 그레이(Stephen Gray)는 실험을 통하여 물질 중에는 전기를 전도하는 것과 전도하지 않는 것이 있다는 사실을 검증해 보였다. 전기의 전도 현상을 관찰하는 과정에서 전기가 인체에 전도될 때 자극을 일으키고, 두 물질의 사이에 약간의 간극을 뛰어넘을 때 불꽃을 보이기도 하고 조그마한 폭발이 있음도 관찰하였다. 비슷한 실험을 한 프랑스의 과학자인 놀레(the Abbe Nollet) 신부는 전기가 사람과 사람이 서로 접촉하면 옮겨 간다는 사실을 보았다. 그리고 1746년에 무센부르크(Pieter van Mussenbroek)는 어떤 물건에 전기를 띠게 한 후에 그대로 내버려 두면 방전해 버린다는 사실을 알고, '라이덴

---

11) 아래의 내용은, A. Sutcliffe & A. P. D. Sutcliffe, *Stories from Science Book 2* (Cambridge: At University Press, 1962), Chapters 33~34, pp. 66-81을 요약한 것임.

병(Leyden jar)'이라고 불리게 된 병의 물에 전기를 모으는 실험을 통하여 전기를 머금은 물체, 즉 대전체(帶電體)를 잘 막아두면 이를 보존할 수 있다는 것도 알아내었다. 후속된 여러 과학자의 실험들을 통하여 병에 가득히 충전된 상태의 전기는 사람의 신체에 닿으면 심한 충격이나 화상을 일으킬 수도 있다는 사실도 경험하였다. 그리고 전기가 180명이 넘는 프랑스 왕의 친위병들로 이어진 긴 인간의 고리를 흘러 넘어 충격을 전달한다는 것과 넓은 템스강(The Thames)을 섬광처럼 통과할 수 있다는 사실도 발견하였다.

전기가 발생할 수 있다는 것, 물체의 성격에 따라서 상당한 거리에도 전기의 전도가 가능하다는 것, 전기의 충격과 화상은 치명적인 위험 요소를 가지고 있다는 것 등이 여러 가지의 모험적인 실험을 통하여 발견된 셈이다. 그리고 이러한 실험과 연구는 이어져서 번개와 전기는 여러 가지 면에서 같은 것이라고 생각한 벤저민 프랭클린(Benjamin Franklin)은 1752년에 그 유명한 '연 띄우기'의 실험으로 인간의 생명과 재산을 보호할 수 있는 장치인 피뢰침을 발명하기까지 하였다.

오늘의 문명사회를 성취하는 데 결정적인 요소가 된 전기와 전자에 관한 연구는 18세기 당시에 과학자들과 사회일반이 공동으로 가지고 있었던 과학적 관심의 주제였다. 그 과정에서 목숨까지 잃는 희생자도 있었고 성직자들의 참여도 있었으며 왕실의 지원도 있었고 교활한 정치적 힘의 작용도 있었다. 그러나 명시적 경험의 방법이 순간순간에 요청되는 실험들이 있었고, 조정작용의 순환이 다원적으로 이어지는 양상을 보이기도 하였다. 이 과정을 상징적 비교의 차원에서 본다면, 아기가 뜨거운 촛불에 탐색적으로 접근하는 방식과 매우 유사하다.

길버트 이전에도 호박을 마찰하면 어떤 물질을 끌어당긴다는 사실을 본 사람들이 있었지만, 어쩌면 그러한 현상을 매우 신비적인 힘의 작용으로 생각한 경우도 있었을 것이다. 그 현상이 전기와 전자의 발생이라고 가설적으로 설명할 수 있는 사람이 이전에는 없었던 것이다. 마치 촛불을 본 아기가 거기에 손을 대 보고 뜨거움을 느끼듯이 그레이에 의해서 전기가 언제나 정지 상태에 있는 것이 아니라 물질에 따라서 전도되기도 한다는 것을 실험을 통하여 알게 되었다. 그리고 이후의 실험에 의하여 발생한 전기는 방치하면 소멸된다는 것을 알고 필요에 따라 물이 든 병에 보존할 수 있다는 것도 알았다. 그리고 전기와 번개는 성격상 같은 현상이라고 이해하고 벼락의 위험을 방지하는 피뢰침을 필요한 현장에 설치하는 대책을 세우게 되었다. 이렇듯 탐색적 경험의 내용은 특정한 순간에 알게 된 것, 특히 관조적으로 인식하게 된 것보다 훨씬 많은 것을 포함한다.

　　그러나 우리의 삶, 우리 보통 사람의 삶만이 아니라, 전기를 연구한 과학자들의 삶에서 그들은 항상 하나의 주제를 가지고 세상을 사는 것은 아니다. 전기에 대한 관심은 특정한 문제상황에서 발생한 것이고 그것과 더불어 탐색한 결과의 이론 혹은 지식은 삶 자체의 전부를 차지하고 있는 것도 아니다. 그러므로 과학자는 그가 발견한 법칙, 검증한 가설 그리고 다듬은 지식을 탐색에 몰두한 과정의 영계 속에 묶어 두거나 거기에 폐쇄된 상태로 두면 발견된 지식은 자체의 도구적 기능을 잃게 될 뿐만 아니라, 자칫 그 지식을 절대화하고 실체화하는 결과를 낳을 수가 있다. 탐색된 지식은 다시 우리의 삶이 실질적으로 영위되고 있는 세계에 귀속시켜야 한다는 '명시적 경험의 방법'이 요구하는 사항이다. 그렇게 함으로써 그 지식은 사회적·문화적 자연의 상태에서 항상 가설의 성격을 유지하고, 새로운 검증의 도전을 받으며, 여러 다른 지식과 함께 새로운 의미를 생산하고, 복합적인 가치들과 함께 성장을 위한 새로운 관심과 문제의 장을 형성한다.

정보와 지식

일상적 경험의 양상에 있어서 문명된 사회와 미개한 사회가 같을 수는 없다. 그러므로 일차적 경험의 범주에 있는 대상의 구조적 복잡성과 명시적 특징은 어떤 수준의 삶을 사는가에 따라서 다를 수밖에 없다. 이와 관련하여 듀이는 일차적 경험에 대한 분석과 반성적 사고가 시대적 상황의 영향을 받는다는 것을 다음과 같이 지적하였다.

> 분석과 통제를 필요로 하는 내용으로 꽉 차 있다고 하더라도, 우리의 일차적 경험 그대로는 분석과 통제의 목적으로는 거의 가치가 없는 것일 수도 있다. 반성적 사고가 요구되는 것은 바로 이러한 결함이 있기 때문이기도 하다. 고대의 천문학과 물리학이 실험적 분석의 기구와 기술의 부족으로 인하여 일차적으로 관찰한 사물을 액면 그대로 받아들였기 때문에 과학적 가치가 거의 없는 것이 되었듯이, '상식'의 철학도 흔히 반복되는 관습과 같은 것으로 여길 수가 있다. 일상적 경험의 내용에 맹목적으로 의존하였다고 확실히 말할 수 있는 증거로는, 어떤 광신적인 행위를 지지하거나, 아니면 새로운 회의의 대상이 되고 있음에도 불구하고 보수적 전통의 어떤 잔재를 옹호하는 편견에 빠지는 경우가 그러하다.12)

잠깐 여기서 우리는 지식과 정보를 구별해 둘 필요가 있다. 흔히 지식이라고 말하는 내용에는 단순한 정보에 해당하는 것들을 포함하기도 한다. 그러나 우리가 알고 있는 것 중에는 적어도 확신을 가진 내용인 것도 있고 그렇지 않은 것도 있다. 학습의 심도에 있어서 차이를 보인다. 확신은 없지만 제대로 검토되지 않는 상태 그대로 우리의 마음에 장착된 것이 있다. 그것은 정보에 해당하는 것이다.

---

12) Dewey, *LW 1: 37.*

좀 더 엄격히 말하면, 우리가 배우고 들어서 알고 있는 모든 것 중에서 내 마음의 밖에서 들어온 것은 단순한 것이나 복잡한 것이나, 잡다한 것이나 체계적인 것이나 간에 전부 '정보'에 해당한다. 학교에서 학생에게 전달하는 거의 모든 것도 애초에는 학생에게 정보에 속한다. '지식'에 속하는 것은 정보에 속하는 것 중에서 내가 사용하고 있거나 사용해 본 것이다. 내 마음의 밖에서 전달이나 암기에 의한 학습을 통하여 내 마음에 들어온 모든 것은 정보일 뿐이고, 그중에서 내가 이해하고 소화하고 인격화해서 사용하는 만큼 지식에 해당한다는 것이다. 그 정도를 내가 '아는 몫'이기 때문이다. 물론 내가 생산하여 소유한 것은 지식에 속한다고 해야 할 것이다. 이렇게 본다면 아무리 복잡한 이론이나 사상도 지식화되지 않은 상태에 있으면 정보의 수준에 있는 것이다. 물론 일차적 경험의 구성에는 수없이 많은 정보가 포함되지만 내가 이미 지식화한 것도 함께 섞여 있다.

문명된 사회는 이미 반성적 사고를 거친 고도의 이론적 환경을 조성하고 있으므로 즉시적 경험의 대상도 그런 수준의 것들을 포함한다. 적어도 상당한 교육을 받은 사람들은 일상생활에서 고도의 기술이 만들어 낸 기구나 장비를 사용하고 있으며, 자연적·사회적 현상을 설명하는 많은 이론적 지식을 상식의 수준에서 소유하고 있고, 상당수는 심오한 사상에도 익숙해 있다. 이런 수준의 지식과 정보는 누군가에 의해서 고도의 반성적 사고의 결과로서 생산된 것이며, 일상적 생활 속에서 정보로서 교환되고 지식으로 학습되기도 하는 것들이며, 허다히 즉시적으로 직접적으로 경험하는 대상에 포함되어 있기도 하다. 그러나 이러한 지식과 정보는 이차적 경험의 수준에서 검토되고 정리된 것이 아니라면, 막연하게 일차적 경험의 커다란 덩어리 속에 엉켜져 있을 뿐이다. 모든 정보를 지식으로 소유할 수는 없지만, 얼마나 많은 지식을 소유하고 있느냐는 정보의 소유만으로 평가될 수는 없다. 교육받은 마음의 소유자는 정보의 양적 수준보다는 지식의 통합된 수준으로 상대적인 평가를 받게 된다. 이것은 특정 분야의 전문성을 평가하는 기준이 된다.

우리가 많은 정보와 지식 그리고 확고한 신념이나 투철한 사상도 거기에 문제로서 의식하는 것이 없으면, 그 상태는 일차적 경험의 상태에 있는 것이고 아무런 반성적 사고나 비판적 검토가 이루어지지 않은 채로 우리가 묵묵히 소유하고 있을 뿐이다. 그러나 일차적 경험의 덩어리 속에 잠복되어 있던 지식이나 정보가 어떤 계기에 문제를 야기하는 원인이 될 수는 있다. 일상 속에 습관적으로 지니고 있던 지식이나 정보에 심각한 반성적 검토를 요청하는 상황이 발생할 수 있다. 막연한 정보로서 가지고 있거나, 다소 잘 소화한 지식의 수준에 있거나, 내가 평소에 열정을 바쳐 나의 활동과 생활에서 중요한 지침이나 이념으로 삼고 있는 신념과 사상에 회의가 발생한 것이다. 일차적 경험의 덩어리 속에 있는 특별한 정보나 지식이 심층적으로 혹은 체계적으로 신념화된 사상으로 간직된 것도 언젠가는 새로운 문제상황을 만들 가능성이 없지 않다는 것이다.

이러한 종류의 심각한 문제상황을 변증법적 방법으로 검토하는 것, 그런 것을 흔히 '비판적 사고'라고 한다. 흔히 마르크스주의자들이 취하는 비판적 사고의 방법은 신념화된 사상의 부정을 시도하는 것이다. 이러한 비판적 사고에 의한 잠정적 결론(혹은 가설)도 그냥 그 자체로서 발전하도록 하고 그것이 새로운 반성적 검토 없이 그 자체가 유지되고 성장하는 대로 수용한다면, 그것은 듀이가 말하는 '주지주의적 오류'에 빠질 수도 있다. 이러한 오류에서 자유롭기 위해서는 다시 일차적 경험의 상황에 되돌려 검토하는 계기를 가질 필요가 있다.

비경험적 철학의 비판

반성적 사고의 내용은 이차적 경험의 형태가 그렇듯이 잘 다듬어진 것이다. 그 전형적인 것으로 우리는 과학적인 것과 철학적인 것으로 나누어 볼 수 있다.

과학적 활동에서 이루어지는 경험적 방법은 대개 이차적 경험의 결과를 일차
적 경험의 내용에 관련시켜 언급하고 또한 그것에 환원시켜서 생각하게 하는
연결의 통로를 가지고 있다. 뉴턴의 인력의 법칙이 사과가 떨어지는 현상을 설
명하듯이 그 원천이 되는 일상적 경험에 대하여 설명력을 지닌다. 뿐만 아니라
모든 물체의 무게가 발생하는 원인을 중력의 개념으로 설명하지만, 예컨대 '바
닷속에 있는 무거운 물체인 배는 왜 물 위에 떠 있는가'라는 질문을 제기하는
문제상황을 유발하기도 한다. 반성적 사고는 일차적 경험에서 나타난 목적과
가치와 의미를 제대로 밝혀 주고, 본래의 경험적 재료가 보여 준 혼란이나 문제
의 장벽을 해결하기도 한다. 또한 반성적 사고에 의한 내용은 이론이라는 것의
일반적 특징이 그렇듯이 일상적인 사건이나 현상을 통제하는 데 사용되기도
하고, 동시에 목적의 실현을 이끌어 가는 수단이 되기도 한다.

그러나 듀이는 전통적인 철학의 이론에서 흔히 볼 수 있는 반성적 사고의 내
용 중에는 비경험적 방법으로 생산한 것이 적지 않다고 지적하였다. 오히려 비
경험적 이론이 전통적 철학을 주도해 왔고, 이러한 이론이 일으키는 문제는 본
연의 반성적(과학적) 탐구행위를 가로막는 장애물이 되기도 하며, 사고와 지식
이 성장하는 진로를 심각하게 차단해 버린다고 비판하였다. 그러한 비경험적
철학에서 다루어지는 것은 유의미한 반성적 사고를 요구하는 철학적 문제라기
보다는 오히려 한갓 수수께끼를 제기하는 것에 불과한 것이라고까지 하였
다.13)

철학은 본래가 그 특징에 있어서 반성적 사고의 양식이며 그만큼 치밀하게
이루어져야 하는 것이다. 그러나 철학적 작업에서 사용하는 비경험적 방법은
다듬어진 이차적 결과를 제대로 활용할 수 없도록 하고 있다. 결과적으로 전통
적 철학은 삼중적 실패를 가져왔다고 다음의 세 가지를 지적하였다.

---

13) 앞의 책, p. 17.

첫째, 검증의 과정이 전혀 없고, 검증과 재검토를 위한 노력조차 없다. 둘째, 일상적 경험이 과학적 원리와 추론을 설명하는 매개체로 작용하여 성과를 보여 주는 데 비하여, 철학에서는 일상적 경험의 의미를 확장하고 풍요롭게 하는 데 과학의 경우만큼 사용되지 못하고 있다. 셋째, 이러한 기능이 없으므로 철학적 내용 그 자체에도 역작용을 한다. 즉, 철학적 내용이 일상적 경험과 어떻게 연관되고 어떤 의미를 새롭게 주는지를 검증해 보지 않으면, 이 내용은 임의적이고 고립적이며 일상적 경험과는 무관하고 그 자체의 고유한 영역만을 독선적으로 고집하는, 좋지 못한 의미에서의 '추상적인' 것이 될 수밖에 없다는 것이다.[14]

본래 비경험적 방법에 의존하는 전통적 철학자들에게도 순수하게 합리적인 방법을 사용할 줄 아는 능력이 요구되었고, 정당화될 수 있는 특유의 방법을 의무적으로 채택해야 하는 것으로 되어 있었다. 그러한 합리적이고 효율적인 방법으로 그들은 반성적 사고의 대상에 접근하고 거기에 도달하고자 한다. 그런데 그들은 그 사고의 대상 자체 속에 실재성[15]이 본질로서 내재하고 있으며, 그 실재성은 스스로 자체를 드러낸다고 믿고 있었다. 예컨대, 변화무상한 것이 관찰되면 그 자체를 실재라고 보기보다는 변하지 않는 어떤 대상이 실재로서 존재하는 것이 있다고 믿게 된다. 즉, 그러한 반성적 사고는 궁극적으로 '실재하는' 것이 있고 그것을 인식하게 되는 경지에 도달한다는 것을 전제로 하고 있다. 그러나 문제는 그렇게 되면 거대한 덩어리째 그대로인 우리의 일상적(일차적) 경험은 그러한 실재성과 어떤 관계에 있어야 하며, 왜 그런 것이며, 참으로 왜 그런 것이어야 하는가의 질문에 아무런 대답을 주지 못한다는 데 있다.

그것은 듀이의 주장으로, 그들이 상정한 경험의 개념은 자연과 분리된 것이

---

14) 앞의 책, p. 17.
15) reality

기 때문이다. 그러므로 우리가 생각을 달리해 볼 필요가 있다. 실재성은 경험과 별도로 존재하는 것이라기보다는 오히려 경험의 대상 그 자체가 자연의 특성으로 드러난 것이라고 보자는 것이다. 비록 관찰을 통해서 발견되지는 않지만 우리는 상상 속에 나타나는 가능한 이미지들을 고려할 수가 있다. 환상의 경우도 물론 실재하는 것이라고 할 수 없는 다만 환상일 뿐이지만, 그 환상이 일어난다는 사실은 환상이 아니라 명백한 근거가 있는 실재이다.16)

이러한 자연의 개념에 따라서 보면 전통적 철학의 커다란 폐해의 하나로 임의적인 '주지주의'를 들 수 있다. 주지주의에서는 모든 경험의 과정도 앎의 양식이라고 규정하고, 경험을 통하여 자연에 관한 앎에 도달한다는 것이다. 주지주의에서도 모든 경험의 내용은 자연의 내용이다. 그러나 듀이가 문제로 삼은 것은 이런 것이다.17) 즉, 주지주의는 그러한 내용의 모두를 원칙상 과학이 다룰 수는 없으므로 다룰 수 있는 대상으로 환원시켜야 하고 그렇게 변형될 수 있다고 생각한다는 것이다. 말하자면, 주지주의에서 과학적 관심거리가 되는 경험은 우리의 일상적 경험 그대로가 아니라 그러한 환원적 방법18)에 의해서 변형된 것임을 의미한다. 예컨대, 경험의 내용들을 객관적 관찰이 가능한 감각적 표상들로 환원시키고, 귀납적 일반화가 가능한 계량적 단위를 적용할 수 있도록 변형시키는 것이다. 이러한 가정은 일차적으로 경험된 것 그 자체와 동일한 것이 아니다. 오히려 그것과 반대되기도 한다. 왜냐하면 우리는 사물을 단지 앎의 대상으로만 삼는 것이 아니기 때문이다. 오히려 우리의 일상적 경험에서 사물은 다루고 사용하고 변화시키고 또한 영향을 입기도 하는, 즉 상호작용하는 대상으로 받아들인다. 이를테면, 사물은 나와 분리해서 존재하는 인식의 대상이기 전에 나와 함께하는 소유의 대상이라는 것이다.

듀이에 의하면 전통적 철학은 경험의 총체적 대상 중에서 특별히 철학자들

---

16) 앞의 책, p. 27.
17) 앞의 책, p. 28.
18) reductionism

에게 가치가 있는 인식의 측면에만 편협된 집착을 보이는 경향이 있다. 철학자들은 집요하게 어떤 대상의 실재성을 내세우며 오직 그것만이 실재하는 것의 의미라고 보고, 다른 것들은 단지 부차적 의미에서 그리고 특수한 사례에서만 실재할 뿐이라고 주장한다. 그러나 듀이는 이러한 풍토에 대하여, 우리가 살고 있는 세계처럼 불확실하고 위험한 것으로 가득 찬 세계에서는 확실성을 보장할 수 있다고 여기는 것은 무엇이든지 궁극적으로 존재하는 것으로 가정하는 경향이 있음을 지적하였다.[19] 그리고 이외의 모든 것은 단지 가변적 현상일 뿐이고 극단적인 경우에는 허황한 환상이라고 치부해 버린다는 것이다.

그러나 실재의 문제를 두고 철학자에 따라서 서로 아주 다른 대상을 주장하기도 한다. 이런 경향에 비추어 보면 실재의 모습에 대한 주장은 임의적이라고 밖에 말할 수가 없다. 이 대상은 플라톤과 데카르트의 경우처럼 수학적 실체일 수도 있고, 헤겔의 경우처럼 의식의 상태일 수도 있으며, 혹은 영국의 경험주의자인 로크의 경우처럼 감각적 자료일 수도 있다. 다시 말하면, 철학자는 그가 특정한 문제의 관점에서 보아 자명한 존재라고 여기는 것을 실재라고 가정하고 수용한다. 그리고 철저하게 확실한 존재라고 믿게 하는 것은 무엇이든지 실재를 구성하는 요소로 선택하기도 한다. 실재하는 것이 무엇인지 철학적으로 정의할 때, 고귀함과 준엄함을 갖춘 것은 보편적인 확실성을 가진 것으로 주목을 받기도 한다.

그러나 듀이에 의하면 철학이 반성적 사고와 관련하여 본연의 역할을 다하기 위해서는 이 점에 충실할 필요가 있다. 즉, 진리와 허위의 문제에 관해서는 실재하는 것을 가정하고 거기에 접근하는 것보다 사물을 주의 깊게 관찰하는 실험을 통하여 우리가 무엇을 발견하는 것에 따라서 분별한다는 것이다. 그는 이렇게 설명하였다.

---

19) 앞의 책, p. 31.

우리는 어떤 경험적 발견에 대하여 논박할 때, 이러저러한 것이 잘못이라고 하면서 사실적 내용 그 자체를 부정하는 것보다 반론을 뒷받침하는 경험적 과정과 방법을 보여 주는 것이 더욱 중요하다. 진리라고 주장하는 긍정적 방향으로 나아가는 것뿐만 아니라 오류로 보이는 것을 분명히 하는 것도 매우 중요하다. 오류를 지적하는 것도 지금까지 발견하지 못하고 인식하지 못한 새로운 것을 다른 사람과 더불어 알아내고 찾아내는 데에 도움이 된다. 반성적 사고와 논리가 지닌 모든 기지(機智)와 발상(發想)은 후속되는 과정에 방향을 바로 제시하고 전달하는 역할을 한다. 모든 철학의 체계는 어떤 의미에서 그러한 실험의 결과를 보여 줄 수 있어야 한다. 실험은 어느 것이나 그 자체의 특징상 경험 가능한 사건과 대상의 특징을 관찰하는 데 가치 있는 것을 제공한다.[20]

경험적 방법을 쓴다고 해서 그 방법으로 찾아낸 결론에 관련된 모든 것을 밝혀 주지는 않는다. 그러나 그것은 우리가 무엇을 선정하여 언제 어디서 어떻게 발견하게 되었는지를 보여 준다. 마치 사람들 앞에서 여행한 길의 지도를 내놓고 보여 주는 것과 같다. 그리하여 한 연구물은 다른 연구에 의하여 수정되고 확대되어 많은 연구자가 함께 관심을 가지고 믿어 주고 넓혀 주고 고쳐 줄 수 있는 것이며 그만큼의 확실성을 높여 준다. 경험적 방법을 사용한다면 자연과학적 연구에서 하듯이 합의를 본 것을 함께 따르려는 것과 같이 철학적 사고에서도 그러한 관행을 지킬 필요가 있다는 것이다.[21]

그러나 전통적으로 철학자들이 그렇게 하지 못한 중요한 원인의 하나는 그들이 철학적 사유를 그들의 일차적 경험에서보다는 오히려 원천적으로 온갖 종류의 이차적 분석의 결론, 특히 당대의 가장 지배적인 학문의 특수한 분석들을 빌려와 그 결론들을 철학에 바로 받아들인 것이다. 듀이는 이렇게 지적하였다.

철학적 결론들에 문제가 되기도 하는 것은 최소한 그것이 반성적 사고와 이

---

20) 앞의 책, p. 35.
21) 앞의 책, p. 37.

론화의 결과이기 때문만은 아니다. 오히려 철학자는 온갖 원천으로부터 특수한 분석의 결론, 특히 당대의 가장 지배적인 학문의 특수한 분석의 결론을 빌려올 때, 그것의 모태인 경험적 내용이나 바로 그 결론이 밝히고자 하는 바에 비추어 검토해 보지도 않고 철학에 바로 받아들였다는 데 문제가 있다. 플라톤은 피타고라스 학파와 교섭하여 수학적 개념을 받아들였고, 데카르트와 스피노자는 기하학적 추론의 전제조건을 넘겨 받았으며, 로크는 마음의 이론에 뉴턴의 물리적 원자의 개념을 받아들여 '단순 표상'으로 바꾸었다. 그리고 헤겔은 당대에 한창이던 역사적 방법을 빌려와 무한히 일반화하였다. 현대의 영국 철학은 수학으로부터 정의할 수 없는 원초적 명제의 개념을 받아들여 로크의 단순 표상에서 유래한 내용을 거기에 부여하였다. 이러한 단순 표상은 심리학과의 교역에서 생겨난 재고품의 하나가 되어 버렸다.[22]

문제는 이것이다. 즉, 철학자들이 논리학, 수학, 물리학 등의 여러 과학으로부터 빌려 온 다듬어진 이차적 결론들을 그들의 이론으로 바꾸어 최종적인 것으로 만들었다. 이 결론들을 경험의 전체에 비추어 보아 새로운 내용이 드러나게 하거나, 애초의 경험내용을 새롭게 규정하고 명백히 하는 데 사용하고자 하지 않았다. 오히려 그들은 거꾸로 경험은 신뢰할 수 없는 것이며, 경험의 전체적 대상에 내재하는 실재성과 타당성에 관하여는 아무것도 말해 주는 것 없이 오히려 새로운 문제를 임의로 제기하는 데 사용하였다. 예를 들어, 사실상 수학적 대상은 실제로 존재하는 것에 관해서는 아무것도 명백하게 드러내는 것이 없고, 수학적 기법을 적용하는 영역에서만 효율적일 수 있는 관계의 개념을 나타내는 기호의 체제에 불과한 것이다.

듀이에 의하면, 경험적 방법이 철학에 절실히 요구하는 바는 두 가지이다.[23] 첫째, 과학에서 다듬어진 이차적 방법과 결과를 일차적 경험, 즉 이질적

---

22) 앞의 책, pp. 37-38.
23) 앞의 책, pp. 39-40.

인 요소들이 자연스럽게 남아 있고 경험의 완전한 모습을 그대로 지니고 있는 본래 자리로 되돌려 검토하는 것이다. 그리하여 이차적 방법과 그 결과가 본래 어떤 필요와 문제에서, 무엇을 충족시키고 해결하고자 하여 생겨난 것인가를 밝혀야 한다. 둘째, 그 이차적 방법과 결론을 검증하기 위하여 아주 조야(粗野)하고 거친 일상적 경험의 대상으로 다시 가져다 놓는다. 이러한 방식으로 분석적이고 반성적인 사고의 방법은 철학에서 '명시적' 대상이 되는 재료를 제공받는다. 절차는, 다른 탐구자에게 기존의 연구가 그들의 경험과 일치하거나 않거나 간에 그 결과를 어떻게 획득하며 기존의 것을 어떻게 확인하고 수정하고 바로잡아야 하는가를 가르쳐 준다. 기록된 과학적 탐구의 결과는 사실상 차후의 방법을 지시해 주며, 이러이러한 관찰에 착수하면 이러이러한 발견에 도달될 것이라는 것을 미리 예견하게 한다. 철학의 경우에도 경험적 방법은 과학의 경우와 본질적으로나 기능적으로 같을 뿐이다.

그러면 진리의 문제는 없는가
- 듀이와 러셀의 논쟁 -

우리가 일상적으로 혹은 이론적으로 사용하는 '지식'이라는 말을 좀 더 엄격한 분석적 방법으로 검토해 보자. 가장 쉽게 말해서 '지식'은 '안다'는 동사의 명사형이다. 그러므로 앎이 그냥 지식이다. 그러나 우리말에서 '앎'이라는 단어는 '아는 행위'의 상태 혹은 과정을 나타내는 동명사이지만, '지식'은 앎의 결과 혹은 알게 된 내용을 의미하는 단순한 명사로 사용되는 것이 일반적이다. 앎은 '안다'는 동사의 과정을 나타내는 명사이지만 '지식'은 알게 된 내용(결과)을 나타내는 명사이다. 여기에 이러한 차이를 밝히는 것이 꼭 필요한 이유는, 영어권에서 사용하는 'knowledge'는 앎의 뜻으로도 쓰이고 지식의 의미를 가진 말로도 사용되므로 우리말의 '지식'과 같은 의미를 가지고 있지 않기 때문이다.

우리가 일상적으로 '학자' 혹은 '지식인'이라고 하면 글을 아는 사람, 즉 글로써 공부해서 많은 지식을 가진 사람을 가리킨다. 학술적인 혹은 전문적인 지식, 특히 이론적 지식을 어느 수준 이상으로 공부해서 익힌 사람이 지식인이다. 그리하여 지식은 대체적으로 이론적인 것, 말하자면 일상적 혹은 전문적인 언어나 기호로서 표현되고 체계화된 내용을 뜻하는 것이다. 그러나 영어의 경우에 'knowledge'는 우리말의 '앎'과 '지식'의 두 가지 의미를 모두 지니고 있고 문맥과 함께 특정한 사용이 어느 쪽의 의미인지가 분별된다.

이 책에서의 '지식'이라는 인식론적 용어는 이와 같은 두 가지의 의미로 이해하기로 한다.[24] 영국의 철학자 라일(Gilbert Ryle)이 '안다(to know)'는 말이 사용되는 방식을 두 가지로 구분하여 분석한 이래 '지식'이라는 말도 이에 따라 구별해서 사용되기도 한다. 우리가 무엇을 '안다'고 말할 때 그 앎은 '~임을 안다(to know that ~)'로 표현되거나 '~할 줄 안다(to know how ~)'로 구분될 수가 있다는 것이다.[25] 예를 들어, '그는 지구가 둥글다는 것을 안다'와 '그는 피아노를 칠 줄 안다'로 구분되면, 전자는 앎의 내용이 어떤 명제나 진술의 내용을 안다는 것이고 후자는 요령 혹은 방법 등의 절차적 규칙이나 원리를 따를 줄 안다는 뜻이 된다. 그래서 보통 전자를 일컬어 '명제적 지식'이라고 하고 후자는 '방법적 지식'[26]이라고 하여 구별한다.

---

24) 'Epistemology'는 영어에서 같은 뜻으로 'Theory of Knowledge'라고도 한다. 그런데 우리말로는 철학자들이 '인식론'이라고 번역한다. 우리말의 '인식'은 앎의 과정을 뜻하는 것으로 이해하고, 앎의 결과는 '지식'이라고 하는 것이 보통이다. 이렇게 볼 때, 우리말의 인식론은 앎의 과정에 관한 것이고 영어의 Knowledge는 문맥에 따라서 과정 혹은 결과의 어느 것을 의미한다고 보면 될 것 같다.

25) Gilbert Ryle, *The Concept of Mind* (New York: Barnes and Noble, 1949), 이돈희, 『교육철학개론』 (서울: 교육과학사, 1983), pp. 206-207.

26) propositional knowledge / procedural knowledge

명제적 지식에서의 '명제'란 엄격히 말하면 적어도 '논리적으로' 진실과 허위의 어느 하나로 판명될 수 있는 문장 혹은 진술을 말한다. "옛날 우리 마을에 청룡이 날아 왔다."라는 말(진술, 주장, 의견)의 진위 여부를 실제로 가릴 수는 없다. 그러나 그것을 어떤 방식으로든지 끝까지 캘 수 있으면 사실이거나 아니면 허위로 판명될 수 있는 그러한 성격의 내용이다. 그러므로 그 말의 내용이 사실이라고 믿기는 어렵지만 그 말 자체는 명제에 속한다. 즉, 명제란 궁극적으로 진리 혹은 허위의 분별이 어떻게든지, 적어도 논리적으로 불가능하지 않다고 여겨지는 진술이다.[27] "넬슨(Nelson) 제독과 이순신 장군이 해전을 벌이면 이순신 장군이 이긴다."라는 표현은 실제로 검증이 사실상 불가능한 진술이지만 진위(眞僞)의 분별이 논리적으로 불가능한 것은 아니다. 그러므로 그 진술은 명제일 수 있다.

그러나 도덕적 표현으로 "그는 착한 사람이다."와 같은 도덕적 진술의 경우에 명제의 여부를 두고 철학자들 사이에 논쟁이 계속되고 있다. '착한'이라는 말의 객관적 의미가 성립될 수 있느냐의 문제이다. "그는 아름다운 노래를 불렀다."와 같은 진술에서 '아름다운'이라는 말의 의미도 마찬가지이다. 말하자면, 가치 언어의 의미에 대한 객관적 인식 여부를 두고 쟁점이 남아 있다. 그러나 문장론적 형식으로 볼 때, 주장, 의견 등을 나타내는 형식을 지니고 있기 때문에 (엄격한 의미에서가 아닌) 편의상으로 명제적 지식의 범주에 일단 포함시키는 것이 보통이다.

명제적 지식과 방법적 지식이 성립하는 조건도 서로 다르다. 엄격한 의미의 명제적 지식이 성립하는 조건은 기본적으로 'X라는 사람이 명제 P를 안다'는 것은 적어도 두 가지의 조건을 논리적으로 충족시켜야 한다는 것이다. 하나는

[27] 어떤 명제 혹은 진술의 논리적 불가능성은 그 명제의 내용 중에 자체적 모순을 포함하고 있음을 의미한다. '결혼한 총각', 유클리드 기하학에서 '둥근 삼각형' 등의 표현은 논리적으로 성립할 수 없는 주장의 내용이다.

'신념조건'이고, 다른 하나는 '진리조건'이다.[28] "갑돌이는 지구가 둥글다는 것을 안다."는 진술은 엄격히 말해서 갑돌이는 지구가 둥글다고 믿고 있고 그가 믿고 있는 내용인 둥근 지구의 존재가 진실이어야 한다는 것이다. 만약 어느 조건의 하나라도 충족되지 않으면 갑돌이는 그 진술과 관련해서 지식을 소유한 상태에 있는 것이 아니다. 갑돌이의 상태는 둥근 지구에 관해서 알거나 모르거나, 지식을 소유하고 있거나 아니거나 어느 하나에 해당된다. 신념조건을 충족시키기에는 확신이 부족하여 조금이라도 그 명제가 진리임을 완전히 믿을 만큼의 수준에 있지 못하거나, 진리라고 할 증거가 부족하여 회의의 정도가 남아 있으면 엄격한 의미에서 앎(즉, 지식)을 충족시킨 것이 아니다. 즉, 명제적 지식의 경우에 지식의 상태는 정도의 차이로서 말할 수 있는 것이 아니라 진위의 질적인 판단의 결과로 언급되는 것이다.

그러나 우리가 일상적으로 언급하는 지식들은 엄격한 인식론적 조건을 충족시킨 것들이 아니다. 엄격한 의미에서 진리의 조건을 확신하지 못하거나 아직은 가설적 상태에 있는 명제이기는 하지만, 상당한 정도의 확신을 주는 증거가 있고 그 증거도 신뢰할 만한 방법으로 획득한 것이면 우리는 통상적으로 지식의 범주에 포함시켜 다룬다. 대체적으로 학교에서 가르치는 지식들은 인식론적 조건을 갖춘 것들이지만, 언젠가는 허위로 판정될 가능성이 전혀 없는 것이 아니다. 그런 점에서 보면, 교과서적 지식뿐만 아니라 우리가 평소에 학습하는 지식들은 엄격히 말하면 대개 '지식의 합리적 후보군'에 속한다고 해야 정확한 표현이다.

---

28) 지식의 조건은 기본적으로 신념조건(belief condition)과 진리조건(truth condition)을 충족해야 한다고 생각하는 것이 일반적 경향이지만, 진리라고 말할 증거를 요구하여 증거조건(evidence condition)을 추가로 밝히기도 한다. Israel Scheffler, *Conditions of Knowlededge: An Introduction to Epistemology and Education* (Glenview, Ⅲ. Foresman and Company, 1965), 이돈희는 『교육철학개론』 (서울: 교육과학사, 1983, pp. 227-256)에서 증거로서 성립하는 방법을 요구한다면 방법조건(method condition)을 더할 수 있는 것으로 설명한 바 있다.

방법적 지식의 경우에는 매우 다르다. "을순이는 피아노를 칠 줄 안다."고 하면, 을순이가 피아노의 건반을 두드려 소리를 낼 줄 안다는 수준의 것을 의미할 수도 있고, 바이엘과 체르니 등의 연습과정을 어느 정도 거쳤기 때문에 기본적인 기능은 익혔다는 것일 수도 있다. 그보다는 훨씬 높은 수준으로, 예컨대 어느 음악 평론가가 며칠 전 음악회에서 있었던 을순이의 연주를 평하여 "을순이야말로 피아노를 칠 줄 아는 연주자이다."라고 말하면 고도의 연주 수준을 나타내는 것이 되는 경우도 있다. 방법적 지식의 경우는 상황에 따라서 지식의 수준이 상대적인 정도의 차이를 표현해도 아무런 어색함이나 문제가 될 성질의 것이 아니다. 그것은, 방법적 지식이란 어떤 가치 혹은 목적을 실현하는 데 요구되는 요령, 기술, 능력에 관한 것이므로 임의로 설정한 기준에 따라서 판단할 수는 있으나 진리의 개념이 직접적으로 지식의 조건으로 문제되지 않기 때문이다.

지식의 진리여부가 문제되는 것은 명제적 지식의 경우이다. 진리가 아닌 명제를 내용으로 포함한 신념은 아무리 강력하여도 엄격한 인식론적 의미의 지식일 수가 없다. 그러나 언어나 기호로써 진술된 명제는 객관적으로 존재하는 것으로 여기는 사물과 세계를 '관조(觀照)한' 바의 표현이며 그 내용은 진실한 것이라고 검토된 신념의 내용이다. 그리고 서양의 인식론적 전통에서 명제의 진실성은 관조한 실재(實在), 즉 객관적으로 존재하는 것을 인식하여 나타낸 내용에 대응하고 일치함을 의미한다. 그런데 이러한 명제적 지식을, 듀이가 일컫기로 '관조자의 지식'29)이며 그러한 지식을 성립시키는 진리의 조건은 '대응설'30)에 의존한 것이다. 여기서 '관조'라는 말은 그냥 사물을 본다는 뜻을 지니지만, 시각적으로 감지한다는 뜻이라기보다는 어떤 대상(사물)에 대하여 마음속에 그림처럼 인식의 내용을 형성하고 그것으로써 사물에 관한 이야기(논의)

---

29) spectator's knowledge
30) correspondence theory

를 할 수 있다는 것이다.

　듀이는 1906년과 1909년의 사이에 여러 논문을 통하여 전통적 철학, 특히 인식론에서 다루는 지식과 진리의 개념에 관하여 집중적인 비판을 가하였다. 비판적 주장을 쏟아낸 것은 주로 '진리'의 의미에 관한 것이었다. 제임스도 논문 「프래그머티즘」에서 비판의 표적으로 삼은 것은 주로 전통적인 '대응설'이었다.31) 대응설에 의하면, 어떤 명제나 신념이 진리라는 것은 그것이 실재하는 것에 대응하기 (혹은 일치하기) 때문이다. 그것은 명제나 신념이 진리일 수 있으려면 적어도 두 가지의 원리를 충족시킴을 의미한다. 하나는, 인식의 대상은 인식의 주체와는 별도로 독립해서 존재한다는 '독립성의 원리'이다. 그 대상은 궁극적으로 나의 마음속에 있는 어떤 것이 아니라, 나의 마음 밖에 객관적으로 존재하는 실재에 속한다는 것이다. 다른 하나는, 그 대상을 나타내는 명제나 진술이 진실로 존재하는 그 실재에 대응(일치)한다는 '대응성의 원리'이다.32) 앞의 원리들을 충족시킬 때 그 명제 혹은 진술은 '진리'라고 말할 수 있다는 것이다.

　전통적 철학에서 대부분의 전문적인 철학자는 진리란 정태적이고 최종적이며 완전하고 영원한 것이라고 생각해 왔고, 종교적으로는 신(神)이 역사한 것과 동일한 것을 의미하였다. 우리가 흔히 '진리'를 추구한다든가 "무엇이 진리이

---

31) William James, *Pragmatism: A New Name for Some Old Ways of Thinking* (1907; New York: Longman's, Green, 1947).

32) 영어의 'correspondence theory'라는 말은 우리말로 번역할 때 학자에 따라서 '대응설'이라고도 하고, '일치설'이라고도 한다. 대응한다는 것과 일치한다는 것은 반드시 같은 뜻이라고 하기는 어렵다. 서로 대응하더라도 서로 같지 않을 수는 있다. 그러나 어느 것이 더 좋은 번역이라고 해야 할지는 판단하기가 쉽지 않다. 그것은 아마도 영어의 'correspondence'라는 말이 두 가지 의미를 모두 지니고 있고, 구체적인 뜻은 문맥에 따라서 이해되기 때문에 애매성을 나타낸다고 볼 수 있다. 그러나 우리말에서는 '대응'과 '일치'를 동시에 나타내는 말이 없기 때문에 번역어는 어느 하나로 할 수밖에 없다. 이 책에서는 주로 '대응설'로 표현하고, '일치'의 의미가 더욱 적절하다고 여겨지는 문맥에서는 이해를 위하여 일치의 의미가 부연되도록 한다.

다.”라고 말할 때 그것은 매우 고답적인 이념이나 사상이나 원리로 생각하는 경향이 있지만, 가장 기본적인 의미는 '참된' 혹은 '진실된' 등의 형용사의 명사형이다. 즉, 거짓이나 허위가 아니고 참된 것 혹은 정직하게 사실로서 표현한 것, 혹은 모조품이 아니고 진품이라는 의미와 같이 본연의 실재에 일치한다는 것이다. 전통적 인식론에서 말하는 '진리'는 우리의 생각, 주장, 신념, 사상 등의 아이디어를 명제 혹은 진술로 나타낼 때, 그 명제, 진술 등이 나타내는 바가 실재(實在)의 진실된 모습 그대로에 일치한다고 할 수 있는 만큼의 어떤 양상으로 표현된다는 것이다.

　듀이는, 진리인 아이디어(표상, 신념, 명제, 혹은 진술)가[33] 실재하는 것에 대응한다(혹은 일치한다)는 이론은 먼저 '일치한다'거나 '대응한다'거나 하는 것 자체가 무엇을 의미하는지가 명백하지 않다고 여겼다. 아이디어가 실재와 어떤 속성이나 양상을 공유한다는 것으로만 생각하면, 속성이나 양상의 경우에 이미 그것을 표상하는 기호나 언어는 대상과 분리되어 별도로 존재하는 것이므로 동일성을 공유하는지의 여부를 단정할 수가 없다. 듀이와 프래그머티즘 철학자들에 의하면, 어떤 아이디어가 실재하는 것에 일치하고 그래서 진리라고 말할 수 있으려면, 인간의 어떤 목적지향적인 행위에 그것이 성공적으로 사용되고 있어야 한다. 의사의 가설적 진단에 의한 처방이 질병을 치유하는 만족한 결과를 가져온 경우와 같이, 듀이의 용어로 말하면, 한마디로 문제상황의 해결에 유용한 도구가 되는 것이어야 한다.

---

33) 영어의 'idea'라는 말은 일상적으로 '이념' '이상' '관념' '사상' '생각' 등으로 번역되는 것이 보통인데, 어느 하나로 일관하면 문맥에 따라서는 어색하거나 모호함을 면할 수 없는 경우가 많다. 서양철학의 인식론적 의미로는 실재하는 것을 나타내 준다는 의미의 '표상'이 덜 어색하고 좋은 번역으로 사용되지만, '표상'은 문맥에 따라서 'impression'의 번역으로 사용되기도 한다. 존재론적 의미로는 'idealism'을 흔히 '관념론(주의)'이라고 하듯이 '관념'이 이해가능성을 높여 주는 것 같기도 하다. 이 책에서는 차라리 그냥 흔히 우리말처럼 쓰는 '아이디어'로 표기하기도 한다. 여기서 'idea'라는 말은 주로 표상, 신념, 명제, 주장, 생각 혹은 진술 등을 포괄적으로 언급한 것이다.

그러나 프래그머티즘의 이러한 진리설은 특히 러셀(Bertrand Russell)을 비롯한 영국의 논리학자들로부터 오는 강한 비판을 감당해야만 했다. 지식과 진리의 조건을 둘러싸고 극심한 논쟁이 계속되자 듀이는 전통적인 의미의 '진리'라는 말이 혼란과 애매성을 낳는다고 보고, 대신에 '보장 가능한 확신'이라는 말로 대치하였다.34) 어떤 아이디어를 탐색에 사용한 결과가 성공적이면 그 아이디어는 확실성을 보장받을 수 있을 정도가 된다는 것이다.

그러나 러셀은 용어의 대치로써 프래그머티즘의 진리설을 수용하고자 하지는 않았다. 그가 쓴 『서양철학사』에서 듀이의 진리설을 논의하는 데 한 장을 할애하였다. 그 장의 한 부분에 다음과 같은 내용이 있다.

> 듀이 박사와 나 사이에 중요한 차이가 있다면, 그는 신념의 진리 여부를 그 신념이 가져올 결과로써 판단한다고 하는 반면에, 나는 과거의 어떤 사실에 어떻게 인과적으로 관련되어 있는가의 여부로 판단한다는 것이다. 만약에 그 원인과 관련성(때로는 매우 복잡한 것일 수도 있지만)이 있다는 확신이 선다면 그 신념은 '진실'이거나, 아니면 진실에 매우 가까운 것이라고 할 수도 있다. 듀이 박사는 그 신념이 어떤 좋은 결과를 가져온다면, 그런 경우에 '진리' 혹은 '보장 가능한 확신'이 된다고 하였다. 이런 정도의 상이한 생각은 세계를 보는 관점의 차이에서 비롯된 것이라고 할 수 있다. 과거의 어떤 것에도 현재 우리가 무엇을 하든지 간에 그것에 어떤 영향을 미칠 수가 없다. 그런고로 진리가 과거의 일로 인하여 결정된다면, 그것은 현재나 미래의 의지와는 아무런 상관이 없다. 논리적으로 말해서, 과거의 것은 바로 인간이 어떻게 할 도리가 없는 것이다. 그러나 만약 미래의 어느 시점에서 진리임이 밝혀진다면, 혹은 듀이 박사의 말대로 '보장 가능한 확신'으로 결정된다면, 우리는 그것의 진리여부를 마음대로 선택할 수 있는 셈이 된다. 왜냐하면 미래는 우리가 바꾸어 놓을 수도 있기 때문이

---

34) 'warranted assertibility'는 우리말로 정확히 번역하기가 어려운 말이다. '보장된 확실성의 주장이라고 할 수 있는 것' '보장 가능한 주장' 등으로 번역해 보았으나, '확신'이라는 표현이 편하고 적합한 것이라고 여겨 그렇게 사용하기로 한다.

다. 이는 바로 인간의 능력과 자유의 의미를 확대하는 것이다. 시저(Caesar)가 루비콘강35)을 건넜느냐? 과거의 일은 교정이 불가능한 필연성을 지닌 것이므로 나는 그렇다고 대답을 할 수밖에 없다. 그런데 듀이 박사는 미래에 있을 결과를 검토하여 '그렇다'라고 하거나 '아니다'라고 말하게 될 것이다. '아니다'라는 대답을 하고 싶으면, 그렇게 말할 수밖에 없도록 지금 미래의 상황을 조정해 버리면 된다. 사람의 힘으로 가능한데도 불구하고 조정하지 말아야 할 이유도 없다. 만약 시저가 루비콘강을 건넜다는 사실이 매우 불쾌하게 느껴진다면, 내가 우울하게 절망에 빠져 앉아 있을 필요가 없다. 왜냐하면 내게 그럴 기술도 있고 힘도 충분하므로 그가 루비콘강을 건너지 않았다는 진술이 하나의 '확신'이 되도록 사회적 환경을 조정해 버리면 된다. 그것은 어려운 일이 아니다.36)

우리가 쉽게 생각해서 러셀의 말대로 '시저가 루비콘강을 건넜다'는 진술(신념)이 미래에 나를 기분 좋게 혹은 만족스럽게 한다는 이유 때문에 거짓이 아니고 진실이라고 한다면, 그야말로 듀이는 이해할 수 없는 이상한 주장을 한 것이다. 나의 개인적 기분에 따라서 그 진술이 진리가 되고 허위가 된다는 것도 역시 수용하기가 어렵다. 진리와 허위의 주장은 개인적이고 사적인 생각이 아니라 적어도 관련된 공동체에서 공인성과 객관성을 지닌 주장이어야 한다. 쉽게 말해서 그 진술이 진실(진리)이려면 시저가 루비콘강을 실제로 건넜어야 한다. 대응설이 주장하는 요건을 따르면, 한 아이디어 혹은 신념의 진술이 진리이려면 그 진술이 실제로 존재한 사실과 일치(대응)해야 한다.

그러나 듀이가 말하는 진리는 러셀이 이해한 바와 같이 진술과 사실(실재) 사이의 논리적 대응과 일치를 의미한 것은 아니다. 아마도 러셀이 듀이를 그렇게 해석한 것은 제임스의 진리설에 대한 선입견이 작용한 것일 가능성도 있다. 러셀은 듀이가 제임스의 심리학에 영향을 받았고, 뿐만 아니라 두 사람은 퍼스

---

35) Rubicon
36) Bertrand Russell, *History of Western Philosophy* (New York: The Bertrand Russell Peace Foundation, Ltd., 1996), p. 736.

(Charles S. Peirce)에서 비롯된 프래그머티즘의 철학자에 속한다. 그러나 퍼스, 제임스, 듀이는 각기 독특한 이론적 특색을 보여 주고 있다. 퍼스의 관심은 주로 수학적, 논리학적 문제에 집중하였고, 제임스는 상대적으로 심리학적 문제에 관심을 많이 두고 있었으며, 듀이는 실험과학적, 생물학적, 교육학적, 사회문화적 부문을 포괄할 정도의 폭넓은 관심의 영역을 두고 있었다.

　퍼스는 진리를 행위의 결과에 의해서 알 수 있다고 하였으며, 언어나 기호의 의미도 그것을 사용한 결과로서 예측되는 모든 것으로 규정하였다. 예를 들어, "어떤 물체 X가 견고하다."고 한 진술의 경우에 그 의미는 그 물체로써 다른 물체를 긁어 보아 결과적으로 긁힌 자국을 관찰하게 된다는 것이다. 어떤 물체의 '용해성'을 말할 때 그 의미를 그냥 규정해 버리는 것이 아니라, 설탕을 물에 넣으면 녹는 것과 같이 물이나 다른 액체에 넣으면(혹은 접촉하면) 녹는 결과적 현상이 관찰되는 것으로 그 의미를 규정한다. 이러한 원리에 따라서 제임스는 어떤 생각이나 이론에 의한 행위의 결과가 만족스러운 것이라면 그것은 진리이기 때문이라고 하면서 신에 대한 신앙의 문제도 이런 이치에 따라서 해결하고자 하였다.

　　만약 우리가 꼭 걸어 가야 할 보다 나은 삶의 길이 있다면. 그리고 만약 그러한 삶의 길을 밟는 데 도움이 되는 보다 좋은 어떤 생각이 또한 있다면, 그 생각을 믿는 것은 참으로 (그렇게 하지 않는 것보다) 좋은 일일 것이다. 물론, 이는 그것을 믿는다는 것이 더 큰 이익에 반대되지 않는다는 확신이 있을 경우의 이야기이다. '무엇을 믿어야 더 나을 것인가!' 이것이 바로 진리의 정의인 것 같다.[37]

　앞에 인용된 부분은 프래그머티즘의 진리관을 일면 반영하고 있는 것임에는 틀림이 없다. 프래그머티즘은 본래 퍼스에 의해서 의미의 이론으로 주장된 것

---

37) William James, *Pragmatism*, pp. 76-77.

이었다. 그는 어떻게 개념의 정의를 명백히 할 수 있느냐에 일차적 관심을 두고 있다. 그러나 제임스는 앞의 인용문에서 암시하듯이 퍼스의 원리를 자신의 종교적 신앙에서 생긴 갈등을 해결하는 데로 확장하였다. 이에 대하여 퍼스는 제임스가 자신의 원리를 이런 방식으로 확장하는 것에는 동의하지 않았다. 그러나 그들이 주장하는 바대로 분명히 참된 신념은 일반적으로 말해서 거짓된 신념보다 더 좋은 기능을 할 수 있는 것은 사실이다.

그런데 내가 보기로 제임스는 진리의 개념에 심리학적 바탕을 도입한 것은 다소 낭만적인 측면이 없지 않다. 물론 듀이도 퍼스의 원리를 발전시켜 인간 지력이 작용하는 세계를 크게 확장한 것임에 틀림이 없다. 그러나 제임스의 종교적 신념은 일상의 경험에서 지력이 작용하는 상황에 되돌려 검토하기가 어렵다. 러셀이 시저가 루비콘강을 건넜다는 것이 여러 가지 근거에 의해서 역사적 사실로서 확실하면, 듀이로서는 그것은 단순히 러셀의 확신이 아니라 객관적으로 입증된 사실의 진술이므로 진리의 여부로 문제 삼을 이유가 없다.

그러나 만약에 듀이가 시저와 루비콘강의 이야기를 두고 진실의 여부를 가려야 한다는 데 관심을 둔다면, 그 이야기와 관련하여 적어도 그를 괴롭히는 문제로 삼을 만한 무엇이 발생했어야 한다. 즉, 역사적 사실에 대한 기술을 그대로 수용하기 어렵게 하는 근거가 나타났어야 한다. 전적으로 문제가 없으면 시저가 루비콘강을 건넜다는 것이 진실이어야 한다. 그런데 그것을 진실이라고 규정한다면, 시저와 루비콘강에 관련된 이야기 그리고 이와 관련하여 실시된 여러 가지의 역사적 사실의 조사나 흔적이나 믿을 만한 설화 등도 전체적으로 서로 일관되게 일치하여야 한다. 그러나 실제로 그렇지가 않다면, 그 진술과 관련 자료들이 하나의 문제상황으로 성립한다. 즉, 듀이의 언어로 표현해서 불확실하고 혼란스러우며 갈등을 유발하는 상황이 된다는 것이다. 그러면 그 문제상황을 해결하여 모든 것이 정리되고 확실한 결과로 만족스러운 상태가 된다면 그 진술은 진실이라고 할 수도 있고, 그렇지 않으면 허위는 아닐지 몰라도 진실임을 충족시키기에는 미치지 못하는 수준의 것이라고 할 수도 있다. 아직은 유보된 것일 뿐이다. 진실이라고 확신하는 수준을 의미하는 '보장 가능한 확신'도 계속적인 탐색에서 허위로 판명될 가능성이 있으므로 듀이는 '오류 가능성'을 열어 두고 있다.

러셀의 '진리'와 듀이의 '보장 가능한 확신'은 표현에 있어서뿐만 아니라 그 의미에 있어서도 서로 일치하지 않는다. 그런데 러셀은 두 가지 표현이 같은 전제에 근거한 '진리'의 의미로서 듀이를 비판하였다. 진리와 허위의 문제를 러셀은 인과적 관계(사실)에 근거한 관조적 진술의 논리적 타당성을 중심으로 생각하였다. 진리를 말할 때 그것은 언어로 진술된 '명제'에 관한 것이다. 명제는 문장으로 표현된다. 문장으로 표현된 것의 진리 혹은 허위의 여부는 명제가 지닌 속성이다.

그러나 듀이의 논리학과 인식론은 진리 여부로 판별한 결론으로서의 명제에 관한 것이 아니다. 그러한 오해의 가능성 때문에 듀이는 '보장 가능한 확신'이라는 말로 바꾸어 쓰고자 하였으나, 전통적 인식론의 틀에 고착된 러셀은 그 자체를 구별하고자 하지 않았다. '확신'도 명제적 판별의 결론적 표현을 의미하는 것이 아니라, 탐색의 과정에서 이루어지는 '판단'에 관한 것이다. 판단은 언어로써 진술된 명제일 수도 있지만 그 이전에 본질적으로 실제적 삶의 세계에서 이루어지는 구체적인 선택적 행위로 볼 수도 있다. 그러한 어떤 행위의 '결과'로서 확신을 결정한다. 듀이는 (보장 가능한) 확신과 관련하여 문제상황이 요구하는 탐색적 노력의 자연적(심리적) 만족을 중심으로 생각하였다. 그러므로 듀이가 의미하는 진리(혹은 확신)는 아이디어가 가져올 결과의 단순한 만족을 의미하는 것이 아니라, 문제해결을 위한 절차적 과정에서 작용한 반성적 사고의 결과적 만족을 의미한다.

관조적 지식과 탐색적 지식

- 구경꾼의 이야기와 탐사꾼의 이야기 -

관조적 지식과 탐색적 지식

제6장 관조적 지식과 탐색적 지식
- 구경꾼의 이야기와 탐사꾼의 이야기 -

내가 어릴 때 자란 고향 동네의 앞에는 금정산이라는 제법 험한 산이 있다. 금정산은 부산의 동래에서 보면 북쪽에 위치해 있고, 내 고향인 양산에서 보면 남쪽에 있는 산이다. 그 산의 동래 쪽 기슭에 범어사라는 큰 절도 있고, 지금은 KTX와 SRT가 달리는 터널이 그 산의 허리 아래를 지나간다. 산의 꼭대기에 엄청나게 큰 세 개의 바위 봉우리가 나란히 놓여 있고, 내가 태어난 마을에서 보면 산꼭대기에 그 세 개의 봉우리가 거대한 자태를 뽐내고 있다. 특히 여름철이면 자주 멀리 산의 동쪽 기슭에서 시작한 소나기의 줄기가 수없이 많은 흰 구름의 기둥으로 보이면서 함께 세 봉우리 앞을 다가와서는 서쪽으로 빠져 멀리 보이는 낙동강변의 구포 지역으로 나아간다. 소나기가 산봉우리의 정면에 이르면 우리 동네에는 장대비가 쏟아지고 마당에는 어디서 왔는지도 모르는 미꾸라지들이 뛰기도 한다.

내가 초등학교를 다니던 어릴 때 동네의 형들을 따라서 그 산을 두 번이나 오른 적이 있다. 아주 낮은 곳에는 우리 집에서 짓던 논밭도 있었고, 기슭의 깊은 곳에는 조부모의 산소도 있어서 성묘도 한다. 그러나 조금 올라가면 옛날에도 나무꾼이 다니던 길을 찾기가 어려울 정도로 산세는 험하다. 지금도 기억하지만 산의 중턱을 지나서 매우 깊은 곳에 '엉덩굴'이라는 바위굴이 있다. 아주 커다란 바위를 무엇으로 팠는지 모르지만, 지금 기억으로 천장은 낮았어도 다섯 평은 넘을 것 같은 제법 큰 공간의 방이 그 속에 만들어져 있었다. 방 안은 바위의 벽일 뿐인지라 거칠지만 입구에는 꽤 반듯하게 네모난 문의 흔적이 있었다. 누군가가 거기서 피신을 했거나 기도를 했을 가능성은 있다. 그러나 산세로 보아 화전민이 살았을 것이라고 하기는 어렵다. 형들도 굴의 이름만 알고 있을 뿐 그 굴이 언제 어떻게 누가 무슨 목적으로 판 것인지를 알지 못하였다. 다만, 여러 가지 추측이 전해지고 있을 뿐이다. 고향의 누구도 그 굴의 유래를 잘 알고 있는 사람이 없었다. 우리 가족은 내가 중학교에 다니던 시기에 고향을 떠나 부산으로 이사를 했으며, 그 이후 지금까지도 그 산에 관해서는 더 이상 아는 것이 없다. 굴의 유래가 아직도 확인되지 않았다면 그것을 문제로 의식하는 사람들이 없다는 것을 의미한다.

관조적 지식과 탐색적 지식

내가 금정산과 엉덩굴을 갑자기 머리에 떠올리게 된 것은, 듀이가 사물의 관조자(구경꾼)와 탐색자(탐사꾼)를 구별하면서 서양철학사에서 이어져 온 전통적인 이원론과 관조자의 인식론을 비판한 이론을 검토하는 데 하나의 소박한 소재가 될 것 같기 때문이다.

'관조자의 인식론'이라는 것을 다시 요약해 보면 이런 것이다. 내가 사물에 관하여 무엇인가를 안다는 것, 즉 지식을 소유한다는 것은 어떤 고정된 대상물, 내 편에서 보면 하나의 독립된 대상물을 보는 '틀'을 가지게 되는 것으로 이해된다. 지식이라는 것은 마치 구경꾼이 사물을 보듯이 어떤 틀로써 보이는 대로 알게 된다는 것이다. 그 틀이 얼마나 정확한 것이냐의 문제는 있는 법이고, 이와 관련해서 무엇이 그런 틀로서 가장 적절하며 정확한가를 밝히려는 시도와 주장도 있게 된다. 말하자면, 관조의 주체와 대상이 별도로 존재한다는 이원론적 구조를 상정한 인식론이 있다. 그것은 마치 금정산을 멀리서나 가까이서 보듯이, 물론 샅샅이 보기도 하지만 어떻게 보면 잘 보이며 제대로 본 것이라고 말할 수 있는가의 논쟁이 있을 수 있다. 그러나 내가 그 산에 관해서 말한 내용의 하나하나는 그 산의 그림 같이 혹은 사진을 찍거나 거울로 비쳐 보듯이 거짓이나 착오나 과장이 없이 정확히 사실과 대응하는 것이어야 진실한 설명이 된다. 그리고 가장 정확함을 보장해 주고 의심의 여지가 없는 그리고 어떤 수정도 불필요한 최종적 확신의 기반이 요구된다.

금정산에 관한 이야기의 앞부분은 관조자로서 쓴 것이다. 그러나 엉덩굴에 관한 언급에는 탐색을 필요로 하는 부분이 있다. 즉, 그 동굴을 언제, 누가, 어떻게, 왜 만들었을까? 이 질문은 동굴 그 자체를 보는 것만으로 답해질 수 있는 성질의 것이 아니다. 여러 가지로 추측이 있을 수도 있고, 지역의 주민들을 상대로 알아볼 수도 있으며, 아니면 직접 관련된 문헌적 자료나 간접적으로 추리해 볼 근거가 되는 역사적 사건의 기록을 통해서 밝혀 보려는 시도도 있을 수 있다. 이러한 시도는 '탐색적 노력'에 해당한다. 단순한 실상의 기술이 아니라 한 사실에 대하여 무엇인가를 밝히려는 것이다.

러셀과 듀이의 차이를 보면, 러셀의 경우에는 진리의 개념을 관조적 지식의 전제하에서 주장하는 데 비하여, 듀이의 경우에 '진리'(혹은 '확신')는 성격상 탐색적 지식에 관한 것일 뿐이다. 얼핏 보기에 둘은 다른 종류의 지식을 언급하는 것 같으나, 러셀은 배타적으로 관조적인 것을 전제하고 듀이는 탐색적인 것을 전제한다. 전제의 차이로 볼 때 러셀이 주장하는 관조적 지식은 논리적 타당성을 겨냥하면서, 어떤 아이디어가 완전한 의미의 지식이 되자면 그것은 객관적, 절대적 의미의 진리에 해당하기를 요구한다. 물론 실제로 인간 지성의 역사에서 만들어진 지식의 종류와 수는 무한히 많고, 모두가 진리로서 보장받기는 어려운 것이다. 더욱이 지식들 사이에는 서로 모순되는 것이 있어서 어느 하나를 진리라고 규정하면 다른 쪽이 허위가 되는 관계에 놓인 것도 수없이 많다. 말하자면, 일일이 변별하기는 어렵지만 진리로 보장받을 수 있는 것이 그리 많지가 않다. 그러나 그러한 보장을 받든 않든 간에 관조적 지식은 진리로 확정하는 것이 인식의 목표이고 확정된 것으로 평가된다.

듀이는 이러한 지식을 추구하는 것은 '주지주의자들의 오류'로 평가하고 있다. 즉, 생활의 세계는 진리의 세계와는 사실상 분리된 것으로 전제하기 때문에 지식을 추구하는 철학자들의 관심사에 불과한 지식의 세계는 우리의 일상적 문제의 해결에 실질적 관련성을 갖지도 않는다. 주지주의자들의 관조적 지식은 우리의 경험이 정돈되고 통합되고 성장하는 것과 무관하며, 결국 어떤 아이디어가 진리라는 주장도 보장받지 못하는 상태에 있다고 본 것이다. 그리하여 듀이는 우리가 지식을 요구하는 것은, 지식 자체의 진위의 문제보다는 지식이 우리가 삶을 영위하는 도상에서 자연적·사회적 환경에 적응하고 당면하는 문제의 상황을 해결하며 경험의 성장을 가능하게 하는 도구이기 때문이다. 지식은 우리의 마음에 축적되는 사물에 관한 앎의 내용이라기보다는 우리의 경험적 구조 속에서 문제의 해결과 성장을 돕는 도구적 기능에 해당한다.

이와 같이 양립된 지식론적 주장은 진지한 교육자들에게 매우 곤혹스러운 부담을 안겨 준다. 지식을 대하는 교사는 관조설과 탐색설의 어느 한편에 동조하여 선택적으로 의존거나, 양편을 모두 수용하면서 학습자를 대하거나, 아니면 어느 편에도 일관되게 의존하지는 않고 사안에 따라서 선택적으로 임하는 방식이 있다. 교육의 현장에 있는 교사는 지식에 관한 인식론적 문제가 결론적인 해결을 볼 때까지 기다리면서 지식의 교육을 미루어 둘 수는 없다. 교육은 지금 당장 현장에서 이루어져야 한다. 교사는 그 문제가 해결되기를 기다려서 그 연후에 자신의 임무를 수행해도 좋은 여유의 삶을 사는 위치에 있지 않다. 바로 이것이 교육자의 위치와 철학자의 위치가 다른 점이다.

제5장에서 러셀과 듀이가 토론하듯이 관조설과 탐색설에 근거하여 서로 대립되는 관계에 두고 철학적 논의로써 해결하려는 시도, 즉 어느 하나로 결판을 내는 시도는 우선 여기에서 유보해 두기로 하자.

지식교육은 어떤 원리로 진행되어야 하는가를 별도의 시각에서 검토해 볼 필요가 있다. 우리는 교육을 모든 것이 확실한 상태에서 시작하는 것이 아니다. 일종의 아이러니 같지만, 러셀이 말하는 관조적 진리와 듀이가 말하는 탐색적 결론의 사이에 의미상의 차이가 없다는 것보다는 차이가 있다고 하는 편이 교사의 마음을 편하게 할 수도 있다. 왜냐하면 두 철학자는 비록 서로 물러설 수 없는 수준의 논쟁을 펼쳤지만, 진리의 개념에 관한 의미상의 차이가 있다는 말은 서로 다른 측면을 이야기하고 있었다고 볼 수도 있기 때문이다. 즉, 러셀은 관조적 사고의 진리에 관하여, 그리고 이와는 의미상의 차이가 있는 듀이는 탐색적 과정의 결론에 관하여 이야기하였던 만큼, 제3자인 우리는 그들을 반드시 대립적 관계에 두고 어느 한편을 선택하여 추종하기보다는 우선 두 관점에 따른 학습의 장은 각기 어떤 특징을 보이게 되는가를 검토해 볼 필요가 있다.

내가 보기로 우리는 꼭 그래야 할 이유가 있다. 극단적으로 관조설의 관점에 서면, 우리는 살고 있는 지금의 세계에 관하여 많은 지식을 익힐수록 더 좋은 삶 혹은 제대로의 삶을 영위할 수 있다는 것이 된다. 왜냐하면 우리는 이미 기존의 많은 지식이 있는 문화 속에 태어나기 때문이다. 그 지식을 획득하지 않으면 자신의 본질 혹은 정체(正體)와 세계에 관하여 아무것도 모르는 상태에서 사는 것이다. 이때 내가 가진 지식들은 내가 생산한 지식이 아니라 태어난 문화에서 부과된 것이다. 그러나 우리는 매우 제한된 범위의 지식을 소화하면서 삶을 엮어 갈 뿐이다. 문화 속에 있는 대부분의 지식은 결국 나의 삶과 별로 관련이 없는 것들이다. 이와는 반대로 극단적으로 탐색설의 관점에 서서 보면, 내게 필요한 모든 지식은 내가 직접 경험한 것에서 만들어진 것일 뿐이다. 나의 경험의 구조가 확장되고 복잡해지는 만큼 나의 삶의 영계가 만들어지기 때문이다. 그러나 나의 직접적인 경험과 무관한 세계로의 진출은 문화적·자연적 황야에 나아가는 것과 같은 것이다.

나는 이러한 양극단적 지식관의 어느 하나로 고집하기보다는, 듀이 자신의 철학적 방법, 즉 이원론적 구조를 해소하면서 연속성을 지향하는 원리를 여기에도 수용하여 시도할 필요가 있다고 생각한다. 듀이의 문화적 자연주의의 개념에 비추어 보면, 자연이란 물질적 자연이 아니라 인간이 삶을 영위하면서 경험하는 세계, 즉 문화적 유산이 함께 축적되어 있는 세계를 의미한다. 그렇다면 그 문화에는 사람들의 일차적 경험만이 아니라 이차적 경험을 통하여 생산한 지식들이 거의 무한히 축적되어 있다. 물론 거기에는 듀이 자신이 즉시적 경험으로 검증되지 못한 것이라고 비판한 형이상학적 지식들의 체계도 있고, 그가 지지하는 명시적 경험에 의한 과학적 방법으로 생산된 지식들도 있으며, 종교적 신앙의 내용으로 존재하는 것도 있다.

먼저, 관조적 지식에는 적어도 두 가지 종류가 있다. 하나는 듀이가 비판하는 비경험적 지식들이고, 나는 그런 지식들을 '강한 관조적 지식'이라고 표현한다. 실제적 경험에의 의존도 혹은 경험과의 연속성이 매우 취약한 지식들이 이 범주에 속한다. 그러나 아마도 정확히 말해서 비경험적 지식들도 경험과 무관한 것들이라기보다는 듀이의 언어로 표현해서 명시적 경험의 방법으로 검증되지 못한 지식들이다. 듀이 자신이 환상은 환상일 뿐이지만 환상이 일어난다는 사실은 명백한 근거가 있는 실재라고 말한 바 있듯이 경험적인 것은 아니지만 검증할 수 없는 내용을 지닌 사유의 행위가 있었다는 것은 사실이다.[1] 그러한 사유의 내용을 지식의 범주에 두고 논의해 온 역사적 경험이 있고 인간 문화의 중요한 부분을 차지하고 있는 것도 사실이다. 옛날의 철학자들의 마음에서 외계와의 관계없이 오직 그 마음에서만 발생한 것이 아니라면 그것도 일종의 경험에 속하며, 단지 명시적 경험의 방법으로 검증된 것에 속할 수 없는 것일 뿐이다. 이러한 경험은 우리의 체계적 사유와 완전히 무관한 것이라고 하기는 어렵다. 물론 특별한 상황이 아니라면 이러한 지식은 경험적 방법으로 '공인되지 못한 지식'에 속한다고 할 수 있지만, 듀이의 언어로서도 일종의 문화적 자

---

1) Dewey, *LW 1:* 27.

연의 내용에 속하는 것이다.

　다른 하나를 나는 '약한 관조적 지식'이라고 구별해 두고자 한다. 실질적으로 듀이가 말하는 명시적 경험의 방법으로 생산되고 검증된 지식이라고 하더라도 그 지식 자체를 직접 생산한 당사자가 아니라면, 그리고 그것을 경험적으로 재연해 보지 않은 한에서는 그 자체로서는 관조적 지식의 수준에 있다고 보아야 한다. 지구의 자전과 공전은 그것을 전문적으로 연구하는 과학자가 아니라면, 즉 그것을 교육의 과정에서 전달받은 지식이라면 대부분의 사람은 과학적 방법의 사회적 공인(公認)에 신뢰를 두고 있기 때문에 그 지식을 수용하고 있다. 즉, 자신의 창의성에 의한 직접적인 명시적 경험의 방법에 의한 것이거나, 혹은 기존의 지식 중에 속하는 것이지만 스스로 경험적 방법을 재연해 본 것이 아니라면 그 지식은 성격상 관조적 지식일 뿐이다. 왜냐하면 학습자는 자기 자신의 경험에 의해서가 아니라, 누군가의 유명한 권위자의 이름으로 생산된 지식을 적어도 진리라고 믿고 학습하는 상태에 있기 때문이다. 그것을 수용하거나 학습하는 사람들이 묵시적으로 지니고 있는 진리의 개념도 대응설적 기준으로 평가하고 수용하게 된다. 이렇게 보면 우리의 생활 속에는 그리고 교육의 상황에서 다루어지는 지식들 중에는 실제로 탐색적 지식보다는 관조적 지식이 양적으로 훨씬 더 큰 비중을 차지하고 있다. 이러한 지식은 일종의 '공인된 관조적 지식'이라고 칭할 수도 있다.

　관조적 지식과 탐색적 지식의 어느 한편에 극단적인 태도로 서게 되면, 우리의 삶은 전혀 다른 양상을 보일 수 있다. 좀 더 엄격히 검토하기 위하여 이런 경우를 생각해 보자. 가령, A라는 사람은 관조적 지식으로 살고, B라는 사람은 탐색적 지식으로 산다고 하자. 두 사람이 같은 문화 속에 태어났다고 하더라도, 관조적 지식으로 사는 A는 필요로 하는 모든 지식을 그 문화 속에 있는 것 중에서 열심히 익히면서 살아야 한다. 어느 상황에서 자신이 필요로 하는 것은 모두 이미 문화 속에 주어져 있는 지식들 중에서 찾아서 익혀야 한다. 이런 경우에

삶의 상황에서 갑자기 어느 순간에 엄습한 심각한 문제의 해결에 필요한 지식
으로 대응하지 못하면, 그 순간에 치명적인 곤경에 놓일 수도 있다. 일시적 문
제야 순간을 넘기면 되지만 장기간 지속하는 문제의 경우에 삶 자체가 파국에
이를 수도 있다. 이와는 반대로 탐색적 지식으로 사는 B는 태어나는 순간부터
어려움을 겪게 된다. 모든 지식은 배워서 아는 것이 아니라, 스스로의 경험 속
에서 체득하여 만들어지는 만큼 사용할 수 있게 된다. 이 경우에 적어도 본인에
게는 주어진 문화란 없는 것이고, 점차적으로 소유하게 되는 문화적 삶의 양식
은 자신이 직접 경험한 세계에 한정된 것일 뿐이다.

앞의 가상적 경우는 실제로는 있을 수 없는 것이지만, 이러한 가상은 두 가
지 지식관의 특징과 기능을 추정해 보는 데 도움이 된다. 학교에 다니기 시작하
기 이전부터 젊은이들은 가정과 이웃으로부터 많은 지식을 획득한다. 그러나
대부분의 지식은 맞거나 틀리거나 한 것들이며, 자체의 성격상 탐색적인 것이
아니라 전통의 지혜에 의해서나 천재적인 누군가의 관조적인 사고에 의해서
성립된 것이다. 나보다 세상을 잘 아는 연장자들로부터 배운 것이고, 스스로
탐색한 것이라고 하더라도 일시적으로 유효한 것이거나 아니면 스스로 잘 인
식하지도 못하는 습관일 뿐이다. 이 말은 한 문화 속에서 태어나는 인간은 알게
모르게, 혹은 자발적으로 강제적으로 크고 작은 지식들을 누군가로부터 배우
면서 성장하고 그렇게 살아간다는 것이다. 학교에 입학하게 되면 그러한 상태
에서 완전히 벗어나는 것은 아니다. 과거보다는 더욱 세련된 수준의 탐색적 학
습을 시작하고 그 수준을 높여 갈 수는 있지만, 어쩌면 오히려 더 많은 것을 관
조적 지식으로 배워야 한다는 것이 사실이다.

여기서 우리는 적어도 두 가지를 검토할 필요가 있다. 첫째, 내가 스스로 탐
색하지 않은 지식은 배워서 가진 것이라면 그것은 모두 관조적인 것인가? 학습
자가 학습할 당시의 인지적 수준은 그것을 진리로 수용할 수밖에 없는 것이기
때문에 성격상 관조적 지식의 조건을 명시적으로 혹은 묵시적으로 전제하면서

배우게 된다는 점에서 그렇다고 할 수 있다. 특히 어린아이들은 어른들로부터 지식을 배울 때 거의 언제나 절대적인 진실로 받아들인다. 둘째, 젊은 학습자가 배우는 지식이 듀이가 말하는 명시적 경험에 의한 방법으로 객관적 타당성이 있고 전형적인 과학적인 지식이라고 하더라도, 그것의 확실성(혹은 진리성)의 최종적 주장은 결국 관조적 지식의 기준을 적용하는 것인가? 물론 듀이는 탐색적 지식의 절대적 확실성을 말하지는 않는다. 언제나 교정과 개선이 가능하고 엄격히는 잠정적인 확실성을 말한다. 그렇다면 학교에서 다루는 지식들은 허위를 가르치는 것은 아니며, 진리를 추구하면서 가르치는 것이라고 말할 수 있다.

그럼에도 불구하고 우리가 다만 듀이의 탐색적 지식관의 결정적인 중요성에 관해서 생각해 볼 수 있는 것은 이것이다. 즉, 지식을 주입시키고 암기하는 식으로 가르친다면, 인간의 이성적 힘 혹은 지력을 제대로 사용하지 못하는 것이므로 학습자의 지적 성장을 지연 혹은 저해할 수 있다는 점이다. 내가 보기로는, 아마도 이보다 더욱 중요한 것은 듀이가 탐색적 지식을 중시한 이유는 관조적 지식을 중심으로 가르치고 배우는 문화는 결국 허위나 오류나 도그마의 분별에 무관심하거나 그 확산에 무력한 결과를 낳을 수 있다는 점을 우려한 것으로 볼 수 있다. 실제로 탐색적인 태도와 습관과 의지를 지식의 학습에서 등한히 함으로써 도그마에 쉽게 매몰되고 허위적 선전에 기만당하는 결과를 가져온 사실은 인류의 역사에서 수없이 있었다.

듀이의 명시적 경험의 방법에 비추어 어떤 관조적 지식들을 교육의 장에서 배제할 수도 없고 그래야 할 만큼 불필요하거나 무가치한 것이 아닐 수도 있다. 특히 '약한' 관조적 지식, 즉 그 확실성이 공인된 지식의 경우가 그러하다. '파리는 프랑스의 수도'라는 주장이 진리라는 것을 확정하기 위하여 모든 학습자가 반드시 프랑스를 방문해야 하는 것이 아니고, 만유인력의 법칙을 명시적 경험의 방법으로 확인하기 위하여 뉴턴의 생애를 그대로 다시 살아봐야 하는 것은 아니다. 그러나 그렇다고 하여 학습자의 지력에 의한 성찰의 기회와 경험을 의도적으로 혹은 무관심으로 인하여 배제하는 것은 교육적 책무성에 문제가 될 수 있다. 현실적으로 제도적 교육의 학습자들에게 가르치는 지식들은 매우 제한된 부분의 관조적 지식들을 필수적으로 학습하고 그것을 점차적으로 확장하는 체제를 형성하고 있다. 그리고 학습자들은 그러한 필수적 지식들을 탐색적 방법으로 익히고 스스로 획득한 탐색적 지식들을 함께 통합하면서 성장을 지속한다. 그러나 관조적 지식과 탐색적 지식은 학습의 장에서 거의 동시적으로 익히게 되지만, 학습의 양상은 다르기 때문에 체계적으로 비교해 볼 필요가 있다.

관조적 지식의 특징과 학습상의 난점

교사가 지식을 관조적인 것이라고만 보면 지식의 학습은 어떤 특징을 나타내는가? 앞서 보았듯이 전형적인 관조적 지식은 대응론적 진리설에 의해서 정당화된 것이다. 그러므로 엄격한 의미에서 보면 관조적 지식은 진리이거나 아니면 허위이거나 어느 한 편에 속한다. 그러나 교실의 교사는 허위를 가르칠 수는 없을 것이므로 적어도 진리일 가능성이 높은 것들을 가르치게 된다. 물론 진리인 것이라고 하더라도 그것이 왜 허위가 아닌 진리인가, 그것이 진리인 줄을 어떻게 알게 되었는가도 학습활동의 중요한 내용으로 포함될 것이다.

첫째, 경험적인 것이든 비경험적인 것이든, 관조적 지식의 교육은 당시대의 가장 권위 있고 확실성이 높다고 평가받으며 적어도 문화적 유의미성을 지닌 지식으로 선별하여 가르친다. 오늘의 모든 학교가 그렇듯이 가르치는 지식들은 여러 가지의 관점에서 충분히 검토된 지식들이다. 이러한 지식들은 원천적으로 평범한 사람들이 개발한 지식이 아니라 그야말로 천재들, 혹은 뛰어난 학자들이 개발한 지식들이다. 그러므로 이제는 더 이상 검증을 요구할 필요가 없을 정도이다. 이런 경우에 진리인 지식은 '암기'의 대상이 되는 것으로 충분히 정당화된다. 극단적으로는, 마치 초기 르네상스의 시기에 키케로(Cicero)의 장중하고 단아한 문장에 담긴 지혜나 의미보다는 웅변조의 형식과 논조를 모방하고 문장을 암기하는 식의 교육을 빈정대어 표현한 '키케로이즘'의 학습형태가 그 전형적인 것으로 여겨진다. 물론 십진법이나 구구단 외우기처럼 암기는 일상생활에서나 체계적인 지식의 학습에 꼭 필요한 도구로서 매우 유용하게 쓰이기도 한다. 암기의 수준을 넘어선 학습도 일단 진리인 것을 전제로 하여 그것이 왜 진리인가를 가르칠 수도 있다. 이러한 측면에서 보면, 브루너(Jerome S. Bruner)의 지식의 구조와 나선형 교육과정 등의 이론은 그러한 지식을 가르치는 매우 탁월한 방법이라고 할 수 있다. 그러나 그 방법은 지식을 생산하는 능력보다는 기존의 지식을 익히고 이해하고 응용하는 일에 일차적 관심을 두고 있다. 이런 교실에서 학습자는 도전적인 존재가 아니라 수용적인 존재이다. 물론 어떤 지식이 나의 생활과 활동에 어떤 의미를 지닌 것인가는 차후의 관심사로 찾아올 수는 있다. 그러나 일단은 당시의 교육문화적 기준에 의해서 선택된 지식을 익히게 된다.

관조적 지식의 학습은 진리로 확정된 것에 관하여 그것의 근거와 성격과 용도를 가르치는 학습의 문화를 형성한다. 이러한 문화 속에서는 어느 시기엔가 암기를 요구하거나 아니면 암기된 상태를 확인하고 평가하는 단계가 있게 마련이다. 지금까지도 학교제도 속에서 지식의 암기는 학습의 가장 필수적인 요건으로 높은 평가를 받고 있지는 않지만 불가피한 방법이고 유용성을 부정할 수 없는 방법으로 인식되고 있다. 그 근원은 관조적 지식관과 대응설적 진리관에서 연유한 것이다.

그러나 이러한 관조적 지식이 교사를 비롯한 교육내용을 선정하는 위치에 있는 교육자들에게 부담을 주는 몇 가지가 있다.

첫째, 오늘의 상황과 같이 지식의 양이 급격히 팽창하는 시기에 지식의 평가와 선택에 있어서 정책적 어려움을 준다. 어떤 지식은 지금까지 매우 확실하고 유효한 지식이라고 평가받던 것이 허위로나 불확실성의 문제를 안고 있거나 효용성에서 뒤처지게 되는 경우가 있다. 그리고 오늘의 공교육체제에서 국가가 직접 혹은 간접으로 교육내용의 구성에 정책적인 관여를 하게 될 때, 집권 측의 정치적 노선이 교육의 정치적 중립성을 혼란시킬 가능성도 있다. 근년에 우리나라의 국사 교육에 관하여 보수(우익) 혹은 진보(좌익)의 정치적 노선에 따라 교육과정과 교과서의 정책이 좌우되고 정치적 대결의 표적이 되고 있다. 어느 측이든지 간에 그러한 대결은 관조적 지식과 대응설적 진리관에 기본적으로 묶여 있기 때문이다. 역사에 관한 지식은 우리가 탐색하고 논의할 대상이 아니라 진리로 결정짓고 학습자가 내면화해야 할 대상이라는 전제에 매여 있는 셈이다.

둘째, 관조적 지식은 언어의 기능을 최대한으로 활용한다. 특히 학교의 교실은 구체적인 생활세계 그 자체가 아니라, 언어를 매체로 하여 그 세계에 관한 이론적 지식을 주고받는 학습의 장이다. 말하자면, 언어로써 표현되고 전달되고 숙의되는 지식으로써 학습이 이루어지는 곳이다. 앞서 제1장에서 언급한 바가 있지만, 상징의 매체인 언어나 기호에 의해서 성립되는 이론적 지식은 인간의 이지적 상상력을 자유롭게 한다. 우리는 옛 친구를 만나 중학교 시절의 즐거운 추억을 이야기한다. 두 사람은 가만히 앉은 자리에서 옛날의 학교와 친구들과 선생님은 언어로써 언급되고 우리의 상상력은 당시의 구체적인 상황을 자유롭게 회상하여 이야기의 내용으로 삼는다. 이와 같이 언어의 상징적 기능만으로 교실은 세상의 수없이 많은 사실을 다룰 수 있는 학습의 장이 된 것이다. 그러나 우리가 염려할 일은 언어의 상징적 기능은 관조적 지식을 성립시키는 대응설적 진리를 보장하지 못하는 경우가 얼마든지 있다는 것이다. 허위나 오류나 회유나 기만 등이 알게 혹은 모르게, 때로는 고의로 혹은 선의로 발생할 수가 있다. 특히 학습의 내용이 학습자의 생활 그 자체와 직접적으로 그리고 실질적으로 무관한 내용의 경우에 학습자는 그러한 위험에 언제나 노출되어 있다. 여기에 교사가 직업윤리의 준엄한 통제를 받아야 하는 이유가 있다. 물론 교사의 직업윤리는 지식교육에 관한 것만은 아니지만, 전통적으로나 현실적으로 교사는 지식의 학습을 전문적으로 담당하는 직업에 종사한다는 것이 가장 두드러진 특징이라고 볼 수 있다. 이러한 교육은 학습자의 마음이란 많은 지식을 저장하는 항아리와 같은 것으로 만든다.

셋째, 관조적 지식은 많은 내용을 짧은 기간 동안에 가르칠 수 있게 한다. 이러한 특징은 학습의 과정이 바로 앞에 언급한 언어적 상징수단에 의존하기 때문이다. 사람이 태어나서 제도적 교육을 받는 기간이 짧지는 않다. 흔히 의무교육으로 설정하는 초등교육만이 아니라 최고 수준의 교육을 이수하는 데 최소한 15년 이상이 걸린다. 그러나 그 기간에 학습하는 내용은 학습자의 직접적인 경험의 세계에 들어오는 내용의 규모와는 비교도 할 수 없는 엄청난 분량의 지식을 전달받고 있다. 그런 점에서 보면 언어와 문자는 가히 이를 소유한 인간세계가 받은 축복에 해당한다. 베이컨(F. Bacon)이 "아는 것이 힘이다."라고 한 말은 인간의 마음에 그려진 경험의 글씨들이 곧 지식이라고 본 그의 인식론적 특징에서 보면 주로 관조적 지식을 두고 한 말이기는 하다.

우리의 고사에 '식자우환(識字憂患)'이라는 말이 있다. 학식이 있는 것이 도리어 근심을 낳는다는 말이다. 지식은 반드시 행복한 삶의 조건은 아니다. 물론 이 말은 아마도 지식인이 흔히 경험하는 고뇌를 뜻하기도 하고, 학식의 소유자가 사명을 다하고자 할 때 당연한 의무의식을 일깨우는 말이기도 하다. 또한 이 말은 학식이나 판단력이 충분하다고 평가받을 만한 사람이 자신이 가진 지식이나 규범이나 판단에 충실하지 않고 오히려 그 자체를 무시하면서 생활하는 사람을 일컫는다. 이 경우에 어떤 사람을 도덕적으로 평가하여 '위선자(僞善者)'라는 말을 쓴다. 지식인이란 지식을 많이 소유한 사람이 아니라 지식의 소유로 인한 자신의 문제를 잘 감당할 수 있는 사람을 뜻한다. 많은 지식을 그리고 좋은 지식을 남다르게 소유하고 있다고 해서 행복한 지식인이나 착한 지식인이라고 평가받지 못한다면, 지식의 학습 그 자체만으로 교육적 성장의 의미를 충족시킨다고 하기는 어렵다.

듀이는 전통적 철학이 생산한 관조적 지식에 관해서 단언컨대 별로 의미가 없을 뿐만 아니라 아예 오류로 규정하였다. 물론 이 경우는 '강한' 관조적 지식에 관한 것이다. 관조적 지식관은 그 자체의 의미 속에 진리에 관한 대응설적 전제를 수용할 수밖에 없고, 인간과 환경적 세계를 분리시키는 이원론적 구조를 상정해야 하며, 따라서 경험(혹은 인식)의 주체가 지녀야 할 자율적 성장을 설명하지도 못한다. 어떤 대상을 두고 그것을 관조하는 주체가 있다는 것은 반드시 잘못된 상정이라고 할 수는 없지만, 모든 인식의 대상이 실재이고 인식의 방법이 진리를 보장하며 그래서 인식의 내용이 참된 지식이라는 주장을 정당화하기는 어렵다. 그리고 그러한 지식으로써 그 관조자가 실제로 당면하는 문제를 해결하기 위하여 일상적 삶에서 얻은 관조적 정보를 어떻게 사용하느냐에 관해서는 지극히 적은 부분을 말해 줄 뿐이다. 그냥 피동적으로 관찰하고 있을 뿐인 구경꾼이다. 그 구경꾼이 할 수 있는 말은 자기가 관찰한 그대로가 실재한다고 말할 뿐이며 실재 그 자체는 자신의 경험의 밖에 존재하는 것이다.

탐색적 지식의 특징과 학습상의 난점

듀이는 관조설이 인식론적 논의의 전반에 대한 회의를 불러일으킨다고 하였다.[2] 인식의 주체와 대상이 각기 별도로 존재한다는 이원론적 구조는 개별적인 인식의 주체가 실제적 삶의 세계에 구체적으로 그리고 역동적으로 참여하는 독자적 존재임을 설명할 수 없게 한다는 것이다. 관조적 인식의 주체는 단지 매체

---

2) Dewey, "Propositions, Warranted Assertibility, and Truth." *Journal of Philosophy 38*
   (7, 1941: 169-186).

를 통한 지식, 말하자면 대상과는 분리된 상징적 매체(언어)의 도움으로 이해하는 지식에 접근하게 될 뿐이다.3) 그리하여 듀이는 직접적이고 구체적인 상황에서 예상되는 결과와 실제적인 결과를 연결해 주는 '탐색(inquiry)'의 과정에 미학적 가치와 교육론적 의미를 부여하였다. 그러면 교사가 가르치는 지식이 탐색적 지식이어야 한다고 말하면 지식의 학습은 어떤 특징을 지니게 되는가?

첫째, 탐색적 지식의 학습은 학습자에게 논리적 구조나 형식의 이해보다는 학습자의 지력에 호소한다. 여기서 지력의 개념은 문제해결의 능력을 의미하고, 이러한 지력이 작동하는 상태를 일컬어 '반성적 사고'라고 한다. 반성적 사고는 인간의 목적지향적인 행위나 삶의 과정이 크고 작은 좌절이나 갈등 등으로 인하여 장애나 혼란을 겪는 상황, 즉 문제상황에 임하여 자신의 지력을 동원하여 이를 극복하고 해결하는 방법적 노력을 의미한다. 이러한 반성적 사고는, '유기체적 전체로서의 인간이 주체 혹은 객체로서 자연적·사회적 환경과 상호작용하는' 과정과 그 결과를 의미하는 경험의 개념에 일관된 원리이다. 지식(혹은 앎)은 보는 것을 의미하는 것이 아니라 행하는 것을 의미한다.

그러나 탐색적 지식의 학습장을 구성한다는 것이 쉬운 일은 아니다. 교사가 학습자의 지력을 동원하여 반성적 사고를 활성화하고 생산적인 학습이 진행될 수 있도록 하자면, 무엇보다도 적절한 문제상황을 학습자들에게 효율적으로 제공하여야 한다. 관조적 지식의 경우처럼 암기에 의한 학습은 별로 중요하지 않을 뿐만 아니라, 탐색적 사고의 습관과 능력을 개발하는 데에 장애가 될 수도 있다. 그러나 우리가 여기서 생각해야 할 중요한 사항의 하나는 사고력 자체를 증진 시킬 것인가 아니면 사고의 소재 혹은 내용을 중시할 것인가이다. 하찮은 내용이지만 관심을 유발할 수 있고 사고의 집중도를 높여 줄 것으로 기대되는 게임(예컨대, 바둑)과, 관심의 유발이 어렵고 상당한 정도의 암기를 필요로 하며

---

3) Tom Burke, *Dewey's New Logic: A Reply to Russell* (Chicago: The University of Chicago Press, 1994), p. 242.

강도 높은 집중적 사고를 기대하는 데 상대적으로 불리한 물리학의 이론, 이 두 가지의 문제상황을 비교한다면 거의 누구나 할 수만 있다면 후자를 택하는 것이 교육적이라고 할 것이다. 지력의 발달, 사고력의 증진, 현실적인 생활세계와의 관계 등을 중시하는 탐색적 지식의 학습이 반드시 관조적 지식의 학습보다 교육적 가치를 높게 평가되어야 한다고 말하기는 어렵다. 그러나 암기 위주의 학습에 편중된 학교의 관행은 탐색적 지식의 도입과 경험으로 대치될 수는 있고 그렇게 하는 것이 지식의 학습에 균형을 유지하는 방법이 되기도 한다.

둘째, 탐색적 지식관에 의하면 모든 지식은 원천적으로 질성적 사고에서 유래한 것이라는 생각이 지배한다. 이에 비하여, 관조적 지식은 언어와 기호 등을 상징적 매체로 한 이론적 지식에 관한 것이다. 대응설의 본질은 상징적 매체(언어)에 의해서 표현된 내용이 객관적으로 실재하는 바에 대응한다는 것이다. 언어 혹은 기호는 그 자체가 상징적 기능을 하자면 그것이 대응하는 내용을 가지고 있어야 한다. 그러나 그 내용은 원천적으로 질성적 내용이며, 매체는 질성에 이름을 붙이는 기능을 한다. 이름으로 사물들이 구별되는 것은 구별의 영계를 결정하는 편재적 질성이 파악되기 때문이다. 편재적 질성은 지각하고 상상하고 기억 속에 남겨 둘 수 있으며 어떤 이름을 붙여 둘 수는 있으나, 그 이름은 항상 질성의 한 특징을 부각시켜 붙여질 뿐이며, 그 질성이 반드시 언어로서 혹은 기호로서 표현되는 것은 아니라는 것이다. 오히려 우리의 경험에는 언어로서 표현되지 않는 경지가 훨씬 많다.[4]

그러나 편재적 질성은 우리의 마음속에 자연스럽게 떠오르는 현상이 아니다. 그것은 지력이 생산한 업적이다. 원천적으로 보면, 그 편재적 질성은 환경의 모든 것이 나와의 관계를 가지게 될 때, 불확실하고 생소하고 불규칙적인 것들을 확실하고 믿을 만하고 규칙적인 것으로 연결시켜 하나의 통일성을 이룰 수 있도록 지력이 작용하여 의미를 지니게 된 것을 말한다. 그런 점에서 편재적

---

4) 이돈희, 『교육정의론』 (서울: 교육과학사, 1999), p. 447.

질성의 성립 자체가 문제해결의 한 양식이다. 경험의 통일성에는 동태적 특징을 지닌 것도 있고, 정태적 특징을 지닌 것도 있다. 동태적 특징은 하나의 경험을 시간의 흐름 속에서 있게 하는 것이고, 정태적 특징은 그 과정에 복잡하게 나타난 요인들을 하나의 구조적 형식 속에 있게 함으로써 그 경험을 독특한 것으로 만든다. 동태성은 의식이 흐르는 과정이라면 정태성은 의식의 내용이 구조화된 형태이다. 이렇게 성립되는 동태적·정태적 질성은 상징적 매체의 그릇에 담겨 이론적 사고의 소재가 된다.

셋째, 탐색적 지식의 학습은 결코 (관조적) 지식의 진공상태에서 이루어지는 것이 아니다. 탐색적 지식은 학습의 상황을 전인적 상태로 교접할 수 있게 하지만, 교실의 상황에 있는 학습자는 문화적 공백상태에서 삶을 시작한 존재가 아니므로 이미 문화 속에 엄청나게 많은 기성의 지식이 체계적으로 제공된 환경에서 학습해야 한다. 그러므로 탐색적 지식의 학습은 반드시 새로운 원초적 경험의 장에서 시작하는 것이 아니라, 많은 경우에 이미 문화 속에 주어진 지식들을 관조적 지식의 학습방식으로 소화하지 않을 수 없는 것이 사실이다. 이 과정에는 상징적 매체의 도움을 필요로 한다.

상징적 매체를 대표하는 언어는 단순히 질성을 담는 그릇일 뿐이고 그릇에 표기한 이름들로써만 이론이 만들어진 것은 아니다. 언어는 자체의 독특한 기능과 의미를 지니고 있다. 언어는 일차적으로 타인과 소통하는 자연스러운 수단이기도 하지만, 인간이 자연적·사회적 환경과 상호작용하는 과정에서 고도의 유의미한 기능을 한다. 언어는 인간의 공동체를 조직하는 데 결정적 역할을 한다. 즉, 언어는 초자연적 경지의 한 부분이 아니라, 자연적 생명체인 다른 사람과 더불어 조직적인 상호작용을 할 수 있게 하는 소통의 매체이고, 소통은 인간의 기본적인 욕구에 속한다. 그런 점에서 언어의 기원은 자연주의적 관점에서 설명된다. 그러나 언어는 이미 그 자체의 기능상 관조적 지식을 담을 수밖에 없고 교육적 경험의 장은 상당한 정도의 암기적 방법이 따를 수밖에 없는 상황이 되어 있다.

관조적·탐색적 지식의 이원적 구조

　듀이가 탐색적 지식관으로써 관조적 지식관을 비판한 것은 자신이 일관되게 경계해 온 '이원론적 대결'을 스스로 범하는 모양을 나타내고 있다. 그러나 다시 듀이의 방식대로 이원론적 대립을 해소하는 방식을 시도해 볼 수는 있다. 지식의 추구에서 '관조'와 '탐색'은 상방에서 목적과 수단의 관계를 바꾸어 가면서 듀이가 스스로 추구한 경험의 통일성을 충족시키는 성과를 보일 수도 있다는 것이다. 관조와 탐색은 순수하게 독자적으로 진행되는 것이 아니다. 관조 속에 탐색이 활동하는 자리가 있고, 탐색 속에 관조의 여유를 요청하는 순간이 있다. 그러나 그 균형이 한쪽으로 기울면 그것은 그런대로 학습자의 개성에 영향을 준다.

　아주 단순하게 말하면, 관조적 지식관은 학습의 장에서 '박식한 선비'를 키우고자 하고, 탐색적 지식관은 기능적 사고에 유능한 '문제의 해결사'를 만들고자 한다. 관조적 지식을 위주로 공부한 학습자는 탐색적 지식을 주로 한 학습자보다 세상에 관하여 상대적으로 더 많은 정보와 지식을 소유할 가능성이 있다. 반대로 탐색적 지식을 위주로 공부한 학습자는 관조적 지식을 위주로 한 학습자보다 상대적으로 문제를 해결하는 기능적 능력을 발휘하는 데 더욱 익숙한 모습을 보일 수가 있다. 물론 이러한 비교는 사람에 따라서 상황에 따라서 상대적인 것이다.

　고도의 이론적 지식을 미루거나 멀리하는 것보다는 그러한 지식을 학습자의 경험이 지닌 성장의 수준에 맞추어 마치 게임에 임하는 경우와 다름이 없는 관심의 경지를 유도한다면 더 이상 훌륭한 것이 없을 것이다. 그러나 실제로 우리가 생활에서나 직업에서나 요구되는 중요한 정보나 지식을 탐색적 지식의 원리를 적용할 수 있는 경험의 소재로 조직한다는 것이 결코 쉬운 일이 아니다. 이러한 방법으로는 암기나 주입의 방법에 의한 학습보다 많은 시간을 요구하고 결국에는 덜 경제적인 학습이 될 수도 있다. 새로 구입한 기계를 조작하는 데 그냥 덤비기보다는 차분히 매뉴얼을 따르면 땀을 적게 흘리고 빨리 익숙하게 된다. 운동선수를 지망하는 사람들에게 코치가 필요한 이유도 거기에 있다. 그러나 고분고분하게 시키는 대로만 잘하는 선수는 자력으로 성장하는 동력을 스스로 구축하기가 어렵다. 이러한 이치는 운동선수의 경우에만 적용되는 것이 아니다.

탐색적 지식은 관조적 지식보다는 학습자의 총체적 경험 속에 훨씬 조화롭고 심도 있게 융합되고 인격의 심층적 구조에 통합된다는 기대를 할 수가 있다. 교사가 상대적으로 더욱 유의미하고 실제적으로 유용한 지식을 중심으로 학습의 장을 구성하고자 할 때, 일반적으로 손쉽게 관조적 지식의 개념에 의존하는 것보다는 탐색적 지식의 개념에 따라서 균형 있는 학습의 장을 만들고자 의식적으로 노력할 필요가 있다.

관조적 지식을 위주로 한 학습자에게 그 성과로서 기대할 만한 것은 일정한 시간에 비교적 많은 지식을 소유하게 된다는 것이다. 이러한 지식은 학습자의 마음 밖에서 수용된 것도 있고 학습자 자신의 노력으로 창조한 것도 있다. 수용한 것이든지 창조한 것이든지 간에 자신의 것으로 소화화지 못한 정보적 수준의 것도 있고, 심화된 이해를 바탕으로 하여 잘 사용하는 활용적 수준의 것도 있다. 지식이 잘 소화되었다는 것은 명제적 지식의 조건을 충분히 만족시킨 경우를 말한다. 그러나 앞서 언급하였듯이 관조적 지식 중에는 명제적 지식의 기본적인 것은 신념조건과 진리조건이다. 즉, X라는 사람이 P라는 명제를 안다는 것은 P가 진리임을 믿고 있다는 것이다. 물론 진리조건은 대응설이 의미하는 것을 말한다. 진리조건은 의미상 P가 진리임을 믿게 하는 증거조건을 내포하는 것이고, 더욱 철저하게는 증거조건을 획득한 방법조건까지 명시적으로나 묵시적으로 요구된다. 다시 풀어서 보면, X가 P를 안다는 것은 방법 M으로 획득한 증거 E에 의해서 정당화되는 진리 T가 성립한다는 것을 신념 B로 가지고 있다는 것을 말한다.

그러므로 관조적 지식이라고 해서 진리 혹은 허위로만 담판할 수 있는 것이 아니다. 증거의 확실성과 방법의 합리성이 충족시키는 수준에 따라 신념의 경고성이 영향을 받을 수 있다. 신념조건과 진리조건만을 언급하면 X가 지닌 지식 P는 막연하거나 허황한 것일 수도 있다. 불완전한 지식이다. 증거 E뿐만 아니라 방법 M까지를 오류 없이 확인한다면, P를 진리로 주장할 수 있는 믿음 B가 성립할 경우에 P는 X가 완전한 지식으로 소유한 것이다. 그러나 어떤 사람이 수없이 많이 지니고 있는 모든 명제적 지식을 완전한 지식으로 소유할 수는 없을 것이다. 우리가 지닌 지식들 중에는 완전하거나 이에 가까운 것들도 있고 불완전한 수준에 있는 것들도 있다. 그러나 상대적으로 많은 완전한 지식을 소유한 사람들을 일컬어 '박식한 지식인'이라 칭하고, 그 수준에 미치지 못하는 사람들을 '범용한 지식인'으로 분류할 수 있을 것이다.

탐색적 지식을 위주로 한 학습자에게는 소유하고 있는 풍부한 지식이나 정보보다는 문제해결에 유능한 사람이기를 기대한다. 좁은 영역에서 탁월한 기술을 발휘하는 사람도 있고 무엇에나 해결사의 역할을 해내는 사람도 있다. 생활주변에서 발생하는 여러 가지 문제를 고도의 전문적인 훈련의 과정에서 이수한 바도 없지만, 특별한 어느 분야에서 문제를 해결해 주는 사람을 '기술자'라고 하고, 적어도 그 분야에 능수능란한 사람이 있다. 그리고 체계적인 지식과 장시간의 기술을 연마하여 사회적 공인을 받아 특정 분야의 문제해결에 종사하는 사람을 '전문직'이라고 한다. 전문직은 특징상 특정화된 분야에 사회적 봉사자로서의 전문적 과업에 종사하며, 명시적으로 제정되었거나 묵시적으로 수용하는 강령 수준의 윤리적 규범을 지키면서 기술과 능력의 공신력을 발휘하고자 한다.

문제해결에 유능하기를 기대하는 '해결사'로서의 자질은 반드시 기술인이나 전문직과 같은 직업에 종사하는 사람들에게만 요구되는 것이 아니다. 우리의 삶은 순간순간의 문제를 해결하면서 진행된다. 추구할 가치의 성찰이 있고, 그것을 실현하는 방법의 선택이 있으며, 자신을 관리하는 긴장이 있고, 실패와 성공을 감당하는 순간의 판단이 있으며, 자신과 세계를 지켜보는 반성적 노력이 있고, 과거와 미래를 조망하면서 현재에 임하는 지혜의 요청에 응한다. 이러한 일상적 과정의 문제들은 사소한 것일 수도 있고 진지한 것일 수도 있으며, 단순한 것일 수도 있고 복잡한 것일 수도 있으며, 일시적인 것도 있고 장시간적인 것도 있으며, 사적인 과제인 것도 있고 공적인 과업인 것도 있으며, 강요된 것도 있고 자발적인 것도 있다. 우리의 삶 모든 구석에서 온갖 수준의 문제가 다가오고, 헤쳐 가고, 성공적으로 감당하는 경우도 있지만 실패하는 경우도 있다. 우리는 할 수 있으면 무슨 지식이든 잘 알고 살아야 하지만, 무슨 문제이든 잘 해결하면서 살아야 한다. 그것은 삶의 요청이고 삶의 의미이며 삶의 본질이다. 이러한 삶에는 자아를 실현하는 '범인'도 있고 '위인'도 있다.

사람은 누구나 선천적 자질과 후천적 학습의 결과로 각기 지식을 소유하고 구사하는 능력에 있어서 차이를 보이게 마련이다. 관조적 지식과 탐색적 지식의 균형과 불균형으로 인하여 각기의 특색을 보일 수 있다. 대체적으로 네 가지의 방식으로 구분해 본다.

첫째, 관조적 지식에도 취약하고 탐색적 능력에도 취약한 경우가 있다. 우리는 이런 사람을 무지하고 무능한 사람이라고 한다. 교육받기 이전의 사람이거나 교육에서 실패한 사람이다. 모든 사람은 기본적으로 이런 상태에서 해방되어야 한다. 나라마다 최소한의 의무교육제도를 설정하는 것도 바로 이러한 취지에서이기도 하다.

둘째, 관조적 지식에 충실하고 탐색적 능력에 취약한 경우가 있다. 세상과 자신에 관하여 많은 정보와 지식을 소유한 사람이지만 정작 자신이 당면하는 문제들을 잘 감당하지 못하는 사람이 이에 속한다. 빈정대어 말하기를 '똑똑한 바보'라고도 하고 '글만 아는 무력한 선비'라고도 한다. 이지적으로는 원숙한 상태에 있지만 문제가 발생하면 속수무책의 인물이다. 박식하지만 무능하다는 평가를 받는다. 이러한 현상은 일반인을 두고 말하는 경우이기도 하지만, 전문적인 수준의 분야에서 상대적으로 이론에는 뛰어나지만 문제해결의 과정에서 이에 상당하는 탁월성을 보여 주지 못하는 사례는 얼마든지 있다.

셋째, 관조적 지식에 취약하지만 탐색적 능력에 탁월한 경우가 있다. 흔히 어떤 사람을 평하여 배운 것은 없지만 유능한 사람이라고 말하는 사례가 있다. 대개 배운 것은 없다(혹은 적다)는 말은 남보다 학교교육은 덜 받았다는 것을 의미하기도 한다. 학력으로 보면 상대적으로 경쟁에서도 불리한 수준에 있지만 일을 처리하고 사람을 관리하는 데 뛰어난 능력을 발휘하는 사람이 있다. 가끔 '입지적 인물'이라고 평가받는 사람들 중에는 이 범주에 속하는 사람을 보게 된다.

넷째, 관조적 지식에 탁월하고 탐색적 능력에도 출중한 경우가 있다. 큰 사회적 문제의 해결과정에 탁월한 지도력을 발휘하는 인물들 중에는 박식하기만 한 것이 아니라, 균형 있는 안목으로 문제를 감당하고 과업을 추진하는 데 세상을 놀라게 하는 경우를 본다. 뛰어난 학자, 유능한 기업가, 수많은 추종자를 이끄는 여러 분야의 지도자 중에는 해당 분야의 폭넓은 지식과 함께 문제를 감당하는 전문적 역량을 나타내는 인물들이 있다. 또한 비록 높은 정규 학력의 소유자나 명문 교육기관의 출신이 아니라도, 자신의 집요하고 부단한 노력으로 이런 경지에 오른 경우도 있다.

관조적 지식의 탐색적 재연

학습에는 우연적인 것도 있고, 의도적인 계획에 의한 것도 있다. 사람들이 일상생활 속에서 언제나 구체적으로 의식하고 있지는 않더라도, 무엇인가 가치 있는 것을 실현하고자 하고 어떤 목적을 추구하는 삶을 영위한다면, 언젠가는 어느 순간에 크고 작은 문제에 부딪힐 수가 있다. 하잘것없는 작은 문제든지 혹은 매우 심각한 수준의 문제든지 간에, 그것을 쉽게 해결하거나 혹은 어렵게 씨름하여 해결하거나 간에 학습이 이루어진다. 그만큼의 경험이 형성되고 그러한 과정에서 경험의 규모가 양적으로 쌓이고 그 특징이 질적으로 다듬어진다. 물론 얼마나 지력을 잘 발휘하느냐에 따라서 일시적으로 혼란 속에 빠지거나 오래도록 미궁 속에서 헤매는 경우도 있을 것이고, 쌓여진 경험으로 인하여 더욱 지혜로워지거나 원숙한 문제해결력을 과시할 수도 있다. 이렇게 이루어진 학습은 우연적으로 이루어진 문제상황에서 생기는 일이다.

그러나 학교에서와 같이 제도적으로 이루어지는 학습은 의도적으로 계획된 것이다. 교육학도들이 관심의 대상이 되는 것은 주로 이러한 의도적이고 계획된 것이다. 어느 수준의 지식이든지 간에 학교의 교육내용으로 실리는 지식은 대체적으로 말해서 적어도 두 가지의 '정당화의 논리'를 거친 것이다. 즉, 하나는 '발견의 논리'이고 다른 하나는 '공인(公認)의 논리'이다.5) 발견의 논리는 지식이 생산되는 방법적 과정에 관한 것이다. 지식을 생산하는 과정에서 사용한 방법론적 원리가 객관적 기준을 충족시켜야 하고, 그 원리가 문제의 지식을 생산하는 데 적절한 것이라는 타당성을 보여야 하며, 또한 어떤 연구자라도 그 방법을 사용하면 그런 결과를 낳을 수 있고 그렇게 될 수밖에 없다는 신뢰성을 보여야 한다. 공인의 논리는 생산의 과정보다는 생산된 지식의 사회적 인정, 적어도 전문가 집단의 검토에 의해서 지식으로서 공인되어야 한다는 것이다. 물론 생산된 지식의 사회적 공인은 그 지식이 생산되는 방법적 과정의 검토에서 비롯되는 것이므로 '발견'과 '공인'은 완전히 별개의 논리라고 하기는 어렵다. 그러나 발견의 논리는 문제의 지식 그 자체에 관심의 표적을 두는 것이지만, 공인의 논리는 그 지식이 관련된 다른 지식들과의 관계 속에서 검토된다.

---

5) logic of discovery / logic of validation

앞의 두 가지 정당화의 논리를 충족시킨다면, 지식을 원천적 생산자가 관조적 지식관을 소유하였던가 아니면 탐색적 지식관을 소유하였던가가 결정적으로 중요한 것은 아닐 수도 있다. 왜냐하면 탐색적 지식관에 의해서 생산된 지식도 교사는 관조적 원리에 따라서 지도할 수 있고, 반대로 관조적 지식관에 의해서 선택된 지식도 교사는 탐색적 원리에 따라서 지도할 수 있기 때문이다. 관조적 지식의 학습은 암기식 혹은 주입식 방법으로도 어느 수준의 학습이 가능하므로 기술적으로 크게 어려운 것이 아니다. 교사는 학습할 지식을 말해 주고 설명해 주고 이해의 수준을 평가를 통하여 확인하면 목적한 바를 달성할 수도 있다. 물론 난해한 지식이나 복잡한 이론의 경우에는 탁월한 교사라 하더라도 관조적 지식의 전달에 어려움이 있겠지만, 그래도 탐색적 지식의 경우보다는 교사와 학습자가 형성한 학습장의 구조가 비교적 덜 복잡하고 구조적으로 단순할 수가 있다. 교과서와 칠판, 경우에 따라서 컴퓨터나 시청각적 장치를 이용하고 잘 정리된 교사의 설명이면 상당한 정도의 성과를 거둘 수가 있다.

그러나 탐색적 지식의 경우에는 그렇지가 않다. 탐색적 지식은 우선 그 자체의 의미상 학습자의 문제의식이 충일해 있어야 학습의 활동이 시작된다. 이 경우에 문제의식이 일상적인 생활상황에서 발생한 것이기를 기대하기는 매우 어렵다. 가능하다고 하더라도 학교의 교실은 잡다한 일상적인 문제들을 임의적으로 다루는 곳이 아니다. 더욱이 오늘의 학교체제와 같이 국가적 차원에서 교육과정이 설정되어 있고, 규격화된 학습장인 교실에서 대부분의 학습이 이루어져야 하는 조건하에서, 언제나 학습자가 유의미한 문제상황에 임하여 학습을 시작하도록 한다는 것은 현실적으로 거의 불가능한 것에 가까운 일이다. 학교의 학습은 우연적인 문제의식에서 지식을 생산해 내는 그런 경험에 관한 활동은 아니다. 오히려 교육의 내용은 이미 전해져 오고 있고 실제로 생활에서 일상적으로나 전문적으로 사용되는 있는 지식으로서 전달할 대비를 하고 있는 것이다.

기존의 지식들, 대개는 애초에 관조적 지식관에 의해서 생산되었거나 그런 원리의 관점에서 선정된 지식들이 실제로 학교교육의 교과서에 많은 부분을 차지하고 있다. 이러한 지식들을 탐색적 지식의 원리로 학습할 수는 없는가? 가능한 방법을 위하여 적어도 두 가지의 기법을 생각해 볼 필요가 있다. 하나는 지식을 '역사 속에서' 학습하게 한다는 것이고, 다른 하나는 '게임(놀이)의 원리'로 접근하는 것이다.

역사 속의 지식으로 학습

지식을 '역사 속에서' 학습한다는 것은 우리가 학교에서 가르치고 배우는 지식들은 대개 오랜 역사를 지닌 것임을 중요하게 여긴다는 것이다. 그것이 관조적으로 성립된 것이든지 탐색적으로 생산된 것이든지 간에 그것이 지식으로 만들어지고 그 중요성이 평가를 받고 유용하게 사용되기까지의 역사가 있다. 그것을 관조적 관점에서만 보면 그냥 익히기만 해도 좋을 정도로 검토된 것이다. 그냥 익힌다고 하면 그 내용을 확인하고 어떻게 유용하게 사용할 수 있으며 실제로 어떻게 일상적으로나 전문적으로 활용되어 왔는가를 아는 것으로 만족할 수가 있다. 때로는 그 지식을 생산한 인물의 천재적 권위를 인정하여 비판적 검토 없이 그냥 수용하기도 한다. 이러한 태도는 흔히 관조적 지식관에 의한 학습에서 쉽게 볼 수 있고, 그 지식을 암기하고 모방하고 당연시하는 경향을 보인다. 그러나 지식의 역사성에 관심을 두면 그것이 지식으로 형성된 배경과 동기, 그리고 그 지식이 성립한 근거를 검토해 보는 계기를 확인할 수가 있다. 즉, 왜 그것이 어떻게 지식으로 만들어졌는가를 확인할 수가 있다.

예를 들어, 국가의 '삼권분립'에 관하여 학습한다고 하자. 일반적으로 그 내용은 사전이나 참고자료에 상당한 수준의 상세한 내용이 기술되어 있다. 삼권분립에 관하여 한 사전에 실려 있는 내용 중에서 일부를 발췌하여 여기서 '역사 속에서' 학습하는 원리를 논의하는 소재로 삼고자 한다. 그 사전에는 다음과 같은 내용을 포함하고 있다.[6]

첫째, 삼권분립(三權分立)의 개념을 요약하여 진술한 내용이 있다. 즉, 국가 권력의 작용을 입법, 행정, 사법의 셋으로 나누어, 각각 별개의 기관에 이것을 분담시켜 상호 간 견제와 균형을 유지시킴으로써 국가권력의 집중과 남용을 방지하려는 통치조직의 원리이다.

가장 단순한 학습은 바로 이러한 진술을 그대로 암기하는 것이다. 흔히 이 정도의 내용이면 선택형 시험에 정답을 찾기에 충분할 내용이 될 수도 있다. 그 러나 엄격히 보면 그 진술 속에 들어 있는 중심 개념에 대한 이해 없이 그냥 암 기한 것으로 만족해 버리는 것이 보통이다. 그 암기된 내용에 관한 어떤 형식의 시험에서 요구하는 만큼의 답을 말할 수 있으면, 삼권분립이 무엇을 뜻하는가 를 아는 것으로 인정된다.

둘째, 조금 더 자세한 내용으로 권력 분립의 원리가 설명되어 있다. 즉, 자유 주의적인 정치조직의 원리로서 국가권력의 전횡(專橫)을 방지하여 국민의 자 유를 보호하기 위한 것이다. 이 이론을 처음으로 받아들인 것은 1787년 미국의 연방헌법이었으며, 1791년 및 공화력(共和曆) 3년의 프랑스 헌법 등이 이를 채 택하였다. 영국은 불문헌법의 국가이기 때문에 1688년의 명예혁명이 있을 때 까지 대헌장, 권리청원, 권리장전 등에 의한 헌법적 원칙이 문서화됨으로써 이 원칙이 서서히 나타났다. 그 뒤로 삼권분립주의는 점차 헌법적 원칙으로 발전 하고 오늘날과 같이 보편화되기에 이르렀다. 한국의 헌법도 입법권은 국회에 (40조), 행정권은 대통령을 수반으로 하는 정부에(66조 4항), 사법권은 법관으로 구성된 법원에(101조) 속한다고 규정하여 삼권분립주의에 입각하고 있다.

6) 3권분립[네이버 지식백과(두산백과)]

이 정도의 내용을 암기하고 있거나 이런 내용 수준에 관련된 시험에 정답을 쓰면 삼권분립에 관하여 다소 자세하고 세련된 이해에 도달한 것으로 인정될 수도 있을 것이다. 그러나 미국의 연방헌법, 프랑스의 헌법, 영국의 불문헌법, 명예혁명, 대헌장, 권리청원, 권리장전 등에 관하여 별로 아는 바가 없어도 위의 설명에 관련된 질문에 정답을 할 수 있다. 이런 수준의 내용은 삼권분립에 관한 사전의 단순 설명보다는 양적으로 약간의 차이가 있기는 하지만 학습의 내용은 암기하는 내용을 더하였을 뿐 실질적으로 이해의 넓이와 깊이가 많아졌다고 하기는 어렵다. 이런 수준의 지식으로도 어떤 시험에서 좋은 성적을 받는 경우도 있다.

　　셋째, 이어서 사전에는 삼권분립의 의의에 관한 설명이 있다. 즉, 삼권분립 이론의 핵심은 자유주의적 요청에 따라 국가권력으로부터 국민의 자유를 지키려는 데 그 진가(眞價)가 있다. 적극적으로 국가권력의 능률향상을 위한 제도가 아니라, 소극적으로 국가권력의 집중과 전횡을 막으려는 것이다. 국가권력과 그것을 행사하는 인간에 대한 회의적이고 비판적인 인간관에 근거하고 있다.

이어서 사전의 내용은 자유주의, 입헌정부, 권력분립에 대한 반론 등도 기술하고 있고, 또한 유래와 전개과정, 몇 개 국가의 유형별 비교 서술이 포함되어 있다. 대체적으로 이러한 내용까지를 다루는 수준이면 그런대로 이해의 깊이가 심화되었다고 할 것이다. 그리고 사전은 독자에게 이해를 돕는 내용을 친절하게 보충한 것이다. 그러나 학교의 수업에서 교사가 이런 내용을 설명하고, 이대로 암기되는 것으로 삼권분립에 관한 학습을 더 이상 진행하지 않는다고 하자. 그러면 학생은 삼권분립이라는 것이 왜 중요한 의미를 가지는가에 대한 자신의 의견은 거기에서 차지할 공간이 없게 된다. 여기서 우리는 사전의 내용과 서술의 방식을 평가하거나 비판할 이유는 없다. 그 사전의 기능은 삼권분립에 관하여 정해진 원고의 분량이 허용하는 만큼 관련된 내용을 정보로서 제공하는 것이기 때문이다. 어떤 수준의 사용자를 겨냥하는지는 명확히 설정하지는 않았으나, 대개 사전으로서 조직하는 내용에 관하여 삼권분립을 그런대로 포괄적이고 균형 있게 다루고 있다.

그러나 문제는 학교의 사회과 수업이 이런 식, 즉 사전식 서술 내용의 기억이나 이해에 머문다면, 그러한 학습은 관조적 지식의 학습으로는 의미가 있을 수 있으나, 탐색적 지식의 학습으로는 만족한 수준이 아니다. 탐색적 지식관에 의한 학습은, 그 삼권분립이라는 원리가 그것을 애초에 창안하고 시행한 국가에서 어떤 성격의 문제를 해결하기 위한 해답이었느냐의 질문과 더불어 시작된다. 그러한 국가적 문제가 어떤 가치를 추구하는 역사적 과정에서 발생한 것이며, 그 문제를 해결하기 위한 당시의 대안적 의견과 갈등의 양상은 어떠하였던가를 확인하고 분석할 필요가 있다. 그리고 우리나라는 왜 삼권분립을 어떤 경위로 채택하였으며 국가적 차원에서 어떤 논의가 있었던가, 삼권분립의 원리는 시행 이후에 민주국가의 발전에 어떤 가치를 구현하였으며, 혹시 국가조직의 다른 원리와의 일관성과 조화를 유지하고 있는가, 뿐만 아니라 다른 국가들과 비교하여 국가 간의 다양성의 원인은 어디에 있으며 상대적으로 우리나라는 성공적으로 운영해 왔는가 등의 질문에 학습자 나름의 해답이 신념으로 정리될 때, 비교적 충실히 학습한 결과라고 할 수 있다. 물론 학습자의 수준에 따라서 질문과 해답의 기대 수준에는 차이가 있을 수 있다.

역사 속에서 학습하는 문제상황은 현실적으로 당면한 문제상황과 동일한 수준의 절박감과 해결의 절실함을 의식할 수는 없다. 그러나 학습자는 일종의 관조적 지식을 즉시적 경험과 유사한 상황에 두고 검토하는 것이니만큼 완전한 의미의 탐색적 지식으로 학습하는 경지는 아니지만 맹목적 암기나 현학적 지식인의 모습으로 겉치레하는 학습과는 분명히 다르다. 이와 같은 역사 속에서의 학습은 일종의 '유사탐색적 학습'을 하는 것이다. 특정한 탐색적 지식은 특정한 문제상황에서 요구되는 해답이어야 하고, 그 해답으로서의 의미와 도구적 기능을 평가할 필요가 있는 그러한 지식이다. 앞에서 삼권분립이라는 국가 조직의 원리를 학습하는 것을 사례로서 든 것이지만, 여기서 예로 들지 않은 자연과학적 지식을 포함하여 모든 지식, 이미 존재하는 모든 지식의 이해와 학습은 그 지식의 발생적 동기와 관련된 문제의 해결 혹은 질문의 해답으로 검토되어야 하는 것이다. 말하자면, 모든 지식은 최종적으로 학습자 스스로에 의해서 나름으로 검증되어야 한다는 것이다.

비록 우리가 탐색적 방법으로 특정의 지식을 역사적 맥락 속에서 학습하는 상황을 구축하고자 하더라도 그것이 일상적 생활에서 먹고, 잠자고, 놀고, 일하고, 사람을 만나고, 기쁜 일을 즐기고, 슬픈 일을 당하는 것과 같이 자연스럽게 경험하는 상황은 아니다. 그러므로 어떤 학습의 주제를 탐색적 방법으로 학습하게 하자면, 교사는 그 주제를 두고 전개할 학습의 경험이 일상적 경험과 질적으로 유사한 특징을 가지도록 조성할 필요가 있다. 물론 교사가 완전히 단독으로 설계하는 것이 아니라, 학습자의 동기와 관심을 유도하되 주제와 관련된 지식의 수준과 현재 학습의 장에 주어진 여건을 고려하여 학습자가 일상적 경험의 연속성 속에 있음을 체감할 정도로 고도의 현장 조직력을 발휘해야 한다. 교사가 이러한 여건의 조직에 실패하면, 어설픈 탐색적 학습의 성과는 관조적 방법에 의한 것보다 질적으로 더욱 충실한 결과를 기대하지 못할 뿐만 아니라, 경험의 성장과 통합과 계속성에 있어서 오히려 파탄을 가져올 수도 있다.

'게임의 규칙'에 비추어

우리는 의도적인 학습의 경험을 의도되지 않은 일상적 경험과 일관성을 유지하고 성장의 계속성이 가능하도록 하는 또 하나의 방안으로 '게임'(혹은 놀이)의 성격과 규칙의 개념을 검토해 볼 필요가 있다. 놀이 혹은 게임이 지니는 특징의 하나는 일상적 생활 속에서도 특정한 '의도에 의한 계획된 경험'이라는 것이다. 물론 많은 놀이가 자연적으로 시작되기도 하지만, 그 놀이에 참여하는 사람들이 특정한 관심을 공유하고 현장의 구체적 목적과 규칙을 계획적으로 합의하고 진행한다는 것이다. 어린아이들의 소꿉장난이나 또래들의 놀이에서도 현장의 약속에 의한 규칙이 있다. (가령, 가족놀이에서 네가 엄마하고 나는 아빠 하며 인형들은 아들과 딸이라고 한다.) 지식에 탐색적 방법으로 접근하는 학습활동에서도 현장의 규칙에 의한 경험의 재연(再演)이 따를 때 일상적 경험과 의도적 경험의 유사성이 유지된다. 사회적 문제를 토론이나 시뮬레이션으로 진행한다든가, 과학적 지식을 실험적으로 재검증한다든가, 필요에 의하여 현장을 답사한다든가 하는 것은 지식의 형성과정에 대한 탐색적 방법의 학습이다.

사회적 공동노력에 의해서 이루어지는 활동이나 사업의 규범적 성격을 논할 때, 가끔 '게임의 규칙'[7]이라는 말이 사용되는 경우가 있다. 가장 쉽게는 스포츠에서 볼 수 있는 여러 가지 종류의 경기에서 규칙은 언제나 기본적으로 중요한 개념으로 인식된다. 규칙이 없는 경기는 있을 수 없기 때문이다. 경기에서뿐만 아니라, 정치적 활동에서도 서로 대립하고 경쟁하는 상황에서 갈등적 문제를 해결하고자 할 때, 경쟁과 타협 혹은 협상의 방법을 두고 겨룰 때 이 말이 적용되기도 한다. 뿐만 아니라 과학자들이 까다로운 가설의 검증이나 체계적인 탐구의 기법을 원론적으로 검토하는 과정에서 이 말이 가끔 사용되는 경우도 있다. 말하자면, 사회적 활동이나 과학적 탐구의 과정에서 문제를 체계적으로 검토하고 해결하여 사회일반이나 전문가 집단에게서 공인을 받고자 할 때 그 과정에는 규칙의 체제가 있고 마치 게임 혹은 놀이의 규칙을 적용하는 것과 같은 이치로 검토하면서 진행하려는 것이다.

우리는 여기서 사회적 삶 자체를 '게임'으로 비유해서 생각해 보자. 게임에는 여러 가지의 종류가 있지만, 어느 것이나 그것이 제대로 게임이 되게 하는

7) rules of the game

'규칙의 체제'가 있다. 예를 들어, 병정놀이의 경우에 우리는 두 군대가 서로 적대 관계에 있다고 가상한다. 군대에는 대장이 하는 일과 부하가 하는 일은 같지가 않다. 또한 전쟁을 시작하는 방식과 끝내는 방식이 서로 합의되어 있다. 그들은 싸움이 끝난 후에 이긴 편에서 요구할 수 있는 것이 무엇이며 패한 편에서 지켜야 할 일이 무엇이라고 약속되어 있다. 이러한 기본적인 약속은 모두 규칙에 해당하며 그 규칙들이 지켜지지 않으면 게임은 성립되지 않는다. 병정놀이의 경우에만 규칙이 있는 것이 아니다. 온갖 종류의 경기는 규칙이 있기 때문에 경기로서 성립된다. 이러한 규칙들 중에는 '법리적 규칙'과 '전략적 규칙'이라고 분류할 수 있는 적어도 두 가지가 있다.

법리적 규칙은 그 게임이 가능하도록 규정된 것으로서 꼭 지켜야 할 규칙이다. 야구경기를 설명하자면, 두 팀이 나누어서 겨루고, 한 편이 공격을 할 때 다른 편이 수비를 하며, 공격팀에서 세 선수가 '아웃' 판정을 받았을 때 수비와 공격을 교대하고, 정규의 공격과 수비는 9회(혹은 7회)에 걸쳐 진행한다는 것 등의 규칙을 밝힌다. 이런 필수적인 법리적 규칙을 지키지 않으면 그 게임은 엄격한 의미의 야구경기가 아니다. 그리고 그 규칙들을 제대로 지키지 않으면 공정하고 정직한 게임이 되지 않는다. 그래서 공정성을 관리하기 위하여 심판을 둔다. 이렇게 규칙들을 언급하면서 우리는 야구라는 게임을 정의하고 설명한다.

전략적 규칙은 필수적 규칙과는 달리 경기에서 이기기 위하여, 혹은 경기를 더욱 재미있게 하기 위하여 대체적으로 팀의 관계자들이 임의로 정한 것이며 반드시 지켜야 하는 것은 아니다. 예컨대, 야구의 경우에, 1번 타자 혹은 4번 타자는 어떤 자질을 가진 선수가 맡아야 하고, 유격수와 중견수는 어떤 능력을 가진 선수가 맡아야 하는가에 대한 일종의 비공식적인 규칙이 있다. 일반적으로 어느 팀에서나 지키는 것도 있고 한 팀이 자체의 필요에 의하여 특별히 정한 것도 있다.

이러한 법리적, 전략적 규칙들은 모든 스포츠에서 볼 수 있고, 바둑이나 어린아이들의 놀이 혹은 성인들의 도박에도 만들어져 있다. 단지 게임이나 경기 뿐만이 아니라, 인간 생활의 모든 활동에는 이러한 의미의 규칙들이 있고, 그 규칙들 때문에 그 모든 활동이 그 자체의 특징을 가지고 행해진다. 그런 점에서 모든 사회적 활동은 성격상 게임(놀이)과 유사하다. 정치 활동, 경제 활동, 가정 생활, 교우 관계, 예술 활동 그리고 학문 탐구 등 어느 것이든지 이들이 각기 그 렇게 불리고 그렇게 행하여지는 것은, 바로 그 속에 명시적으로 혹은 묵시적으 로, 형식적으로 혹은 관습적으로 주어져 있는 규칙들이 있기 때문이다.

여기서 게임의 규칙에 해당하는 것은 법이나 준칙, 규정이나 지침, 조직의 강령, 특정한 무엇을 실행하는 절차적 규칙이 있고, 형식적인 것에만 한정되지 않으면서 구성원이 수용하는 관행과 묵시적 합의가 있다. 규칙의 개념을 확대 하면 우리가 생활에서 지키고 있는 모든 것, 모든 문화적 요소가 넓은 의미의 규칙의 범주에 속한다. 우리는 소리로써 의사를 교환하지만 모든 소리가 말이 되는 것은 아니다. 소리가 말이기 위해서는 그것이 지키는 규칙이 있어야 한다. 그 규칙으로 인하여 소리가 말이 될 수 있다. 옷을 입는 것이나, 음식을 먹는 것 이나, 인사를 하는 것이나, 자녀를 키우는 것이나, 결혼생활을 하는 것이나, 학 문을 하고 정치를 하는 것 등 모든 것이 규칙들, 즉 게임의 규칙들을 실천하고 있는 삶의 방식이다. 우리는 수많은 게임 속의 삶을 살고 있다. 입법과 준법의 삶을 구성원의 누구든지 제대로 바르게 준수하거나 감당하지 못하면 그 조직 과 게임은 붕괴되는 것이고, 개인적으로 혹은 소수가 이를 제대로 이행하지 않 으면 다소 소외를 느끼거나 소외를 당하거나 이단자가 되거나 범법자가 된다.

규칙의 개념은 우리의 생활 모든 범주와 차원에서 관찰되고 실천되고 음미 되는 것이므로 모든 부면의 인간행위의 특징에 관한 설명력을 지닌다. 인문과 학, 사회과학, 자연과학 등의 학문연구, 정치, 경제, 교육, 신앙, 민속 등의 사회 생활, 생산, 기술, 교류, 소비, 안전, 건강 등의 생활환경, 종교, 예술, 스포츠, 오락 등의 문화생활에 (게임의) 규칙들이 있고, 이러한 규칙의 개념에 비추어 인간은 경험의 세계를 형성하고 확장하고 성장한다. 탐색적 기능을 하는 인간의 학습은 거기에서 생멸하는 규칙들에 접근하고 적응하고 통제하면서 자신을 성장하게 하는 과정이다.

앞서, 삼권분립에 관한 학습도 국가적 권력구조가 형성되고 관련짓고 작용하는 규칙에 관한 것이다. 그것을 역사 속에서 학습할 때 그냥 관련된 규칙들의 체제에 관한 '관조적 흔적'을 살펴 사실을 확인하는 수준에 머무는 것보다는, 자료의 수집과 검토의 과정을 통하여 혹은 역할극이나 논쟁식 토론을 통하여 함께 학습자들이 각기 자신의 이해의 수준을 검증하고 더욱 성숙한 방향으로 자기주도적 안목과 노력을 이어 가도록 하는 것이 필요하다.

제7장

습관과 인성의 질성적 구조

습 관 과　인 성 의　질 성 적　구 조

제7장 습관과 인성의 질성적 구조

    만약 우리에게 습관이라는 것이 없다면, 우리는 어떻게 행동하면서 살고 있을까? 쉽게 생각해서, 잠자는 시간과 일어나는 시간이 일정하지가 않을 것이고, 배가 고프다고 느낄 때 무엇을 먹어야 하며 어떻게 먹어야 하는가도 정해진 것이 없다. 뿐만 아니라, 내가 하고 싶은 행동과 해야 할 행동으로 정해진 것이 없는 상태, 산다는 것은 그냥 그때그때 아무렇게나 행동하고 생각하고 느끼는 대로 움직이는 것일 뿐이다. 외부의 자극에 반응하지만 그것은 단지 순간순간의 일시적 반응일 뿐이다. 조금 심각하게 말해서, 만약 갑자기 우리가 지닌 모든 습관이 일시에 사라져 버린다면 어떻게 될까? 나는 본능만으로 적응하고 그 한계 속에서 살아야 한다. 일정하게 사물을 보는 방식이 없으니 순간순간 모든 것은 새로운 것일 뿐이다. 매일 만나는 사람도 만날 때마다 새로운 사람이고 세상에는 익숙한 것이라고는 없다. 대상을 변별하는 틀이 없기 때문이다. 과거부터 해 오던 습관이 없으니 내게는 현재만이 있을 뿐이고, 앞으로도 어떤 방식으로 생각하고 행동할 것이라는 습관이 없는 만큼 생각할 수 있는 미래도 없다.

    치매 상태에 있는 노인이 가족을 알아보지 못하는 것도 가족을 식별해서 보던 습관의 틀을 잃어버린 것이다. 그래도 치매의 노인이 어렵기는 하지만 우리와 함께 말하고 함께 행동하면서 함께 살아갈 수 있는 것은 아직도 서로가 공유하는 많은 습관이 남아 있기 때문이다. 잃어버린 습관만큼 함께 생활하는 데에 불편이 있는 셈이다. 더욱 심각하게 말하면, 모든 사람의 습관이 일시에 상실

되면 다른 사람과 소통하기 위하여 소리를 내어 말을 해 보지만 함께 기억하여 사용하는 소리가 없으니 서로 알아듣지 못한다. 모든 손짓, 발짓, 몸짓은 일회적인 순간의 것일 뿐이고, 서로 함께 지닌 습관이 없으므로 아무런 의미를 주고받을 수가 없다.

말이나 몸짓으로 다른 사람 앞에서 의사나 느낌을 표현하고 서로 교환하는 것은 내가 다른 사람과 함께 소리와 몸짓을 사용하는 습관을 공유하고 있기 때문에 가능한 것이다. 같은 언어나 관습을 포함하여 상징적 수단을 함께 사용하는 문화적 공동체는 구성원들이 상당한 수준의 공통된 습관적 형식과 내용을 공유한다는 의미이기도 하다. 그러한 습관들의 공유 그 자체가 인간의 사회적 삶이다. 습관이라고 하면 흔히 신체적 습관을 쉽게 생각하지만, 신중하게 검토하는 습관, 기억하는 습관, 감정을 표현하거나 억제하는 습관, 남들과 잘 어울리는 습관 등 여러 가지의 형태가 있다. 청년이 되고 성인이 되고 노년에 이르러서도 신체적으로, 심리적으로, 사회적으로, 이지적으로, 감성적으로 성장할 과제가 있고 습관의 형성이 있다. 아리스토텔레스 이후에 습관은 '제2의 천성'이라는 말이 자주 사용되어 왔다. 사람마다의 '성격' '자아' '인격' '인성' 등으로 일컬어지는 개체의 정체적(正體的) 특성도 습관의 개념으로 이해될 수 있고, 흔히 말하는 인성교육은 습관의 형성과 재구성에 관한 것이다.

습관의 구조적 특성

한 개체의 인성은 헤아릴 수 없이 많은 습관의 유기체적 총체로 구성된다. 이러한 습관들 중에는 여러 수준의 것이 있다. 달리는 동작이나 웃는 표정이나 인사하는 몸가짐과 같이 매우 구체적인 행동의 반복으로 나타내는 '일상적 습관'이 있다. 그리고 약속한 시간을 잘 지킨다거나 좋아하고 싫어할 때 특별한 표정을 짓는 것과 같이 어떤 특정한 상황에서만 나타내는 '성향적 반응'도 있다. 또한 평소에 과묵하거나 사람들에게 친절한 태도를 보이거나 옳지 못한 일을 보면 의협심을 발휘하는 '성격적 특징'에 해당하는 것도 있다. 일상적 습관은 구체적 행동이 반복되는 것을 특징으로 하며, 성향적 반응은 대응해야 하는 상황의 성격에 따라서 거의 일정한 양상의 행동이나 태도를 보이는 것이고, 성격적 특징은 한 인격체가 거의 항시적으로 지니고 있는 독특한 경향성을 의미한다. 일반적으로 우리가 '습관'이라고 하면 일상적 습관과 성향적 반응을 의미하며, 성격적 특징까지를 습관으로 언급하지 않는 것이 보통이다.

물론 우리가 모든 습관을 이 세 가지의 어느 하나로 식별하는 데 성공할 수 있는 것은 아니다. 다만, 여기서 이 세 가지를 구분하는 것은 한 개체가 가진 습관들이 인성을 구성하는 일종의 원자적 기본 단위로 나누어질 수 있는 것이 아니라는 것이다. 구체적인 일상적 습관들과 성향적 반응들의 유기적 관계에 의해서 총체적인 성격적 특징이 결정된다. 아마도 윌리엄 제임스가 살아 움직이는 생명체는 외관상의 특징으로 보면 '수없이 많은 습관의 뭉치'를 가지고 살아간다고 말한 것도 이러한 의미에서 이해될 수 있다.[1]

한 개체의 성격이나 특징을 결정하는 것은 수많은 습관을 낱낱의 구성요소로 한 집합체라기보다는 오히려 그것들의 유기체적 관계로서 통합된 하나의 전체를 이룬 것이라고 이해할 수 있다. 여기에서 우리가 유의할 것은 개별적인 일상적 습관이나 성향적 반응이나 성격적 특징이나 간에, 우리가 어떤 것을 습관의 개념으로 감식하거나 인지하고자 할 때 각각이 지닌 질성의 도움으로 구별한다는 것이다. 예컨대, 늦잠을 자는 습관이 있다거나 밤늦게까지 독서를 하는 습관이 있다고 할 때, 늦잠 혹은 심야 독서가 하나의 습관으로 언급되는 것은 그 개인의 전체적 생활과 행동 중에서 물리적으로 혹은 기능적으로 분리된 단위가

---

1) William James, *Principles of Psychology, The Great Books 53* (Chicago: University of Chicago Press, 1952), p. 68.

있기 때문이 아니라, 개체의 전체와 함께 지니고 있는 부분적인 '질성'이 성립된 결과이다. 습관(들)은 그 자체를 구별되게 하는 특징, 즉 각기의 '편재적 질성'을 명시적으로나 묵시적으로 식별할 수 있게 한다는 것이다. 이런 점에서 습관의 개념은 인성을 설명하는 기본적인 '자연주의적' 소재가 된다.

학습자의 교육적 성장은 구체적으로 습관이라는 것과 어떤 관계에 있는가? 여기서 지금 우리가 중요하게 여길 사항은, 학습자의 외부에서 작용하는 자연적·사회적 환경의 세력과 역할이 학습자의 성장에 어떤 영향을 주는가를 생각하기보다는, 더욱 중요한 것으로 학습자 자신의 존재론적 실체가 성장을 주도하기 위하여 어떤 잠재적인 가능성과 생동적인 힘을 발휘하는가를 생각해 볼 필요가 있다는 것이다. 학습자가 환경과의 교변작용(交變作用)을 통하여 성장하지만 자체 속에 성장의 지속적 균형을 유지시키는 자체의 힘을 구비하지 못한 상태라면, 결국 성장은 단순히 환경에 기식(寄食)하는 것으로만 의미를 지닐 뿐이다. 기식한다는 말은 생명체 자체의 존립과 성장이 내적인 에너지보다 외적인 세력에 압도된 상태로 지속된다는 것이다. 외부의 힘에 의해서만 만들어지는 것이 아니라 스스로 주도하는 힘으로 성장하는 것이라면, 그 힘은 일종의 습관적인 힘이다. 즉, '습관의 구조적 체제'가 성장을 주도하는 에너지를 저장하고 생동적으로 사용한다.

습관의 개념은 경험의 범주에 속하는 것이지만, '습관'이라는 말이 사용되는 경우로 보면 더욱 구체적이고 상대적으로 변별이 용이한 것을 지칭한다. 그러나 일상적으로는 대개 고도로 추상화된 반응의 양상은 습관이라고 하지 않는 경향이 있다. 어떤 사람을 일컬어 '과묵한 사람'이라고 한다든가 '보수적인(혹은 진보적인) 사람'이라고 할 때, 구체적 행동의 반복보다는 성격적 차원의 특징을 두고 하는 말이다. 경험의 경우에 우리가 상대하는 상황의 편재적 질성과 더불어 그 특징을 서술하지만, 습관을 언급할 때는 신체적인 것과 심리적인 것의 활동적 특징으로 구별하기도 하고, 거의 의식의 수준에 있지 않다고 할 정도의 기계적 상태로 고착된 수준의 것도 있다. 습관은 학습자가 경험으로 구성한 요소들을 비교적 구체적인 표현의 언어로 언급하는 경향이 있다. 그러나 습관의 개념에 함의된 특징적 의미를 더욱 확장하고 심화해서 생각하면 경험의 개념으로 쉽게 다가오지 않아 명확한 이해에 어려움을 주는 부분, 특히 학습자의 인격적 특징이나 전인적 성장의 개념을 이해하는 데 설명력을 지닌다.

자연적 환경과의 관계를 두고 말한다면, 한편으로 인간은 환경으로부터, 예컨대 추위나 더위, 소란이나 적막과 같이 피동적으로 어떤 자극을 받기도 하고, 반대로 인간은 자의적으로 환경에 어떤 변화를 가하기도 한다. 또한 좋은 수목을 주변에 심어 놓으면 좋은 경관이 되는 것과 같이 환경을 변화시키면 다시 그런 것들로 인하여 환경으로부터 받게 되는 반사적 자극이 있다. 그러한 자극이 일정한 특징을 지니게 되면 거기에 일정하게 반응하는 방식이 생기게 된다. 말하자면, 누군가의 '습관'을 말할 때 그것은 그가 어떤 상황 혹은 환경에 있게 되면 어떤 방식의 행동을 하거나 태도를 취하거나 생각으로 대응하게 마련인데, 그 대응하는 방식이 대체적으로 일관성을 지니고 그것이 다소간 항구적으로 유지되고 있을 때 그것을 일컫는 말이다. 예를 들어, 사람(유기체)이 배가 고플 때 무엇인가 주변에 먹을 음식이 있다는 상황(환경)이 인식되면, 그것으로 배를 채우고자 하는 반응을 하게 되고, 그러한 반응방식이 일정하게 굳혀지면 음식을 먹는 습관이 된다. 축구 선수가 시합에서 발휘하는 개인기나 상황의 판단, 피아노의 연주자가 악보를 나름대로 해석하고 건반에서 손을 움직이는 기교, 조리사가 재료를 그 성질과 특성에 따라서 만지면서 발휘하는 조리의 솜씨, 대중을 상대로 하여 웅변으로 소신을 주장하는 정치가의 연설, 이런 것도 모두 습관의 범주에 속한다.

몇 가지를 더 짚어보자. 곤경에 빠져 있을 때 거기서 헤어나오기 위하여 덤비지 않고 차분히 상황을 살피고 거기를 모면하는 침착함이 있는 것은 사려 깊은 반응이며 그것도 일종의 습관이다. 그러한 사려 깊은 행동은 일종의 습관이 작용한 것이다. 그런가 하면, 관습이나 전통을 중시하고 새로운 풍조를 쉽게 수용하지 않는 보수적 성향, 불행한 이웃에 대하여 무엇인가를 돕고자 하는 동정심, 나라가 위태로운 상황에 놓였다고 인식될 때 자신을 희생하면서 나서는 애국적 열정, 뉴턴의 사과나무 이야기처럼 생활 주변에서 일상적으로 일어나는 현상에 대해서도 그 이치를 알아보고자 하는 탐구심 등도 각기 모두 일종의 습관에 속한다.

습관에는 구체적 행동의 반복도 있지만, 한 개체 인간이 지니고 있는 기술, 지식, 능력, 태도, 정서, 성향, 사상까지도 앞에서 언급한 습관의 범주에 속한다. 개체 인간은 헤아릴 수도 없이 많은 습관을 가지고 있지만, 그 습관들은 각기 그냥 우리의 몸이나 마음속에 낱개의 물건들처럼 담겨 있는 것이 아니다. 듀이는 한 개체가 지닌 온갖 습관은 하나의 유기체적 전체 속에서 얽혀지며, 그 개체의 인격은 전체적 습관이 하나의 융합된 상태로 이해할 수 있다고 하였다.[2) 그러한 융합체(融合體) 자체도 다른 개인이 가진 것과는 구별되는 독특성이 있고, 융합체 그 자체로서 일종의 습관이며 그런 의미에서 한 인격체는 '습관들의 습관'이라고 할 수도 있다.

그러면 습관의 개념과 경험의 개념은 어떻게 다른가? 경험의 개념이 의미하는 것에는 과정의 의미와 결과의 의미가 있다. 우선 환경과 상호작용하는 과정 그 자체가 경험의(하는) 과정을 의미하며, 그 과정을 통하여 형성된 (경험한 바의) 모든 것도 경험이되 이 경우는 결과로서의 경험이다. 습관도 환경과의 관계에서 형성된 것이므로 결과로서의 경험의 범주에 속한다. 그러나 '습관'이라는 말은 상호작용의 결과를 지칭할 뿐이지 그 과정을 언급할 때 사용하는 말이 아니다.

그리고 경험에 관해서 말할 때 우리는 대개 제대로 의식하는 수준의 것을 언

---

2) Dewey, "Character is the interpenetration of habits." John Dewey, *Human Nature and Conduct, MW 1899-1924, vol. 14*: 1922, p. 29.

급하지만, 습관은 의식하는 수준 이외의 것이 체계적으로 형성되어 있다는 것을 묵시적으로 인정하고 있다. "나는 파리를 여행한 경험이 있다."고 하면 파리에 관해서 상당한 정보도 소유하고 있으며 여행에서 경험한 다른 도시와의 차이도 말할 수 있다. 그러나 "나는 파리를 여행한 습관이 있다."고 말하지는 않는다. 습관의 개념은 오히려 그러한 경험들이 우리의 인격적 구조 속에 통합되어 버린 상태를 의미한다. 파리 여행의 견문으로 인하여 인지적 혹은 인격적 구조에 어떤 변화가 발생할 수도 있고, 여행의 의미나 가치를 새롭게 하는 데 영향을 주었을 수도 있다. 그러나 경험처럼 명시적으로 습관을 서술하지는 못한다.

습관은 한번 만들어지면 그냥 유지되는 것이 아니다. 습관은 때로는 더욱 경직되기도 하고, 유연해지기도 하고, 다른 습관과 결합되기도 한다. 때로는 변질되고, 퇴색되고, 분해되고, 소멸되기도 하며, 때로는 재생되고, 재구성되고, 다듬어지기도 한다. 우리는 언어로 모두 표현할 수 없는 수많은 종류의 습관을 가지고 살아간다. 대충 구별할 수 있는 방식과 몇 가지의 종류만을 열거해 보자.

첫째, 인식의 여하에 따라서 구분될 수 있다. 이러이러한 습관을 가지고 있다고 식별하는 '의식적 습관'도 있고, 자신의 습관이지만 그것을 지니고 있는지를 모르고 지내는 '무의식적 습관'도 있다. 어떤 행동을 왜 했느냐고 물으면 습관적으로 그랬다고 하는 경우라면, 내게 그러한 습관이 있음을 알고 있는 셈이다. 그러나 왜 그랬는지 모르겠으나 그렇게 해 왔던 것 같다라고 한다면, 모르는 사이에 어떤 습관이 만들어져 있었던 경우라고 할 수 있을 것이다. 우리는 알게 모르게 습관의 지배, 즉 습관에 따라서 '습관적으로' 행동하고 생활한다. 습관에 지배되어 변통이 없을 경우도 있고, 정교한 기술을 발휘하는 경우와 같이 습관의 덕택으로 쉽게 어떤 것을 처리할 수도 있다. 습관의 총체 중에서 어느 부분의 것이 더 많으냐는 사실상 헤아릴 수도 없고 그럴 방법도 없다. 습관들 중에서는 좋은 습관에 속하는 것도 있고, 나쁜 습관에 속하는 것도 있으며, 같은 습관이면서 때로는 좋은 것이 되기도 하고 때로는 나쁜 것이 되기도 하는 경우도 있다. 그리고 의식적 습관 중에도 자신의 의도적인 노력에 의해서 형성된 것도 있고, 모르는 사이에 어느 듯 형성되어 버린 것도 있다.

둘째, 선천적 요소와 후천적 요소의 어느 편이 주도적으로 작용하여 형성된 것인가에 따라서 '생득적(타고난) 조건에 따른 습관'과 '환경적(후천적) 요소에 의한 습관'으로 구분될 수도 있다. 타고난 유전적 조건, 심리적 기질, 신체적 특징 등 개체적 특징이 원인이 되어 습관을 결정짓는 경우도 있고, 이와는 달리 문화구조, 성장지역, 자연환경, 교육배경 등 사회·문화적 요소가 습관의 형성에 적지 않게 작용하기도 한다. 정확히 말해서 오히려 인간은 천성적 욕구나 잠재적인 능력 그리고 개별적 의지 등이 자연적·사회적 환경의 영향을 받으면서 알게 모르게 습관을 만들면서 살고 있다.

셋째, 습관의 내용에 따라서 동작과 표정 등의 '신체적 습관', 정서와 감정을 표현하거나 통제하는 '정의적(情意的) 습관', 그리고 기억, 신념, 판단 등의 '인지적 습관' 등의 구별이 가능하다. 다소 유사하지만, 차원을 달리하는 '동태적 습관', '정태적 습관', '내면적 습관' 등으로 구별할 수도 있다. 습관의 가장 구체적인 것은 밥을 먹을 때나 운동을 할 때의 것처럼 반복되는 동태적 행동의 습관이다. 이에 비하여 정태적 습관은 성격이나 인품이나 취향을 언급할 때처럼 '과묵한 성격', '보수적인 성향', '낭만적인 취향' 등으로 표현되는 것이 이에 해당한다. 이 경우에 구체적 동작이나 행동보다는 생활의 어떤 양태, 스타일, 경향성, 모습 등이 다소 지속적으로 유지되고 있는 것을 말한다. 그리고 내면적 습관은 생각하고 성찰하고 음미하는 인간의 마음과 의식의 형태에 관한 것이며, 개체의 생활, 혹은 생애의 전체를 지배하면서 독특한 삶의 모습을 만들어 유지하기도 한다.

넷째, 변화가능성의 정도에 따라서 '경직된 습관'과 '유연한 습관'으로 구분될 수 있다. 좀처럼 살아지거나 바꾸어지지 않는 굳혀진 습관, '세 살적 버릇이 여든까지 간다.'는 표현처럼 한번 형성되면 오랫동안 지속하는 평생의 습관 등과 같이 잘 변하지 않는 습관이 있다. 그런가 하면, 어렵게 애를 써서 개발해 온 습관(기술)이 있지만 계속적으로 관리하지 못하여, 혹은 환경의 영향으로 흐트러지거나 잃어버린 습관이 있다. 어릴 때 외국에서 배운 말을 오랫동안 사용하지 않아 어느새 거의 완전히 소멸해 버린 언어적 습관이 있다. 그리고 자전거 타기나 헤엄치기처럼 한동안 없어져 버렸지만 약간의 반복적 노력으로 쉽게 회복되는 습관도 있다.

습관의 힘과 자연적 특성

습관은 어느 것이나 한번 형성되면 그 자체가 힘으로 작용한다. 내가 하고 싶고 내가 바라는 바를 이루고자 할 때, 필요한 습관이 형성되어 있으면 의식적인 관심을 두거나 특별한 노력을 하지 않아도 원하는 바를 바로 그 습관의 힘으로 쉽게 달성할 수 있다. 이런 경우가 빈번하게 생기면 관련된 습관은 좋은 습관에 해당한다. 그러나 내가 가진 좋지 못한 습관도 있다. 특정한 습관이 항상 좋거나 항상 나쁜 것은 아니다. 필요에 따라서 좋을 수도 있고 나쁠 수도 있다. 일종의 도구적 성격을 지닌다. 그러나 어떻든 습관은 그 자체가 힘이다. 그렇다면 습관이라는 힘을 어떻게 사용하는 것이 자아의 성장을 가져오는 길이 되는가?

첫째, 우선 가장 쉽게는 일상적 문제의 처리에 습관의 힘을 사용한다. 우리는 일상적인 생활 상황에서 수시로 겪는 외부의 공격이나 자신의 좌절이나 갈등 등을 습관들을 동원하여 쉽게 그리고 효율적으로 감당해 낸다. 그러므로 일상생활에서 자주 필요로 하는 습관들을 많이 가지고 있으면 새로운 상황 혹은 환경에 적응하는 데 유리하다. 어릴 때부터 구구단도 잘 익히고, 엔간한 수준의 암산능력도 기르고, 달리는 방법도 익히는 것은 바로 습관의 일상적 효용성 때문이다.

둘째, 성장을 위한 자기관리의 방법은 습관의 관리를 의미한다. 필요로 하는 좋은 습관을 만들거나 좋지 못한 습관을 버리는 일을 효율적으로 할 수 있을 때 성공적인 자기관리를 하는 셈이 된다. 우리가 어떤 사람을 '인격자'라고 칭찬할 때, 그것은 바로 자기관리를 위한 습관의 힘을 잘 사용한 경우에 해당한다는 뜻이다. 내가 어떤 인물이 되고자 하는 야망이나 포부가 있다면, 그것을 실현하는 길은 바로 어떤 습관을 기르고 어떤 습관을 버려야 하는가를 가리어 살아간다는 것을 의미한다. 운동선수가 자기관리를 위하여 어떤 습관은 만들고 어떤 습관은 고치거나 버린다.

셋째, 개개인의 성취역량은 필요한 습관들을 얼마나 균형 있게 가지고 있느냐에 달려 있다. 우수한 과학자가 되자면, 필요한 지식과 정보를 갖추어 사용하는 습관이 요구되고, 실험이나 조사나 토론을 하는 기술과 방법을 연습하여 습관의 수준에 있게 하여야 하고, 필요한 지식과 정보, 능력과 기술을 유지하기 위한 긴장이 습관화되어 있어야 한다.

이러한 힘을 지닌 습관들은 어떻게 형성되는가? 의도적인 노력에 의하는 경우도 있고 자연적으로 부지중에 형성되어 버린 경우도 있다. 부지중에 형성된 것 중에는 좋은 습관도 있고 좋지 못한 습관도 있을 수 있다. 그렇다면 습관의 형성을 위한 노력에는 두 가지, 즉 새로운 것을 형성하려는 적극적 관리의 노력과 잘못된 것을 교정(혹은 제거)하려는 소극적 관리의 노력이 있게 된다.

흔히 습관은 행동의 부지중 혹은 의식적 반복을 통하여 형성된다고 생각하는 것이 보통이다. 그러나 구체적 행동으로 나타나는 습관의 형태는 반복의 과정을 통하여 만들어진다고 할 수 있고, 마음의 내면에 형성되어 있는 심리적 성향의 특징을 지니는 습관은 행동의 반복에 의한다기보다는 특정한 동기가 지속적으로 유지됨으로써 습관적 특징을 지니게 된다. 전자가 '외현적 습관'이라면, 후자는 '내면적 습관'이다. 구체적 행동으로 나타나는 외현적 습관, 예컨대 암기 혹은 기억, 기술, 기능, 숙련 등은 반복적 연습을 통하여 습관의 수준에 도달한 것이다. 그리고 주의력이나 신중성 등도 의식적 집중의 반복으로 우리의 마음에 자리 잡게 된다. 이와 비슷하게 관용성이나 인내성 같은 행동적 성향도 우연한 일시적 기회에 의해서 만들어지는 것이 아니라 감정적 통제의 반복된 과정을 요하는 부분이다.

그러나 내면적 습관은 어느 것이나 그 특징에 있어서 반드시 반복적 과정을 필요로 한다기보다는 오히려 어떤 동기의 지속적 유지에 의해서 형성된다. 탐구심이나 모험심 같이 새로운 경험을 추구하는 습관은 탐색적 관심의 장기적 유지에 의하는 것이고, 자제력이나, 동정심, 반성적 성향 등은 내면적 성찰이 항시적으로 유지된 습관의 형태이며, 의협심이나 정의감 등은 얼핏 일시적인 감성적 혹은 격정적 반응의 표출로 보이지만 이러한 정서를 유발하는 내면의 동기가 일종의 성향으로 유지되고 있는 것이라고 볼 수 있다.

종합적으로 정리해서 학습자의 개체적(인격적) 성장은 선천적인 잠재력의 실현과 환경적 영향의 결정체이지만, 그냥 피동적으로 만들어진 것이 아니라, 각기의 자아는 습관들을 형성하고 교정하고 관리함으로써 개성(혹은 인격)의 유지와 성장의 삶을 영위한다. 그러므로 개체의 인성은 습관들의 구성체이고, 또한 인성은 그 자체로서 하나의 '거대한 습관'이기도 하다.

동서양 문명권의 인간사회에서 보면 진지하고 합리적인 사고와 행위를 존중하는 전통이 있고, 인간이 지닌 의지의 개념이 그 중심에 놓여 있다. 즉, 인간에게는 진지하고자 하고 합리적이고자 하는 의지가 그 중심에서 작용한다는 것이다. 인간이 추구하고자 하는 목적 혹은 가치를 설정하게 되면 그것을 실현할 수단을 선택하려는 의지가 작용한다. 의지는 바로 인간 행위의 기본적인 동인이다. 이러한 의미의 의지란 무엇인가를 실천하고 이행하는 어떤 정신적 힘으로 여겨진다. 대체적으로 사람들은 '의지'라는 것 그 자체는 원천적으로 목적과 수단에 관한 선택과 집념과 집요한 실천력과 같은 것으로 생각한다.

그러나 듀이는 오히려 의지란 습관들의 복합체로 이해될 수 있다고 하였다.[3] 의지도 한갓 습관이라는 것이다. 이렇게 보면, 습관의 개념은 반복적 행동의 수준을 의미하는 것이 아니라 인간의 행위를 지배하는 일종의 관성적 힘을 암시하고 있다. 그러나 의지는 습관적으로 이루어진 행위의 결과에 따라서 그 행위를 기피하거나 수용하는 그런 성격의 힘은 아니다. 오히려 의지는 습관을 지키고 그러면서도 습관의 지배를 받는다. 듀이의 이러한 생각은 우리가 일상적으로 이해하는 습관의 의미를 크게 확장시켜 준다. 특히 개성 혹은 인격에 대한 체계적인 자연주의적 설명의 길을 넓혀 주기도 한다.

인간의 행위는 어느 것이나 그 원인과 결과에 있어서 그가 속한 특정한 사회 혹은 특정한 구성 집단의 작용이나 영향을 필연적으로 받게 마련이다. 내가 나의 의지로 무엇인가를 결심한다면, 결심 그 자체를 가능하게 하는 사회적 환경이 작용하였고, 또한 그 행위가 습관으로 자리 잡는 데도 그 환경이 허용해야 하며, 때로는 환경의 제약을 받지 않을 수 없는 경지에 있기도 한다. 인간의 활동은 한 개인으로부터 시작되지만, 그것은 그를 둘러싼 물리적·사회적 환경의 영향을 받는다. 습관으로 만들어지기까지 주변 사람들은 그것을 수용하든지 거부하든지 저항하든지 지원하든지 공감하든지 할 것이다. 그리고 평범한 인간이 일상적으로 행하는 많은 것은 신중하게 결정된 것도 아니고 미리 계획된 것도 아닌 것이 보통이다. 오히려 습관적인 것이다.

그러면 습관이란 본질적으로 어떤 것인가? 흔히 우리는 습관이란 어떤 행동의 반복적인 특징이라고 생각하지만, 듀이는 『인간 본성과 행위』에서 이렇게 말하고 있다. 즉,

---

3) 앞의 책, pp. 21-22.

　　습관은 어떤 행위가 단순히 반복적으로 일어나는 것이라기보다는 오히려 좋
건 싫건 간에 독특한 성격을 띤 어떤 특정한 자극들에 대하여 일정한 방식으로
민감하거나 아니면 둔감한 반응을 한다는 것을 의미한다.[4]

　　이러한 의미의 습관은 의지를 내포하고 있는 것이므로 우리가 일상적으로
사용하는 의미와는 다소 다른 것같이 여겨진다. 우리에게는 일정한 시간에 잠
자고 일정한 시간에 일어나는 습관이 있다. 그냥 반복적으로 하는 것 같다. 그
러나 좀 더 엄격히 검토해 보면, 해가 지고 어두워져서 밤이 깊어지는 환경의
변화가 찾아오면 잠자리에 들고, 날이 새는 환경의 변화가 찾아오면 잠에서 깨
고 잠자리에서 일어나는 습관이 있다. 집에서도 그렇고 여행 중에도 그렇다.
그냥 단순한 기계적 반복이 아니라 특정한 환경이 주는 상황적 조건(자극)에 반
응하는 특정한 방식이 바로 습관이다.

　　'나의 습관'은 이전 행위의 영향을 받아 형성된 것이며 그런 점에서 내게 저
절로 생겨난 것이 아니라, 내가 획득한 것이지만 외부와의 관계에서 만들어진
것이다. 그리고 습관, 예컨대 잠에서 깨어 일어나는 습관 그 자체 속에는 자질
구레한 동작이나 기분 등의 요소들이 어떤 모양의 질서에 따라서 체계화되어
있다. 눈을 뜨고 하품을 하고 기지개를 펴는 등의 움직임과 다소 몽롱한 상태에
서 점차로 정신을 차리는 순서가 있듯이 그 질서가 바로 습관의 힘을 발생하는
바탕이 된다. 습관의 질성적인 특징은 잠복된 상태에 있을 때는 활동적이지 않
지만, 상황이 적절히 주어지면 구체적인 행동으로 표출되고, 그 행동을 지배하
면서 역동적인 특징을 보이기도 한다. 우리는 많은 습관을 우리의 체질 속에 잠
재적인 상태로 두고 있지만, 그 습관들이 그냥 기계적으로 발휘되고 힘을 발하
는 것이 아니라 적절한 환경적 요소들이 구조적으로 충족될 경우에 가능한 것
이다.[5]

---

4) 앞의 책, p. 32.
5) 앞의 책, 같은 부분.

듀이는 습관과 행위에 관한 논의에서 우리의 신체적인 동작이나 상태를 스스로 제어하는 습관은 도덕적인 품행과도 관련성이 있다는 점에 특별한 관심을 보였다.6) 그는, 예를 들어 신체적으로 '똑바로 선다는 것'을 두고 그것에 넓게 의미를 부여하였다. 바로 선다는 것은 단순한 신체적인 제어와 동작의 형태이지만 '좋은 자세'는 환경과 신체와 의지를 함께 포괄하는 특징을 지닌다는 것이다. 엄격히 말해서, 아주 순수한 의지('나는 지금부터 똑바로 서 있고자 한다')라고 하더라도 그 자체만으로는 실제로 행동을 자유자재로 하지는 못한다. 바른 자세를 취한다는 개념은 우리가 신체적으로 좋은 자세를 취한 상태를 생각할 때 가능한 것이다. 오직 올바른 자세를 유지할 수 있는 사람만이 똑바로 서는 것의 개념을 형성할 수 있고, 그러한 개념을 가진 사람만이 '옳은 행위'에 관해서 생각하는 데 필요한 기본적인 내용을 지니게 된다. 말하자면, '똑바로 선 자세'의 질성적 내용이 형성된 것이다.

그리고 듀이는 실제적 습관들에는 일반적으로 그것들이 만들어지는 사회적 맥락이 있다는 점을 강조하였다.7) 달리 말해서, 우리는 다른 사람들과 함께 지내는, 즉 그들에게 노출된 상태에서 행동과 습관을 획득하게 된다. 그런데 흔히 사회적 제도와 관행, 집단적 관습에 관하여 말할 때, 그것들이 개체적 습관들의 통합에 의한 것이라고 생각하는 경향이 없지 않다. 말하자면, 제도, 관행, 관습 등은 그 사회의 구성원이 공동으로 형성한 것이라고 생각한다. 그러나 대체적으로 이러한 가정은 잘못된 것이다. 한 집단이나 사회에 속하는 사람들은 상당한 정도로 관행이나 습관의 동질성을 보여 주는 경향이 있기는 하지만, 그것은 사람들이 유사한 상황에서 유사한 방식으로 반응한 결과이다. 그런데 관습들이 다소 오랫동안 지속하는 것은 그 사회적 환경 속에 사는 사람들이 기존의 관습에 의해서 형성된 사회적 조건을 물려받아 거기서 그대로 개인적 습관

---

6) 앞의 책, pp. 26-27.
7) 앞의 책, pp. 15-20.

들도 형성했기 때문이다.

여기에 '방법론적 지역주의'8)의 관점이 성립한다. 즉, 개체는 사회적 관행과 규범의 지속적인 영향을 받으면서 형성된다는 것이다. 듀이 사상이 지닌 하나의 독특한 관점, 즉 개인의 사회적 형성이라는 일면을 보여 준다. 개체들은 누구나 유아로 태어나서 그들의 생애를 시작한다는 사실을 자세히 검토해 볼 필요가 있다. 젊은이들의 가소성(可塑性)은 더욱 넓은 경험을 소유하고 싶어하고, 결과적으로 거역할 수 없는 더 큰 힘에 귀속하고자 하는 유혹에 빠지도록 한다. 현재의 체제에 순응하는 데 집착한다는 것이다. 교육은 바로 젊은이들의 이러한 무력성을 이용하여 습관을 형성하고 관습의 장벽을 유지하도록 보장해 주는 제도로서의 성격을 띠고 있다.9) 더욱이 개체의 습관들은 다시 사회적 특징을 새롭게 조성하는 데 작용한다. 그리고 개인들이 가지고 있는 습관들은 사회적·문화적 환경 속에서 형성된 것이므로 구성원들 간에 서로 인간성을 끝없이 연결시키는 고리가 된다. 아마도 가장 대표적인 것은 한 사회적 공동체에 살고 있는 사람들이 같은 언어를 사용하는 것에서 볼 수 있다. 그 연결의 중요성은 앞서간 세대로부터 전해오는 환경에 의존하여 습관들이 이어져 간다는 데 있다. (비유컨대, 마치 같은 물속에서 자란 물고기들처럼) 말하자면 우리의 후손이 살아갈 미래의 세계에서 지금의 우리가 노력하는 바가 어떤 결실을 가져올 것인가를 예측할 수 있게 한다.

습관은 호흡하고 소화하는 것과 같은 생리적인 기능에 쉽게 비유해 볼 수도 있다. 생리적인 기능은 분명히 모르는 사이에 이루어지는 것인데 비하여 습관은 오히려 만들어지는 것이므로 분명히 차이가 있다. 하지만 습관이 여러 가지 점에서 생리적인 기능과 유사하다는 점은 분명한 사실이다. 특히 유기체와 환경의 상호협력적인 관계라는 점에서 그러하다. 호흡은 폐가 작용하는 것이지

---

8) methodological localism
9) 앞의 책, pp. 90-91.

만 공기와도 함께하는 것이고, 소화도 위의 조직이 작용하는 것이지만 음식과 함께하는 것이다. 사물을 본다는 것도 눈과 시신경의 작용이지만 빛과 함께하는 것이다. 걷는다는 것도 다리뿐만 아니라 땅과 함께하는 것이고, 말을 할 때도 발성기관뿐만 아니라 물리적인 공기가 있어야 하고 말동무나 들어 줄 사람이 있어야 한다. 우리가 호흡하고 소화하는 것은 자연적 조작기능이고, 말을 하고 정직하게 행동하는 것은 학습된 기능이지만, 모두 인간이 환경과 더불어 함께하는 작용이라고 말할 수 있다. 어느 것이나 유기체적 구조와 학습된 성향, 그리고 환경이 함께 협동하여 이루어지는 것이다. 같은 공기도 어떤 조건하에서는 호수에 격랑을 일으키거나 건물을 파괴하기도 하고, 어떤 조건하에서는 혈액을 맑게 하는 데 작용하기도 한다. 결과는 공기가 무엇에 작용하느냐에 달려 있다.

사회적 환경이 작용하는 양상도 사람들이 가진 본래의 충동적 기질과 그들이 사용하는 언어 그리고 그들이 지니고 있는 도덕적 습성에 따라서 달라진다. 사람이 그때그때 취하는 행동들의 일반적 속성도 그래야만 하는 특별한 이유가 있다. 그러나 특별한 사례를 두고 생각하는 데 다른 사람의 생각을 배타적으로 차단해 버리면, 이는 자칫, 마치 호흡하고 소화하는 것이 인간의 신체 속에서 완성되는 것으로 생각하는 것과 같은 오류를 범할 수도 있게 한다. 도덕적 논의에서 어떤 합리적 근거를 얻고자 할 때, 한편으로 우리는 생리적 기능과 학습된 습관 그리고 다른 한편으로는 환경과 더불어 통합하는 방식을 생각하지 않을 수 없다. 왜냐하면 그 맥락에서는 둘이 서로 분리해서 생각될 수 없기 때문이다.

듀이가 자주 시도하는 방식으로, 습관은 예술과도 같은 것이라고 말해도 같은 의미를 전달할 수가 있을 것 같다. 즉, 하나의 습관이 형성되었다는 것은 감각과 운동을 담당하는 신체적 기관, 교묘한 솜씨를 발휘하는 기능 그리고 객관적으로 주어지는 소재 등이 함께 작용하였다는 것이다. 습관은 객관적으로 주어진 에너지를 흡수하고 결국에는 환경을 지배하기에 이른다. 그리고 습관은 자체의 질서를 세우고 자체를 스스로 다듬어 무엇인가를 다루는 확실한 기술과 같은 것이 되기도 한다. 습관에는 시작과 중도와 종결이 있다. 단계마다 소재와 도구를 다루면서 발전하고, 소재를 실질적으로 활용이 가능한 수준에 이르도록 수정하면서 발전한다. 석물(石物)을 다루는 데 능란한 솜씨를 발휘하는 사람이 자신의 예술적 기능은 어떤 대상물과 도구의 도움도 없이 자기 안에 있는 재능이 발휘한 것일 뿐이라고 말한다면 비웃음을 받을 수밖에 없다.

그러나 도덕과 관련해서도 그러한 독선적 사고에 깊이 빠져 있는 경우가 있다. 즉, 도덕적 성향은 전적으로 한 개체의 자아에 속한다는 생각이 그러하다. 개체의 내심에 도덕성의 모든 것이 담겨 있다는 것이다. 그렇게 되면 자아는 자연적·사회적 환경에서 고립된 상태에 있다는 의미가 된다. 그런 학파에서는 도덕적 문제를 인격의 개념에 한정하고 있다. 인격을 실천적 행동과 분리시키고, 또한 도덕적 동기를 구체적 행동과 분리시키면서, 거기서 얻은 결론을 바탕으로 화려한 영향력을 행사하는 이론을 펴는 경우도 있다. 도덕적 행위도 일종의 기능이며 예술(기예)에 비유할 수 있다고 보면, 도덕성을 주관적이고 '개인적'이라고 생각하는 근거를 뿌리째 뽑아 버리게 된다. 그렇게 되면 도덕성을 땅에 내려놓게 된다. 만약에 여전히 하늘에 올려놓고자 하면, 그것은 땅의 하늘일 뿐이지 다른 세계는 아니다. 정직, 순결, 악의, 역정, 용기, 천박, 근면, 무책임 등은 한 개인이 소유하는 것이 아니다. 그런 것들은 개인적 자질이 환경의 힘에 적응하는 행태일 뿐이다. 모든 덕성과 악성은 객관적 힘에 합일하려는 일종의 습관이다. 한 개체의 성품에 영향을 준 요소들이 바깥 세계에 의해서 제공되는 요소와 상호작용하는 양태이다.

습관 – 교육적 성장의 설명원리

우리는 전인적 성장을 겨냥하는 인성교육을 개성적 성장과 인격적 성장의 두 측면으로 성찰할 필요가 있다. 이러한 두 측면은 습관의 두 가지 요소, 즉 한편으로 유기체적 개체로서 인간의 특성이 있고 다른 한편으로 상호작용하는 대상인 환경과의 관계가 있다. 개성적 성장은 본래 개체 인간이 선천적으로 타고난 자질, 즉 잠재된 가능성의 실현을 중심으로 이해되는 '자아실현'의 개념으로 설명되는 것이고, 인격적 성장은 객관적으로 존재하는 자연적·사회적 환경과의 관계에서 요구되는 가치의 내면화와 함께 설명되는 것이다. 물론 이러한 구분은 한 인간적 존재에 대한 관심의 차이에 대한 논리적 구분일 따름이지 개성적 자아와 인격적 자아가 실제로 이원적인 실체로 있음을 뜻하는 것이 아니다.

그러나 개성과 인격은 개념상 확실한 차이가 있다면, 개성은 인간의 선천적 요소인 자연적 바탕이 훼손되지 않고 신장됨으로써 두드러지는 것이지만, 인격은 오히려 천성에 반하고 이를 다스리면서 스스로 자아의 일면을 재형성한 자신의, 자신에 대한 업적으로 평가를 받는 개념이다. 개성이 강한 사람이 반드시 훌륭한 인격의 소유자는 아니다. 그러나 원만하고 칭찬받는 인격을 소유한 사람이 반드시 타인의 부러움을 사는 것도 아니다. 화려한 개성과 고매한 인격을 함께 갖춘 인물이면 아마도 남들의 부러움과 존경의 대상이 될 것이기는 하다.

다시 언급해서, 인성교육에는 두 가지의 요구가 있다. 하나는 자아실현의 개념으로 각 개체가 지닌 잠재적 가능성의 발현에 일차적 관심을 두는 개성교육이고, 다른 하나는 도덕적 측면에서 오히려 젊은이들로 하여금 객관적으로 주어지는 사회적·도덕적 규칙의 내면화를 중심으로 각 개체가 성장하기를 기대하는 인격교육이다. 우리가 여기서 검토하고자 하는 인격교육은, 한편으로 사회·문화적으로 주어진 규범과 가치의 학습을 바탕으로 하여 신념체제의 균형과 통합을 기하고 궁극적으로는 자율적 사고와 합리적 판단을 하는 이지적 성숙을 기하며, 다른 한편으로 그러한 이지적 성숙성에 기초한 신념의 체제에 일치하는 실천적 행동과 생활의 일관된 성향을 높이려는 노력이다. 협의의 도덕교육, 혹은 도덕교육의 중심개념은 인격의 형성과 그 성장을 의미한다.

고전적 자연주의와 자아실현의 개념

이미 고전적 자연주의자로 분류되는 교육사상가들은 교육이란 인간이 태어날 때 잠재적으로 지니고 있는 것의 계발이라고 생각하는 경향을 보이기 시작하였다. 이러한 사상은 대개 루소의 교육론에서 유래한 것이라고 생각하는 경향이 있으나, 멀리는 로크와 코메니우스 등의 교육론에서도 그러한 특징을 볼수 있다. 근대적 의미의 자연주의자라고 일컫기는 어렵지만, 교육은 밖에서부터 안으로 주입하는 일이 아니라 오히려 안에서부터 밖으로 계발하는 일이라고 생각하는 사상가들 중에는 고대 그리스의 플라톤, 아리스토텔레스 등도 이계통에 속한다. 이러한 계발론자들에 의하면, 교육적 가치의 원천은 학습자의 밖에 있는 것이 아니라 학습자의 안에 있으며, 교육은 잠재적인 것의 실현 혹은 내면적인 것의 계발이다. 외부로부터 무엇인가를 주입하거나 부과하는 것은 학습자의 의지와 무관하게 강압적일 수 있으므로 권위주의적인 원리일 뿐이다. 이에 비하여, 아동중심적 자연주의의 교육사상은 학습자의 의지와 조건과 소망을 교육적 관심의 중심에 두고자 한 것이다. 그만큼 교육적 민주주의를 실현하는 원리라고 평가를 받기도 한다. 이러한 움직임은 19세기의 '신교육운동'10)을 주도한 페스탈로치, 헤르바르트, 프뢰벨 등으로 이어졌다.

이러한 고전적 자연주의의 교육사상가들이 설명하는 교육은 아리스토텔레스가 유기체의 목표는 유기체 자체 속에 이미 내재하고 있다고 한 것에서 이어진 사고이다. 실제로 존재하는 실체는 어느 것이나 그 자체가 지향하는 이상적인 목표를 자체의 완성에 두고 있는 것이지 어떤 다른 것으로 만드는 데 있는

---

10) New Education Movement

것이 아니라는 것이다. 인간 생명체도 성장을 통하여 도달할 목표 그리고 그 목표에 도달하기 위해서 필요한 힘을 자체 속에 잠재적으로 소유하고 있다는 것이다. 그러므로 개체의 자아에 원천적 본질로서 잠재되어 있는 가능성을 실현할 수 있도록 하는 계발의 과정이 교육이다.

　계발설은 아리스토텔레스가 잠재성과 실제성11)의 관계로 설명하는 논리의 틀을 그대로 보여 주고 있다.12) 도토리와 참나무를 예로 들면, 실제로 존재하는 도토리는 작은 열매에 불과하지만 잠재성으로 볼 때는 커다란 참나무이다. '도토리 키 재기'라는 말이 있듯이 도토리는 우리의 손가락 한 마디 정도에 불과한 작은 열매이지만, 그러한 작은 것이 싹이 터서 자라면 때로는 높이 10미터도 더 되는 커다란 참나무가 되기도 한다. 그 작은 열매 속에 발아한 새싹이 그런 큰 참나무로 될 가능성이 자체 속에 잠재하고 있다. 잠재성이 실현되는 성장의 과정은 큰 나무가 전봇대로 바뀌는 것과 같은 변화가 아니다. 잠재된 힘이 발현되면서 변화하고 계속해서 자라고 있는 참나무로 되는 것은 성장이지만, 그런 참나무가 전봇대가 된 것은 단순한 물리적 변화일 뿐이다. 잠재성이 실현되는 과정도 변화이지만 그것을 가능하게 하는 작은 도토리의 '본질적 실체'는 커다란 참나무에서도 유지된다. 그러나 전봇대는 그렇지 않다.

　인간의 유아도 실제성으로 볼 때는 연약하고 보잘것없는 생명체이지만 잠재성으로 볼 때는 고도의 세련된 사고를 하고 체계적으로 사물을 처리하는 활동에 종사할 수 있는 힘을 지닌 이성적 존재이다. '만물의 영장(靈長)'이라고 일컬어지는 그야말로 위대한 생명체로 성장한다. 이러한 잠재된 힘이 성장하면서 실현되는 과정이 바로 흔히 교육적 용어로 사용되는 '자아실현'의 원리이다. 인간은 자아실현에 의하여 개성을 신장시키고 계속적인 성장을 한다.

---

11) potential / actuality
12) Aristotle, "On Generation and Corruption." *The Great Books 8* (Chicago: Encyclopedia Britannica, Inc., 1952), Bk 1, Chapters 9-10, pp. 425-428.

이와 같이 계발설을 주장하는 이론가들은 흔히 교육을 식물의 성장에 비유한다. 이러한 비유는 인간성장의 적절한 비유로서는 부족한 면이 있다. 그들은 습관에 관해서 오로지 잠재적인 것의 발현을 중심으로 생각하고 있다. 그들은 자연적 환경만큼 사회적·문화적 환경에 관해서 비중을 두고 있지 않았다. 도토리가 싹을 돋우어 자라는 데는 적절한 공기, 적절한 온도, 적절한 수분과 영양분을 지닌 토양 그리고 태양광선 등을 필요로 한다. 말하자면, 성장에 필요한 조건을 제공해 주면 참나무는 자연의 법칙에 따라서 그냥 자라게 되어 있고, 인위적인 접목과 같은 것이 아니라면 어떤 요인에 의해서도 자라는 도중에 감나무가 되거나 밤나무가 되지는 않는다. 정원사가 할 일은 성장에 필요한 조건을 관리해 주는 일이면 족하다. 그러면 나무는 그 자체에 내재된 힘의 발현에 따라서, 거기에 내재된 자연의 법칙에 따라서, 그리고 그 자체에 잠복되어 있는 완성의 목표를 향하여 저절로 자라게 된다.

그리하여 많은 교육자도 인간의 자아실현에 의한 개성의 신장은 바로 그가 지닌 잠재성을 계발하는 것이라고 말한다. '개성'이란 어떤 의미에서 한 인간을 다른 어느 인간으로부터도 구별되게 하는 특징을 의미한다. 그러나 그것은 인위적으로 만들어져야 하는 것이 아니라 각자에게 다른 가능성을 가지고 잠재되어 있는 성장적 요소의 계발을 통하여 실현된다는 것이다. 루소의 『에밀(Emile)』에서 보여 준 자연주의도 잠재적 가능성이 가장 순수하게 계발될 수 있게 하는 길은 어떤 통제도 배제하고 자연 상태에 두는 것이다. 거기에 통제가 필요하다면 인간의 자연적 발달을 방해하는 외부적 힘의 작용을 차단하는 것이다. 그는 타고난 천성과 부패한 사회를 전제로 한 교육론을 펴고 있다.

잠재력의 완전한 균형적 계발, 그것은 교육의 이상이기 전에 오히려 사회의 목적이라고 여기는 사상가들도 있다. 공리주의 철학자인 밀(J. S. Mill)은 훔볼트(K. W. von Humboldt)를 인용하여 이렇게 동의하였다. 즉, 인간의 궁극적 목적은 완전하고 일관된 전체를 향해서 자신의 역량을 최고도로 가장 균형 있게 계발하는 것이라고 하였다.[13] 사회적 전통으로 주어져 있는 제도나 관습은 임의적인 권위로서 개성의 자유로운 표현과 발달을 제약하기도 한다. 그러나 개성의 계발은 인간성에 내재해 있는 잠재성의 계발을 의미한다. 거기에 인간으로서의 완성의 목표가 있고, 거기에 기거하는 이성은 사물과 인간의 활동을 지배하는 법칙을 세우고 그것을 유지할 수 있다. 그러한 내면적 실체는 그 자체가 목적이며 본질적인 존엄성을 지닌다.

그러나 자아실현을 식물 성장의 비유와 같은 방식으로 생각하면, 인간의 삶의 장은 그야말로 자연적 환경에 한정하는 것이 된다. 물론 자연적 생명체들도 그들의 생태적 환경이 있고, 그들 간에는 상호작용하면서 성장하고 생명을 유지하기도 한다. 그러나 거기에는 문화로서 주어진 인간의 사회적 관계와 같은 것은 별로 큰 의미를 지니지 않는다. 필연적으로 인간은 자연적 환경 속에서만 삶을 시작하는 것이 아니라, 이미 주어져 있는 사회적 환경 속에 태어나고 거기서 삶을 영위해야 한다. 사회적 환경이란 단순한 대인관계나 인간집단이 형성하는 구체적이고 직접적인 생활의 조건만을 의미하는 것이 아니다. 오히려 더욱 포괄적으로 언어, 관습, 제도, 사상, 예술, 신앙, 기술 등의 문화적 환경을 포함한다. 식물과 동물의 세계에는 축적된 문화의 유산이 없다. 동물에게도 문화가 있다면 그것은 오직 자연에 대한 본능적 반응이나 조건화된 행동 형태에 불과하고, 다음의 세대로 전승되고 축적되고 재구성되는 것이 아니다. 그러나 인간의 문화는 유산으로 전승되고 유업으로 승계된다. 문화란 단순히 인간이 개발해 놓은 현실적인 삶의 방식, 규칙, 제도, 창조물 등의 평면적이고 직접적인 내용만이 아니다. 문화는 인간이 자연과 더불어 자연을 대상으로 하여, 그리고 스스로를 대상으로 하여 스스로의 삶 속에서 이루어 놓은 업적의 총체를 의미한다. 그것은 깊이로 말해서 역사성을 지니고, 넓이로 말해서 사회성을 말하는

---

13) J. S. Mill, *On Liberty, The Great Books 43* (Chicago: Encyclopedia Britannica, Inc., 1952), p. 294.

것이다. 깊이와 넓이를 가진 문화는 잠재력을 지닌 인간이 태어나서 자신의 삶을 영위할 환경의 중요한 부분이다.

　문화는 그 어느 부분의 것이든지 간에 단순한 우연적 산물은 아니다. 그것은 그 부분에 참여하여 활동한 사람들의 업적이며 그만큼의 수월성을 내재하고 있다. 그러나 잘 통합되지 않은 상태의 문화 속에서는 부패된 부분이 있고 왜곡된 부분이 있다. 교육은 현실적으로 존재하는 문화체제, 루소가 우려하였듯이 어쩌면 부분적으로 병들어 있을지도 모르는 그 자체에 적응시키는 일이 아니다. 그러므로 교육은 거기에 적응함을 의미하는 것만이 아니라, 새로운 가치와 목적을 성립시키고 이를 추구하고 실현하기 위한 변화를 시도하면서 자체의 수월성을 이어 가고자 한다. 그리고 개체들은 그러한 부적합한 환경에서도 성장을 시도한다. 교육을 계획하는 사람들은 그러한 병든 문화의 장은 그 자체가 성장을 촉진시키는 일종의 소극적 수단이며 필요한 경우가 아니라면 교육적 경험을 위하여 선택하지 않는다. 교육은 선택된 문화의 장을 제공하는 것이며 각자가 인간 활동의 수월성을 실현할 수 있는 장을 제공한다.

인격체의 질성적 구조와 성장의 원리

　인격은 수많은 도덕적 습관의 구성체이고, 이러한 도덕적 습관들은 어떤 규칙(규범)에 따른 구체적 행동들이나 어떤 원리를 지키는 암묵적 행위들이 습관화된 것으로 설명될 수 있다. 달리는 동작이나 웃는 표정이나 인사하는 몸가짐과 같이 구체적 행동들에서 지키는 규칙의 특징은, 위기에 대처하거나 갈등을 해결하거나 시간을 효율적으로 사용하는 것과 같은 행위에서 지키는 규칙의 특징과는 차이가 있다. 전자는 구체적 행동의 규칙이고, 후자는 추상적 행위의 규칙이다. 추상적 행위에는 자체 속에 다양한 구체적 행동들이 관련되어 있을 수 있다. 그

두 가지의 수준을 구별하여 전자는 '구체적(혹은 일차적) 습관의 규칙'이라고 한다면 후자는 '추상적(혹은 고차적) 습관의 규칙'으로 구별할 필요가 있다. 각각의 행동과 행위와 습관은 각기 지닌 편재적 질성에 의해서 식별된다.

한 개체의 인격은 구체적 행동의 습관들이거나 추상적 행위의 습관들의 총체로서 구성된다. 습관들은 원자론적 구성체라기보다는 유기체적 관계로서 하나의 전체를 이루어 인격체를 성립하게 한다. 그 전체를 지배하는 편재적 질성은 그 인격의 개성을 나타내면서 다른 인격과 구별되는 독특성을 지니게 된다. 그러한 편재적 질성은 그 인격체가 보수적이거나 진보적임을 보여 주든가, 불교적이거나 기독교도적인 인격적 특징을 나타내거나, 고매함을 평가받는 품격의 소유자이거나 평범한 이웃의 모습을 보이거나, 온화한 인격의 소유자이거나 역동적 개성의 소유자이거나 한다. 이런 의미에서 하나의 전체로서 나타낸 인격은 구체적 언어로써 묘사하기는 어렵지만, 그 자체를 지배하는 매우 고차적인 정신이나 이념에 따라서 습관화된 편재적 질성으로 개별화된 것이다.

구체적 행동이거나 추상적 행위(혹은 품위)는 실천된 결과로서 인격의 구성 요소가 된 것이다. 실천된 행동, 행위, 습관은 어떤 수준의 도덕적 규범에 일관된 실천의 결과이므로 사소하든지 진지하든지 간에 도덕적 규칙 혹은 원리에 대한 어떤 수준의 학습과 이해, 혹은 자율적·타율적 선택과 변용을 거친 것들이다. 그러나 습관들 사이에는 도덕적 규칙이나 원리에 대한 이해와 신념에 차이가 있을 수 있다. 규칙의 준수에 대한 이해도, 진지성, 일관성, 충실도 등에서 그러하다. 한 인격은 이런저런 습관들, 즉 조잡스러운 것도 있고 고상한 것도 있으며, 경직된 것도 있고 유연한 것도 있으며, 이지적 특징을 지닌 것도 있고 감성적 민감성을 지닌 것도 있다. 모든 습관은 생명력이나 활용성이나 저항력 등에 차이가 있지만 하나의 전체로서 인격을 형성하는 데 다양한 모양으로 참여하고 있는 셈이다. 구체적인 낱개로서, 한 묶음으로서, 서로의 적극적·소극적 관계로서, 혹은 서로의 조화적·대조적 관계로서 인격의 형성에 각기 지닌 질성을 가지고 참여한 것이다.

인격은 모든 습관이 지닌 질성들이 하나의 전체로서 이루어진 '총체적 질성'14)이고 요소들을 수단으로 한 목적의 위치에 있는 질성이다. 그리고 헤아릴 수 없이 많은 일차적·고차적 규칙에 의한 습관은 목적의 질성에 대한 수단들이며 총체적인 것의 '요소적 질성들'15)이다. 총체는 요소들의 단순한 집합체도 아니고 기계적으로 서로 인접한 상태를 유지한 것이 아니라, 어떤 편재적 질성에 의해서 유기체적 관계에 있게 되고 전체로서 '하나의 상황'으로 성립된다. 편재적 질성은 추구하는 바의 '목적'에 해당하는 총체적 질성과 '수단'으로 동원되는 요소적 질성들을 연결하고 조정하는 '방법'이기도 하다.

다시 여기서 우리는 인격의 형성에서 도덕적 습관을 선택하고 조정하고 통합하는 사고와 방법적 기능을 담당하면서 편재적 질성을 생산하는 지력, 이를 '도덕적 지력'이라고 한다면, 그것이 바로 우리가 일상적 상황에서 언급하는 '양심'에 상당하는가를 검토해 볼 필요가 있다. 즉, 편재적 질성이 총체적 질성의 목적과 요소적 질성의 수단들을 관계짓는 과정에서 도덕적 지력의 작용이 양심의 기능을 대행한다는 것이다.

도덕적인 삶을 살면서 인격을 도야한다는 것은 양심적인 삶을 산다고 말할 수도 있다. 옳고 그름을 알고 그 알고 있는 바 그대로 실천하는 생활을 할 수 있게 하는 능력을 일컬어 우리는 쉽게 '양심'이라고 한다. 우리는 그냥 통속적으로 인간의 마음속에 양심이라는 것이 있고, 인간이 도덕적일 수 있는 것은 그 양심의 힘이 발휘되기 때문이라고 생각한다. 그러면 그 양심이 우리의 마음 어디에 위치해 있는가? 우습게도 한국인에게 이러한 질문을 하면 대개는 가슴을 가리키고, 영어를 모국어로 쓰는 사람들은 거의 한결같이 머리를 가리킨다. 마음 혹은 양심에 관하여 한국인은 느끼고 움직이는 감성적 성질의 것으로 생각

---

14) total quality
15) component qualities

하고, 영어권의 사람들은 생각하고 분별하는 이지적 성질의 것으로 여기는 경향이 있다.

  '양심'이라는 말을 어떻게 사용하고 있는가를 잘 분석해 보면, 앞의 두 가지 의미를 함께 내포하고 있음을 알 수 있다. 어떤 경우에 '양심'이라는 말을 사용하는가? 우선, 내가 옳고 그름을 판단하기가 매우 어려운 지경에 처하여 있다고 호소하면, 주변에서 조언하기를 '양심에 비추어서 판단하라'고 일러 준다. 이 경우에 양심이라는 것은 우리의 마음속에 옳고 그름을 판단하고 지시해 주는 일종의 '권위적 능력'이 있음을 상정한다. 거기에 호소하면 선악을 분별하고 정의와 불의를 분별할 수 있다는 것이다. 말하자면, 사람들은 양심이란 우리의 마음 안에 있는 '도덕적 판단의 권위'라고 생각한다. 양심에 비추어 부끄러움이 없다는 표현은 도덕적으로 매우 단호한 표현이다. 정상적인 사람이면서도 부도덕하거나 정의롭지 못한 행동을 하는 사람을 평하여 '양심이 마비된 사람' 혹은 '양심도 없는 사람'이라고 말하기도 한다. 그러한 판단의 권위가 발동할 능력을 상실한 상태에 있다는 뜻이다. 그리고 그런 사람은 기피할 것을 권고하기도 한다.

  달리, 내가 잘못을 저질렀을 경우에 종종 '양심에 가책을 느낀다'고 하면서 일종의 죄의식을 표하기도 한다. 그러한 잘못을 다시는 저지르지 않기 위하여 유사한 상황에서 유혹에 빠지지 않으려고 스스로 저항하기도 한다. 그리고 '양심을 가진 사람이면 그런 짓을 하지 아니한다'라는 표현에서는 '양심'이라는 말이 적극적으로 선을 행하거나 소극적으로 악을 기피하는 행동을 유발하게 하는 '실천의 동기'와 같은 것으로 생각한다. 유혹에 대한 저항과 과오를 저지른 후의 죄의식과 같은 것은 이러한 실천적 동기의 작용으로 이해되며, 행동주의 심리학자들의 도덕적 행동에 관한 연구에서 흔히 양심의 행동적 증후16)로 상정하기도 한다.

---

16) behavioral syndrome

내심(內心)의 판단적 권위는 옳고 그름의 기준이나 규칙을 밝혀 주는 것이므로 이지적(지적) 도덕성의 능력이며, 행동의 동기적 상태는 그것을 이행하려는 경향성을 의미하므로 실천적(행적) 도덕성의 능력이다. 양심의 개념에는 이 두 가지의 특징을 모두 담고 있는 셈이다. 그러면 이러한 양심이라는 능력은 선천적인 것인가, 아니면 후천적인 것인가? 고대 동양의 맹자(孟子)와 순자(荀子)의 사이에 쟁점이었듯이, 선천적인 것이라고 주장하는 성선설(性善說)과 후천적이라고 주장하면 성악설(性惡說)이 있었다.

칸트에 의하면 양심은 인간의 마음속에 자리 잡고 있는 '내심의 법정'[17]으로 비유될 수 있다. 개인은 혼자서 양심의 법정에 선다. 즉, 원고도 되고 피고도 되고 변호사도 되고 판사도 된다. 그리고 언도하고 형을 집행하기도 한다. 그러면 이와 같은 여러 역할을 개인이 동시에 수행할 때 일종의 부조리가 있을 수밖에 없다. 그리하여 칸트는 다음과 같이 설명하였다.

> 양심의 법정에 선 개인은 자신의 일을 전적으로 자기 혼자서 다루되, 자신을 대하기를 마치 타인을 대하듯이 다루어야 하는 기이한 특징을 지닌다. 왜냐하면 소송 사건을 법정에 가져갔지만, 양심에 의해서 고소된 피고와 그것을 심판하는 판사가 동일한 존재이면 원고가 언제나 패소할 수밖에 없기 때문이다. 이러한 법정은 정의에 입각한 것일 수 없는 부조리의 법정이다. 그러므로 인간의 도덕적 의무에 관한 한에서, 양심은 자기 자신이 아닌 어떤 다른 주체를 자신의 행위에 대한 심판자로 삼아야만 이러한 모순을 극복할 수 있다. 이 다른 주체는 이성이 낳은 참다운 인간 혹은 오로지 이상적인 인간이어야만 한다.[18]

칸트는 이러한 부조리의 문제를 '실체적 자아'와 '현상적 자아'[19]를 구분함

---

17) inner moral court
18) I. Kant, *The Metaphysics of Morals*, M. J. Georgor (trans.) (Philadelphia: University of Pennsylvania Press, 1964), p. 104.
19) homo noumenon, noumenal self / homo phenomenon, phenomenal self

으로써 설명하고자 하였다. 그는 자유에 근거하여 도덕적 입법을 행사하는 주체로서의 자아가 있고, 이성을 가지고 현실 세계에서 살아가는 자아를 구별하였다. 전자는 자신에게 법을 정하여 적용하면서 거기에 복종하려는 도덕적 입법자이고 또한 원고이다. 이를 '실체적 자아'라고 한다. 후자는 현실적인 삶을 영위하는 '현상적 자아'이며, 자신의 행위에 관련하여 필요한 경우에 그 양심의 법정에 피고로서 나타나야 한다. 피고는 역시 변호를 맡는다. 그리고 심판의 과정이 끝나면 권위를 부여받는 공정한 내심의 판사는 행복이나 불행의 언도를 내린다.[20]

　칸트의 이와 같은 실체적 자아와 현상적 자아의 구별은 한 개인이 도덕적 입법자이며 동시에 복종자일 수 있음을 말해 주고 있다. 그러나 이러한 의미의 도덕적 자율성은 여전히 문제를 지니고 있다. 왜냐하면 한 사회의 구성원이 자신이 입법한 것에만 복종하면서 살아간다면, 사실상 사회적인 구속력을 지니는 도덕적 법칙은 없는 셈이기 때문이다. 그러므로 우리는 여기서 도덕적 자율성을 지닌 존재이지만 타인의 입법에도 복종하는 가능성을 허용할 수밖에 없다. 아마도 최선의 것은 자신의 입법과 상충되지 않는 타인의 의지를 받아들이는 방식, 즉 보편성을 지닌 개인적 도덕률을 형성하는 것이라고 할 수 있다. 그러나 그것은 오직 그 사회의 모든 구성원의 입법적 의지가 일치했을 때의 이야기이다. 그리하여 칸트는 "자신의 행위 자체가 보편적 법칙일 수 있도록 행동하라."는 격률(格律)로 도덕적 자율성이 보편성을 지향할 것을 말하였다.

　칸트의 이러한 실체적 자아와 현상적 자아의 관계로서 설명되는 양심이 우리의 내심에 어떻게 존재하게 되었는가, 즉 선천적인 것인가 아니면 후천적인 것인가에 관해서는 그냥 인간에 주어진 선천적 능력과도 같은 것이라고 말하였다. 하늘에 반짝이는 별이나 나의 마음속에 비치는 양심은 신비로울 뿐이라고 하였다. 칸트는 계몽사상적 이성관을 지닌 철학자이니만큼 양심은 선악을 분별하는 이성적 능력과 동일한 판단력을 가진 선천적 능력이라고 생각한 것 같지만, 그 선천성이라는 것이 모든 인간이 공유한 능력을 말하는 것인지 아니면, 개개인마다 서로 다르게 소유한 선천성을 말하는 것인가는 분명하지가 않다. 이 맥락에서는 사실상 신비주의적 사고에 의한 선천성을 언급한 것이라기보다는 대답을 유보한 상태에 두고 조금 후에 다시 검토해 보기로 한다. 그러나 어떻든 적어도 우리의 내심에서 작용하는 자유로운 도덕적 행위자의 조건을 설명하여 주는 하나의 탁월한 이론적 모형이기도 하다. 그의 보편적 법칙론은 도덕성 자체가 요구하는 사회적 구속력을 동시에 반영하고 있는 셈이다.

(1) 도덕성의 인지적 조건

누구에게 도덕적 책임을 물을 수 있는가? 다음과 같은 경우를 두고 검토해 보자.

두 아이가 장난감 자동차 하나를 두고 서로 가지겠다고 싸우는 장면이 벌어지고 있다. 본래 그 장난감 자동차는 창수의 것인데 영수가 한자리에 있게 되면서 그것을 두고 싸움이 시작된 것이다. 창수는 장난감 자동차가 자기 것이니까 영수가 빼앗아 가지 않도록 그것을 지키고자 하고, 영수는 그것이 탐나서 가지고 싶어한 것이다. 뺏고 지키고 하는 싸움이 계속되면 어른들은 아주 초보적인 도덕교육을 시작한다. 아마도 먼저 영수로 하여금 그 장난감 자동차가 창수의 것이니까 마구 뺏으려고 해서는 안 된다고 하고, 다른 한편으로 창수로 하여금 그 장난감 자동차를 영수와 함께 가지고 놀면 좋지 않겠느냐고 말한다. 이러한 어른들의 설명과 제안을 받아들일 만큼 성숙한 아이들이 아니기 때문에 싸움은 계속된다. 달리 말릴 길이 없으므로 영수의 엄마는 아이를 억지로 데리고 그곳을 떠나고 만다.

이런 경우에 우리는 창수도 영수도 도덕적으로 잘못된 아이라고 말하지는 않는다. 영수는 남의 소유물을 뺏는 것이 나쁘다는 것을 알지 못하고, 창수는 장난감을 친구와 함께 가지고 노는 것이 좋다는 것을 알지 못한다. 옳고 그름을 알고 바로 그 알고 있는 바대로 실천하는 생활을 할 수 있게 하는 '능력'을 소유지 않은 사람은 도덕적 칭찬이나 비난의 대상이 될 수가 없다. 저지른 문제가 있다면 그것은 도덕적 잘못이 아니라 단순한 일종의 사고일 뿐이다.

우리 사회는 대체적으로 규칙을 모르는 사람이 저지른 행동은 이를 참작하여 용서하되 일깨워서 우선 그 규칙을 알게 하고 그것을 지켜야 한다고 가르친다. 규칙 자체를 알게 하고 그 뜻을 이해시킬 수 없는 대상일 때는 도덕적 징벌(懲罰)보다는 다른 방도를 취한다.

우리는 이지적으로 성숙한 정도만큼 도덕적 책임을 묻는다. 어린아이들에게도 그렇고, 정신적으로 박약한 사람에 대해서도 그러하며, 우리의 관습과 규범을 잘 모르는 낯선 외국인의 경우에도 그렇다. 물론 외국인이 충분히 성장한 성인이고 도덕적 행동이 기대되는 수준의 사람이라면, '로마에서는 로마인이 하는 대로 하라'는 속담이 있듯이 남의 나라에 있을 때는 그 나라의 관습과 규칙을 익힐 필요가 있고 어떤 의미에서 그럴 의무도 있다.

우리가 어떤 사람의 행동에 대하여 도덕적 책임을 물을 때, 그 사람이 그 행동에 관련된 도덕적 가치, 즉 규범이나 규칙을 알고 있을 것을 전제로 한 것이다. 인간은 도덕적 가치에 대한 인식과 이해가 가능한 수준만큼 도덕적 삶의 경지에 입문하게 된다. 이러한 경지에 조금도 입문하지 못한 수준에 있다면, 그 사람은 옳고 그름을 판단하는 능력이 없으므로 아직 인격적 존재라고 하기가 어렵고 도덕적 평가의 대상이 될 수가 없다. 무도덕적 상태에 있는 것이다. 양심의 개념도 거기에 적용할 수가 없다. 도덕적 가치에 대한 인식과 이해 그리고 선택과 판단의 능력이 성숙된 만큼 성숙된 도덕적 삶을 사는 대열에 참여하게 된다.

내가 보기로, 앞서 논의에서 평가를 유보해 둔 칸트의 양심은 모든 인간이 공히 선천적으로 부여받은 도덕적 능력이라기보다는 사회적 존재의 이지적 성숙성에서 '기대되는 능력의 목표'이고, 내심의 법정은 이지적으로 완성된 수준의 도덕적 장치와 같은 것으로 볼 수는 있다. 그러한 보편적 능력의 완성된 장치를 타고났다고 보면, 듀이가 말하는 '관조적 인식론자의 오류'에 해당하는 결과가 되고, 일종의 초경험적 신비주의를 수용하는 것이 된다. 오히려 정신분석학자인 프로이트(S. Freud)에 의하면 인간은 어릴 때 부모와의 관계에서 일어나는 상과 벌, 모방, 선망 등에 의해서 일종의 습관의 형성과 같은 것으로 양심이 형성된다. 자연주의적 설명이기도 하다. 본능적 욕구체제인 이드(Id)가 작동하면 이성적 능력인 자아(Ego)는 스스로 제어하는 역할을 하지만 실패한 경우에 죄의식을 느끼게 하고 유혹에 저항하는 양심적 검열의 장치인 초자아(Superego)의 작용이 있다는 것이다.

양심이라는 것이 있기 때문에 우리는 무엇이 선인가를 알며 또한 선을 실천할 수 있다고 믿는다. 양심이 있으면, 그것은 인간성에 내재하는 것으로 선을 아는 지적 권위이며, 선을 행하는 데 실패하지 않게 하는 의지와도 같은 것이고, 비도덕적 희생에 대해서 의협심과 동정을 가지게 하며, 비행에 대하여 분개를 느끼게 하고, 충동이나 욕망 따위를 제어하는 능력과 같은 것으로 이해되고 있다. 그러나 그것은 우리의 마음속에 구체적 실체로서 자리 잡고 있으면서 어떤 실체적 기능을 담당하는 기관이라기보다는, 선천적·잠재적 요소가 환경적·사회적 요소의 영향을 받아 형성된 성향, 즉 일종의 도덕적 습관의 개념으로 이해할 수 있다. 말하자면, 양심의 개념도 습관의 개념으로 이해된다는 것이다.

그러나 이러한 인지적 조건이 충족되었다고 해서, 그리고 그것이 세련되었다고 해서 도덕적으로 완성된 수준에 있다고 평가받을 수는 없다. 왜냐하면 도덕적 자질은 가치의 인식수준으로 말하는 것이 아니라, 그 가치에서 요청하는 바가 실천되고 있어야 하기 때문이다. '정직'이라는 도덕적 가치를 모르는 어린아이가 거짓말을 한다고 해서 그 규범(가치)을 지키지 않았다고 비난하지는 않는다. 다만, '보호의 대상'이 된다. 그러나 어느 정도의 규범(규칙)을 알고 있어야 할 정도로 인지적 능력이 성숙한 수준에 있는 데도 불구하고, 특정한 규범에 대한 당연한 이해의 수준에 있지 않으면, 도덕적 관점에서 우리는 그를 '우려의 대상'으로 두게 된다. 규범에 대한 인지적 조건이 충족되었고, 즉 규범에 대하여 이해가 가능한 수준에 있으면서도 그것을 실천하는 행동과 생활을 하지 않으면, 우리는 그를 도덕적으로 '비난의 대상'으로 두게 된다.

(2) 실천적 습관

도덕적 가치를 아는 것을 '이지적(理知的) 도덕성'이라 하고 그것을 실행하는 것을 '실천적(實踐的) 도덕성'이라고 한다면, 이지적 도덕성은 실천적 도덕성의 논리적 필요조건이다. 여기에 일종의 패러독스가 있다. 이지적 도덕성이 세련될수록 실천적 도덕성의 부담이 높아가고, 이지적·실천적 일관성을 유지하는 데 실패할 가능성이 높을 수도 있다. '비도덕적'이라는 평가는 그러한 일관성의 유지에 실패한 경우, 도덕적 가치 혹은 규범(규칙)에 관한 이해가 있으면서 그것을 실천하지 못할 때 적용되는 것이다. 반대로 이지적 도덕성의 수준이 천박할수록 이지적·실천적 일관성의 요구는 덜 절실해진다. 도덕적 행위자의 주관적 부담에서도 그러하고, 객관적 평가에서도 그러하다. 그러나 인격의 성장을 겨냥하는 도덕성의 교육은 이지적 도덕성을 세련되게 하고 이와 일관되게 실천적 도덕성을 생활화하도록 가르치는 일이다.

이지적 도덕성에서는 적어도 두 가지 수준의 규칙(혹은 규범)을 내면화하도록 요구하고 있다. 하나는 '관습적 수준'의 규칙이고, 다른 하나는 '반성적 수준'의 규칙이다. 관습적 규칙을 중심으로 하는 도덕교육은 정직, 효도, 협동, 애국, 우애 등과 같이 좋은 행실이나 착한 태도라고 관습적으로 평가받는 규범들을 중심으로 생각하게 된다. 관습적 규칙은 그것을 이해하는 방식이나 실천

하는 구체적 행동에 있어서는 차이가 있지만, 대체적으로 사회적 변화에 크게
영향을 받지 않고 도덕생활의 기본적 규칙으로 인식되는 것이 보통이다. 대개
어느 사회에서나 성장의 초기에 이러한 기본적 규칙들을 구체적 행동이나 생
활에서 실천하도록 가르친다.

　관습적 규칙에 따른 습관은 대개 좋은 습관임에 틀림이 없으나, 구체적 상황
에서 때때로 복수의 규범들이 충돌하는 경우에 사회적 문제 혹은 개인적 갈등
의 원인이 되기도 한다. 강한 애국심이 때로는 독선적 행동을 낳고 나라를 분열
시키는 결과를 가져오기도 한다. 애국하려는 의도도 중요하지만 이에 못지않
게, 어쩌면 더욱 중요한 것이 국가적 수준의 단결심일 수도 있기 때문이다. 곤
경에 빠진 친구를 구하기 위하여 범행을 저지르기도 한다. 우정을 위한 것이라
고 하더라도 범행을 저지른 것은 나쁘지만 그것으로 친구를 불행에서 구하고
그 범행으로 인한 징벌을 달게 받겠다는 선택이라면 권장하기는 어렵지만 적
어도 도덕적으로 이해하고 용서하는 경우도 있을 수 있다. 이와 같이 일상적 상
황에서 많은 도덕적 문제들이 관습적 규칙을 지키지 않기 때문에 발생하는 것
이 아니라, 맹목적으로 혹은 이기적으로 어느 것을 충실하게만 지키고자 할 때
발생하기도 한다.

　반성적 규칙의 준수는 대개 인지적 수준에서 성숙한 사람들에게서 볼 수 있
고, 또한 그렇게 기대하는 것이 보통이다. 경직된 관습에만 매이지 않고 스스
로 판단하여 행위의 규칙을 선택하고 재검토하면서 판단의 기준을 세우면서
생활하는 경우를 의미한다. '선의의 거짓말'이라는 말이 있듯이 정직해야 한다
는 관습적 규범을 특정한 상황에서 꼭 그대로 실천해야 하는가를 두고 고민을
해야 하는 경우가 있다. 내가 스스로 여러 가지의 도덕적 문제를 해결하면서 나
의 인격을 관리하고자 하는 의지가 강할 때, 내가 설정한 원칙이나 신념이나 지
혜가 중요하다고 생각한다면, 바로 반성적 규칙이 요청되는 상황이라고 할 수
있다. 특히 특정한 상황에서 관습적 규범들이 서로 충돌하지만 거기서 꼭 지켜

야 할 적절한 제3의 관습 혹은 규범이 마음에 떠오르지 않을 때, 그리고 자신의 인격과 신념을 일관되게 유지하기 위하여 자신의 삶의 방식과 행동의 기준을 포기하거나 유보할 수 없다고 여길 때, 이런 경우에 자신의 성찰에 의하여 규범을 선택하거나 조정하거나 변통하여 지키고자 하는 결단을 할 수도 있다.

쉽게 생각하기로 이지적 도덕성은 인지적 차원의 것이기 때문에 도덕적 가치(규범 혹은 규칙)의 실천에서 요구되는 습관의 형성은 의미가 없는 것으로 여길 수도 있다. 그러나 습관의 개념은 실천적 도덕성의 수준에서만 의미를 지니는 것이 아니다. 말하자면, 실천하는 습관에만 도덕적 습관이 한정되는 것은 아니다. 문제를 신중하게 검토하는 습관, 내심의 갈등을 해결하기 위하여 엄중하게 생각하는 습관, 충동이나 격분을 참고 스스로 조정하는 습관, 옳지 못하다고 판단되는 것에는 주저 없이 용기를 발휘하는 습관 등은 간접적으로는 실천과 무관한 것이 아니지만, 직접적으로는 실천보다 성찰, 반성, 숙고 등의 내면적인 이지적 노력이며 그 수준에서의 습관이다. 도덕적 습관으로는 두 가지, 즉 행동이나 생활에서 구체적으로 유지되는 실천적 도덕성의 습관이 있고, 도덕적 규칙의 이해와 판단에 작용하는 이지적 도덕성의 습관이 있다. 그러면 이지적 도덕성에는 규범체제에 대한 관습적 이해의 수준과 자율적 판단의 수준이 있고, 실천적 도덕성에는 구체적 행동 수준의 실천이 있고 일상적 생활 상황의 실천이 있다.

(3) 이지적·실천적 인격의 구조

사람에 따라서는 이지적 도덕성과 실천적 도덕성에는 각기 강한 특징과 약한 특징, 즉 건전하거나 세련되었거나 일관성 있는 습관을 유지하는 성숙한 도덕성을 지닌 경우가 있고, 불건전하다거나 어리석다거나 일관성이 없는 습관을 지닌 취약한 도덕성을 보이는 경우가 있다. 조합해 보면 다음의 네 가지로 분류된다.

① 이지적으로 취약하고 실천적으로도 취약한(일관성이 없는) 사람

무지하고 무례한 사람이 이 범주에 속한다. 선악을 제대로 판단할 수 없을 정도로 무지하고 일상적으로 무례한 행동과 절제 없는 생활을 하는, 말하자면 도덕적으로 대책이 없는 사람이다. 대체적으로 무엇이 옳고 그른지를 알지 못하는 어린아이들이 이 범주에 속하지만, 신체적으로나 연령으로나 성장한 사람들 중에도 정도의 차이는 있으나 이 범주에 속하는 경우가 있다.

② 이지적으로는 취약하지만 실천적으로는 일관된 사람

우직하고 순진한 사람이 이 범주에 속한다. 머리가 나쁘거나 공부를 적게 했기 때문에 세련된 판단과 문제해결은 잘하지 못하지만, 우직하여 자신이 옳다고 믿고 지내는 것에는 충실하며 오히려 '착한 사람'이라는 평을 받기도 한다. 우리의 주변에서 흔히 볼 수도 있지만, "벙어리 삼룡이", "노트르담의 꼽추" 등의 작품에서 그 표본을 볼 수도 있다.

③ 이지적으로는 성숙했지만 실천적으로 취약한 사람

이중인격자가 이 범주에 속한다. 적어도 관습적 수준에서는 어떻게 살아야 도덕적으로 비난받지 않는다는 것을 비교적 잘 알고 있고, 때때로 도덕적 판단에 있어서 지혜를 보이기도 하고, 합리적인 판단을 하기도 하며, 주변 사람들에게 도덕적 상황의 선택과 처신에 관해서 도움을 주기도 하는 유능한 사람들이 있다. 그러나 자신의 실천적 행동과 생활에서 보면 전혀 다른 삶을 사는 사람이다. 흔히 우리가 '위선자'라고 비난하는 대상은 이 범주에 속한다. 대개 많이 배워서 '지식인'이라고 일컫는 사람들은 정도의 차이는 있지만 이 범주에 속하는 경우가 많고, 지식인은 누구나 다소간 이중인격자일지도 모른다.

④ 이지적으로도 출중하고 실천적으로도 일관된 사람

이 범주에 속하면서 출중하게 뛰어난 사람은 '성인' 혹은 '군자'라고 칭송을 받는다. 잘 통합된 신념체제를 소유하고 있으며, 매사의 판단과 실천이 일관된

사람이다. 이런 사람은 만인의 존경과 추앙을 받으며, 많은 사람이 그의 지혜와 판단과 선택을 신뢰하고 생활에서 사표로서 본받고자 한다. 우리 모두는 이 경지에 오르기가 어렵고 현실적으로 많은 사람이 자신은 불가능하다고 생각하지만, 이런 삶을 영위하는 사람에 대하여 존경과 칭송의 태도를 보인다.

　도덕성의 발달에 관한 심리학적 연구를 주도한 피아제(J. Piaget), 콜버그(L. Kohlberg) 등도 도덕성의 성장은 일차적으로 인지적 성숙성만큼 기대된다는 전제하에서 이루어진 것이었다. 먼저 규칙의 학습으로 시작되고 인지적 세련성, 즉 규칙의 이해, 적용, 판단의 능력이 신장되면 그만큼 도덕적 성장을 기대할 수 있게 된다는 것이다. 그들은 인간의 도덕적 성장은 관습적으로 요구되는 규칙에 따라서 행동하는 '타율성'에서 시작하여 반성적 사고의 도움으로 자신의 판단과 선택에 따라 스스로 규칙을 제정하면서 생활하는 '자율성'으로 나아간다고 생각하였다. 피아제는 그러한 전환은 구체적 조작의 시기에서 형식적 조직이 가능한 시기(11~12세)에 진행되는 과정으로 설명하지만, 콜버그는 진행되는 단계를 제시하지만 특정한 연령대를 언급하지는 않았다.

　내가 보기로는 성장기의 누구든지 도덕적 타율성에서 자율성으로 나아간다고 볼 수 있으나, 그 전환을 주도하는 능력은 주로 판단의 능력에 의한 것이므로 어느 성장 시기의 연령대를 기준으로 그 전환이 이루어진다고 보기는 어렵다. 그리고 그 전환도 일시에 총체적으로 이루어진다기보다는 점진적으로 진행된다고 생각할 수 있다. 왜냐하면 구체적 상황에서 발생하는 도덕적 문제는 해결하기에 쉬운 것도 있고 어려운 것도 있을 것이기 때문이다. 도덕적 행위자의 판단능력이 성숙해 가는 정도에 따라서 타율성에서 자율성으로 전환을 할 것이며, 그 과정은 경험의 성장(재구성)처럼 점진적일 수밖에 없다.

　어떻든 도덕적 실천에 있어서 관습적 규칙에 맹목적으로 매여 있다면, 그러한 사람은 자신의 선택과 의지가 작용하지 못하는 도덕적 타율성에 묶여 있는 셈이다. 반성적 규칙은 도덕적 자율성을 유지하려는 수준에서 요청되는 것이다. 그렇다고 하여 자율적인 사람이 관습적 규칙과 무관한 것은 아니다. 관습적 규칙을 이해하고 준수하는 일종의 사회적 의무감을 완전히 버리고 자의적으로 행동한다고 해서 자율적 도덕성의 소유자라고 하기는 어렵다. 적어도 자율적 선택과 대안은 관습적 규칙을 요청하는 사회의 도덕적 의미와 기준에 비추어 정당화된다. 자율성을 중시하더라도 일상생활에서, 예컨대 어떤 도덕적 문제의 해결을 위하여 정직해야 한다는 생각을 유보할 수밖에 없는 상황에 있다고 해서 거짓말을 아무런 고민 없이 한다거나, 그것을 계기로 해서 정직하기를 포기하는 습관을 합리화하지는 않는다. 자율성이 아무리 세련된 수준을 의미한다고 하더라도 관습적으로 공허한 상태에서 이루어지는 것은 아니다.

인지적 측면이 자율적 수준으로 성숙되었다고 하는 것은 관습적 규칙 자체에 대한 기본적 학습, 그 규칙이 성립하는 이유나 그것에 따른 행동의 결과를 분석적으로, 종합적으로 검토하는 능력이 성숙한 단계에 이르렀을 때, 즉 관습적 규칙의 충분한 이해와 내면화가 이루어진 상태에서 기대되는 것이다. 예컨대, '애국하는 삶'을 산다는 것은 내게 어떤 의미로 이해되고 어떤 방식으로 실천되어야 하는가를 스스로 숙고해 보는 경지로 성숙하는 것을 포함한다. 그리고 관습에 매였던 타율적 도덕성에 머물지 않고, 문제를 해결하는 창의력과 독자성을 발휘하며, 새로운 상황, 지식, 혹은 통찰에 비추어 학습한 도덕적 원리를 수정하거나 선택을 행사하는 수준의 세련된 판단의 능력 등도 이 범주에 포괄된다.

아마도 자율적 도덕성의 가장 중요한 경지는 자율적 통합의 수준이다. 잘 통합된 인격체에는 습관들이 서로 일관된 관계를 유지한다. 가까운 이웃에 대해서는 서로 친절히 도우며 의좋게 지내지만, 모르는 타인에게는 함부로 폭언하고 거짓 행동을 하는 사람은 잘 통합된 인격의 소유자가 아니다. 언행이 일치하지 않는 이중인격자, 기회주의적 삶을 사는 사람, 투철한 사명감을 지니고 있으나 화합을 못하는 사람, 좋은 목적을 추구하고 있으나 실천의 규칙을 무시하는 독선적인 사람 등은 통합된 인격과는 거리가 있는 사람이다. 물론 잘 통합된 인격을 지닌 완벽한 사람을 찾기는 어렵지만 적어도 그것을 지향하는 삶을 산다는 것은 좋은 습관의 기준이 된다.

상당한 정도로 자율적 수준의 규칙을 소유한 경지에 있다고 하더라도 그것을 실천하는 습관은 구체적으로 나타난다. 애국심은 그 자체로서 추상적 개념이지만, 실제로 나라를 사랑하고 나라를 지키고 나라의 발전에 협조하는 것은 구체적 행동으로 표현된다. 실천적 도덕성은 규칙들을 실제의 행동으로 일관되게 이행하는 습관을 의미한다. 외형적으로 관찰되는 도덕적 행동과 생활은 실천적 측면이다. 그러나 그것은 단순히 신체적·심리적 활동을 기계적으로 수행하는 것만을 의미하지는 않는다. 애국하는 삶은 사람에 따라서 열정적이거나 미온적인 것의 차이는 있겠지만, 구체적으로 애국을 실천하는 삶에 요구되는 동기나 감정이 굳어져서 일종의 습관적 수준에 이르게 되면 그 사람은 애국자의 모습을 지닌 상태에서 실제로 행동이나 생활을 이끌어 가는 셈이다.

실천적 도덕성은 인지적 도덕성에 의해서 방향이 잡혀진 습관을 의미한다. 만약에 기본적 규칙의 이해 방식에 동요가 발생하거나, 규칙들이 충돌하는 갈등의 상황에 직면하거나, 규범의 실천을 가로막는 심각한 장애가 존재하거나, 새로운 낯선 경험의 장에 임하거나 하는 등 인지적 영역에 혼란이 발생하면 실천적 도덕성은 작동 자체가 불가능하거나 아니면 일관성을 잃게 된다. 이러한 문제 상황은 인지적 능력의 발달 수준에 따라서 그 복잡성의 정도도 달라진다.

내일의 교육을 위하여

내일의 교육을 위하여

제8장 내일의 교육을 위하여

　나는 이 책의 마지막 장에서 오늘의 교육제도가 당면한 몇 가지의 문제에 관해서, 지금까지 질성적 사고를 중심으로 검토해 온 바에 비추어 논의하고자 한다. 우선 생각할 점은 이것이다. 개인적 처지의 경우에나 사회적 제도의 경우에나 성장의 의지가 있다는 것은, 거기에 당장의 혹은 장기적인 어떤 가치의 실현을 어렵게 하는 장벽이나 한계를 의식하게 한다. 그러므로 우리가 일상적으로 경험하는 문제들은 그 자체로서 악조건을 의미하는 것은 아니다. 문제와 함께 심각한 것은 해결에 대한 사회적 지력의 역할을 기피하는 풍토가 있거나, 아니면 성장이 불가능하도록 고질적인 장애와 갈등이 존재하는 경우이다. 문제의 상황이 없으면 성장으로 성취된 상태도 기대할 수 없다는 것이고 현재와 구별되는 미래의 개념도 없는 것이다. 성장이 이루어진 미래는 현재로부터, 오히려 과거에서부터 출발된 미래이고, 성장의 개념도 지금의 상태에서 시작된, 오히려 과거에 시작된 것의 성취에 관한 것이다. 그러므로 미래와 성장을 두고 이야기하자면 현재의 문제적 상황에 관하여 펴내는 담론에 기반을 둘 수밖에 없다. 우선 우리는 공교육제도의 실체적 상황이 어떤 성격을 나타내고 있는가를 확인할 필요가 있고, 그 제도를 존치한 사회적 환경과 여건에 대한 분석적 검토를 필요로 한다. 근년에 이르러 우리가 경험하는 급격한 사회변화로 인하여 현실적으로 교육의 세계에서 패러다임적 전환을 강하게 요청하는 증후군이 번지고 있다. 거기에는 두 가지로 분류할 수 있는 문제의 범주가 있다.

하나는, 학교제도를 비롯한 공교육에 내재하는 역기능과 부실의 요소들이 있다는 것이다. 심각하게 표현하면 공교육의 '제도적 체질의 문제'이다. 그것은 근대적 제도의 하나로 존속해 온 공교육이 전에 없이 심각하게 위기적 상황이라고 할 수 있는 요소들을 보여 주고 있다는 것이다. '교실붕괴'라고 평가받는 현장의 불안정, 사교육 부문의 과부화, 학교의 기능적 무력성, 학습소외 집단의 증대 현상 등이 문제의 중심부를 차지하고 있다.

다른 하나는, 급격한 사회적 환경의 변화로 인하여 제도적 교육의 부적응 현상이 나타나고 있다는 것이다. 이 부문은 제도적 교육에 가해지는 '환경적 외압의 작용'이 있다는 말이다. 외압적 요소들은 사회적 환경의 유동적 특징으로 인한 것이다. 몇 가지의 중요한 움직임을 들면, 현행의 학교제도에서 교육내용의 대종을 이루고 있는 계몽사상적 근대정신이 주도한 지식과 방법이 포스트모더니즘의 파고에 견디어 낼 수 있을 것인가? 또한 산업혁명 이후의 생산활동과 대중적 생활환경의 요구와는 유리된 세계에서 관조적 지식을 중심으로 주지적 교육을 향유하던 전통적 학교체제가 지식기반사회의 대세에서 자체의 정체를 유지할 수 있을 것인가? 그리고 일종의 부실산업과 같이 평가를 받고 있는 공교육의 체제가 신자유주의적 개방성과 시장경제적 효율성의 요구에 대응하면서 평등교육의 정신을 유지하는 대안적 탈출구를 발견할 수 있을 것인가? 외압적 요소들은 하나로서 통일성과 일관성을 지닌 가치나 이념을 공유하고 있는 것은 아니다. 그리고 또한 문제를 진단하는 관점과 기준에도 차이가 있다. 상황을 검토하고 환경을 예상하며 문제를 규정하는 관점은 다양한 시각에서 정해질 수가 있다. 그러나 우리는 여기서 질성적 사고의 개념 그리고 이와 함께 이해된 인간경험의 개념으로 접근하는 교육에 관한 논의로 정리하고자 한다.

공교육제도의 위기

프랑스 혁명 이후에 여러 법안을 입안하여 오늘의 공교육제도가 출발할 수 있도록 하는 역할에서 중요한 지도력을 발휘한 콩도르세(Marquis de Condorcet)는, 국가가 책임을 지는 교육을 실시하면 자유와 평등의 가치를 실현하는 데 기여할 것이라고 하였다.[1] 우선, 공교육제도는 무엇보다도 모든 국민으로 하여금 자신뿐만 아니라, 동료 국민을 위하여 주어진 의무를 이행하고, 자신보다 더욱 많은 지식을 가진 자들에게 노예적인 굴종의 삶을 살지 않을 수 있도록 최소한의 지식을 소유하게 한다. 당시의 안목에서 보아 진정한 평등의 개념은 기회의 평등이 주어질 때 그 의미를 지니는 것이었다. 그리고 공교육제도를 통하여 국민들은 저마다의 다양한 재능을 계발하게 함으로써 모두가 완전한 복리를 공유할 수 있으며, 무엇보다도 인간으로서의 완성은 교육에 달려 있다고 전망하였다. 요컨대, 다른 모든 제도적 부문에서도 마찬가지이지만, 교육의 목표는 각 세대의 사람들로 하여금 신체적·이지적·도덕적 능력을 계발하게 하여 인류의 일반에게 유익한 방향으로 삶의 질을 개선해 나가는 데 있다는 것이다. 콩도르세는 교육을 국가가 수행해야 할 정의로운 의무라고 주장하였다.

미국 공교육의 선도자인 호러스 맨(Horace Mann)은 공교육제도야말로 인간이 발견한 제도 가운데 가장 훌륭한 것이라고 하였다.[2] 다른 제도와 조직은 기껏해야 사회적 질병을 치유하고 교정하는 기능만을 할 뿐이지만, 학교는 그 질병을 예방하고 또한 교정하는 일을 함께하며 종국적으로 각자가 지닌 천부적 재능을 발휘할 수 있게 하는 유일한 제도라고 하였다.

---

1) William Boyd & Edmund J. King, *The History of Western Education* (London: Adam & Charles Black, 1975), p. 315.
2) Dewey, "The Challenge of Democratic Education" in *Philosophy of Education* (Ames, Iowa: Littlefield, Adams Co., 1937)

그러나 이러한 공교육제도가 오늘날 안타깝게도 세계의 어디에서나 커다란 질병을 앓고 있다. 그것은, 젊은이들이 학교에 다니고는 있지만, 실제로 그들이 배워야 할 것, 그들이 배우고 싶은 것 그리고 그들이 배울 수 있는 것을 제대로 배우지 못하고 있기 때문이다. 학령기의 많은 젊은이가 학교를 이탈한 채로 시간을 보내고 있다. 우리나라에서는 다행히도 중도탈락의 비율이 거의 무시해도 좋을 정도로 머물러 있다. 그러나 특히 중학교나 고등학교에 가 보면 대부분의 수업에서 공부에 열중하고 있기보다는 멍하니 앉아 있거나, 수업에 집중하지 못하는 학생을 보기가 별로 어려운 일이 아니다.

세계의 어디에서나 학교폭력이나 집단 따돌림의 현상이 관찰되고 있으며, 많은 경우에 학교란 즐겁게 공부하는 곳이 아니라 고통스럽도록 숨이 막히는 수용소와 같은 곳으로 여겨지고 있다. 오늘날 우리의 학교에서만 보아도, 많은 경우에 교사들은 학생들과 거의 전쟁 상태에 있고, 부모들에게는 자녀의 교육이 희망이라기보다는 오히려 근심거리가 되고 있다. 이런 현상을 일컬어 우리는 '교실붕괴'라고 말한다. 어제오늘의 일이 아니라 이미 30년 전, 40년 전에도 이와 비슷하게 학생들이 공부에 열중하지 못하는 현상이 있었던 것은 사실이다. 왜 이러한 현상이 발생하는가?

내가 보기로, 그 원인의 하나는 교육프로그램의 획일성에서 유래한 것이다. 의무교육제도의 채택 등으로 이미 거대한 규모가 된 공교육이 그 효율성을 높이기 위해서는 관료주의적 운영체제가 불가피하게 등장한다. 관료주의는 복잡한 과업을 효율적으로 운영하는 원리이다. 그러나 그러한 효율성은 거대하고 복잡한 것을 단순화함으로써 기대되는 것이며 거기에는 여건에 따른 차이가 있지만 결과적으로 획일주의가 지배할 수밖에 없다. 모든 젊은이로 하여금 가능하면 같은 체제의 학교에 다니게 하고, 공통된 내용으로 공부하게 한다. 그리고 동일한 방법에 의해서 가르치고 균등하게 공적 자원을 배분하는 방식을 취하게 된다. 이러한 교육운영의 원칙은 마치 체격이 서로 다른 사람들에게 같은 규격의 제복을 입히면 소수의 사람에게만 그 옷이 맞을 수 있듯이 획일적인 교육의 체제와 활동은 거기에 적응하지 못하는 거대한 소외집단을 발생하게 한다.

점차적으로 여러 나라의 교육제도와 활동에서 종래의 획일주의, 특히 주지적 교육의 획일성은 가시적 수준에서 개선되고 있다. 그러나 비록 주지주의는 다소 퇴조해도 또 다른 교육관련 세력, 특히 전자산업의 발달로 인한 세계적 표준화의 확산이 관료주의적 체제와 더불어 획일성 장치로 작용하여 거기에 적응하느냐 못하느냐에 따라서 정보양극화3)의 불평등 현상을 낳기도 한다.

젊은이들이 누구나 학교에 다니고 있다면 형식상으로는 취학의 기회가 균등하게 주어졌다고 말할 수 있다. 그러나 그 '취학의 기회'라는 것이 배워야 할 것, 배울 수 있는 것, 배워도 좋은 것을 배우게 하는 기회라고 말하기가 어렵게 되어 있다. 관료주의가 편승한 획일주의는 거기에 적응하지 못하는 거대한 소외집단을 발생하게 하는 한 원인이 되고 있다. 소외집단의 젊은이들이 학교에 묶여 있지 않다면, 경우에 따라서는 적합성 여부의 문제는 있지만 어디에서든지 자신의 성장을 위해 필요한 학습의 기회를 달리 가질 수도 있다. 그렇다면 획일적인 공교육제도의 운영은 오히려 그러한 기회마저도 체계적으로 박탈하는 결과를 낳는 것이 된다. 문제는 이러한 소외집단에 속하는 학생들이 소수가 아니라 다수라는 데 있다. 그리고 젊은이들이 학교에서 경험하는 공식적·비공식적 활동의 문화적 특징까지 쟁점으로 부각시키면 공교육제도의 존속을 정당화할 수 있는 기반까지도 흔들릴 수 있다. 그리하여 세계의 곳곳에서 이미 이러한 공교육의 문제를 심각하게 관찰하고 비판의 소리를 높인지는 대체적으로 1950년대부터 계속되어 왔다. 더러는 교육제도의 이데올로기적 폭력성을,4) 더러는 학교체제의 제도적 비효율성을,5) 더러는 교육내용의 문화적 부적합성

---

3) digital divide
4) L. Althusser, Samuel Bowles & Herbert Gintis, Paulo Freire
5) Paul Goodman

을,6) 더러는 교육활동의 방법적 부적절성을7) 들어 비판하였다. 공교육제도가 지닌 자체의 내재적 요인, 즉 비효율성과 부실이 원인이 되어 대안적 제도들도 여러 형태로 출현하였다. 우선 알려진 학교나 제도만을 들어보면 닐(A. S. Neill)의 서머힐 스쿨, 미국의 계약학교, 대안학교, 마그넷 스쿨, 재택교육, 사이버학교 등이다.8) 이러한 대안적 제도들은 근년에 와서 매우 다양하게 진행되고 있다. 다소 온건한 대응방식이기 때문에 전통적 형태를 근원적으로 위협하지는 않지만, 상당한 체질적 변화를 요구하는 대세에 동참하는 사람들이 증가하는 분위기가 만들어지고 있다.

다시 말해서, 내가 보기로 공교육제도의 내재적 비효율성의 문제는 관료체제적 성과를 유지하기 위한 획일주의적 운영체제가 가져온 결과라고 판단된다. 관료주의적 획일성은 그 자체가 평등교육의 기본적 조건이라고 여기는 단순화된 기준을 존중한 결과이다. 교육이 추구하는 가치와 목표를 일원화할 경우에 획일성이 곧 평등의 조건이 된다. 공교육이 출범하던 초기에는 수혜자들의 일차적이고 우선적인 목표는 문해교육을 비롯한 기본적인 공민적 자질을 형성하는 데 역점을 둔 상태에 있었다. 그러므로 교육목표의 주지적 획일성은 평등교육의 조건일 수밖에 없었고 그렇게 정당화될 수도 있었다.

그러나 공교육이 점차로 보편화되어 감에 따라서 성장세대를 구성하는 젊은이들의 각자가 지닌 천부적 잠재성과 사회·문화적 배경의 다양성이 체계적으로 변별되면서 교육목표의 다양성이 요구되었다. 특히 이 책의 초두에서부터 기본적 주제로 다루어 온 인간의 활동과 지력과 생활의 질성적 측면을 외면할 수 없을 뿐만 아니라, 오히려 질성적 접근이 지식과 사고와 문화, 그리고 인간의 삶 자체의 이해를 위한 기본적 소재와 도구를 제공한다고 보면, 교육의 제도

---

6) Jules Henry
7) John Holt, Edgar Z. Friedenberg
8) Summerhill school, charter school, alternative school, magnet school, home schooling, cyber school, etc.

적·활동적 체제의 다양성은 더욱 절실하게 요구된다. 따라서 평등교육의 원리는 그 다양성에 대응하는 교육 프로그램을 요청하는 논리로 구조화되고 이에 따른 관심의 복잡성이 노출되기 시작한 것이다. 평등교육은 획일성으로가 아니라 다양성으로 충족된다는 것이다. 평등교육의 문제는 인간성장을 위한 학습 프로그램의 다양화와 함께 교육체제의 내재적·외재적 요인도 동시에 고려되어야 하는 것이므로 이 장의 후반에 다시 논의하기로 한다.

포스트모더니즘과 교육의 세계

우리나라와 같이 국가교육과정에 준하여 교육을 운영하는 경우는 말할 것도 없고, 거의 모든 전통적 학교가 교육의 내용으로 조직한 지식의 체제, 그것을 이해하고 탐구하는 데 사용되는 언어의 의미와 방법적 기술, 그리고 거기에 작용하는 가치기준은 근대정신(혹은 근대성)9)의 유산이다. 이때의 근대정신이란 16세기부터 태동하여 19세기에 이르는 동안 서양의 선진 문명권을 지배해 온 계몽사상적 이성관에 바탕을 둔 신념체제를 의미한다. 예컨대, 툴민(Stephen Toulmin)은 이제 우리는 더 이상 근대에 살고 있지 않으며 근대는 이미 과거를 말한다고까지 하였다.10) 그것은 오늘의 '현대적' 혹은 '현재의' 삶이 아니라, '근대'라고 일컬어지는 지나간 시기의 삶에서 생성되고 그 토양에서 성장한 정신적·물질적·제도적 삶의 유산이라는 것이다. 그러나 내가 보기로 근대성의 에토스11)는 아직 우리의 신념과 의식에 중핵적 요소로서 강하게 남아 있고, 우리는 그것이 주도하는 정신세계에서 완전히 벗어났다고 말하기가 어렵다.

---

9) modernity
10) S. Toulmin, *The Return to Cosmology: Postmodern Science and the Theology of Nature* (Berkeley: University of California Press, 1982), p. 255.
11) ethos

특히 한국 사회의 경우에 거의 1900년대의 말기까지만 하더라도 근대화의 개념과 가치가 생활의 거의 전역에 걸쳐 발전을 지향하는 목표이기도 하였다. 근대화의 목표와 발전의 개념은 동의어에 해당하는 것이었다. '근대화'는 대체적으로 말해서 17세기의 후반부터 20세기의 초기에 이르는 시기에 서구의 선진적 문화와 산업을 주도한 국가들이 경험한 사회적 변화의 과정 그 자체를 언급하거나, 세계의 다른 지역이 그것을 재현하고자 할 때 사용하는 말이다. 그 시기의 삶의 질적 특성을 말할 때 '근대성(근대정신)'이라고 한다. 근대성의 개념은 사회제도의 부문, 문화적 특징, 인성론적 측면에 따라서 다양한 형태의 복합적 특징을 지니고 있지만, 적어도 전근대적 사회에서 유효했던 전통과 권위에 대한 저항적 태도를 취하고, 인간의 이성이 지닌 기능적 특징인 합리성을 중시하며, 이성과 합리성의 성취라고 할 수 있는 과학적(학문적) 지식과 기술에 신뢰를 두고 있다.

근대적 이성은 개체 인간이 내면에 소유한 판단의 권위로서 모든 의미와 진리의 원천으로 이해된다. 경제적·정치적 근대성은 시장경제, 시민국가, 관료체제, 산업혁명 등의 전개를 그 특징으로 하며, 문화적 부문에서는 중세기의 종교적·형이상학적 세계관에 의해서 포괄적으로 통제를 받던 가치체제의 분화현상을 겪으면서 지식, 도덕, 예술 등은 각기의 독자적인 기준을 성립시킨다. 인성론적 측면에서는 전통의 권위에 복종하기보다는 이성의 판단력에 호소하고 자율적 결정과 합리적 행위를 개체 인간의 자아가 지닌 본질로 여긴다. 근대를 사는 사람들은 전근대적 신념체제인 미신(때로는 종교까지를 포함)에 도전한 계몽사상이 인도하는 삶을 살고자 하였고, 과학이 추구하는 객관성은 더욱 나은 세계를 만들 수 있다고 믿었다. 그들은 객관적 의미를 지닌 사실적 언어를 사용하기를 즐기고, 인간은 누구나 스스로 이성에 호소하면서 자율적인 판단의 주체로서 삶을 영위할 수 있다고 믿었다. 그리고 자유는 칸트의 표현대로 보편적 법칙에의 자율적 복종을 의미한다.

　이러한 근대성의 도도한 흐름은 1980년대에 이르러 포스트모더니즘 (postmodernism)을 내세운 세력의 강도 높은 공세에 직면하기까지 결정적인 도전 없이 이어져 왔다. 물론, 근대성 혹은 근대정신은 아무런 도전을 가할 수 없는 권위적 신념구조가 아니다. 오히려 일종의 에토스로서 그 풍토 속에서 이어져 온 다양한 신념체제가 공유한 특징적 경향을 뜻하기도 한다. 그리고 '포스트모더니즘'이라는 말이 사용된 것은 근래의 일이지만 이미 19세기의 후반부터 탈근대를 지향하는 사상적 징후는 여러 가지 형태로 나타나고 있었다. 현실세계에 대한 허무주의를 거부하고 또한 이데올로기에 의한 밀랍의 삶을 살지 않는 '초인(超人)'의 사상을 내세운 니체(Friedrich W. Nietzsche), 시간 속에 사는 현존재[12]의 역사성과 가능성을 말한 하이데거(Martin Heidegger), 지식을 문제해결에서 작용한 방법적(도구적) 유용성의 결과로 규정한 듀이 (John Dewey), 그리고 언어의 의미를 지시설[13]이 아니라 '언어게임'으로 이해하면서 의미의 상대성과 사용의 도구성을 밝히고자 한 비트겐슈타인(Ludwig Wittgenstein) 등 포스트모더니즘의 전초는 이미 적지 않게 있어 왔다.

　미국의 현대철학자인 로티(Richard Rorty)가 쓴 『프래그머티즘의 결과』라는 책의 서장에 이런 내용의 글이 있다.

　　내가 보기로는, 분석철학자들이 긴 변증법적 여정을 거쳐 종착점에 도착하면 거기에는 제임스와 듀이가 기다리고 있을 것이다. 뿐만 아니라, 지금도 바쁜 여정을 계속하고 있는 푸코(Foucault)와 들뢰즈(Deleuze) 등도 종착점에서 기다리는 제임스와 듀이를 만나게 될 것이다.[14]

---

12) Dasein
13) referential theory
14) R. Rorty, *The Consequences of Pragmatism* (Minneapolis: University of Minnesota, 1982), p. xviii.

로티의 이러한 견해는, 특히 20세기의 철학사조를 대표하는 영미의 분석철학과 유럽대륙의 포스트모더니즘, 이 두 주류의 모두가 결국에는 프래그머티즘이 오래전에 보여 줬던 철학적 문제의식과 담론에 합류할 것이라는 예측을 나타낸 것이다. 이와 관련하여 히크먼(Larry A. Hickman)은 푸코 등의 포스트모더니즘이 달리고 있는 길은 듀이가 이미 앞서 지나간 길이며, 그런 점에서 듀이의 프래그머티즘은 '포스트-포스트모더니즘'에 해당한다고 언급하였다.15)

제2차 세계대전 후에 영국의 역사학자인 토인비(Arnold Toynbee)는 자신의 저서 『역사의 연구』에서 아마 우리는 서양 역사의 마지막 시기일지도 모르는 '탈근대'의 시기에 이르게 될 것이며, 이 시기는 바로 탈합리주의, 불안, 절망의 시대가 될 것이라고 예고한 바 있다.16) 그러나 포스트모더니즘으로 불리는 사조를 본격적으로 출발시킨 것은 1960년대에 이르러 자렐(Randall Jarrell)이라는 문학평론가가 사용한 이래 문학과 예술의 평론가들 세계에서 의미의 중요성을 지니기 시작하면서부터이다.17) 그들은 탈근대적 스타일과 기법을 논하면서 근대적 특징인 아카데미즘, 엘리티즘, 박물관 중심체제 그리고 고급문화와 대중문화의 구분 등에 관해서 비판을 가하였다.

그 후에 전개된 포스트모더니즘은 건축, 음악, 연극, 영화, 커뮤니케이션, 패션, 기술공학 등에 걸쳐 확산되었다. 실로 그 사상의 유형과 활동의 범위가 다양하고 넓기 때문에 일반적 특징을 언급하여 정의하기가 어렵다. 대체적으로 철학, 수학, 기초과학과 같은 이론적 문화가 주도하는 영역에서 변화가 시작된 것이 아니라, 비이론적(질성적) 문화가 주도하는 영역에서 시작하여 확산된 경향을 파악할 수 있다. 포스모더니즘의 독특한 징후는 근대의 서양에서 형성된

---

15) Larry A. Hickman, *Pragmatism as Post-postmodernism: Lessons from John Dewey* (New York: Fordham University Press, 2007), p. 14.

16) Arnold Toynbee, *A Study of History, Vol. XIII* (London: Oxford University Press, 1954; first published 1937), p. 338.

17) M. Calenescu, *Faces of Modernity: Avant-Garte, Decadence, Kitsch* (Bloomington: Indiana University Press, 1977), p. 267.

합리주의적 경향에 대한 불안감을 나타낸 것을 특징으로 한다. 그것은 의무, 도덕성, 이성 등에 보편적 기준 혹은 법칙이 적용된다는 전통적 사고에 대한 회의를 뜻한다. 거칠게 표현하면, 근대성이 아폴로니안 스타일의 특징을, 탈근대성은 디오니시안 스타일의 특징을 지닌다고 할 수도 있다.18) 즉, 근대성은 이지적 체계성, 판단의 보편성 등을 함축하고 있다면, 탈근대성은 감성적 자발성, 유희성, 유일성 등을 특징으로 한다.

그러나 교육에 관한 한에서는 듀이를 비롯한 미국의 프래그머티즘과 진보주의19)의 교육자들을 제외하고는 크게 전통적 체제를 흔들지는 못하였다. 오히려 공교육제도와 학교는 자유교육의 전통을 유지하면서 지금까지 근대정신에 토대를 둔 문화체제의 담당자로서의 위치에 있어 왔다. 그 특징을 말하면, 예술은 저속하고 조잡하다고 여겨지는 대중예술과는 구별되는 고상하고 순수한 독창성을 지닌 고급예술을 중심으로 가르치고, 언어는 그것이 묘사하는 세계를 바르게 표현하고 진리를 말하는 표준적 의미를 가진 것으로 사용하며, 과학은 합리적 사고의 선험적 기반 위에 전개된 엄격한 논리적 형식 속에 객관성을 지닌 경험의 내용을 체계화한 지식으로 학습하게 하고, 도덕은 인간행위의 보편적 법칙을 인식하고 거기에 복종하는 삶을 살도록 지도한다. 지식의 전형은 과학이지 그냥 일상적 잡설이나 일화가 아니다. 과학은 좋은 지식이며, 잡설이나 일화는 아이들이나 원시인들이나 병든 자들이나 하는 저질의 것으로서 원시적이며 비합리적인 것이다. 학교가 일차적으로 중시하는 지식은 세계의 구조와 질서를 표현한 '관조적' 특징을 지닌 것으로서 이성의 기능을 탁월하게 발휘하는 천재들이 개발한 것이다. 그러므로 지식은 그 자체로서 가치를 지니며, 교양인이 되기 위해서는 교육을 통하여 지식을 획득하여야 한다. 이것은 바로 전통적 자유교육의 이상이다.

---

18) Apolonian / Dionysian
19) progressivism

반면에 탈근대적 사회에서는 지식이란 기능적인 것으로서 우리가 그것을 배우는 것은 유식한 교양인이 되기 위해서가 아니라, 일상적인 삶의 상황에서 사용하기 위해서이다. 그리고 학교의 전통적 교과 속에 담긴 지식은 세계의 거울 혹은 그림이라기보다는 세계를 두고 이야기한 언어적 관습에 따른 일종의 '게임'일 따름이다. 고정된 혹은 영원한 실재의 표상은 우리의 뇌리에서 사라져야 한다. 언어의 의미는 그것이 가리키는 대상에 의해서가 아니라 그것을 사용하는 사람에 의해서 결정된다. 예술의 경우에 근대적 작품에서 의미를 지니던 원본과 복사본의 차이는 없으며, 수없이 많은 복사본만이 있을 뿐이고 원본은 없다.

급진적 회의론 혹은 해체론의 범주에 속하는 포스트모더니즘의 철학자들은 이론, 특히 '거대한 담론'20)의 구조를 가진 이론을 거부한다. 그러한 이론은 사실을 은폐하고, 왜곡하고, 모호하게 만든다는 것이다. 이론은 수없이 많은 종류로 있을 수 있으며, 어떤 이론도 다른 이론보다 더욱 정확하다고 할 수는 없다. 그러나 긍정론 혹은 건조론(建造論)21)의 포스트모더니스트들은 이론이 곧 진리의 주장이라는 생각은 거부하지만, 이론이란 폐기되어야 할 것은 아니며 변형시켜 수용하여야 한다고 한다. 이러한 생각에 대하여 급진적 해체론자들은 건조론적 포스트모더니즘은 아직도 부질없이 낡은 개념에 연연하고 있다고 비난하고 있다. 그것은 근대성의 중심적 개념인 인간의 자아, 역사의 의미, 실재에 대응하는 진리 등의 개념에 대해서뿐만 아니라, 신격적(神格的) 존재, 우주론적 의미, 신비론적 자연 등의 전근대적 개념에 대해서도 적극적 의미를 부여하고자 하기 때문이라는 것이다.22) 그것은 리오타르(Jean-François Lyotard)의 표현으로 '거대담론'에 속하며, 근대적 이론은 바로 이러한 거대담론에 호소하여 자신을 정당화한다고 비판하였다.23) 그러나 이러한

---

20) grand narrative
21) structuralism
22) D. G. Griffin, *Parapsychology, Philosophy and Spirituality* (New York: State University of New York Press, 1997), p. xiii.

급진적 회의론에 대하여 온건한 건조론자들은 어떤 논리적 규칙은 선험적일 수밖에 없고, 선험적 대상과 주체는 사고의 양식에서 제거될 수는 없다고 말하기도 한다.

앞에서 보듯이 포스트모더니즘은 하나의 사상적 정합성을 지닌 사조는 아니다. 그렇다고 해서 일시적으로 유행하는 지식인들 혹은 문화인들의 취향만을 의미하는 것도 아니다. 그것은 시대적으로 등장한 경향성을 뜻하기는 하지만, 갑자기 출현하여 선풍적 관심의 대상이 된 것도 아니다. 그것은 오히려 인간의 문화적 전통이 이어져 온 과정의 결과적 현상으로서 경직된 판단의 기준과 절대화된 가치체제의 논리로부터 자유롭고자 하는 의식의 표현이기도 하다. 그것은 특징적으로 보편주의적 사고와 신념의 붕괴, 관료주의적 제도와 행동에의 저항, 거대담론적 위세와 지배의 거부를 의미한다. 우리의 삶을 이끄는 지식, 가치 그리고 제도는 인간경험의 우연성에서 기인한 것이며 그만큼의 상대성을 지닌다는 것이다. 이러한 경향으로 인한 전통적 가치체계의 붕괴는 허무주의를 발생시키고 이기주의와 아노미24) 현상을 초래하게 한다는 우려도 있다. 그러므로 우리의 삶은 자주적 비판과 반성 그리고 자율과 창의에 의해서 영위되어야 한다는 것이다.

아직은 포스트모더니즘이 교육의 세계에 지배적인 대세라고 하기는 어렵지만, 정당화를 요구해야 하는 낯선 사상적 체계로 영향력이 미미한 상태에 있는 것이라고 할 수준은 넘어서고 있다. 보기에 따라서는 이미 교육의 장을 포함한 우리의 현실적 삶에 적지 않게 침투한 구체적 현상이기도 하다. 교육부문에서는 비교적 제도적 통제가 약한 연성적(軟性的) 부분, 예컨대 비형식적 교육과정, 그리고 학생들의 놀이, 여가활동, 집단 활동 등에 영향을 주고 있으며, 미술, 음

23) Jean-François Lyotard, *The Postmodern Condition: A Report on Knowledge.* G. Bennington & B. Massumi (trans.) (Minneapolis: University of Minnesota Press, 1984), pp. xxxiii.
24) anomie

악, 체육, 실과, 문학 등의 예체능계 정규교과의 활동에 침투하기가 용이하다. 다소 경성적(硬性的) 부분이라고 할 수 있는 사회과학의 분야에서도 근대적 특징의 실증주의적 논리와 규칙보다는 해석학적 담론과 기법이 자주 등장함을 볼 수 있고, 객관적 설명이나 논리적 형식보다는 자유로운 주관적 이해와 창의적 해석을 위주로 가르치려는 경향도 있다. 과학의 경우에도 전통적 학문분류의 관행이 흐려지고 학문 간의 경계는 주변부의 모호성으로 인한 것보다는 개별학문의 분화가 극도에 이르면서 새로운 분야들이 형성되고 있기 때문이기도 하다. 그러므로 초등과 중등의 교육에서도 주제중심의 통합교과로서 가르치는 방식이 시도되기도 한다. 심지어 수학의 경우에 수학을 가르친다는 것은 전통적 수학의 지식체계보다는 수학적 사고의 방법적 원리를 중시하는 경향도 있다.

오늘날 포스트모더니즘의 잠재적 위세를 넓히는 두 가지의 유리한 조건이 있다. 하나는, 정보화 사회에서 지식을 배분하고 저장하고 조직하는 방식이 근대적 사회의 경우와는 크게 달라진다는 것이다. 교사에 의해서 공인된 권위적 지식의 전달보다는 '정보의 바다'라고 일컬어지는 사이버 공간 속에서 대중에 의해서 생산되고 가공되고 응용된 정보들이 시간적·공간적 거리의 관념을 깨고 자유롭게 교환된다. 학습자의 관심은 권위적 지식에만 머물지 않으며, 지식이 활용되고 재구성되는 경험의 폭이 넓어진다.

다른 하나는, 포스트모더니즘의 방법은 세계문화[25]의 새로운 형태를 만나게 한다는 것이다. 다양하고 절충적인 다중적 문화를 가진 세계가 전개되면, 포스트모더니즘은 근대정신을 주도하고 거기에 매여 있던 서양 사회가 지닌 한계에 도전하게 된다. 각각의 문화체제는 각각의 자격으로 다른 문화체제와 조화를 이루어 존재할 수가 있다. 문화의 다중구조는 '근대적 과학'이라고 일

---

25) global culture

컬어지는 유럽중심의 언어게임이 주장하는 바를 재검토하고 재음미하는 것도 가능하다는 것을 시사한다. 우리는 근대적 과학이 과연 인류를 위한 교육의 유일한 기준이어야 하는가를 다시 생각해 보게 한다. 이러한 필요는 바로 공교육제도의 전통적 교육내용을 재검토하는 일과도 같다.

지식기반사회와 교육수요의 변화

새로운 세기인 21세기가 시작하면서 특히 경제부문에서 자주 언급되는 '지식기반사회'라는 말은 근대사회 혹은 산업사회의 후기적 전환의 현상을 나타내는 말이다. '지식기반'이라는 말은 지식이 사회의 구조적 변화에 작용하는 새로운 기능적 특징을 지닌다는 의미로 사용되고 있다. 지식기반사회란 여러 가지의 단편적인 정보들이 이제는 그 자체가 자원으로 활용되고 상품적 가치를 지니기도 한다는 의미의 수준만을 언급하는 것은 아니다. 오히려 조직되고 다듬어진 지식을 생산하고 사용하고 가공하고 교환하고 확산하고 재구성할 때 거기서 창출되는 생산적 힘과 사회적 가치에 우리의 삶이 크게 의존하게 되는 그러한 사회를 말한다. 이러한 의미의 '지식기반사회'라는 말은 대체적으로 1990년대의 후반에 이르러 빈번히 사용되고, 다소 체계적인 이론서적도 출간되었다. 그러나 미국의 사회학자인 다니엘 벨(Daniel Bell)은 이미 1970년대에 산업사회의 후기적 징후를 지식기반사회라고 예견하였다.[26] 그것은 아놀드 토인비가 근대사회의 후기적 삶의 양상을 전망하여 '포스트모던'이라고 서술한 것과 특징상 유사한 관심의 내용을 담고 있다.

근대사회와 산업사회는 개념상 거의 비슷한 의미를 지닌다. 물론 근대사회

---

26) Daniel Bell, *The Coming of Post-Industrial Society: A Venture in Social Forecasting* (New York: Basic Books, 1973).

혹은 근대화는 산업사회 혹은 산업화만을 의미하는 것이 아니며, 산업사회 혹은 산업화는 경제적·생산적 체제에만 한정된 개념이 아니다. 만약 어떤 사회든지 인류의 역사상 5천여 년 동안 지속되어 온 농경사회적 특징을 그대로 유지하고 있을 뿐이고, 생산, 소비, 소유, 분배 등의 경제적 구조에 있어서 변혁을 이루지 않았다면, 개인적 존엄과 사회적 평등을 실현하는 정치적 변혁을 이루었다고 해서 근대화되었다고 말하지는 않는다. 달리 표현하면 근대사회는 산업사회이다. 의미론적으로는 아니라고 하더라도 인과론적으로는 근대화한다는 것은 우선 산업화한다는 것을 의미한다.

산업사회의 전개 혹은 산업화는 문명사적 대변혁을 가져왔지만 변혁된 그대로 완성되어 버리는 체제를 의미하지는 않는다. 지난 200년간의 경험에 비추어 볼 때, 산업사회는 어느 수준에 이르러 더 이상의 변화를 지속시키지 않고 소강상태에 머무는 그러한 사회가 아니다. 오히려 간단없이 그 자체를 변모해 가는 속성을 지닌 사회이다. 초기 산업사회는 먼저 농경사회적 일의 구조를 대체적으로 소멸시켜 버린 후에 집중적인 물자생산의 체제를 구축하였다. 그러나 그것으로 끝난 것이 아니다. 이어서 노동에 의존하던 생산체제를 기술공학적 자동화의 체제로 대치시키고 또한 생산의 규모를 엄청나게 바꾸어 놓았다.

20세기의 말기에 이르러 지식기반경제로 이행하는 과정에서 나타나는 일반적 특징을 OECD 회원국을 중심으로 관찰한 바로는 이러한 현상이 언급되었다. 즉, 정보와 지식을 창출하고 확산하고 활용하는 것을 특징으로 하는 지식기반산업이 새로운 성장주도 산업으로 부상하고, 지식기반의 제품과 서비스의 교역비중이 증가한다. 또한 정보, 지식, 기술의 확산에 따라서 고도로 숙련된 인력에 대한 수요와 무형자산에 대한 투자가 증대하고, 협력과 네트워크를 중시하는 기업전략이 강화되며, 중소규모의 기업이 차지하는 비중과 역할이 높아간다는 것이다.[27]

---

27) OECD, *Science, Technology and Industry Outlook*, 1998.

드러커(Peter F. Drucker)는 산업혁명 이후에 두 차례의 후속적 혁명, 즉 생산혁명과 경영혁명이 있었다고 기술하고, 이러한 혁명은 모두 지식의 기능적 의미가 급격히 바뀌는 현상으로 설명하였다.28)

초기 산업혁명의 단계에 해당하는 약 100년 사이에 지식은 생산활동의 도구와 과정과 생산품에 응용되는 수준의 것이었다. 경험적 기술을 지식의 형태로 조직하는 것이다. 예컨대, 종래의 도제식(徒弟式) 방법의 경우와 같이 사범과 도제가 직접적으로 만나서 가르치고 배우는 과정이 아니라, 교재(敎材)의 사용으로 대치시킴으로써 생산활동이 응용지식의 체제, 즉 소박한 기술공학29)으로 바뀌게 된다. 이 시기에 발달한 기술공학은 산업혁명을 급속히 진전시키는 힘으로 작용하였다.

드러커가 말하는 다음 단계인 생산혁명은 1880년경에서 제2차 세계대전이 절정에 이른 시기까지의 약 75년 동안에 이루어진 것으로서, 이 시기에 지식은 다시 새로운 의미를 지니게 된다. 즉, 지식이 일과 병행하는 것이 아니라 일 자체에 적용된다. 생산활동으로서의 일에 관한 연구는 일의 분석과 일의 공학적 체제를 가능하게 하였다는 것이다. 산업혁명 이후에도 생산성을 향상시킨 것은 새로운 기계의 발명에 의한 것이었으나, 일의 공학은 생산에 종사하는 노동자들을 새롭게 조직하고 훈련시킴으로써 그 자체가 경제발전의 효율적인 장치가 되었다. 이러한 변화는 바로 '생산혁명'이라고 할 수 있다.

그리고 마지막 단계인 경영혁명은 제2차 세계대전 이후에 본격적으로 진행되는 것으로서 지식은 다시 지식 그 자체에 활용되는 현상을 낳는다. 현존하는 지식은 어떻게 생산에 활용될 수 있는가를 생각하게 하는 데는 다시 새로운 지식이 요구된다. 새로운 지식이 필요하며 지식의 효율성을 높이기 위해서는 어떤 노력을 요하는가를 생각하는 데는 또 다른 지식이 체계적으로 활용되어야

---

28) Peter F. Drucker, *Post-Capitalist Society* (New York: Harper Collins, 1993).
29) technology

한다. 이 수준은 지식의 경영에 관한 것이다. 세계대전 이후 지금까지의 세계는 경영혁명이 지배해 온 세계이기도 하다.

드러커는 '경영혁명'이라고 일컬을 수 있는 변화를 주도한 지식은 고도의 전문화된 지식으로서 가르치고 배우는 것 이상의 경험이며, 학교에 다니는 것 이상으로 훈련을 필요로 한다고 하였다. 이러한 전문적 지식은 외우고 익히고 사용하고 하는 단순한 기능의 수준이 아니라 체계적인 지식, 즉 일종의 '학문'30) 으로서의 지식이다. 물론 그가 말하는 이러한 의미의 학문은 결코 고도의 논리적 형식과 전문적 개념을 지닌 순수이론 혹은 기초이론에만 쓰이던 전통적 의미의 학문은 아니다. 오히려 공학적 방법, 과학적 방법, 계량적 방법 혹은 임상적·진단적 방법 등과 같이 단순한 기능 혹은 기술을 체계적인 방법론을 적용하여 구조화된 활동으로 바꾸어 놓는 이론적·실천적 원리 혹은 체제까지를 의미한다. 그러한 지식의 생산과 활용의 원천적 능력은 경제활동에 종사하는 사람들이 받아 온 교육의 질에 크게 좌우될 수밖에 없다.

지금까지의 논의에 비추어 보면, 지식기반사회에 요구되는 지식의 개념은 전통적인 관조적 지식관보다는 실험적인 탐색적 지식관을 도구적으로 우선시하는 경향을 보이게 된다. 탐색적 지식관에 의하면, 지식을 소유하고 재구성하는 학습자는 어떤 권위적 생산자로부터 지식을 전수받는 일보다는 자신의 일상적 경험세계에서 발생하는 문제들을 해결하는 도구적 지식을 생산하고 재창조하는 능력을 상대적으로 더욱 높은 비중으로 요구받게 된다. 한마디로 말하자면 박식한 지식인보다는 유능한 해결사가 되어야 한다.

물론 관조적 지식은 탐색적 지식과는 무관하다는 것이 아니다. 탐색적 과정에서 필요에 따라서 동원되는 많은 관조적 지식이 있을 수 있고, 탐색적 지식도 경우에 따라서는 관조적 동기에 의해서 성립된 문제의식의 결과로 생산될 수가 있다. 지구가 둥글다는 일종의 관조적 신념(지식)에 의해서 기약 없이 향료

---

30) discipline

를 찾아 대서양으로 출발한 마젤란(Ferdinand Magellan)은 세계의 일주를 시
도한 끝에 탐색적 지식(둥근 지구의 발견)을 생산하였다.

'지구는 둥글다.'라는 지식은 구체적인 생활세계의 일상적인 '질성적 수준'
의 경험에서 발생한 문제해결의 결과이다. 어떤 의미에서 모든 지식(비록 형이
상학적 지식까지도)은 그 지식을 생산한 사람이 구체적(질성적)으로 경험하는 문
제상황에서 비롯된 사고의 결과이다. 비록 문제상황이 관념적이고 초월적인
것이라고 하더라도, 사고의 주체에게는 구체적인 내면적 혹은 외부의 영향에
의한 문제의 경험이다. 인간의 창의성은 바로 이러한 의미의 구체적 상황, 즉
질성적 구조를 지닌 상황에서 작용한다.

그러나 지식이 생산활동에 적용되기 시작한 산업혁명 이전인 농경사회적 체
제에서는 대체적으로 지식(관조적)과 생산활동은 서로 분리된 생활의 영역이었
다. 이에 따라서 특히 학교제도와 체계적인 형식교육은 일과 무관한 병행적 관
계를 유지하고 있었다. 지식과 일의 완전한 분리는 교육과 일의 관계를 또한 엄
격히 분리시켜 놓았다. 교육을 받았다는 것은 지식을 개인의 인격적 요소로서
소유한 상태를 의미하였다. 동양의 군자나 선비의 개념, 서양의 자유인이나 신
사의 개념은 그 일차적 특징이 생산적 활동보다는 정신적 사유를 향유하는 사
람이라는 데 있었다. 이때의 지식은 문제의 해결이나 생산적 원리를 개발하는
실용적 지식이라기보다는 주로 우주와 세계의 질서를 설명하는 관조적 지식이
었다.

그러나 지식이 자원, 자본, 노동과 같이 생산의 핵심적 요소로서의 위치를
차지하기 시작하고, 일의 범위와 양상도 신체적 활동의 수준에 머물지 않고 고
도의 이지적·이론적 원리를 광범하게 사용하는 특징을 지님에 따라, 교육의 세
계에도 커다란 변화를 겪게 된다. 이제는 일이나 생산과정과는 완전히 분리된
산업화 이전의 사회에서의 교육과는 정반대로 일과 교육의 완전한 통합상태에
이르게 된다. 그리고 이러한 경향은 교육의 본질적 의미에 있어서 변화를 강요

하고 있다.

산업화 과정에서 볼 수 있던 기초적 지식과 응용적 지식의 구분이 별로 큰 의미를 지니지 못하며, 지식은 소수의 엘리트 집단에 의해서 생산되는 것이 아니라 대중에 의해서 다양하게 개발되고 확산된다. 이러한 지식의 가치를 정당화하는 데 포스트모더니즘의 이론가들도 중요한 몫을 담당한다. 또한 지식을 사용하는 생산적 활동에 종사하는 새로운 중산층의 증대는 지식을 학습하는 기회를 학교교육에만 한정할 수 없게 하고, 언제나 새로운 정보를 획득하고 지식을 확장하는 노력을 충족시킬 수 있는 평생학습사회의 구축을 요구한다. 이제 지식은 교양인에 속하고 일은 생산인에 속한다는 전통적인 관념은 무너지고, 지식도 생산활동과 밀접히 연계되며 일도 교양인의 중요한 자질에 속한다. 지식의 생산, 소유, 사용은 모두 개인적 차원의 과업이 아니라 사회적 과정으로서의 특징을 지니게 된다.

그러나 지식기반사회를 말할 때의 지식은 언어나 기호로 표현되는 명시적 명제나 형식적 사고의 능력 이상의 것이다. 우리가 지식을 소유한다는 것은 그것이 비록 낱개의 단편적 지식이라고 하더라도, 참으로 나의 지식으로서 의미를 지닌 것이라면 나의 경험의 총체적 구조의 한 부분으로 소유한 것이다. 어떤 지식을 생산한다거나 사용한다는 것은 단순히 명제의 인식이나 활용의 기술적 구사를 의미하는 것만은 아니다. 그 이면에 있는 것으로서 쉽게 관찰되지 않으며, 쉽게 형식적으로 분석되지도 않으며, 쉽게 계량적으로 측정되지도 않는 수준의 것이 있다. 이 수준의 경험도 명시적 지식과 같은, 어쩌면 직접적이지는 않지만 더욱 강력하고 일관된 힘으로 우리의 사고와 행동과 삶에 영향을 준다.

금세기의 많은 철학자는 이러한 이면의 지식에 관심을 가져왔다. 폴라니(Michael Polanyi)는 그것을 '인격적 지식'이라고 표현한다.[31] 듀이도 지식의 원

---

31) Michael Polanyi, *Personal Knowledge: Towards a Post-Critical Philosophy* (London: Routledge & Kegan Paul, 1958).

천은 이론적 차원의 경험이 아니라, 오히려 질성적 차원의 경험이며, 본질적 특징에 있어서 심미적인 것이라고 하였다. 오크숏(Michael Oakeshott)도 과학적, 역사적, 실천적 지식은 각기 별개의 경험체계가 아니라 하나의 경험적 총체가 지닌 양상의 일면일 뿐이라고 하였다.[32] 또한 가다머(Hans-Georg Gadamer)도 경험의 본질은 '미학적 총체'라고 하였다.[33]

그러므로 총체적 지식은 관조적 이성의 기능으로 인식된다기보다는 오히려 실천적 삶의 과정에서 질성적 사고의 도움을 받아 획득되고 재구성되는 것까지를 의미한다. 이러한 총체적 지식관은 전통적으로 지식이란 고도의 논리적 사고와 엄격한 관찰의 능력을 보여 주는 소수의 뛰어난 천재들만의 것으로 생각하던 고정된 관념을 바꾸어 놓는 데 중요한 기여를 한다. 새로운 의미의 지식은 엄격히 정의된 명제와 그 체제만이 아니라 우리의 일상적 삶의 과정에서 발휘되는 각종의 능력을 포괄한다. 지식은 나의 구체적 삶과 분리된 고답적 이론이나 능력만이 아니라, 현존하는 자신의 모습 그 자체로서 소유한 모든 성향에까지 미치는 '질성적' 개념이다. 존재하는 모든 인격체는 그 자체로서 질성적 지식의 체제이며, 삶은 그 자체로서 질성적 지식의 삶이다.

신자유주의와 교육의 갈등

'신자유주의'란 말은 최근의 사회과학적 용어가 아니라, 상당히 여러 유형에 적용되어 왔기 때문에 그 의미가 다소 다양하다. 본래 자유주의의 가장 고전적인 형태는 17세기의 영국 명예혁명과 더불어 본격적으로 출현하였다. 사상사

---

32) Michael Oakeshott, *Experience and Its Modes* (Cambridge: at University Press, 1978).
33) Hans-Georg Gadamer, *Truth and Method* (New York: Crossroad Publishing Company, 1975), pp. 89-90.

적으로 볼 때 존 로크, 애덤 스미스 등으로 이어진 것을 방임적 자유주의34)라고 할 때, 그것의 수정이나 보완을 시도하는 사상적 노선에는 다소 의미상의 차이는 있지만 '신자유주의'라는 말을 붙일 수가 있다. 어떤 의미에서 루소 등의 인본주의적 사회계약설이나, 칸트 등의 이성적 입법에 의해 성립되는 시민사회의 원리나, 벤담과 밀 등의 사회적 효용성을 중시한 공리주의35)도 고전적 자유주의를 수정한 한 유형에 속한다. 그리고 헤겔사상의 영향을 받아 개체 인간의 가치뿐만 아니라 유기체적 사회의 복리에 대한 관심을 두었던 19세기 말의 그린(Thomas H. Green), 홉슨(J. A. Hobson)과 홉하우스(L. T. Hobhous) 등이 전개한 '새로운' 자유주의,36) 미국의 듀이와 미드(G. H. Mead) 등이 진화론에 기초하여 인간 지력의 힘에 호소한 사회적 자유주의, 노직(Robert Nozick)과 하이에크(F. A. Hayek) 등과 같이 사회적 가치의 배분된 결과보다는 그것의 형성과정을 중시하는 현대의 새로운 방임적 자유주의, 그리고 시카고 학파의 프리드먼(Milton Friedman) 등이 시장주의, 통화주의, 작은 정부론, 반엘리트주의 등을 내세우는 경제·정치적 이론 등의 여러 형태가 있다.37)

　우리가 김영삼 정권의 문민정부 시기인 1995년에 시도한 소위 '5·31 교육개혁'과 관련하여 '신자유주의적' 구상이라는 평가가 있었다. 이러한 평가의 관점에서 본 신자유주의는 앞에 든 것 중에서 20세기의 중·후반에 세계화38)의 개념과 함께 진행된 시장경제적 동향으로서 고전적 자유방임주의39)와 다소 일관성을 지닌 것이었다. 그것은 시장의 원리에 호소하는 사상적 경향에 가장 가

---

34) laissez-faire 혹은 libertarianism
35) utilitarianism
36) new liberalism
37) 일반적으로 오늘날 세계화(globalization)를 지향하고 시장의 개념과 연상되는 신자유주의는 영어로 'neo-liberalism'으로 표현되고 홉슨이나 듀이 등의 것은 'new liberalism'으로 표현되는 경향이 있다.
38) globalization
39) libertarianism

까운 것으로 보인다. 국가의 통제 대신에 시장 자체의 원리만으로 사회적 가치의 형성과 배분이 가능하도록 한다는 것이다. 이러한 신자유주의는 상당한 정도로 17세기의 고전적 자유주의의 복원을 의미하는 것으로도 보인다. 그러나 이론적으로만이 아니라 정책적으로 시장주의의 사회를 추진해 온 대처리즘(Thatcherism)이나 레이거니즘(Reaganism) 등 영·미적 신자유주의는 전통과 관행을 중시하고 기존의 가치를 옹호하며 급격한 변화를 원치 않는다는 점에서 보수주의로 분류된다. 그리고 이러한 보수주의자들은 기득권을 옹호하는 경향이 있다고 보고 이에 저항하는 세력을 진보주의로 분류하기도 한다.

그리하여 최근에 '신자유주의'라는 말이 때로는 어떤 정책을 정당화하는 배경으로 제시되기도 하고, 반대로 그러한 정책적 노선을 비판적으로 언급할 때도 사용된다. 말하자면, 신자유주의는 좋은 정책의 이름으로도 사용되고 나쁜 정책이라고 빈정댈 때도 사용되는 말이다. 어느 쪽이든지 간에 고전적 자유주의의 복원적 형태는 사회적 가치를 추구하기 위한 개인의 자유로운 활동을 보장하고, 기회의 희소성이 발생하면 필요에 따라서 경쟁의 원리를 가진 시장의 개념을 적용한다는 것이다.

대개 어떤 사상 혹은 이념으로 표방된 것은 엄격하고 정연한 논리와 정교하게 다듬어진 언어를 사용하는 이론가들 사이에는 거시적으로나 미시적으로나 차이를 보이기도 하지만, 일종의 사회운동으로나 어떤 세력의 구호로 표현된 경우에는 많은 작은 담론적 차이들은 은폐되어 버린다. 그러므로 오늘날 개혁적인 교육정책과 더불어 언급되는 '신자유주의'니 '평등주의'니 하는 말, 심지어는 '민주주의'라는 말까지도 구호적 수준의 것이어서 의미론적 애매성과 모호성을 나타내고 있다.

그렇다면 우리는 여기서 다음의 세 가지 방식의 어느 하나를 편의상 취할 수밖에 없다. 첫째, '신자유주의'의 범주 안에 있는 여러 유형 중에서 위세가 가장 높은 어느 것을 중심으로 논의를 하든가, 둘째, 그 범주에 속한 유형들이 공유하는 특징을 중심으로 논의를 하든가, 셋째, 신자유주의적이라고 평가할 수 있는 사고나 정책의 결과에 대한 우려와 이에 다른 비판적 목소리를 검토하면서 논의하는 방식을 취할 수 있다. 나는 여기서 편의상 셋째의 방식을 취하고자 한다.

대체적으로 말해서 평등주의적 진보세력들이 신자유주의를 경계할 때에 언급하는 내용들은 주로 '시장의 개념'에 따른 교육의 상품화, '경쟁의 논리'에 의한 사회적 소모성, 이기주의에 의한 공동체의 해체, 그리하여 결국 공교육제도의 붕괴를 가져온다는 것이다. 이러한 비판적 대열에 참여한 평등주의자들은 1995년 소위 '5·31 교육개혁방안'은 '신자유주의적' 개혁이라고 규정하는 목소리도 있었다. '열린 교육체제' '수요자중심 교육' '자율성과 책무성의 원리' 등이 함의하는 바에 비추어 보아 기본적으로 신자유주의적 정책노선을 견지하고 있다고 전제하고, 자립형 사립학교, 교육개방, 선택형 교육과정, 경쟁체제의 도입 등을 그 노선에 의한 대표적 사례로 보는 경향이 있다.

그러나 5·31 방안과 그 이후의 프로그램들이 교육개혁의 과정에서 정책과제로 설정되어 정부주도적으로 추진된다는 것 그 자체가 신자유주의적이라고 하기는 어렵다. 왜냐하면 시장과 경쟁의 논리에서는 성취의 목표를 설정하고 이를 달성하기 위한 정책적 계획이나 전략을 포함한 사회공학적 구상을 정부주도적으로 세울 수가 없는 것이기 때문이다. 그것은 사실상 신자유주의가 아니다. 신자유주의에서는 교육기회의 배분규칙이나 달성해야 할 국가적 목표를 미리 설정한다면 시장의 원리에 모순되기 때문이다. 당시의 제7차 교육과정의 운영이나, 정부의 주도에 의한 기관평가와 경쟁풍토의 조성에 의한 대학의 질관리 정책이나, 자립형 사립학교, 특성화 고등학교, 대안학교 등 중등교육기관의 다양화 정책이나, 무상의무교육의 연장 등은 기본적으로 신자유주의적 노선의 사고와 일관성을 지닌다고 하기는 어렵다.

물론 신자유주의적 개혁정책이라고 해서 지금까지의 전반적 교육체제를 일시에 폐기하고 전면적으로 그 노선으로 개혁을 시도할 수는 없다. 우선은 시장의 체제로 가는 데 장애가 되는 요소들을 제거하는 전략을 세우거나, 아니면 종국적으로 신자유주의적 체제와 에토스를 형성하기 위하여 다소의 모순을 무릅쓰고 자체의 원리에 반하는 정책적 과제들을 임시로 세울 수는 있다. 그러므로 우리가 구태여 말한다면 5·31 방안 이후의 개혁 프로그램은 신자유주의로 가는 일종의 과도기적 조치라고 평가할 수는 있을 것이다. 실제적으로 진행되고 있는 개혁 프로그램의 특징을 신자유주의적이라고 하든 않든 간에 우리의 교육계와 사회 일반에서는 신자유주의에 대한 신봉과 저항이 공존하면서 서로 대립하고 있음에 틀림이 없다. 그러면 왜 신자유주의인가?

비록 다소 지나치게 단순화하는 느낌이 있지만, 신자유주의가 지향하는 바의 특징을 부각시키기 위하여 우리는 다음과 같은 시나리오를 상정해 볼 수 있다. 신자유주의의 시장적 교육체제에서는 ① 교육욕구(수요)의 자유로운 충족이 가능하도록 충분히 다양한 기회와 활동을 제공(공급)해 주면, ② 수요자는 자신의 생애의 계획, 적성과 능력, 개인적 취향과 사정에 따른 학습기회의 선택이 용이해지고, ③ 이러한 분위기 속에서 교육서비스는 시장의 논리에 의해서 품질의 경쟁을 하게 되며, ④ 결과적으로 교육의 질은 향상될 뿐만 아니라 수요자는 최선의 학습기회를 선택하여 향유하게 되고, ⑤ 그만큼 교육부문에서뿐만 아니라 전반적으로 국가의 경쟁력도 향상된다.

여기에는 국가가 교육기회의 평등한 배분을 위한 '정책적 그림'을 그릴 필요가 없고, 국가가 일일이 교육의 질관리를 위하여 교육기관을 감독하거나 통제할 이유도 없다. 교육의 질은 교육수요자의 선호와 평가에 의해서 자연적으로 관리된다. 이러한 시나리오에는 지금까지의 교육제도, 특히 공교육제도가 지닌 고질적 병폐인 관료주의적 획일성과 그 획일성으로 인한 거대한 소외집단의 발생을 근원적으로 해소하는 원리가 자체에 내축되어 있다. 실로 환상적인 시나리오라고 할 수도 있다.

물론 이러한 시나리오가 암시하는 경쟁논리를 전통적 본질주의자들과 평등주의자들이 쉽게 수용하기는 어렵다. 그러나 신자유주의는 우선 '본질주의자'라고 일컬을 수 있는 사람들, 즉 전통적 자유교육의 개념을 중시하는 체제에 집착하면서 그것이 교육의 본질을 충실히 수호하는 일이라고 믿고 있는 사람들의 저항을 감당할 수 있어야 한다. 본질주의적 저항을 몇 가지로 예측해 보면 다음과 같다.

첫째, 수요자중심의 교육은 우리 사회의 문화적 중핵을 보전하는 기능을 상실하게 한다는 것이다. 학습기회의 선택폭을 확대해 주는 프로그램의 다양화는 수요자의 교육적 필요에 대한 적합성을 높이는 장치가 될 수는 있지만, 공적 부문의 기구로서 존재하는 교육체제는 단순히 개체들의 성장욕구나 생활필요를 충족시키는 데만 봉사할 수는 없다. 특히 그 사회의 문화적 중핵을 유지하는 일을 소홀히 할 수는 없다는 것이다.

물론 수요자중심의 교육을 수요자의 주문에 응하는 교육으로만 이해하면 문화적 중핵이 유지되기가 어렵고, 그만큼 교육은 사회통합과 거리가 먼 위치에 있게 된다. 그러나 수요자중심의 교육은 수요자의 '주관적 욕구'보다는 '객관적 필요'의 충족으로 이해될 수는 있다. 수요자의 임의적 욕구가 아니라 전문적 판단의 도움으로 객관적으로 확인된 혹은 공감된 교육적 가치의 선택이 가능하도록 한다는 것이다. 그렇다면 아마도 본질주의자들의 저항을 다소 완화시킬 수는 있을 것이다.

둘째, 시장적 체제는 교육서비스의 소모적 경쟁으로 인한 폐해가 발생한다는 것이다. 무절제한 사용(혹은 선택)과 폐기의 풍토나 상품의 과대포장 등 시장질서의 혼란이 빚는 폐해는 일반 상품의 경우와는 달리 교육 상품의 경우에는 인간의 안정된 성장을 어렵게 만들고, 과도한 경쟁에 의한 폐해와 자연도태로 인한 사회적 부담은 시장체제의 효율성을 상쇄할 수도 있다는 것이다. 대체적으로 효율성은 겨냥한 가치나 목표의 달성을 기준으로 확인되지만 수반되는 역기능이나 필요악을 대수롭지 않게 여길 수도 있다.

그러나 이러한 우려에 대하여, 소모적 경쟁의 폐해는 시장구조에서 '소비자 보호단체'의 출현과 같이 수요자의 평가체제가 구축되고, 학습기회의 선택을 위해 봉사하는 전문적 컨설팅 등이 발달하면, 교육적 가치를 변별하는 체제의 구축이 가능하다는 자유주의적 대응이 있을 수 있다.

셋째, 수요자중심의 시장체제에 의한 교육의 질서는 전인적 성장, 즉 도덕적·이지적·사회적·신체적 성장을 포괄한 균형과 개성을 중시하는 교육 본연의 동기보다는 사회적·경제적 지위의 획득이나 일시적·즉흥적 욕구의 충족과 같은 대중의 통속적인 동기에 의해서 주도될 수 있다는 것이다.

그러나 교육의 통속주의적 풍토는 자유방임적 사회체제를 지향하는 자유주의 혹은 자본주의의 요소에 의해서 조장되는 것이라기보다는 전통적 엘리트주의, 신분사회, 그리고 국가 자본주의[40]에 의해서 구축된 계층구조 등의 부산물, 즉 소외현상에 의한 대응방식이기도 하다. 그러므로 인간의 욕구충족과 자아실현의 폭이 개방적으로 확대되는 자유주의적 풍토가 성숙하면 할수록 그러한 도구적 현상은 감소될 수 있고, 오히려 교육의 본연적 기능은 더욱 빨리 회복될 것이라고 보는 신자유주의적 대응이 있을 수도 있다.

본질주의적 우려에 대한 자유주의적 대응이 얼마나 설득력을 지닐 것인가는 정확히 판단하기가 어렵다. 그것은 논리적으로 규명될 수 있는 성질의 것이라기보다는 발생가능한 현상의 가설적 추정에 의존할 수밖에 없기 때문이다. 인간사회는 형식논리처럼 엄격한 규칙이 적용되는 순수한 이지적 구조만을 가지고 있는 것도 아니고, 그렇다고 해서 무절제한 광기나 임의적 선택만으로 전개되는 광란적 구조만으로 설명되는 것도 아니다. 그러나 현실적으로 공교육제도를 중심으로 운영되는 교육질서가 적합성, 효율성뿐만 아니라 자체의 중요한 이념적 기조인 평등성에까지 문제를 안고 있다면, 본질주의는 신자유주

---

40) state capitalism

적 대안에 대한 자체의 방어력을 충분히 갖추지 못한 것으로 보인다.

본질주의는 기본적으로 교육의 본질, 특히 근대사회의 전개과정에서 형성된 계몽사상에 기초한 교육관을 의미하므로 교육기회의 제도적 관리나 사회적 효용성에 관해서는 큰 관심을 두지 않고 있다. 그러므로 본질주의는 신자유주의와 사회구조적 관심에서의 근본적인 마찰을 보이는 것 같지는 않다.

그러나 평등주의적 시각에서 본 신자유주의는 그렇지가 않다. 자유주의의 전통, 특히 근래의 신자유주의적 정책이 교육에도 시장의 논리를 도입하려는 경향을 보이게 되자, 평등주의자들은 '공교육을 살려야 한다'든가 '교육은 상품이 아니다'라는 구체적 슬로건을 내걸면서 저항하기도 한다. 물론 교육에서의 신자유주의적 체제를 완전히 구축하는 것은 비록 선진 자본주의 국가에서도 요원한 일이지만, 평등주의자들이 생각하기로는 공교육이 잠식당하고 상품화가 가속화되면 교육의 황폐화가 예견된다는 것이다.[41] 다음과 같은 몇 가지 사항이 언급된다.

첫째, 무상교육이나 국가지원이 감소하거나 폐지되고 수익자 부담을 확대하면 자연히 교육비를 부담하는 능력의 차이는 교육의 양적·질적 수준에 차등을 빚게 되고, 결국 부익부(富益富) 빈익빈(貧益貧) 현상과 사회구성원 간의 위화감을 조성한다. 부유층 자녀들은 더 많은 교육 그리고 더 좋은 교육을 받게 되고, 교육의 결과로 인하여 사회경제적 지위의 획득에 있어서 유리한 위치에 있게 되며 결과적으로 사회계층의 구조는 세대 간에 재생산된다는 것이다.

둘째, 교육의 상품화는 교육기회를 창출하는 모든 요소가 상품화된다는 것을 의미한다. 교육 프로그램이 상품화되고, 교사가 상품화되고, 교육행정의 지도력이 상품화된다. 그러면 베버(Max Weber)가 말하는 목적합리성(도구적 합

---

41) 그들이 인식하는 '공교육'은 국가 혹은 이에 준하는 공공단체가 지원하거나 운영하는 공립학교 혹은 국립학교를 의미하고, 사립학교나 사교육기관은 여기서 제외되는 좁은 의미의 것이 보통이다.

리성)이 가치합리성(본질적 합리성)보다는 훨씬 강력한 힘으로 상품가치의 생산을 위하여 작용하게 된다. 인간의 합리성은 이해관계의 계산에 주로 작용하게 된다는 말이다. 그리고 상품화된 교육은 인격적 존재의 인간적 만남의 장이 아니라 비인간적 거래의 장으로 바뀔 수 있다. 이러한 교육은 거기에 종사하는 사람이면 즐겨 헌신하고 봉사하는 보람이나 애착과 같은 본질적 가치를 향유하는 대상이라기보다는, 자신의 노력에 대하여 (마르크스의 언어로 표현해서) '객체화'하고 '외재화'하는 소외를 경험하게 된다. 교육에 의한 성취는 나의 진실된 노력과 애착에 의한 성취가 아니라, 더 이상 나와는 의미 있는 관계를 가질 수 없는 상품적 교환의 결과일 뿐이다. 말하자면, 교육현장의 비인간화 현상이 전개된다는 것이다.

셋째, 교육서비스의 경쟁구조는 교육자 간에, 학습자 간에, 혹은 교육자와 학습자 간에 협동적 분위기를 조성하는 것이 아니라 경쟁하고 경계하면서 승리와 패배의 경험을 해야 하는 관계로 된다. 그러면 결국 구성원은 각기 모래알처럼 존재하면서 인간관계에 의해서 조성되는 사회적 환경은 그 자체로서 비교육적이고 교육공동체는 해체된다.

마르크스(Karl Marx)가 근대화란 상품화를 의미하는 것이라고 폄하하였듯이, 시장주의를 우리의 삶에 적용하면 모든 교환되는 사회적 가치는 상품으로 환원시켜 생각할 수 있게 한다. 교육이 거래할 수 있는 상품이라는 것은 교육을 통하여 어떤 가치의 교환이 이루어진다는 것을 의미하는 것이다. 그러나 교육의 세계에서 기본적 이념으로 이어져 온 전통에서 보면 교육이란, 예컨대 갑이 가진 것을 을에게 주거나 받거나 하는 교환 혹은 거래의 과정이 아니라, 갑이 을과 함께 영위하는 삶의 과정을 통하여 스스로 성장하고 또한 자신을 만들어 가는 자기창조의 과정이다. 교육적 성장은 교사가 전해 준 지식, 기술, 사상 등의 축적이 아니라, 교사의 도움을 받아 학습자 자신이 성취한 것임을 의미한다. 상품적 내용이 거래된다고 하더라도 그것은 교육의 본질상 지엽적인 것이거나 보조적인 것일 뿐이지 교육의 의미를 포괄적으로 충족시키는 바의 전부는 아니다. 물론 그것이 교육에서 불가결한 것일 수는 있으나 충분조건은 아니다.

자유주의(혹은 신자유주의)의 전통에서 시장의 원리를 내세울 때 거기에는 개체의 자율성, 즉 어떠한 임의적 세력에 의해서도 구속받지 않는 자유의지의 행사를 기본적으로 전제하고 있다. 개체 인간은 수단으로서가 아니라 목적으로서의 인간, 자연상태에서는 선한 존재이며 시민사회에서는 이성을 사용하여 보편적 원리를 인식할 수 있는 인간, 그리고 욕망과 정조(情操)를 소유하고 있지만 자신의 지력과 의지로써 자아(自我)를 지키는 인간으로 이해된다. 그러므로 자유주의자들은 그러한 개체들이 생산한 가치가 교환되는 과정(시장)은 자발적으로 질서를 창조할 뿐만 아니라, 또한 인간의 삶을 더욱 윤택하게 하는 온갖 지식을 제공하기도 한다고 믿는다.

내가 보기로, '교육의 시장'에 관한 한, 신자유주의자들은 그들이 개체 인간의 가치에 대하여 기본적으로 상정한 바를 일관되게 적용하기가 어려운 것은 사실이다. 물론 교육도 다른 경제활동과 같이 수요와 공급의 체제, 지식 혹은 기술의 거래, 조직의 효율성, 상품적 만족도 등의 경제논리로서 설명할 수 있는 측면이 있다. 시장의 개념을 교육에 적용하였을 때, 교육의 장에서 이루어지는 인격과 인격의 만남이 상품과 상품의 만남으로 된다. 그러나 신자유주의자들 중에는 그러한 만남의 장에 참여하는 주체—주아(I)나 객아(me)나[42) 간에—인 자아의 개념에는 상품화할 수 없는 인격체의 존엄성이 차지하는 여지가 있음을 엄격히 인식하지 않는 경향이 없지 않다. 신자유주의적 이론에 입지를 설정하고 추구하는 교육목표들의 효율적 달성을 위하여 자유시장적 학습의 장을 구상할 때, 그것이 결과적으로 가져올 역기능까지를 교육적 시각에서 검토하지 않는 경향이 있다는 것이다. 대체적으로 교육의 장에 신자유주의적 원

---

42) 여기서의 '주아(I)'와 '객아(me)'는 George Mead의 언어로서 각기 주관적 자아와 객관적 자아로 이해된다.

리를 도입하기를 서두르는 경향은 교육자 집단에서보다는 경제인 집단에서 훨씬 흔하게 볼 수 있는 것도 바로 그러한 이유 때문일 수 있다.

평등교육의 문제

우리가 이해하고 있는 민주주의에서 자유와 평등은 두 개의 이념적 축이다. 자유주의자들은 자유의 축에, 사회주의자들은 평등의 축에 각기 상대적으로 더 큰 무게를 두고 있다. 물론 어느 쪽도 평등이나 자유를 배제하지는 않으나, 평등과 자유를 이해하는 방식에 차이가 있다. 특히 철저한 자유주의자들은 평등의 원리를 일차적으로 규칙에의 '적합성'[43]으로 이해하고, '법 앞에서의 평등' 이상의 의미를 부여하지 않으려고 한다. 예컨대, 대학교육의 기회가 출생, 신앙, 계층 등의 구별에 의해서 차등적으로 주어진다면 규칙의 부적합한 적용이며, 자신의 의지와 선택과 능력에 따라서 그 기회가 개방적으로 다르게 주어진다면 규칙의 적합한 적용이다. 반면에 철저한 사회주의자들은 사회적 가치의 결과적 배분의 '동일성'[44]으로 이해하고, 능력에 따라서 생산에 기여하고 필요에 따라서 가치를 분배받기를 바란다. 평등교육은 특별한 이유가 없는 한 누구에게나 차등 없이 교육받음을 의미한다.

자유주의에서 평등교육의 문제는 어떤 규칙에 따라서 선택과 경쟁의 기회가 균등하게 주어지는 것으로 인식되지만, 사회주의에서는 배분받은 교육기회가 결과적으로 차등 없이 주어졌음을 뜻한다. 그러한 차이로 인하여 신자유주의적 노선을 지향하는 교육개혁에 대한 평등주의자들(반드시 '사회주의자'라고 이름을 붙일 필요는 없겠지만)의 저항은 매우 거세기도 하다.

---

43) fitness
44) sameness

대체적으로 말해서 '사회주의'라고 일컬어질 수 있는 사회사상의 계열에 속하는 사람들은 경제적으로 사유재산제도를 철폐하거나 제한하며, 교육을 비롯한 온갖 사회적 복리를 국가 혹은 공동체의 주도로 평등하게 분배하고자 하는 데에 그 특징이 있다. 대부분의 국가가 채택하고 있는 공교육제도가 오늘의 제도로 정착되는 과정에서 19세기의 국가주의45) 지도자들의 정열에 힘입은 바가 크지만, 그 발상은 오히려 『유토피아』46)의 저자인 토마스 모어(Thomas More)를 비롯한 공상적 사회주의자들의 사상에서 유래한 것이라고 볼 수 있다. 사회주의자들은 거의 한결같이 평등의 정신을 내세우면서 빈민, 노동자 등의 소외계층을 위한 교육을 해결해야 할 사회적 과제로 여기고 있었다.

반면에 자유주의, 특히 영국적 전통의 고전적 자유주의는 공교육제도에 대하여 상대적으로 소극적인 편이었다. 그들은 국가가 국민의 교육에 관여하는 것을 바람직하다고 생각하지 않았다. 로크는 학교제도 자체를 반대한 사람이며, 스미스는 극빈자들에게 학교교육의 혜택을 입도록 하는 정도의 배려를 했을 뿐이고, 허버트 스펜서도 국가가 국민의 교육에 관여해야 할 이유가 없다고 하였으며, 공리주의자인 밀도 국가는 단지 실험적 목적으로 학교를 운영해 볼 필요가 있다고 하는 정도였다. 그러나 그들의 생각으로는 국민의 자녀를 위한 교육에 대한 책임은 개인에게 있다는 것이지, 교육을 일종의 서비스 산업의 범주에 두고 자유로운 경쟁의 틀 속에서 그 기회의 공급과 수요가 자연스럽게 조정될 수 있도록 한다는 것은 아니었다.

아직은 어느 나라도 공교육제도 자체의 폐기를 계획하는 나라는 없는 것 같다. 오히려 전통적으로 교육에 대한 자유주의적 정책을 상당한 정도로 견지해 왔던 영국과 미국의 경우도 이미 교육에 대하여 국가가 관여하는 수준을 높이는 경향을 볼 수도 있다. 영국은 노동당의 집권기를 제외하고는 교육을 개인의

---

45) nationalism
46) Utopia

책임하에 두려는 경향의 정책을 펴 왔으나, 보수당이 집권하고 있던 1988년에 공립학교를 위한 국가교육과정을 채택하였고, 상류층과 서민층의 각각을 위하여 따로따로 시행하던 중등학교 학력인정고사[47])도 하나로 통일하는 변화를 시도하였다. 미국의 경우에 연방정부의 교육과정은 없지만 교육의 질을 국가적 수준에서 관리하기 위하여 1990년에 부시(George Bush) 대통령이 국가교육목표를 설정할 것을 예고하고, 1994년에 의회에서 2000년부터 실현할 국가교육목표[48])를 채택한 바 있다. 그리고 학생들의 학력을 관리하기 위하여 교육평가의 국가기준을 설정할 필요를 두고 정책적 논의를 해 왔으며, 전국수학교사협의회를 필두로 하여 국가기준의 설정을 시도하는 움직임을 전개해 왔다.[49]) 영국과 미국의 이러한 변화는 교육정책에 대한 이념적 수정이라기보다는 세계가 냉전시대의 종말을 본 후인 1900년대의 말기에 세계화의 분위기 속에서 국가경쟁력을 강화하기 위하여 교육에 대한 관심을 증대시킨 결과라고 할 수 있다.

　이렇듯 우리가 평등교육의 조건을 균형 있게 설정하는 일은 지극히 어려운 일에 속한다. 문제의 본질은 평등교육을 실천하는 원리를 서로 상충하는 두 가지의 제도적 조건을 충족시키는 것을 전제로 하여 정립하고자 하는 데 어려움이 있기 때문이다. 하나는 공교육제도에 평등주의적 기본적 동기가 내재해 있다는 것이고, 다른 하나는 잠재력과 가능성을 실현하는 데 장애가 되는 임의의 외적 제재로부터 인간을 보호하려는 자유주의적 전통이 있다는 것이다.

　우리는 두 가지의 조건이 상충하지 않도록 논리적으로 정리하기보다는 평등사상의 역사적 근원을 잠시 살펴볼 필요가 있다. 본래 역사적으로 평등의 사상은 연고주의에 의한 차등을 철폐하려는 데서 형성된 것이다. 권리, 재산, 지위,

---

47) General Certificate of Secondary Education
48) Goal 2000; Educate America Act
49) Diane Ravitch, *National Standards in American Education* (Washington, D.C.: The Brookings Institution, 1995).

명예, 교육, 행복 등의 적극적 가치나, 생산활동에서 요구되는 노역, 전쟁에서의 희생, 갖가지의 궂은 일 등의 소극적 가치(사회적 부담)를 분배할 때, 출신 계급 혹은 신분에 따라서 차등적으로 허용하거나 제한하는 규칙이 있어 왔다. 인간은 누구나 목적과 존엄성에 있어서 동등한 존재라면 세습적인 계급은 정당화될 수 없다. 그러므로 사회적 가치의 그러한 차등적 분배는 결코 정의로울 수가 없는 것이 된다.

그러나 사회의 구성원 중에는 생산수단을 소유한 사람들이 있고 그것을 소유하지 못하여 노동만을 제공해야 하는 사람들이 따로 있어서 계급이 구조화되어 있으면, 비록 법 앞에서는 모두가 평등하다고 하더라도 사회적 가치를 획득하는 조건의 차이로 인하여 하층계급은 상층계급에 비하여 결과적 분배에 차이가 분명히 발생한다. 그리고 그 계급의 구조는 또한 재생산될 수밖에 없다. 생산수단의 소유 여하로 구분되는 계급사회의 경우만이 아니라, 사회적 위세와 권위의 차이로 구분되는 계층사회의 경우에도 법 앞에 나아가는 조건의 차이가 존재하는 한에서는 상층의 출신은 하층의 출신보다 사회적 기회의 획득에 있어서 유리하게 마련이다. 그러면 이 경우에도 결과적 차등구조는 거의 그대로 재생산된다. 그러므로 과정의 평등보다는 오히려 결과의 평등을 보장받는 사회가 평등사회의 전형이라는 주장을 정당화시켜 줄 수도 있다.

그리하여 능력에 따라서 사회적 가치의 생산에 기여하고 필요에 따라서 그 가치를 배분받는다는 원칙은 마르크스주의가 자랑하는 평등사회의 이상이다. 사회주의의 체제에서는 적어도 원리상 교육의 기회가 능력에 따른 경쟁의 대상도 아니며, 상품으로 교환될 가치도 아니고, 소유나 지위나 명예의 목적을 달성하기 위한 도구도 아니다. 그러면 교육에는 균형과 조화를 이룬 전인적 성장 그것의 내재적 가치가 있을 뿐이지 외재적(도구적) 가치가 의미를 지닐 수는 없게 된다. 결과의 평등이 보장된 사회, 이런 사회야말로 환상적 사회가 된다.

그러나 우리는 지금 평등을 실현하기 위한 조건을 좀 더 엄격히 검토해 볼 필요가 있다. 평등을 실현하는 조건은 자유를 실현하는 조건과는 중요한 차이가 있다. 사회의 구성원이 자신의 욕구를 충족시키고 행복과 이상을 추구하는 데 있어서 어떤 지원은 필요할 수도 있으나 외부의 규제나 간섭이 없을 때, 그러므로 방임상태에 있을 때, 자유의 실현을 위한 최적의 조건이 주어진다고 할 수 있다. 자신의 자유를 누리기 위하여 타인의 자유를 방해하지 않는 한 그 누림을 유보해야 할 이유가 없다.

하지만 평등의 경우에는 사정이 다르다. 사회의 구성원을 방임상태에 두면 평등은 불가능해진다. 오히려 사회적 가치를 배분하기 위한 '객관적 관리자'를 필요로 한다. 사회주의 국가에 독재자나 강력한 관료체제가 출현하는 것은 바로 이러한 요구 때문이다. 물론 평등한 분배의 규칙은 민주적 절차에 의해서 결정될 수도 있다. 모든 교육의 기회가 수요자의 성장에 유의미할 수 있도록 평등하게 관리할 수만 있다면, 거기에 작용한 독재적 힘을 악덕시하지 않아도 될 것 같다. 그 절차가 민주적이고 분배된 상태의 결과적 형태 그 자체는 평등주의를 충족시킨 것이라고 할 수도 있다. 즉, 구성원에게 균등하게 예외 없이 적용되는 것이므로 그 형태에 획일성이 지배한다고 하더라도 평등주의는 실현된다. 그리고 이 경우에 그 형태가 다양성의 원리를 최대한으로 충족시키는 최선의 형태가 된다면, 그것은 구성원의 필요를 극단적으로 개별화할 수도 있다. 그러면 방임상태에 둔 것과 유사한 결과를 가져온다.

그러나 의미상의 차이는 크다. 방임상태에서는 자유 혹은 자율을 향유하지만 평등의 원리에 의한 통제를 받아 이루어진 개별화된 분배는 완전한 의미의 자유의 개념은 충족되지 못할 수밖에 없다. 그것은 배당된 것이기 때문에 개체가 선택한 가치의 수정, 보완, 폐기는 기존의 가치체제 속에서만 가능하기 때문에 엄격한 의미의 선택의 자유가 아니다.

자유주의는 경제나 정치의 이념이기 전에 본래 개성의 사상이다. 자유주의의 사회는 절대적 존엄성을 지닌 개체들의 계약사회이며, 개체 인간은 자신의 욕구를 충족시키고 이상을 실현시키기 위한 노력에 대하여 가해지는 임의적 권위의 간섭이나 방해를 거부한다. 물론 개성의 존중은 자유주의자들의 전유물은 아니다. 공상적 사회주의자들이나 마르크스주의자들까지도 인간의 개성을 기본적 가치로 여긴다. 단지 자유주의자들은 외적 제재가 없는 상태를 요구하는 반면에, 사회주의자들은 사회구조적으로 보장된 상태를 요구하는 차이를 두고 있다.

사회주의에서도 개성의 자유로운 신장과 성장을 개방적으로 보장하면, 결과적으로 발생하는 불평등을 방지하는 데 집착할 수밖에 없고, 결국 사회적 가치의 평등한 배분을 관리하는 강력한 독재사회를 요청하게 된다. 이와는 반대로, 자유주의자들이 주장하는 평등의 개념, 즉 '법 앞에서의 평등'으로 이해하면, 교육기회의 배분을 적합성의 개념으로 정당화할 수도 있지만 여기에도 함정이 있다. 실제적으로 관찰되는 결과의 불평등을 당연시하고 또한 사회적 차등구조를 재생산하는 데 교육이 기여하거나 방치한다면 그러한 교육제도를 정의로운 제도라고 하기는 어렵다. 내가 보기로는 여기에 새로운 평등의 개념을 필요로 한다.

자유란 엄격히 말해서 '선택의 자유'이다. 선택의 여지가 없으면 자유는 없는 법이다. 그러므로 우리는 선택이 허용된 만큼의 자유를 향유할 수 있다. 제도적 교육이 그 수요자에게 선택의 폭을 넓힘으로써 교육의 자유를 향유하는 체제를 가능하게 하고, 교육 프로그램의 개별적 타당성을 높이며, 교육서비스의 질을 효율적으로 관리한다. 이런 관점에서 보면, 신자유주의적 사고는 사실적으로나 당위적으로나 상당한 정도의 수용이 불가피한 것으로 보인다. 전망컨대, 아마도 미래는 신자유주의적 사고가 일반화된 세계로 다가올지도 모르며, 거역할 수 없는 신자유주의의 에토스가 결국은 우리의 교육세계를 지배할지도 모른다.

그런데 교육은 자체의 본질적 성격상 다른 제도적 부문의 공격적 성향, 예컨

대 경제적 효율성에 대한 집념에 대하여 저항하거나 반격하는 힘을 소유하기
가 어렵다. 왜냐하면 경제적 효율성은 근시적 이익을 추구하는 데 있지만, 교
육적 효율성은 인격적 성장인 원시적 가치를 추구하기 때문이다. 이러한 상황
에서 우리가 취해야 할 정책적 노력은 신자유주의의 역기능을 어떻게 최소화
할 수 있을 것인가를 생각하는 일이다.

나는 하나의 정책적 기술의 방안으로 '교정적(矯正的) 평등'50)의 개념을 구
상할 필요가 있다고 생각한다. 즉, 결과의 평등을 경직되게 고착시키면 획일주
의가 지배할 수밖에 없고 그것은 평등의 본연적 의미의 실현을 사실상 불가능
하게 할 수도 있다. 왜냐하면 결과적 평등의 구조는 사회적 구성원의 모두를 만
족시킬 수가 없고 커다란 소외집단을 발생시킬 것이기 때문이다. 반면에, 과정
의 평등을 유지하여 개성의 추구를 자유롭게 보장하면 일종의 필요악인 불평
등적 결과가 초래된다. 내가 여기서 말하는 교정적 평등은 결과의 평등의 개념
에 비추어 그 불평등적 구조를 최대한 교정하는 정책을 말한다. 예컨대, 가난
했던 시대에 성장했던 부모는 학교교육의 혜택을 받지 못하였으나, 평생교육
의 프로그램을 통한 교양교육, 전문교육 혹은 기술교육 등을 받을 수 있다. 각
종의 교육복지적 지원 제도, 소외계층 혹은 장애계층에 대한 인도적 지원, 지
역 간의 소득 격차로 인한 불균형 현상의 시정 등 불평등을 교정하는 노력은 일
차적으로 국가의 몫으로 둘 필요가 있다.

교육은 평등이념의 실질적 구현을 위해서나, 잠재적 수월성을 실현하는 능
력주의의 효율성을 위해서나 그 제도적 조건은 다양성을 지닌 여건과 활동으
로 학습자의 각자에게 '유의미한 학습의 장'을 제공해야 한다. 인간은 본질적
으로 능력과 취향에 있어서 다양하고 사회적 환경도 상시적으로 변화하면서
무한한 다양성을 펼치고 있다. 무엇보다도 다양성은 곧 예측되는 미래의 모습
이다. 이러한 미래를 위하여 자력으로 성장의 길을 잘 달리는 사람들의 앞을 국

---

50) corrective equality

가가 경직된 평등의 목적으로 그 길을 가로막을 이유가 없고, 더디게 나아가는 사람들이 뒤처지지 않도록 특별한 복지적 지원을 하는 데 인색하지도 말아야 한다. 교육은 모든 국민으로 하여금 공동체의 전통과 가치를 함께 향유하면서 나라의 부강과 안정을 위한 노력에 동참하고, 동시에 그런 문화 속에서 각자가 성장의 삶을 영위하는 데 필요한 능력과 자질과 여건을 구비할 수 있도록 학습의 기회를 관리해야 한다.

내일의 교육을 위하여

현재 우리는 학교를 중심으로 생각하던 제도적 교육의 인식에 대한 수정을 요구하는 충격적인 도전을 관찰할 수 있다. 포스트모더니즘의 에토스는 오늘의 학교가 가르치고 있는 교과와 지식의 타당성에 대한 근본적인 재검토를 요구하고 있으며, 관조적 지식을 개인적 교양의 조건으로 삼아 온 고전적 자유교육의 전통은 지식의 사회성과 실용성을 중시하는 지식기반사회의 불만을 감당하기가 어려울 것이고, 일종의 배급제도와 같은 교육기회의 관료주의적 배분 방식에 대하여 양적·질적 차원에서 교육의 수요자는 교육기회의 선택을 요구하는 목소리를 높일 것이며, 정보과학의 발달은 종래 학교와 교사가 해 오던 많은 교육기능을 대신할 수 있는 장비와 프로그램을 생산함으로써 학교의 존속을 위협할지도 모른다. 성급히 공교육제도의 해체를 예언하는 소리도 없지는 않다.

① 포스트모더니즘의 도전이 강하게 진행되어도 공교육은 합리성과 개방성을 지닌 근대정신에 충실한 사람들의 보호를 받을 수 있을지도 모르나, 그러한 보호는 어디까지나 이론적 보호일 뿐이다. 이론적 보호보다는 공교육제도에 의한 학교의 안정성은, 오히려 현실적으로 급박하게 진행되어야 하는 인간의

일상적인 과업이라는 데서 찾을 수 있다. 지식과 진리에 대한 궁극적인 이론적 논쟁이 종결되지 않아도 우리는 교육을 하고 있어야 한다. 그렇다고 하더라도 우리가 일상적으로나 이론적으로나 개발하고 사용하고 재구성하는 방법들은 어차피 전통의 틀에서 쉽게 탈출하지 않는다. 그것은 오히려 인간의 지성과 지력과 노력의 결과이며 또한 그 업적이기도 하기 때문이다. 전통 그 자체와 그 속의 모든 사상, 이론, 제도, 관습, 관행 등은 인간사회가 성취한 자산이므로 그것들이 절대성을 잃는다고 해서 그 가치를 잃는다고 보기는 어렵다. 그러므로 이러한 지식들은 절대적 진리로서보다는 인류의 역사에서 성취한 지력의 업적이며 또한 경험이므로 이해하고 음미하고 공부할 소재로서의 교육적 가치는 충분히 있다.

② 지식기반사회의 학교에 대한 불만은 학교의 교육활동을 재조정함으로써 대응할 수는 있다. 전통적 학문을 중심으로 하는 이론적 교육과 생산적 활동을 전제로 하는 직업적·기술적 교육을 엄격히 분리시켜 온 학교교육의 전통적 내용에 대해서도 변화가 요청된다. 전통적으로 우리는 자유교육과 직업교육, 인문교육과 기술교육 등을 질적으로 다른 종류의 교육으로 구분해 왔다. 그러나 미래의 교육, 특히 체계적인 교육을 전문적으로 맡고 있는 학교는 자유교육의 프로그램에서도 실용적·생산적 인간활동에 대한 체계적인 성찰을 포함하면 실질적으로 삶의 과정을 세련되게 하고 삶의 질을 윤택하게 하는 데 작용할 수 있다. 직업교육의 프로그램에서도 생산적 활동에서 요구되는 단순한 기술의 전수가 아니라, 일의 의미와 가치를 교양적 차원에서도 음미하고 경험할 수 있도록 그 격을 존중해야 한다. 이론적 경지와 실천적 활동을 하나의 삶 속에 융합함을 의미하는 경험의 통합을 기하지 않으면 교육은 개체들의 성장과 사회적 조직들의 안정적 발전을 주도할 동력을 잃게 될 뿐이다.

③ 교육기회의 선택의 폭을 확대하는 것은 오늘의 공교육제도가 지닌 가장

취약한 부분을 교정하는 것이다. 공교육제도가 지향하는 이념적 방향은, 인간은 그 자체로서 목적적 존재라는 인간관을 바탕으로 하여 그가 추구하는 이상과 가치를 존중하고, 그가 실현하고자 하는 가능성과 잠재력을 귀하게 여기며, 생애를 통하여 주어지는 문화적 환경과 삶의 조건 속에서 그가 자유로운 의지에 의한 선택을 행사하면서 성장할 수 있도록 돕는 것은 교육의 중심적 과업이다. 비록 어떤 교육이 제도적 합리성과 기술적 효율성을 겨냥한다고 하더라도, 정작 존중되어야 할 인간적 존엄성이나 본질적 가치가 외면되면 우리는 그것을 본연의 교육이라고 하지 않는다. 그러므로 공교육제도가 수요자에게 교육적 가치와 기회의 선택이 가능한 다양성의 조건을 갖추어 주는 것은 무엇보다도 기본적인 과제에 속한다. 평등교육의 이념과 실현도 이러한 다양성의 실현이라는 관점에서 접근할 필요가 있다.

④ 정보과학의 발달이 전통적 학교제도에 주는 위협은 생각보다는 크게 보이지 않는다. 왜냐하면 정보망의 체제와 기능은 정보의 기술적 부문을 담당하는 것에 불과하지만 학교는 지식과 문화의 제도적 담당자이기 때문이다. 그러나 현재를 일컬어 '유동의 시대'[51]라고 하듯이 학교는 운영의 체제에 있어서나 내용에 있어서나 방법에 있어서 새로운 체질을 구축하여야 한다. 그 체질은 또다시 다가오는 변화에 적응하는 여유를 포함한다. 새로운 지식교육에 관한 한, 학교는 단순한 정보나 지식의 전달보다는 정보와 지식의 평가, 선택, 조직, 가공, 활용, 생산에 관련된 능력을 배양하는 데 더욱 열중할 필요가 있다. 그리고 지식의 전달을 위하여 소모되는 많은 시간을 정보기술이 제공하는 수단과 방법을 통하여 절약할 수도 있으므로, 학교는 지식의 학습과 개체의 성장을 위하여 일상적 경험에 의한 인격적 만남을 소중하게 여기는 사회성과 도덕성의 계발에 한층 더 많은 프로그램을 계획할 필요가 있다.

---

51) Zygmunt Bauman, *Liquid Times* (Cambridge, UK: Polity Press, 2007).

⑤ 우리가 살고 있는 세계, 현재만이 아니라 미래의 세계도 자유주의가 추구하는 가치의 세계이다. 그러한 자유주의는 화석(化石)의 형질로 응결된 세계가 아니라, 변화하는 세계, 새로운 선택을 위하여 사회적 지력, 어쩌면 '총체적 지력'[52]의 세련성만큼 만들어 가는 세계이기도 하다. 근원적으로 말하면 교육에 의해서 일구어 가는 세계이다. 이러한 자유주의는 경제나 정치의 이념이기 전에 본래 인간 개성의 사상이다. 그것은 개체의 잠재력과 가능성을 발휘하는 일에 장애가 되는 임의의 외적 제재로부터 인간을 보호하려는 정신으로서 오랜 사상사적 전통 속에서 결성된 것이다.

듀이는, 전통적 자유주의자들이 자유의 가치를 무엇보다도 중하게 여기고, 그 자유를 통해서 실현가능한 개체의 내재적 가능성을 계발하며, 인간의 지력이 자유롭게 탐구와 토론과 표현에 있어서 중심적 역할을 한다는 데 역점을 둔 것은 높이 평가하였다. 그러나 그는 그들이 그러한 자유의 가치 자체에 대한 해석의 역사적 상대성에 대해서는 아무런 생각이 없었음을 비판하였다.[53] 개인이 어떤 개인이며 자유는 어떤 모습의 자유이냐의 질문에 대한 답은 시대에 따라서 다르다. 그것은 한 개체 인간이 유아기에서 성인이 되기까지 변화하는 것과 마찬가지의 원리이다. 구체적으로 발생한 사회적 문제를 두고 생각해 보면, 자유란 어떤 때는 노예제도에서의 해방을 의미하였고, 17세기의 후반과 18세기의 초반에는 전체주의적 지배로부터의 해방을 의미하였으며, 그 한 세기 이후에는 새로운 생산력의 발전을 어렵게 하는 관습법의 체제를 타파하는 것이었고, 오늘날(물론 듀이의 시대)에는 물질적 생활의 불안정을 극복하고 대중이 폭넓은 문화적 자원을 향유하는 데에 참여하는 것을 어렵게 하는 강제와 억압에서부터 벗어날 수 있게 하는 것을 의미한다.

---

52) global intelligence
53) Dewey, *Liberalism and Social Action*, *LW 11*, p. 15.

애초의 고전적 자유주의자들은 개인들을 국가의 횡포로부터 보호하는 수준의 소극적 특징을 지니고 있었다. 발생론적으로 보아 여러 원천이 있지만, 오늘의 공교육제도는 한편으로 고전적 자유주의의 이념과 일관성을 지니는 소극성을 유지하고, 또 한편으로 고도의 주지주의적 특징을 지닌 전통적 자유교육을 위주로 학습의 장을 운영하는 제도와 관행이 이어졌다. 거기에 적응하지 못하는 거대한 소외집단이 함께 발생해 왔다. 새롭게 요구되는 공교육제도는 적어도 개인들의 다양한 교육적 필요를 충족시키는 유의미한 학습의 장을 마련하는 책무를 지고 있는 제도이다. 그러나 흔히 주장되기도 하는 경직된 '보편적(획일적) 평등주의의 개념'은 적어도 교육의 경우에 이율배반의 결과를 가져온다. 교육적 평등은 획일주의적 방법으로가 아니라, 다양한 개체의 성장에서 발생하는 다양한 학습장의 수요를 충족시킬 경우에만 의미를 지니는 것이기 때문이다.

미래를 지향하는 정책들의 진행을 위해서는, 강력한 관료주의의 힘에 의존하는 경직된 추진력보다는 교육의 본질적 가치를 유지하면서 유동적인 사회적·문화적 삶의 환경과 함께 교변(交變)함과 동시에 유연하고 창조적인 적응력을 요청하는 상황에 있음을 조망할 필요가 있다. 더욱이 포스트모더니즘의 진행에서는 지식과 가치와 제도의 절대성, 보편성, 객관성을 거부하는 분위기가 확산되고, 지식기반사회에서는 지식과 생산이 결합됨으로써 지식의 실용적 가능성과 대중적 확산의 폭이 급격히 넓어지는 대세 속에서, 근대사회의 유산인 공교육제도가 고전적 자유교육의 고답적 체질을 재구성하지 않고 견디어 내기는 어려울 것이다. 물론 이러한 적응의 과정에서 교육은 다가오는 사회적·문화적 어젠다를 반드시 소극적으로 수용하는 위치에만 있어야 하는 것은 아니다. 오히려 인류의 역사, 적어도 문화적 부문의 중요한 역사적 변화는 여러 형태의 제도적 교육이 그 진원지의 역할을 한 경우이다.

자유주의의 이념은 인간의 능력, 특히 지력의 힘과 그 성장에 대한 신념을 바탕으로 하고 있으며, 따라서 그것은 바로 교육이 의미하는 바와 같은 개념이다. 그러므로 교육의 기회를 누구에게 배분하느냐의 질문은 그 자체로서 별로 큰 의미를 지닐 수가 없다. 오히려 중요한 것은 주어진 교육의 기회가 각자의 성장, 특히 지력의 성장을 가능하게 하는 힘을 실제적으로 생산하느냐이다. 그리고 모든 사회적 조직의 경우에, 가장 민주적인 조직은 가장 교육적인 조직, 즉 구성원의 모두가 가장 좋은 성장의 삶을 영위하고 있는 조직을 의미한다.54)

---

54) Dewey, *Reconstruction in Philosophy, MW 12:* pp. 185-186.

참고문헌

〈듀이 저작물: 시대적 분류〉

EW *John Dewey: The Early Works: 1882~1898*, ed. Jo Ann Boydston, 5 vols. Carbondale and Edwardsville: Southern Illinois University Press, 1969~1972.

MW *John Dewey: The Middle Works: 1899~1924*, ed. Jo Ann Boydston, 15 vols. Carbondale and Edwardsville: Southern Illinois University Press, 1976~1983.

LW *John Dewey: The Later Works: 1925~1953*, ed. Jo Ann Boydston, 17 vols. Carbondale and Edwardsville: Southern Illinois University Press, 1981~1990.

〈주요문헌〉

Art as Experience (1934) in LW 10.
A Common Faith (1934) in LW 9.
Democracy and Education (1916) in MW 9.
Experience and Education (1938) in LW 13.
Experience and Nature (1925, rev. ed. 1929) in LW 1.
How We Think (1910, rev. ed. 1933) in LW 8.
Human Nature and Conduct (1922) in MW 14.
Individualism Old and New (1930) in LW 5.
Logic: The Theory of Inquiry (1938) in LW 12.
Liberalism and Social Action (1935) in LW 11.
The Public and Its Problems (1927) in LW 2.
The Quest for Certainty (1929) in LW 4.
Reconstruction in Philosophy (1920, rev. ed. 1948) in MW 12.

〈개별자료〉

Dewey, John (1905). "The Postulate of Immediate Empiricism" in *Journal of Philosophy, Psychology, and Scientific Methods*, 2: 393-399. Reprinted in MW 3: 158-167.

——— (1910). *The Influence of Darwin on Philosophy*. Bloomington: Indiana University Press.

——— (1917). "Learning to Earn." School and Society 5 (March): 333- 334.

——— et al. (1917). "The Need for a Recovery of Philosophy" in John Dewey, et al., *Creative Intelligence*. New York: Henry Holt & Company.

——— et al. (1917). *Creative Intelligence - Essays in the Pragmatic Attitude*. New York: Henry Holt & Company.

——— (1918). *Essays in Experimental Logic*. Chicago: The University of Chicago Press.

——— (1931). "Qualitative Thought" in *Philosophy and Civilization*. New York: Minton, Balch & Company.

——— (1931). "From Absolutism to Experimentalism." *Contemporary American Philosophy, George P. Adams and William P. Montague*, ed. New York: Macmillan.

——— (1937). "The Challenge of Democratic Education" in *Philosophy of Education*. Ames, Iowa: Littlefield, Adams Company.

——— (1937). *Theory of Valuation. In Foundations of the Unity of Science*. Otto Nearath, Rudolf Carnap, and Charles Morris (Eds.). Chicago: The University of Chicago Press.

——— (1941). "Propositions, Warranted Assertibility, and Truth." *Journal of Philosophy 38* (169-186).

〈일반 참고문헌〉

박철홍 (2016). 경험으로서 예술 1, 2 (역). 경기: ㈜나남.

이돈희 (1983). 교육철학개론. 서울: 교육과학사.

——— (1986). 존 듀이 교육론(편역). 서울: 서울대학교 출판부.

——— (1993). 교육적 경험의 이해. 서울: 교육과학사.

——— (1999). 교육정의론. 서울: 교육과학사(수정판).

——— (2009). 교육적 경험의 성격과 구조. 학술원논문집 인문·사회과학편 제48집 1호.

——— (2016). 교육과 정치. 서울: 에듀팩토리.

이은미 (2008). 듀이 미학의 교육학적 해석. 서울대학교 대학원 교육학박사학위논문.

Adler, M. J. (1939). "The Crisis in Contemporary Education" in *The Social Frontier 5*, No. 42. (February): 140-145.

Alexander, Thomas M. (1987). *John Dewey's Theory of Art, Experience, and Nature*. Albany: SUNY Press.

—— (2004). "Dewey's Denotative-Empirical Method: A Thread Through the Labyrinth." *Journal of Speculative Philosophy. Vol. 18, No. 3*.

—— (2006). "Dewey, Dualism and Naturalism." *A Companion to Pragmatism*. John R. Shook, & Joseph Margolis (Eds.). New York: Blackwell Publishing.

Althusser, L. (1971). "Ideology and Ideological State Apparatuses." *Lenin and Philosophy and Other Essays*, Ben Brewster (trans.). London: New Left Books.

Aristotle (1952). "On Generation and Corruption." W. D. Ross, trans. *The Great Books 8*. Chicago: Encyclopedia Britannica.

—— (1952). "Nicomachean Ethics." W. D. Ross (trans.). *Aristotle II, Great Books 9*, Chicago: Encyclopedia Britannica.

Bauman, Zygmunt (2000). *Liquid Modernity*. Cambridge, UK: Polity Press.

—— (2007). *Liquid Times*. Cambridge, UK: Polity Press.

Bell, Daniel. (1973). *The Coming of Post-Industrial Society: A Venture in Social Forecasting*. New York: Basic Books.

Beardsley, Monroe C. (1958). *Aesthetics*. New York: Harcourt, Brace and Company.

Bernstein, Richard J. (1961). "John Dewey's Metaphysics of Experience" in *The Journal of Philosophy, Vol. 58*, No. 1. (January 5): 5-14.

—— (1966). *John Dewey*. New York: Washington Square Press.

Bloom, B. S. et al. (1956, 1983). *Taxonomy of Educational Objectives: The Classification of Educational Goals*. New York: David McKay Company.

Boisvert, Raymond D. (1998). *John Dewey: Rethinking Our Time*. Albany: State University of New York Press.

Bowles, S., & Herbert Gintis. (1976). *Schooling in Capitalist America*. New

York: Basic Books.

Boyd, W., & Edmund J. King (1975). *The History of Western Education.* London: Adam & Charles Black.

Broudy, Harry S. (1978). "On Cognition and Emotion in the Arts." Stanley S. Madeja, ed. *The Arts, Cognition, and Basic Skills.* St. Louis: CEMREL.

Burke, Tom (1994). *Dewey's New Logic: A Reply to Russell.* Chicago: The University of Chicago Press.

Calenescu, M. (1977). *Faces of Modernity: Avant-Garte, Decadence, Kitsch.* Bloomington: Indiana University Press.

Childs, John L. (1950). *Education and Morals.* New York: Appleton- Century- Croft.

Derrida, J. (1983). *Margins of Philosophy.* G. Spivak, trans. Chicago: University of Chicago Press.

Descartes, René (1980). *Discourse on Method and Meditations on First Philosophy.* Donald A. Cress (trans.). Indianapolis: Hackett.

Dewey, Jane M. (1939). "Biography of John Dewey." *The Philosophy of John Dewey,* New York: Tudor.

Diggins, John Patrick (1994). *The Promise of Pragmatism: Modernism and the Crisis of Knowledge and Authority.* Chicago: University of Chicago Press.

Doll, W. E. Jr. (1993). *A Post-Modern Perspective on Curriculum.* New York: Columbia University Press.

Drucker, Peter F. (1993). *Post-Capitalist Society.* New York: Harper Collins.

D'Urso, Salvatore (1978). "An Evaluation of Dewey's 'Social Intelligence'." *Educational Theory.* (Spring): 120-130.

Freire, P. (1973). *Education for Critical Consciousness.* New York: The Continuum Publishing Company.

Friedenberg, E. Z. (1965). *The Dignity of Youth and Other Atavisms.* Boston: Beacon Press.

Gadamer, Hans-Georg (1975). *Truth and Method.* New York: Crossroad Publishing Company.

Geiger, George R. (1958). *John Dewey in Perspective*. New York: Oxford University Press.

Goodman, P. (1956). *Compulsory Mis-Education*. New York: Random House, Vintage Books.

Green Maxine (2000). "A Rereading of Dewey's Art as Experience: Pointers Toward a Theory of Learning." *The Hand Book of Education and Human Development: New Modeles of Learning, Teaching and Schooling*. David R. Olson and Nancy Torrance. New York: Blackwell Publishing.

Griffin, D. G. (1997). *Parapsychology, Philosophy and Spirituality*. New York: State University of New York Press.

Habermas, Jürgen (1995). *Moral Consciousness and Communicative Action*. Cambridge, MA: Massachusetts Institute of Technology Press.

Hager, Paul & Terry Hyland (2002). "Vocational Education and Training." *A Companion to the Victorian Novel*. Patrick Brantlinger and William B. Thesing. eds. Cambridge, Mass.: Blackwell Publishers.

Peirce, Charles Sanders (1931-1935). Charles Hartshorne and Paul Weisse, eds. *The Collected Papers of Charles Sanders Peirce, 6 Volumes*. Cambridge, Mass.: Harvard University Press.

Henry, J. (1963). *Culture Against Man*. New York: Random House.

Hickman, Larry A. (1918). "Experience is Not The Whole Story: The Integral Role of the Situation in Dewey's Democracy and Education." The *Journal of Education, Vol. 00, No. 0*: 1-14. The Philosophy of Education Society of Great Britain.

——— (2007). *Pragmatism as Post-Postmodernism: Lessons from John Dewey*. New York: Fordham University Press.

Hildebrand, David (2011). "Could Experience be More than a Method? Dewey's Practical Starting Point." *Pragmatist Epistemologies*. Roberto Frega, Roberto Brigati (Eds.). Lexington: Lanham.

Hook, Sidney (1967). *Education for Modern Man*. New York: Alfred A. Knopf.

Hocking, William E. (1918). *Human Nature and Its Remaking*. New Haven,

Conn.: Yale University Press.

Holt, J. (1964). *How Children Fail.* New York: Dell Publishing Company, Delta Books.

Hook, Sidney (1959). "John Dewey – Philosopher of Growth." *Journal of Philosophy, LVI,* No. 26. (December): 1010-1018.

—— (1961). *The Quest for Being.* New York: St. Martin's Press.

Hume, David (2007). *A Treatise of Human Nature.* London: Oxford University Press.

James, William (1890). *The Principles of Psychology* in three volumes. New York: Henry Holt; (1981). *The Works of William James,* Fredrick H. Burkhardt (Ed.). Cambridge, MA: Harvard University Press.

—— (1947). *Pragmatism: A New Name for Some Old Ways of Thinking.* New York: Longman's, Green.

—— (1952). *Principles of Psychology, The Great Books 53.* Chicago: University of Chicago Press.

Kaufman, Felix (1956). Critique of Practical Reason. Lewis White Beck (trans.). Indianapolis: Bobbes-Merrill.

—— (1959). "John Dewey's Theory of Inquiry." *Journal of Philosophy, LVI. No. 21* (October). 826-836.

Kant, Immanuel (1964). *The Metaphysics of Morals,* M. J. Georgor (trans.). Philadelphia: University of Pennsylvania Press.

Kuhn, Thomas. (1962). *The Structure of Scientific Revolutions. Chicago: Chicago University Press.*

Kulp, Christopher B. (1992). *The End of Epistemology: Dewey and His Current Allies on the Spectator Theory of Knowledge.* London: Greenwood Press.

Langer, Susanne K. (1957). *Problems of Art.* New York: Charles Scribner's Sons.

—— (1962). *Philosophical Sketches.* Baltimore: The Johns Hopkins University Press.

Lee, Don-Hee (1974). *Towards a Methodological Theory of Moral Education.* Unpublished Ph. D Dissertation. at Wayne State University, Michigan.

Levy, F., & R. J. Murane (1997). *Teaching in the Basic Skills Principles for*

Educating Children Thrive in a Changing Economy: A Report on Knowledge. Manchester: Manchester University Press.

Lyotard, Jean-François (1984). *The Postmodern Condition: A Report on Knowledge.* G. Bennington & B. Massumi (trans.). Minneapolis: University of Minnesota Press.

Mill, J. S. (1952). "*On Liberty.*" *The Great Books 43.* Chicago: Encyclopedia Britannica. Ine.

Munro, Thomas (1956). *Toward Science in Aesthetics.* New York: The Liberal Arts Press.

Oakeshott, Michael (1978). *Experience and Its Modes.* Cambridge: at University Press.

OECD (1998). *Science, Technology and Industry Outlook.*

Papineau, David (2016). "Naturalism." *The Stanford Encyclopedia of Philosophy* (Winter 2016 Edition), Edward N. Zalta, (Ed.), ⟨URL = https://plato.stanford.edu/archives/win2016/entries/naturalism/⟩.

Pepper, Stephen C. (1945). *The Basis of Criticism in the Arts.* Cambridge: Harvard University Press.

Phillips, Denis C. (1971). "John Dewey and the Organismic Archetype." *Melbourne Studies in Education,* R. J. W. Selleck (Ed.). Melbourne: Melbourne University Press.

Pippin, R. B. (1991). *Modernism as a Philosophical Problem: On the Dissatisfactions of European High Culture.* Cambridge, Massachusetts: Blackwell Publishers.

Plato, (Written 380 B. C. E.). *Meno.* Benjamin Jowett, trans. The Internet Classics Archive by Daniel C. Stevenson, Web Atomics. copyright (C) 1994-2000.

Polanyi, Michael (1958). *Personal Knowledge: Towards a Post-Critical Philosophy.* London: Routledge & Kegan Paul.

—— (1967). *The Tacit Dimension.* Garden City. New York: Doubleday and Company. 김정래 역(2015). 암묵적 지식. 서울: 박영사.

Pring, R. (1995). *Closing the Gap: Liberal Education and Vocational*

Preparation. London: Hadder and Stoughton.

Randall, John Herman, Jr. (1959). "The Future of John Dewey's Philosophy." *Journal of Philosophy, LVI, No. 26* (December): 1005-1010.

Ratner, Joseph (1939). *Intelligence in the Modern World: John Dewey's Philosophy*. Toronto: Random House of Canada.

Ravitch, Diane (1995). *National Standards in American Education*. Washington, D. C.: The Brookings Institution.

Rorty, Amelie (1966). *Pragmatic Philosophy*. New York: Anchor Books.

Rorty, Richard. (1980). *Philosophy and the Mirror of Nature*. Princeton: Princeton University Press.

────── (1982). *The Consequences of Pragmatism*. Minneapolis: University of Minnesota.

Russell, Bertrand (1939). "Dewey's New Logic." In *The Philosophy of John Dewey*, Paul Schilpp, ed. New York: Tudor.

────── (1996). *History of Western Philosophy*. New York: The Bertrand Russell Peace Foundation.

Ryle, Gilbert (1949). *The Concept of Mind*. New York: Barnes and Noble.

Sanders, William J. (1940). "The Logical Unity of John Dewey's Educational Philosophy." *Ethics L*. No. 4, (July): 424-440.

Santayana, George (1955). *The Sense of Beauty*. New York: Dover Publications.

Scheffler, Israel (1965). *Conditions of Knowledge: An Introduction to Epistemology and Education*. Glenview, Ill. Foresman and Company. 김정래 역(2017). 지식의 조건. 서울: 학지사.

Shook, J. R. (2000). *Dewey's Empirical Theory of Knowledge and Reality*. Nashville: Vanderbilt University Press.

Shusterman, Richard (2005). *Pragmatism*. Berys Gaut and Dominic McIver Lopes (Ed.). London: Routledge & Kegan Paul.

Smith, Ralph A. (1989). *The Sense of Art: A Study in Aesthetic Education*. London: Routledge. 1989. Publishing Platform; 1 edition. 2014.

Stace, W. T. (1962). *A Critical History of Greek Philosophy*. London: Macmillan Company.

Stevenson, C. L. (1944). *Ethics and Language*. New Haven: Yale University

Press.

Sutcliffe, A., & A. P. D. Sutcliffe (1962). *Stories from Science Books 1, 2, 3, 4.* Cambridge: Cambridge University Press.

Toulmin, S. E. (1950). *The Place of Reason in Ethics.* Cambridge: Cambridge University Press.

—— (1982). *The Return to Cosmology: Postmodern Science and the Theology of Nature.* Berkeley: University of California Press.

Toynbee, Arnold (1937, 1954). *A Study of History, Vol. XIII.* London: Oxford University Press.

Van Camp, Julie C. (2014). *John Dewey's Notion of Qualitative Thought.* Dutch: CreateSpace Independent Publishing Platform.

Vanderstraeten, Raf (2002). "Dewey's Transactional Constructivism." *Journal of Philosophy of Education, Vol. 36,* No. 2: 233-246.

Villemain, Francis T., & Nathaniel L. Champlin (1959). "Frontiers for an Experimental Philosophy of Education." *Antioch Review, XIX (Fall).*

Warnke, Georgia (1987). *Gadamer: Hermeneutics, Tradition and Reason.* Stanford: Stanford University Press.

Waugh, Patricia (1992). *Practicing Post Modernism, Reading Modernism.* New York: Routledge, Chapman and Hall.

Weldon, T. D. (1958). *Kant's Critique of Pure Reason.* London: Oxford University Press.

■■ 찾아보기

인명

공자(孔子) 24-25, 27, 39
박철홍 83
이돈희 36-37, 48, 118, 134, 181, 183, 224,
  250
후시(胡適) 24-26

A

Adler, M. J. 36
Alexander, T. M. 79, 99
Althusser, L. 315
Aristotele 35, 160, 272, 289-290
Ayer, A. J. 92

B

Bacon, F. 110, 247
Bauman, Z. 350
Beethoven, L. van 15, 115, 117
Bell, D. 325
Bentham, J. 193, 332
Bernstein, R. J. 16
Bloom, B. S. 13, 158
Bowles, S. 315
Bruner, J. S. 245
Burke, T. 249
Bush, G. 343

C

Calenescu, M. 320
Carnap, R. 92
Champlin, N. L. 139
Childs, J. L. 127
Condorcet, M. de 313

D

Darwin, C. 71, 84, 167, 192
Deleuze, G. 319
Democritos 94
Descartes, R. 76-77, 79-83, 89-91, 110,
  137, 161-162, 218, 220
Drucker, P. F. 327-328
Durkheim, E. 94
Dvorak, A. 19

F

Foucault, M. P. 319-320
Franklin, B. 210
Friedman, M. 332
Froebel, F. W. A. 63, 289

G

Gadamer, H-G. 106, 331
Galilei, W. 82, 161, 190-191, 205
Gilbert, W. 209-210
Goodman, P. 315
Gray, S. 209, 211
Green, T. H. 332
Griffin, D. G. 322

H

Hall, G. S. 70
Habermas, J. 163-164
Hayek, F. A. 332
Hegel, G. W. F. 69-72, 84-85, 218, 220, 332
Heidegger, M. 319
Henry, J. 316
Heraclitus 25, 160
Herbart, J. F. 63, 289
Hickman, L. A. 187, 320
Hildebrand, D. 203
Hobhouse, L. T. 332
Hobbes, T. 94
Hobson, J. A. 332
Hocking, W. E. 123-124
Holt, J. 316
Hook, S. 65, 120
Hume, D. 110, 161-162, 169
Humboldt, K. W. von 291

J

Jarrell, R. 320
James, W. 71-73, 75, 112, 226, 229-231, 273, 319
Jenner, E. 205-208

K

Kant, I. 162-163, 297-298, 300, 318, 332
Kohlberg, L. 306

L

Locke, J. 63, 89-90, 94, 110, 161, 218, 220, 289, 332, 342
Lucretius 94
Lyotard, J-F. 322-323

M

Mann, H. 313
Marx, K. 339
Mead, G. H. 332, 340
Mill, J. S. 291, 332, 342
More, T. 342
Mussenbroek P. van 209

N

Nagel, E. 65
Neill, A. S. 316
Newton, I. 48, 190, 205-206, 208, 215, 220, 243, 276, 343, 373
Nietzsche, F. W. 319
Nozick, R. 332

O

Oakeshott, M. 331

P

Papineau, D. 65
Peirce, C. S. 37, 38, 229-231
Pestalozzi, J. H. 63, 289
Phillips, D. C. 71
Piaget, J. 306
Plato 25-26, 35-36, 49, 77, 79, 87-88, 151, 160, 188-189, 218, 220, 289
Polanyi, M. 117, 330

R

Ravitch, D. 343
Reichenbach, H. 92
Rorty, R. 319-320
Rousseau, J. J. 63, 122, 289, 291, 293, 332
Russell, B. 69, 221, 228-229, 231-232, 237-239

S

Santayana, G. 53

Scheffler

Scheffler, I. 224
Sellars, R. W. 65
Smith, A. 332, 342
Spencer, H. 94, 342
Stevenson, C. L. 92
Sutciffe, A. & A. P. D. 205-206, 209

T

Toulmin, S. E. 92, 317
Toynbee, A. 320, 325

V

Villemain, F. T. 139

W

Weber, M. 338
Weldon, T. D. 163
Wittgenstein, L. J. J. 319

내용

ㄱ

가설(적) 38, 46-47, 117, 144, 145, 162-163, 176-177, 181, 185-186, 201-204, 211, 214, 224, 227, 264, 337
가치론(적) 91
개성 24, 115, 134-136, 252, 281-282, 287-288, 290-292, 294, 337, 345-347, 351

거대담론 322-323
검증과정 177
게임의 규칙 263-264, 266
  법리적 규칙 144, 265
  전략적 규칙 265
경험 11, 17-18, 20-23, 34, 41-45, 47-55, 59, 65-76, 79-80, 85-86, 89-91, 98-99, 103-121, 124-125, 127-134, 136-137, 143, 147, 155, 166, 168, 175,

180, 182-185, 189, 219-221, 238-239, 242, 244, 247-253, 257-258, 263-264, 267, 274-277, 281, 285, 301, 306, 308, 311-312, 315, 318, 321, 323-324, 326-331, 339, 349-350

교육적 경험 12, 18, 22, 103, 118-119, 251, 293

심미적 경험 22, 103, 105-106, 110, 118

예술적 경험 108

완결된 경험 147

이차적 경험 136, 181, 186, 198-201, 203, 206-208, 213-215, 240

일상적 경험 23, 48, 73, 103, 105-106, 108, 118, 180, 197-198, 201, 207-208, 212, 215-217, 221, 263-264, 350

일차적 경험 136, 145, 181, 185, 198-201, 203-204, 207-208, 212-216, 219-220, 240

즉시적 경험 50-51, 201, 213, 262

직접적 경험, 180, 199, 204

경험의 성장(재구성) 18, 59, 124, 134, 201, 238, 263, 306

경험의 사회성 119, 131

경험의 예술성 22, 110

경험의 총체성 41

경험의 통일성 251-252

경험과 자연 104, 188

경험과 지식 69

경영혁명 327, 328

경험론(주의) 50, 67, 70, 79, 89, 110, 192, 201, 203

계몽사상 158, 298, 312, 317-318, 338

공리주의 291, 332, 342

공인(公認) 128, 175, 204, 229, 240-241, 243,

254, 257, 264, 324

과학(적) 14, 22, 35, 38, 43, 47, 57, 63-66, 69-71, 84, 91, 107-108, 116-117, 126, 141, 144-145, 151-153, 158, 161-163, 170, 174, 176-178, 182, 185, 188-193, 197, 203, 208-212, 214-217, 220-221, 230, 240-241, 243, 263-264, 266, 318, 320-321, 324-325, 328, 331, 348, 350

과학자 107-108, 110, 117, 141, 145, 146, 161, 163-164, 174, 176, 191, 209-211, 241, 264, 280

관념론(주의) 71, 85, 227

관습적 규칙 302-303, 306-307

교변작용 71, 111, 119, 165, 193, 274

교사 68, 110, 118-129, 131-133, 141, 156-157, 238, 244-245, 247, 249, 253, 258, 261, 263, 314, 324, 338-339, 343, 348

교실(상황) 118-121, 125, 146, 244-246, 251, 258, 312, 314

교육(적) 11-13, 18, 21-22, 24, 31-32, 34-36, 40-43, 63-34, 68-69, 75, 86, 103, 110, 118-120, 121-123, 125-129, 131-136, 151, 156, 158, 166, 168, 171, 173, 177, 213, 238-239, 241, 243-248, 250-251, 255, 258, 266, 274-275, 287, 289-291, 293, 302, 311-317, 321, 323-325, 328-330, 334-353

공교육 24, 133, 246, 312-316, 321, 325, 334-335, 337-338, 342-343, 348-350, 352

기술교육 347, 349

무상의무교육 334

아동중심교육 122

자유교육 21-22, 31-32, 34-37, 55-59, 146,

151, 155, 321, 336, 349, 352
지식교육 33, 155, 239, 247, 350
학교교육 159, 173, 256, 259, 330, 342, 347,
　　349
교육개혁 125, 334, 341
교육과정 56-57, 157-159, 245, 317, 323,
　　334, 343
교육관 36, 132-134, 338
교육기회 125, 134, 334-335, 338, 341, 346,
　　348-349, 353
교육내용 40, 159, 245-246, 257, 312, 315,
　　325
교육목적 36, 158
교육목표 13, 127, 129, 313, 316, 340, 343
교육서비스 126, 335-336, 339, 346
교육정책 119, 333, 343
교육제도 24, 255, 311, 313-316, 321, 335,
　　342-343, 346, 348-350, 352
교육 프로그램 127, 134, 314, 317, 338, 346
교육학 18, 126, 158, 170, 230, 257
구경꾼과 탐사꾼의 이야기 235-267
국가교육(목표, 과정) 317, 343
「국가론」(플라톤의) 49, 160, 189
규범 31-32, 92, 129, 162-163, 174, 176,
　　247, 254, 264, 285, 288, 293-294, 300,
　　302-304, 308
근대성(정신) 312, 317-319, 321-322, 324,
　　348
기술공학 41, 143, 187-192, 320, 326-327
기호학 37

ㄴ

논리학 44, 56, 69, 75, 96, 145, 152, 155,
　　168, 197, 220, 227, 228, 230, 232

ㄷ

대응설 191, 202, 225-226, 229, 241,
　　245-246, 248, 250, 253
대응성의 원리 226
도덕성 131, 135, 287, 297, 299, 302, 304,
　　306-308, 321, 350
　자율적 도덕성 307
　타율적 도덕성 307
　실천적 도덕성 302, 304, 308
　이지적 도덕성 302, 304
　독립성의 원리 226

ㅁ

마음 11, 15, 17-18, 22-23, 26, 34-40, 42-45,
　　49-51, 53, 58-59, 71-73, 76, 81-85,
　　87, 89-90, 110-111, 117, 128, 130,
　　136-137, 140, 151, 154, 156, 158-
　　163, 165-166, 168, 174-175, 178,
　　182, 184-187, 212-213, 220, 225-
　　226, 228-240, 247, 250, 253, 276, 278,
　　280-281, 295-298, 301, 304
마르크스주의 214, 344, 346
명제 44, 46, 82, 117, 220, 222-227, 232,
　　253-254, 330-331
명제적 지식 222-225, 253-254
문제상황 23, 47-48, 108, 129, 152, 165, 176,
　　178-179, 183-184, 187, 199, 201,
　　211, 214-215, 227, 231-232, 249-250,
　　257-258, 262, 329
문화 20, 23, 44, 66-67, 69-71, 85-87, 94,
　　98-99, 119-120, 183, 200, 202, 208,
　　211, 230, 239-243, 245, 251, 266, 272,
　　278, 285, 288, 291-293, 315-316,

318, 320-321, 323-324, 328, 336, 348, 350-352

미학(적) 75, 103, 111, 249, 331

ㅂ

반사호(反射弧) 72-74

반성적 규칙 304, 307

방법(적 원리) 20-21, 26, 55, 166, 179, 181-183, 185-186, 188, 191-192, 200, 324

    과학적 방법 22, 63-65, 161, 185, 220-225, 240, 244-245, 249-255, 257-259, 263-264, 280, 285, 295, 312, 314, 316-317, 319, 324, 327-328, 349-350, 352

    명시적 경험의 방법 23, 47, 86, 99, 197, 201-204, 208, 210-211, 240-241, 243

방법론 11, 56-57, 76, 191-192, 257, 285, 328

비경험적 214-216, 240, 244

비이론적 41, 43, 58-59, 145, 320

ㅅ

사고 11, 13, 15, 20, 22-23, 31, 33, 35-37, 42-44, 48-51, 55, 58, 64-65, 68-69, 71-72, 75, 79, 81, 83, 88, 93-94, 98-99, 104, 107-108, 113-117, 130, 136-138, 140-141, 151, 155, 158-168, 173-175, 177-185, 187, 191-193, 197-198, 204, 208, 239, 242, 249-252, 281, 287-290, 295, 299-

300, 316, 321, 323-324, 329-331, 344, 346

    과학적 사고 162, 190, 208

    반성적 사고 109, 136, 156, 174, 178-179, 181, 183-187, 198-201, 205, 212-216, 218-219, 232, 249, 306

    비판적 사고 173, 214

    심미적 사고 107

    이론적 사고 43-44, 52, 59, 143, 180, 251

    질성적 사고 11, 15, 18, 21-22, 24, 31, 39, 45, 50-52, 55, 58, 63-64, 67, 72, 91, 140-141, 143, 250, 311-312, 331

    철학적 사고 145, 219

    형식적 사고 44, 52, 330

사회주의 341-342, 344-346

산업혁명 312, 318, 327, 329

상징적 수단 17, 37-38, 43-44, 51-52, 54, 108, 145, 179, 191, 272

상품화 334, 338-340

상호작용 11, 18-21, 65, 67, 74-75, 85-86, 90, 94, 99, 103-105, 107, 111-114, 119-120, 138, 165, 169, 188, 217, 249, 251, 276, 287-288, 292

상황 14-23, 26-27, 32, 37, 39, 43-44, 47-553, 59, 67-69, 83, 86-87, 90-91, 103-105, 113-116, 118-121, 124-126, 129, 131, 133, 136-142, 144-147, 154, 158, 165-173, 176, 178-181, 183-185, 188, 197, 199-202, 207-208, 212, 214, 225, 229, 231, 238, 240-242, 246, 249, 251-252, 258, 262-264, 273-276, 279, 283-284,

295-296, 303-308, 311-312, 322, 329, 347, 352

문제상황 23, 47-48, 108, 129, 152, 165, 176, 178-179, 183-184, 187, 199, 201, 211, 214-215, 227, 231-232, 249-250, 257-258, 262, 329

생산혁명 327

성선설 297

성악설 297

성장 11, 18, 21-24, 31, 42, 55, 58-59, 66-67, 69, 77, 80, 86, 97, 103, 110, 119-129, 131-133, 135-137, 141, 145, 147, 151, 153, 161, 166, 189, 197, 200-201, 211, 214-215, 238, 242-244, 248, 252-253, 263, 267, 272, 274-275, 278-281, 287-293, 300, 302-303, 305-306, 311, 315-317, 326, 336-337, 339, 344-350, 352-353

세계화 332, 343

수요자중심교육 125, 334, 336

시장(경제) 312, 318, 332-340

심성도야 156, 158-159

습관 20, 23-24, 71, 76, 79, 85, 97-99, 113-114, 118, 131, 134, 136, 165-166, 170, 172-176, 182-183, 197, 242-243, 249, 271-288, 291, 293-295, 301, 303-308

습관의 규칙 294

습관의 종류 277-279

습관의 힘 279, 280, 283

신앙 143, 151, 160, 230-231, 240, 266, 292, 341

실재(實在) 17, 25-26, 34, 36-37, 42, 64-65, 70-71, 77, 81, 87-90, 98, 159, 190,

216-218, 220, 225-227, 229, 240, 248, 250, 322

실체화 42, 74, 164, 211

실험주의 69

심리학 13, 18, 23, 69-73, 75, 90, 151-154, 156-160, 164-165, 220, 229-231, 296, 306

고전적 심리학 154

과학적 심리학 69, 71, 158

능력심리학 23, 90, 151-153, 156-160, 164

총체적 심리학 75

심미적 경험 22, 103, 105-106, 110, 118

ㅇ

양심 177, 295-298, 300-301

언어(와 기호) 16, 18, 20, 26, 32-33. 37-39, 43, 51-52, 54-55, 57, 92, 104, 108, 116-117, 121, 138-139, 143-147, 151-152, 155, 168, 179-180, 191, 198, 223, 225, 227, 229-232, 240, 246-247, 249-251, 272, 275, 277, 279, 285-286, 292, 294, 317-319, 321-322, 325, 330, 333, 339-340

에토스(ethos) 317, 319, 335, 346, 348

역경(易經) 25-27

역사 속의 학습 259-260, 262, 267

연상이론 71

연속성 67, 76, 79-80, 86-87, 98-99, 114, 170-171, 240, 263

영혼 69, 87, 153-154, 157

예술(적) 22, 37, 47, 63, 70-71, 83, 91, 103-105, 107-110, 116-118, 131-133, 138, 146, 163, 172, 175, 182,

184, 188, 191-192, 266, 286-287, 292, 318, 320-322

예술성 22, 103, 110

예술가 107, 108-109, 131-132

유기체 17-18, 24, 67, 73-75, 77, 85, 94-95, 107, 114, 153, 165, 192, 249, 272-273, 275-276, 285-286, 288-289, 294-295, 332

유물주의 64

이드(Id) 301

이론 12-13, 15-18, 22, 36-37, 39-42, 66-68, 70-71, 73, 75, 83-84, 87, 91-92, 94, 103, 110-111, 116-117, 120, 136, 138, 143, 145-147, 154, 156-159, 162, 165, 168, 179-182, 187, 190-192, 197-201, 203-204, 206, 208, 211, 213, 215, 220, 222, 227, 230, 236, 245-246, 250-252, 256, 258, 260, 287, 299, 320, 322, 325, 328-329, 331-333, 340, 348-349

이성 22-23, 34-35, 42, 44, 56, 77, 87-88, 94, 98, 118, 151-156, 159-166, 178, 189, 192, 243, 290, 292, 297-299, 301, 317-318, 321, 331-332, 340

이원론 17, 69-70, 72, 76-84, 87-88, 90-94, 98-99, 114, 153, 162, 170, 236, 240, 248, 252, 288

　이원론의 유형 77-78

　가치론적 이원론 91

　심신이원론 80, 83-84, 92

　존재론적 이원론 81, 90

인격 24, 31, 70, 72, 117-118, 120, 122, 127, 131, 134-136, 141, 161, 174, 176, 182, 213, 253, 272-273, 276-277, 280-282, 287-289, 293-295, 300,

302-304, 307-308, 329-331, 339-340, 347, 350

인력의 법칙 43, 205-206, 208, 215, 243

인성 24, 12, 134-136, 229, 271-274, 281, 287-288, 318

인식론 36-37, 41, 75, 81, 87, 89, 91, 104, 110-111, 168, 190, 191, 222, 224-227, 232, 236, 238, 247-248, 301

　인식론적 실재론 36-37

ㅈ

자아(self, ego) 22, 68-70, 72, 114, 170, 255, 272, 279, 281, 287-292, 297-298, 301, 318, 322, 340

자아실현 135-136, 288-292, 297-298, 337

자연(적) 16, 18, 22, 33, 35, 47-48, 56, 63-69, 71, 76, 80-82, 84-86, 89, 91, 99, 104, 111, 129, 138, 144, 151, 153, 159, 161, 163, 165-167, 169-171, 178, 184, 188-190, 192-193, 199, 208, 211, 213, 216-217, 219, 232, 238-240, 249, 251, 274-275, 278-280, 286, 288, 291-292, 322, 335-336, 338, 340

자연주의(적) 11, 18, 21-22, 63-65, 67-69, 71-72, 75, 86, 91, 98-99, 122, 170, 193, 202, 240, 251, 274, 282, 289, 291, 301

　경험론적 자연주의 67

　고전적 자연주의 289

　자연주의적 인문주의 67

　철학적 자연주의 22, 63

　교육사상적 자연주의 63

　자연주의적 오류 92-93

자유 33-35, 38-42, 56, 58, 70, 77, 94, 129, 144-145, 157, 162, 166, 168-169, 180, 214, 229, 246, 261, 284, 292, 298-299, 313, 318, 323-324, 333, 335, 340-342, 345-347, 350-351

자유교과 35, 56-57, 157

자유인 35, 58, 127, 329

자유주의(적) 193, 261, 331-332, 337-338, 340-343, 345, 351-352
    고전적 자유주의 93, 332-333, 342, 352
    방임적 자유주의 332
    사회적 자유주의 332
    신자유주의 24, 312, 331-338, 340-341, 346-347

자유주의자 340-341, 346, 351

절대주의 69, 71, 166

정보 32-33, 120-121, 146, 174, 186, 198, 207-208, 212-214, 248, 252-253, 255, 261, 277, 280, 315, 324-326, 330, 348, 350

정초주의 191-192

제3의 질성 17, 53

제자백가 31

조정작용의 순환 74, 208, 210

존재론 65, 81, 90-91, 227, 274

주지주의 21, 32, 36-37, 55, 59, 71, 111, 201, 214, 217, 238, 315, 352
    주지주의적 오류 47, 111, 214, 238

주체와 객체 17, 70, 72, 111, 114-115

지력 18, 20-23, 43, 45, 55, 58-59, 68, 72, 98, 103, 108, 128, 130, 140, 143, 제4장, 151, 156, 160, 164-173, 175-179, 181-182, 185, 187-188, 191-192, 197, 208, 231, 243-244, 249-250, 257, 295, 311, 316, 332, 340, 349,

351-353

지성 35, 37, 57-59, 156-157, 237, 349

지식 14, 17-18 21-24, 31-37, 41, 45-48, 52, 59, 64-65, 68-69, 71, 75, 81-82, 89-90, 110, 117-118, 121, 121, 129-130, 134, 136, 152, 154-156, 159, 161-166, 172-175, 181-182, 186-187, 190-192, 197-202, 207-208, 211-215, 221-226, 228, 235-259, 261, 263-264, 276, 280, 307, 312-313, 316-319, 321-331, 339-340, 348-350, 352
    지식의 조건 224-225, 242, 253
    관조적 지식 23, 37, 41, 45, 48-50, 71, 166, 201-202, 235-238, 240-256, 258-259, 262, 312, 328-329, 348
    강한 관조적 지식 240, 248
    약한 관조적 지식 241, 243
    명제적 지식 222-225, 253-254
    방법적 지식 117, 222-225
    인격적 지식 330
    탐색적 지식 23, 45-46, 48, 166, 197, 207-208, 235-236, 241-244, 248-255, 258-259, 262, 328-329

지식기반사회 24, 312, 325, 328, 330, 348-349, 352

지식론 37, 46, 238

진리 34-35, 37, 45-46, 48, 67, 76-77, 90, 92, 98, 110, 159-161, 166, 186, 189-192, 197, 202, 208, 218-219, 221, 223-232, 237-239, 241-246, 248, 253-254, 321-322, 349

진화론 63, 84, 94, 168, 332

질성 11-19, 21-23, 26-27, 50-55, 67-68, 72, 85, 104, 109, 113, 115-117, 132, 137-142, 144-147, 169, 171, 179-180, 191, 199, 250-251, 273-274, 295
  요소적 질성 140-141, 295
  편재적 질성 15-20, 26-27, 50, 52-54, 68, 103, 116, 120, 137, 140-141, 147, 180-181, 250, 274, 294-295
  총체적 질성 140-141, 147, 295
질성적 13-14, 18, 22-23, 24, 48, 52, 58, 85-87, 104-105, 108-109, 119-120, 134, 136, 138-142, 143-147, 151-152, 171, 180-181, 199, 202-203, 250, 271, 283-284, 293, 316, 320, 329, 331
질성적 사고 11, 15, 18, 21-22, 24, 31, 39, 45, 50-52, 55, 58, 63-64, 68, 72, 91, 140-141, 143, 250, 311-312, 331

ㅊ

천연두 이야기 205-206
철학 12, 16, 22, 24-25, 35, 37, 41, 57, 63-65, 70, 75-76, 79-81, 91, 98-99, 103, 107, 110-111, 144, 151, 153, 157-160, 162, 165-166, 168, 170, 178, 192-193, 202-203, 212, 214-220, 227-228, 236, 238, 240, 248, 320
  근대철학 80, 110, 162, 192
  분석철학 92, 319
  현대철학 65, 83, 319
철학자 11, 24-25, 37, 47, 63, 65, 98, 110, 113, 152, 157, 159, 161, 164, 187-188, 190, 192, 202, 209, 216-220, 222-223, 226-227, 230, 238-240, 291, 298, 319, 322, 330,
철학적 사유 41, 144, 170, 219
초자아(Superego) 301
추상화 40-43, 45, 54-55, 274

ㅌ

탈근대(적) 319-322

ㅍ

평등 77, 313, 315-316, 326, 335, 337, 341-348, 352
  교정적 평등 347
평등교육 316-317, 341, 343, 350
평등주의 333-334, 336, 338, 341, 343, 345, 352
평원현상 86
표상 34, 71, 75, 81-82, 89-90, 110, 127, 138, 141, 181, 203, 217, 220, 227, 322
  생득적 표상 81-82, 89, 162
프래그머티즘 11, 25, 37, 46, 63, 65, 99, 168, 226-228, 230, 319-321
포스트모더니즘 24, 312, 317, 319-320, 322-324, 330, 348, 352

ㅎ

학교(제도) 22, 24, 32-33, 40, 58, 68, 95, 103, 118-119, 125, 143, 146-147, 157-159, 173, 186, 188, 213, 224, 235-236, 242-246, 250, 256-259, 261-262, 312-317, 321-322, 328-

330, 334, 338, 342-343, 347-350
학습 18, 21-23, 35, 58, 69, 75, 88, 103,
　　　118-125, 128-129, 131, 133, 136,
　　　144, 146-147, 152, 156-158, 172-
　　　175, 185-186, 212-213, 224, 239,
　　　241-253, 255-264, 267, 286, 288,
　　　294, 306, 307, 315, 321, 330, 340,
　　　347-348, 350, 352
　　　학습기회 335-337
　　　유사탐색적 학습 262
학습자 21, 68, 103, 118-122, 124-127,
　　　129-133, 156-157, 173, 175, 238,
　　　241, 243-247, 249, 251-254, 258,
　　　262-263, 267, 274-275, 281, 289,
　　　324, 328, 339, 347
합리성 152, 164, 254, 318, 338-339, 348,
　　　350
항상성 85
헤겔사상 69-70, 332

형식도야 90, 156
형이상학 67, 75-76, 81, 85, 98, 159, 161-163,
　　　188, 190-192, 197, 240, 318
확신(보장가능한) 228, 232
환경 18-22, 24, 36, 55, 63, 67, 71, 74, 83-86,
　　　103, 111-114, 119, 129, 131, 138, 165,
　　　167, 170, 178, 193, 213, 228, 238,
　　　248-251, 266, 274-276, 278-288,
　　　290-292, 294-295, 332
　　　자연적 환경 138, 275, 291, 292
　　　사회적 환경 18-19, 103, 111, 113, 129,
　　　　　165, 178, 229, 238, 249, 251,
　　　　　274, 278, 282, 284, 286-288,
　　　　　292, 311-312, 339, 347
　　　물리적-사회적 환경 19, 21, 103, 113,
　　　　　282
　　　자연적-사회적 환경 129, 165, 178, 238,
　　　　　249, 251, 274, 278, 287-288
획일성 314-317, 335, 345

이돈희 (李敦熙, Lee Don-Hee)

서울대학교 교육학과 학사 및 석사과정을 졸업하고, 미국 미시건 웨인 주립 대학교에서 철학전공 석사학위와 교육철학전공 박사학위를 취득하였다. 서울대학교 교육학과 교수(1974~2003)로 재직하였으며, 한국교육개발원장, 한국교육학회장, 교육부장관, 민족사관고등학교장을 역임하였다. 현재 서울대학교 명예교수이며, 대한민국학술원 회원으로 활동하고 있다. 저서로는 『교육철학개론』, 『교육정의론』, 『교육적 경험의 이해』, 『도덕교육원론』, 『존 듀이 교육론(편역)』, 『교육과 정치』 등이 있다.

존 듀이와 함께한

질성적 사고와 교육적 경험
On John Dewey's Notion of
Qualitative Thought and Educative Experience

2020년 4월 10일 1판 1쇄 인쇄
2020년 4월 20일 1판 1쇄 발행

지은이 • 이돈희
펴낸이 • 김진환
펴낸곳 • (주) 학지사

　　　　04031 서울특별시 마포구 양화로 15길 20 마인드월드빌딩
대표전화 • 02)330-5114　　　팩스 • 02)324-2345
등록번호 • 제313-2006-000265호

홈페이지 • http://www.hakjisa.co.kr
페이스북 • https://www.facebook.com/hakjisa

ISBN 978-89-997-2092-5　93370

정가 17,000원

이 도서의 국립중앙도서관 출판시도서목록(CIP)은 서지정보유통지원시스템
홈페이지(http://seoji.nl.go.kr)와 국가자료공동목록시스템(http://www.
nl.go.kr/kolisnet)에서 이용하실 수 있습니다.
(CIP제어번호: CIP2020011734)

출판 · 교육 · 미디어기업 학지사

간호보건의학출판 학지사메디컬 www.hakjisamd.co.kr
심리검사연구소 인싸이트 www.inpsyt.co.kr
학술논문서비스 뉴논문 www.newnonmun.com
원격교육연수원 카운피아 www.counpia.com